新时代乡村规划

顾朝林　张晓明　张　悦　郐艳丽　胡　弦等　著

科学出版社
北京

内 容 简 介

《新时代乡村规划》从乡村发展和乡村振兴的本质出发，反思近期乡村发展和规划建设中的问题，从国家城镇化趋势，粮食、生态和环境安全出发，就乡村发展与保护的整体性、关联性、层次性进行了深入研究。本书包括15章，重点论述了新时代我国乡村规划编制的新框架——新目标、新理论、新焦点、新理论框架和新方法，同时就新时代乡村规划编制中的诸多技术问题进行了科学探索和实证研究，并从规范我国乡村规划的角度提出了县域村镇体系规划、镇域规划、乡域规划和村域规划的编制技术导则（草案）。

本书可作为大专院校城乡规划专业和乡村研究专业教材，也是乡村管理工作者、乡村规划和建设人员、农民企业家和现代农民阅读参考用书。此外，本书也可作为新时代乡村振兴战略实施的培训教材之一。

审图号：GS（2018）1524号

图书在版编目（CIP）数据

新时代乡村规划/顾朝林等著. —北京：科学出版社，2018.3
ISBN 978-7-03-056768-0

Ⅰ.①新… Ⅱ.①顾… Ⅲ. ①乡村规划–研究–中国 Ⅳ. ①TU982.29

中国版本图书馆CIP数据核字(2018)第047875号

责任编辑：朱海燕 李 静 等 / 责任校对：韩 杨
责任印制：肖 兴 / 封面设计：黄华斌

科学出版社 出版
北京东黄城根北街16号
邮政编码：100717
http://www.sciencep.com

北京通州皇家印刷厂 印刷

科学出版社发行 各地新华书店经销

*

2018年3月第 一 版 开本：787×1092 1/16
2018年3月第一次印刷 印张：23 3/4
字数：534 000

定价：188.00元

(如有印装质量问题，我社负责调换)

前　言

伴随工业化、城镇化深入推进，我国农业和农村发展正在进入新的发展阶段。党中央和国务院十分重视解决农业、农村和农民的“三农”问题，特别最近的“十九大报告”进一步提出了“实施乡村振兴战略”，“把解决好‘三农’问题作为全党工作重中之重”，坚持农业农村优先发展，确保国家粮食安全、生态安全、环境安全。2018 年中央农村工作会议明确实施乡村振兴战略目标：到 2020 年，乡村振兴取得重要进展，制度框架和政策体系基本形成；到 2035 年，乡村振兴取得决定性进展，农业和农村现代化基本实现；到 2050 年，乡村全面振兴，农业强、农村美、农民富全面实现。2018 年中共中央、国务院发布了《关于实施乡村振兴战略的意见》，进一步将实施乡村振兴战略摆到决胜全面建成小康社会、全面建设社会主义现代化国家的重大历史任务、新时代“三农”工作的总抓手的高度。许多经济和城镇化发达地区，城市反哺乡村、工业支持农业蔚然成风。

然而，由于快速城镇化，农村人口流入城市地区速度加快，农村社会结构出现实际人口结构老龄化现象明显；由于农村人口流出、农业劳动力投入不足，依靠农药和薄膜等农业科技和成本增加，一方面导致农业综合生产成本上升，另一方面加剧了农村地区河流水系、农作物废弃垃圾和土壤面源污染，乡村地区生态安全、环境安全和粮食安全面临威胁；由于村镇规划缺乏区域性研究，在生活空间方面，传统村镇规划对乡村居民点体系的规划引导不够，村镇居民点规模小、布局散、村庄空心化现象严重，一方面导致公共设施和社会设施配置不经济，另一方面也阻碍了乡村地区现代化进程；在生产空间方面，传统村镇规划不重视乡村产业发展，一方面村镇规划对农业发展和非建设用地的忽视使农业发展和农业项目建设缺乏空间引导，另一方面由于村镇规划未能在镇域、乡域范围内实现对工业发展和集体建设用地的统筹布局，使乡镇企业布局呈现“村村点火、户户冒烟”，导致生产要素浪费和环境污染扩散。由于国家快速城镇化，一方面，刺激了农产品需求总量刚性增长、消费结构快速升级，农副产品生产专业化、农户兼业化和农业大户化，市场需求、信息不对称和农产品价格也导致了农产品生产的供求结构失衡，农业对外依存度明显提高；另一方面，刺激了大城市地区的产业园区和房地产开发快速发展，导致郊区无序蔓延严重，城乡结合部人居环境矛盾加剧、生活居住品质快速下降，有的甚至出现农村土地及其承载的发展权持续流失，失地农民增加，农村经济凋敝，城乡矛盾加剧的恶性循环。

综上所述，不难看出，快速城镇化导致农业资源要素在农村地区的快速流失，扩大了城乡差异，以及传统农业地区和快速城镇化地区的不平衡发展，国家的粮食安全、生态安全和环境安全正在经受严峻的挑战。与此同时，我国人口众多，人均适合农业的水土资源不足，工业化和城镇化进程进一步加剧了资源供给矛盾，如何在资源环境硬约束下保障农产品有效供给和质量安全、提升农业可持续发展能力，也是必须应对的一个重大挑战。此外，国家现代化、信息化，增强了城乡互动联系，加速城乡资源要素流动，如何在城镇化深入发展背景下加快新农村建设、实现城乡共同繁荣、避免“拉美模式城市化”弊病，也是我国城镇化过程必须解决的重大问题。正视这些现实挑战，破解这些关键难题，为新时代乡村规划学科发展提供了巨大的实践舞台和社会需求。

我国进入社会主义新时代，人民日益增长的美好生活需要和不平衡不充分的发展之间的矛盾，在乡村地区最为突出。农业、农村、农民三大问题关系到我国国计民生的根本性问题，也是国家城镇化过程必须统筹解决的主要问题。据此，新时代乡村规划，首先应该保障国家粮食安全、生态安全和环境安全，树立生态环境保护、乡村发展引导、社会公平重建和城乡一体化的复合目标体系，建构以生态本底、自然要素为本的乡村规划理念，整合农村城镇化过程中的政府力、市场力和内驱力，遏制资金、土地、劳动力等要素及其价值从农村不断流失，为乡村生产安排发展空间，为乡村生活美化农村空间，从发展权益和公共服务两方面实现城乡社会公平的重建。

中华人民共和国成立以来，我国经历了三次土地制度改革。第一次土地制度改革，解决了土地作为生产资料问题，农民从地主手里获得了土地。第二次土地制度改革，解决了农村土地产权问题，通过人民公社实现了从土地家庭私有到集体拥有的转变；第三次土地制度改革，解决了土地的生产要素问题，通过家庭联产承包制实现了土地生产效率和地租收益分配问题。快速的国家城镇化，正在推动第四次土地制度改革，即通过农村土地所有权、承包权和经营权分置的制度改革，加快农村土地经营权流转和发展规模农业，推动农业现代化。新时代乡村规划，也需要紧紧抓住土地利用规划核心内容，通过农地利用、非经营性建设用地、村镇驻地用地的全域土地利用规划，从根本上解决农村“三农问题”孳生的土壤，为农业、农村和农民现代化提供根本保障。

可以毫不夸张地说，没有农业的现代化，就没有国家的现代化；没有农村的园林化，也就没有真正的国家城镇化；没有农民的知识化，也就不可能实现我国从农业国家向城市化国家的转型。新时代乡村规划，也要依托我国社会主义市场经济的制度优势，依靠亿万农民的创造精神，依靠强大的经济实力支撑和旺盛的市场需求，提供充分的乡村基础设施和社会设施供给，实现城乡服务均等化，顺势而为，推动我国的农业现代化，农村园林化，农民知识化，谱写新时代乡村全面振兴新篇章。

基于快速城镇化背景下的乡村规划目标和国家需求，毫无疑问，建构在功能分区、按级配置和规模效益理论基础上的城市规划原理进行乡村规划存在全面系统的不适应性，需要按照系统优化、协同发展、公平包容理念建构乡村发展理论，按照农业区位、生活圈理念建构乡村空间规划理论，按照公共产品、公共政策理念建构乡村规划制度理论，按照公众参与、协商规划理念建构乡村规划方法论，从乡村发展、空间布局、制度安排和规划实施四个层面展开乡村规划的理论创新。

与此相同，乡村规划的内涵也发生了巨大的转变。当前的乡村已经由单一的承载农业生产、农民生活转向承载多元发展复合功能，乡村规划需要向适应乡村发展全面转型，乡村规划也需要从农业发展、村镇建设的条条规划转向农村现代化的全面转型。传统的村镇建设蓝图式规划、农业和土地利用的自上而下式规划、脱离农民意愿的精英式规划等均显现规划的失效和相互之间的冲突。新时代乡村规划需要转向“多规合一”的综合性规划、资源保护的制度性规划、面向村民和集体产权的服务型规划以及政府、市场和社会共同遵守和执行的契约型规划。新时代乡村规划，将舍弃“官本位”，转向“民为先”，建构一套自下而上、上下贯通的农村现代化的规划思路和逻辑。

我国进入社会主义新时代，也赋予乡村更多的发展机遇。这主要在于：乡村较城市是一个更庞大的复杂巨系统，不仅仅具有生产生活功能，也存在生态环境功能，以及水、电、路、电信、资本等物质能量信息输入功能；既有生活空间，也有生产和生态空间，而且与城市相反，生产和生态空间占据核心地位，既要接受农业、村镇建设、国土资源、环境、水利、电力等国家纵向管理体系的管理，也要实施村自治、乡镇和县分层次的行政管理。新时代乡村规划，需要解构互相嵌套的乡村发展系统，从乡村构成的系统要素、系统功能和系统结构梳理不同层次乡村规划的核心要素、主体内容和规划内涵。

新时代乡村规划，其规划目标无疑应该是综合平衡的，即应同时兼顾生态安全、经济发展和社会平等三方面的综合效益。然而，在面对一个具体的乡村区域时，一方面由于个体情况千差万别其发展的主导因素和主要问题各有不同，另一方面由于乡村的规模和体量小，一个主导因素或主要问题往往决定着整个系统的发展走势，再加上高速城市化时期乡村系统的非自主性使其主导因素的不确定性大大增加，这也为新时代乡村规划方法论提出了实用性、有效性和可操作性方面的挑战。

新时代乡村规划，需要依据国家主体功能区规划，从区域规划和长远规划的视角，拆开相互嵌套、关联互锁的乡村系统，以生产、生活、生态的“三生空间”为基础，划分永久农村地区和城镇化地区，建立县、镇（乡）、村三级四类，包括生态保护、产业发展、土地利用、居民点体系/布局、支撑体系建设，以及管理实施等作为规划主体内容的乡村地区新型空间规划体系。从乡村规划的工具理性出发，建构全要素全过程的平台式规划、面向需求导向的抽屉式规划，以及以问题导向为主结合目标要求的协同式规划，力图使乡村规划去繁就简、实用可操作。

不言而喻，新时代乡村规划，具有系统性、层次性、综合性和鲜明的目标导向性，发展要素的有效不等于系统功能有效，系统功能有效不等于系统整体有效。要使乡村规划达到预期的规划效果，需要按照规划内容和内在逻辑关系，科学合理地设计不同层级、不同空间尺度及其相互之间的规划技术接口和内容接口。在县—乡镇—村纵向空间层次上，以乡村发展目标统领各层次规划，按规划内容逐层深入。鉴于乡村规划体系的复杂性，各层次规划接口设计以简化、重叠不重复、弹性和刚性等思路进行纵横向乡村空间规划接口设计，达到“目标路径指引，各模块规划内容纵向共同作用”的整体效果。为了增加乡村规划的弹性，各层次乡村规划内容接口设计，特别注重了既能保持规划的主体框架又能兼顾可能扩展的规划要素和内容模块，强化了支线拓展/替换接口、支撑体系逐层具象接口和立体实施管理接口的设计，并使乡村规划的目标、内容和实施一一贯穿其中。

《新时代乡村规划》这本书，是“十二五”国家科技支撑计划项目“县镇（乡）村域规划编制关键技术研究与示范”（2014BAL04B01）课题的主要研究成果之一。全书包括15章，重点论述了新时代我国乡村规划编制的新目标、新理论、新焦点、新框架和新方法，同时就新时代乡村规划编制中的诸多技术问题进行了科学探索和实证研究，并从规范我国乡村规划的角度提出了县域村镇体系规划、镇域规划、乡域规划和村域规划的编制技术导则（草案）。

《新时代乡村规划》历时四年研究，一年成书，虽然进行了缜密的理论思考和示范基地的实践总结，但对于复杂多样的中国乡村类型来说，应该还是不充分和不完整的，肯定存在这样那样的问题和不足，敬请读者批评指正。

顾朝林等

2018年2月25日

目　　录

第二篇　乡村规划编制技术

第三篇 乡村规划编制技术导则

第1章 绪　论

近年来，“新型城镇化”和“乡村振兴”双轮驱动已经成为党和国家应对我国经济社会发展转型、解决发展不平衡不充分问题、推进城镇化进程的重要战略措施。2010年《中共中央、国务院关于加大统筹城乡发展力度，进一步夯实农业农村发展基础的若干意见》提出：把建设社会主义新农村和推进城镇化作为保持经济平稳较快发展的持久动力。2012年党的十八大报告进一步提出：“加大统筹城乡发展力度，增强农村发展活力，推进农业现代化”；“促进工业化、信息化、城镇化、农业现代化同步发展”。2015年10月29日中共中央通过了《关于制定国民经济和社会发展第十三个五年规划的建议》，提出全面建成小康社会新的目标要求，阐释了创新、协调、绿色、开放、共享的发展理念，加快“推进以人为核心的新型城镇化，促进有能力在城镇稳定就业和生活的农业转移人口举家进城落户，努力实现基本公共服务常住人口全覆盖，维护进城落户农民土地承包权、宅基地使用权、集体收益分配权，支持引导其依法自愿有偿转让上述权益”。习近平《关于〈中共中央关于制定国民经济和社会发展第十三个五年规划的建议〉的说明》，进一步提出通过产业扶持、转移就业、易地搬迁完成到2020年5000万人左右新型城镇化目标。2017年党的十九大报告提出，到2035年基本实现社会主义现代化，城乡区域发展差距和居民生活水平差距显著缩小，并提出实施乡村振兴战略，建立健全城乡融合发展体制机制和政策体系，加快推进农业农村现代化。在我国城镇化进程中，除了655个城市外，现有19234个建制镇、56.88万个行政村、276万个自然村，14万km^2村镇建成区面积（占全国总建成区面积68%），无疑也是我国城镇化的重要组成部分。

“县、镇（乡）及村域规划编制关键技术研究与示范”（2014BAL04B01）课题是国家科技支撑项目“乡村规划和环境基础设施配置关键技术研究与示范”（2014BAL04B00）第一子课题，以《国家中长期科学和技术发展规划纲要》及《中华人民共和国国民经济和社会发展第十三个五年规划纲要》为指导，以加快推进乡村地区现代化发展为目标，按照产业兴旺、生态宜居、乡风文明、治理有效、生活富裕的总要求，针对县域及镇（乡）域不同尺度乡村区域空间单元的特点，研究不同空间尺度的乡村规划编制方法，完善乡村规划编制技术体系，建立县、镇（乡）及村域规划编制规范及技术标准，并进行技术应用示范。

1.1 中国城市化进入高速增长时期

中国正处于由农业国家向新型工业化和城市化国家的转型时期，城市化处于快速发展时期。研究表明，中国在20世纪80年代中期城市化水平达到25%上下后就进入了中期加速阶段，1996～2003 年更是以连续 8 年每年提高 1.43～1.44 个百分点的超高速增长（周一星，2006），截至 2010 年年底全国城市化水平达到 47.5%。中国城市化无论规模之大还是速度之快，都是人类历史上前所未有的（顾朝林，2011）。城市化对我国而言既是机遇又是挑战，1999 年 7 月 23 日世界银行在北京召开“城市化发展高级研讨会”，诺贝尔经济学奖获得者、世界银行高级副行长兼首席经济学家、世纪著名经济学家约瑟夫 E. 斯蒂格利茨（J.E. Stieglitz）在会上把中国的城市化与美国的高科技并列为影响 21 世纪人类发展进程的两大关键因素。

1.1.1 世界城市化进程及其理论模型

世界城市化是一个漫长的过程，一般认为起源于 18 世纪中叶开始的英国工业革命。根据世界银行数据，2015 年世界平均城市化水平约为 54.9%，整个世界仍处于城市化进程之中。从各国城市化发展来看，主要欧美发达国家已经完成了城市化集聚发展的过程，进入城市化水平相对稳定的成熟发展期，亚洲的日本也在 20 世纪 70 年代进入了这一阶段。

通过对发达国家城市化历程的回顾，可以发现一国城市化进程的发展具有相类似的规律，即当城市化水平达到 20%左右时，开始进入城市化加快发展的高速城市化阶段，这种快速发展的势头要持续到城市人口比例达到 70%以上后才会减缓（图 1.1）。霍利斯·钱纳里等（1988）提出：“从世界迄今的经验看，城市人口达到总人口的 75%时趋于稳定。”在高速城市化之前和之后的阶段，各国城市化水平的变化则相对平缓很多。

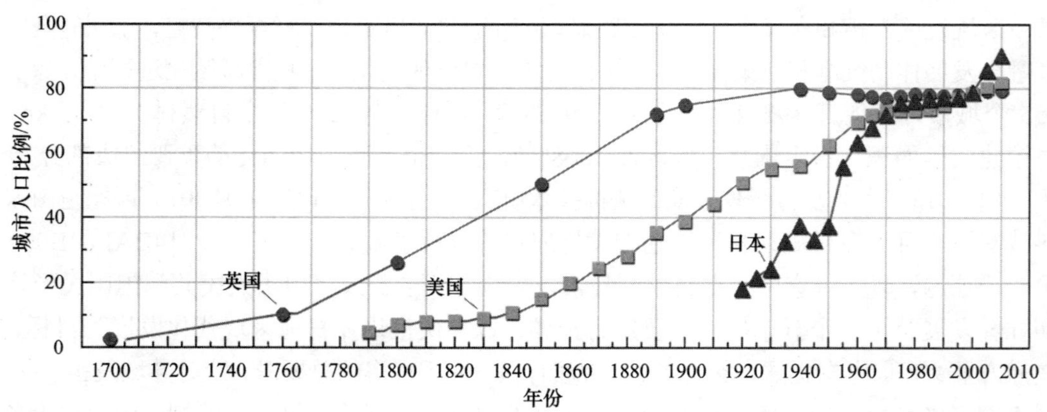

图 1.1 英国、美国和日本的城市化发展历程

对于各国城市化发展进程表现出的这种规律性，美国的城市地理学者诺瑟姆（Nartham，1975）将其描述为“S”形曲线并据此对城市化阶段进行了初步划分（图 1.2），这一模型被广泛接受和引用。

陈彦光和周一星（2005）从城市-乡村人口的异速生长关系出发，对城市化发展 S 形曲线的 Logistic 模型进行了深入研究，提出将城市化过程划分为四个阶段，即初期阶段、加速阶段、减速阶段和后期阶段（图 1.3）。

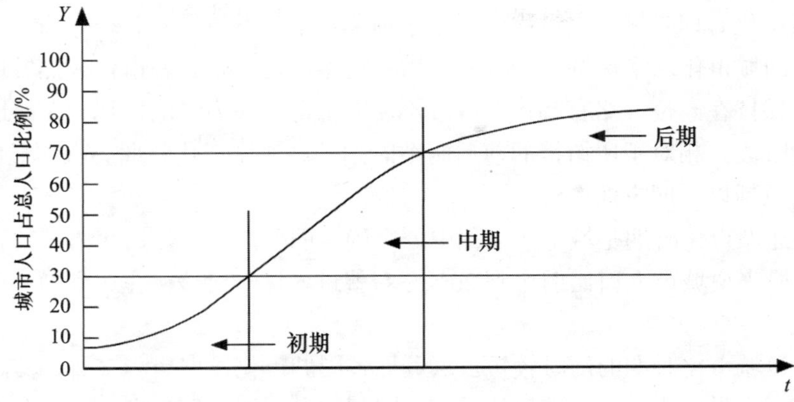

图 1.2 诺瑟姆城市化发展阶段性 S 形曲线示意图

图片来源：谢文蕙等，1996

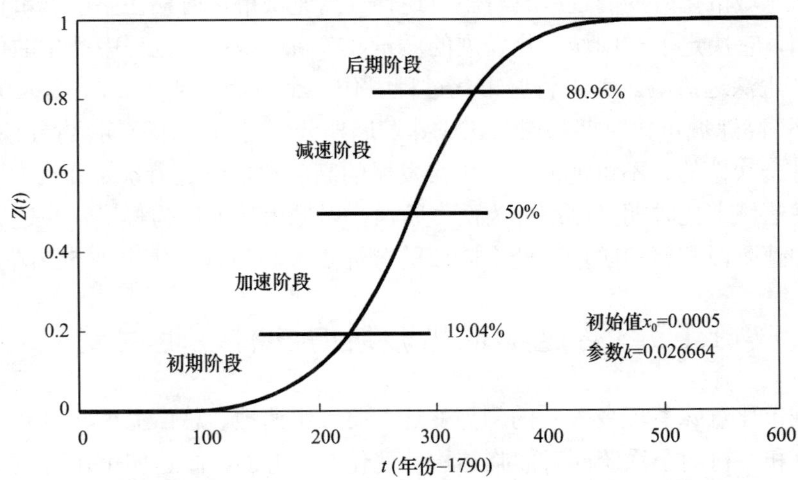

图 1.3 城市化发展的 Logistic 过程及其阶段划分示意图

图片来源：陈彦光和周一星，2005

1.1.2 高速城市化时期及其阶段性

从西方主要发达国家的城市化历程看，各国城市化过程中都存在一个城市化率快速增长的时期，也就是高速城市化时期。英国的高速城市化阶段为 1801～1890 年，历时约 90 年，城市化水平年均增长 0.51 个百分点；美国 1870～1960 年为其高速城市化阶段，历时也约 90 年，城市化水平年均增长 0.50 个百分点；日本的高速城市化阶段为 1930～1975 年，历时约 45 年，城市化水平年均增长 1.15 个百分点。另据研究，德国的高速城市化阶段为 1835～1912 年，历时 77 年，年均增长 0.55 个百分点，法国 1919～1956 年为高速城市化阶段，历时 37 年，年均增长 1.2 个百分点（国务院发展研究中心课题组，2010）。排除美国由于郊区化对其城市化速度的影响，总体上可以认为城市化后发国家完成高速城市化阶段的速度较先发国家来得快。

高速城市化时期是城市化进程中一个承前启后的特殊时期：这一时期之前为城市化前期，各国的城市化水平保持在低位并且增长缓慢，之后则为城市化成熟发展期，各国城市化水平保持在高位并略有起伏，城市化发展不再表现为量的增加，转而进入改变城市化质量的阶段。相对于所衔接的前后两个时期，高速城市化时期具有明显的阶段性，这种阶段性包括以下四方面的含义。

（1）高速城市化时期是城市化过程中一个确定的阶段，其开始和结束具有比较明确的标志，一般来说城市人口比例达到20%左右就进入这一阶段，在达到70%～80%时脱离这一阶段。

（2）高速城市化时期的历时较短。从世界各国城市化发展历程来看，其高速城市化阶段基本在一个世纪内完成，速度快的甚至可以在 50 年之内完成，而其衔接的城市化前期和城市化成熟发展期在时间上具有开放性。

（3）高速城市化时期的过程具有不可逆性。高速城市化时期在整个城市化过程中起着关键作用，它决定了一国城市化发展的质量，在高速城市化过程中产生的问题往往对后续发展产生深远影响。如果将城市化过程看作一个生命周期（高珮义，2004），那么城市化前期、高速城市化时期和城市化成熟发展期分别对应于儿童期、青春期和成年期，而青春期是一次性的、不可逆的，对生命发展的高度和质量起着决定作用。

（4）高速城市化时期又可细分为两个阶段。以城市化速度为标准，高速城市化时期可细分为加速阶段和减速阶段，两个阶段的分界点大约为城市化水平 50%左右。

1.1.3 高速城市化时期的乡村衰退问题

高速城市化意味着城乡关系的剧烈变迁，要素快速地、总体上单向地从农村流向城市，使城市和乡村两个系统同时面临结构性变化。一方面，高速城市化阶段是一国城镇体系发育成型的时期，快速流动的要素在流入城市选择方面表现出规模偏好，对城镇体系结构产生影响；另一方面，要素的快速流失使乡村地区陷入衰退，这种衰退更多地表现为活力的衰退并往往形成活力衰退的恶性循环。两方面共同作用的结果使乡村衰退成为高速城市化阶段的规律性特征。

乡村衰退之所以成为高速城市化阶段的规律性特征，是因为这种衰退更多地表现为乡村地区活力的衰退并形成了衰退的恶性循环。除了上文所述的快速、单向的特点之外，高速城市化时期的要素流动还具有要素结构上的选择性，正是这种选择性导致了乡村地区的活力衰退。以城市化过程中要素流动最具代表性的人口要素为例，在快速、单向流动的背景下，首先从乡村流向城市的总是流动能力最强、最具有活力的人口，剩下的则是流动能力弱的、相对活力不足的人口，而这种活力人口持续流失的情况会使乡村经济、社会、文化等方面产生链式的活力衰退，引起收入、生活、教育等方面问题的互锁，从而产生“贫困文化”，使乡村陷入活力衰退的恶性循环。

从世界各国的城市化实践来看，在高速城市化时期出现乡村衰退也成为普遍现象，乡村贫困引人注目，城乡之间的差距日益拉大的情况持续了相当长的时间，有的甚至引发了社会冲突。归结起来，高速城市化时期由于以人口为主的要素流失导致的乡村活力衰退主要表现为或产生出以下几方面问题的相互影响：①由于工农业部门劳动生产效率的不均衡增长和不同程度存在的帮助工业资本剥削农业的工农业产品“剪刀差”，工业化时期的乡村存在着普遍的贫困；②由于人口迁出特别是青年男女的大规模迁出导致文化娱乐发展缺乏一定的人口规模和密度作为市场支撑，乡村地区的文化生活单调、贫乏，农村处于封闭、荒凉的状态，而贫困更加剧了这一现象；③同样由于人口减少和密度降低，乡村地区的教育发展困难重重，人口素质特别是其相对于城市的竞争力难以提高，陷入“贫困—教育缺乏—低收入职业—贫困”的恶性循环，形成贫困的世代相袭。

1.1.4　中国城市化发展阶段及面临挑战

20 世纪 70 年代末改革开放后，中国城市化逐步走上正轨。从中国城市化水平的历年变化曲线图中（图 1.4），可以发现两个明显的拐点：一是 1980 年前后，这一时间点之前中国城市化水平一直在 20%以下徘徊，之后的城市化速度则有一次明显的提升；二是 1995 年前后，中国的城市化水平接近 30%，城市化速度又发生了一次明显的提高。这两个拐点前者对应改革开放的开始，中国城市化发展开始步入正常轨道，后者则标志着中国进入高速城市化阶段（仇保兴，2006）。

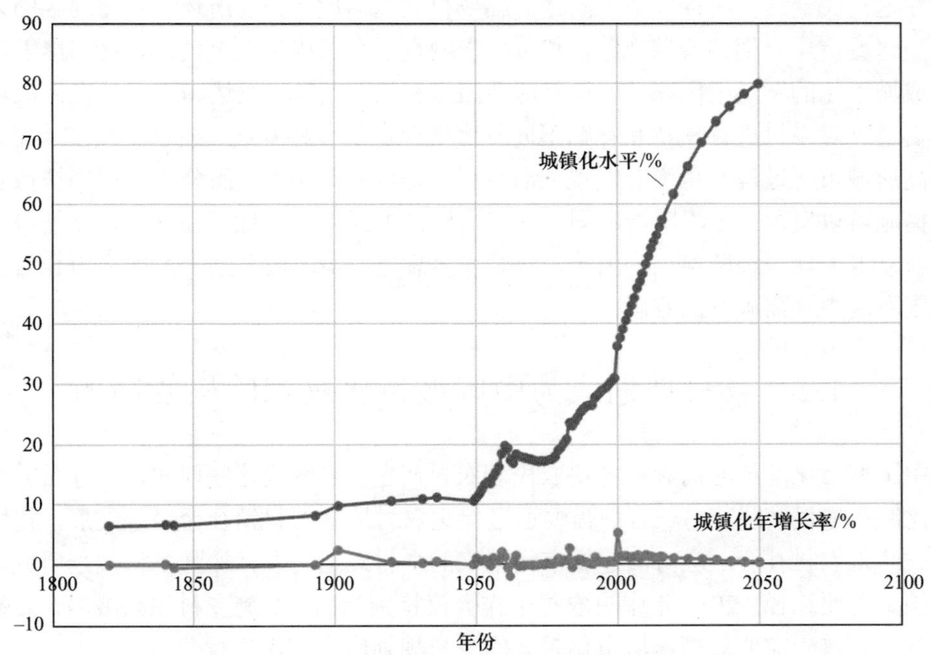

图 1.4　中国 1960～2011 年城市化水平变化曲线

数据来源：国家统计局历年《中国统计年鉴》、《中国人口统计年鉴》，世界银行网站数据“世界发展指标”

具体到高速城市化时期内的阶段划分，目前中国正处于高速城市化时期阶段转换的关键转折点上。2011 年年底，中国城市化水平达到 51.27%，城市人口首次超过农村人口，而根据陈振光等（2005）的研究，高速城市化时期可分为前期加速阶段和后期减速阶段两个阶段，其分界标志正是城市化水平达到 50%。陈明星等（2011）对城市化发展曲线求导，得到了城市化速度的倒“U”形曲线（图 1.5），论证了在城市化水平最大值的 1/2 处即 $X=x_m/2$ 处时，城市化速度达到最大值，其后便进入减速阶段。因此，中国当前正处于从加速阶段进入减速阶段的关键转折点上。

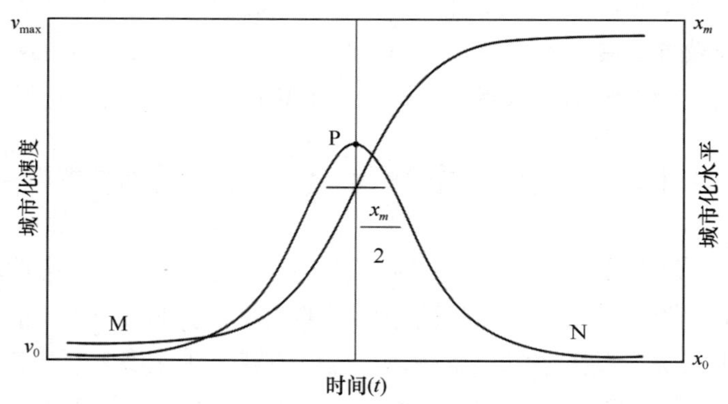

图 1.5 城市化水平曲线和城市化速度曲线示意图

图片来源：陈明星等，2011

在这一关键转折时期，中国同样面临乡村衰退问题。如前所述，乡村地区的衰退是各国高速城市化时期的普遍现象，其负面影响直至今日尚未完全消除，这突出表现在已经完成城市化的发展中国家，如拉美地区国家和俄罗斯等。发达国家虽然在完成城市化过程后通过对乡村进行扶持和补贴不同程度地促进了乡村发展、缩小了城乡差距，但回顾其高速城市化过程则也没有发现应对乡村衰退的有效措施，而分析其后期扶持乡村发展的措施可以发现，由于国情不同，这些措施在中国的可行性存在问题，这使得中国应对乡村衰退无现成经验可循。因此，应对乡村衰退、实现城乡融合发展成为今后一段时期我国发展中亟需破解的难题。

1.2 乡村规划成为中国城市化进程的核心问题

中国城市化的核心问题是解决农民和农村问题。要解决这些问题，一方面需要通过城镇化减少农民数量，另一方面需要通过促进农村地区的村镇社会经济发展，将城市生活方式注入农村社会。应对高速城市化带来的乡村衰退问题，加强乡村规划研究、编制和实施是首要途径，2017 年中央农村工作会议特别指出，实施乡村振兴战略，要强化规划引领。这首先需要对高速城市化带来的乡村规划研究需求进行分析。

1.2.1 高速城市化的负外部性

外部性是一个经济学概念，萨缪尔森将其描述为“那些生产或消费对其他团体强征了不可补偿的成本或给予了无需补偿的收益的情形”。外部性根据影响效果可分为正外部性（外部经济）和负外部性（外部不经济），其中负外部性指的是对“其他团体强征了不可补偿的成本”，即一些人或团体的行为影响了其他人或团体，使之支付了额外的成本费用，但后者无法获得相应补偿的现象。

在高速城市化过程中，如果将城市看作是城市化行为的主体，那么城市中产生的拥堵、污染和大量人口涌入带来的社会管理和就业压力等问题应该被看作是其自身的内部问题，而高速城市化的负外部性指的则是城市在通过聚集要素实现规模扩张和经济社会发展的过程中对乡村发展产生的负面影响，使其承担了额外的、缺少补偿的发展成本。

这种由城市指向乡村的负外部性历来存在。在计划经济时代的滞后城市化模式下，政府主导的城乡分离的公共政策引导发展向城市集聚、工农业产品剪刀差使农村劳动价值流失、户籍管理制度严格限制农村人口向城市自由流动，这在保证了城市发展的同时导致了城乡二元分化和农村贫困。

进入高速城市化时期，这种负外部性依然存在，并表现在多个方面。首先，高速城市化带来乡村优质人口的流失，其规模偏好的特征使城镇体系发展不均衡，乡村得不到城镇的带动和服务，这些都使乡村获得经济发展和享受文明进步的成本上升；其次，中国的高速城市化面临资源环境的约束，但其过程还伴随着机动化，以及机动化导致的部分城市的郊区化现象，这使得发展的经济、资源、生态环境成本急剧提高（仇保兴，2006），而这些成本的主要承担者依然是乡村；第三，城市化高速发展产生的社会成本也被转嫁到乡村，如高速发展模式下不可避免的规范性就业滞后问题、失地农民问题等，这些人群的失业风险、生活保障等社会成本在城市相关措施不到位的情况下，只能由乡村来承担。

1.2.2 高速城市化负外部性带来的问题

高速城市化负外部性的影响结果集中指向乡村地区的活力丧失和衰退，进而在经济、社会、环境等方面引发一系列问题，并对整个城乡系统形成负反馈。结合中国国情，粮食安全问题、生态安全问题和城乡公平问题是其中最为突出的三个问题。并且，这三个问题之间还存在着相互影响，形成了互锁的关系，进一步增加了解决问题的难度。

需要指出的是，这些问题的本身也是复杂的：一个问题包括几个方面，其中某些方面可能是高速城市化的负外部性本身，而另一些方面则是由高速城市化的负外部性衍生出来的。

1. 粮食安全问题

高速城市化及其负外部性对中国粮食安全问题造成的威胁已经显现出来，并且不容小觑。

首先，高速城市化造成中国耕地数量和质量的下降，进而影响粮食生产。如果说城市化和工业化初期各类建设占用耕地造成中国耕地数量大幅下降的话，那么随着 18 亿亩（1 亩≈666.7m^2）耕地“红线”的出台和国家对建设占用耕地的管控越来越严格，中国耕地的主要矛盾已变为耕地质量的下降，而城市化和工业化快速发展正越来越成为导致耕地质量下降、优质耕地流失的重要因素。随着城镇化的快速推进，耕地被大量占用，而补充的耕地质量低、设施差，占优补劣在全国成为普遍现象，被占用的很多是优质耕地，而很多补充耕地分布在偏远、不便耕作、农田生态系统脆弱或有生态障碍的地方。1997～2005 年，全国灌溉水田和水浇地分别减少 1397 万亩和 449 万亩，而同期补充的耕地有排灌设施的比例不足 40%。根据国土资源部第二次全国土地调查对农用地（耕地）等别的调查与评定：中国耕地质量平均等别为 9.80 等（共分为 15 个等别，1 等耕地质量最好，15 等最差），等别总体偏低；其中优等地占 2.67%，高等地占 29.98%，中等地占 50.64%，低等地占 16.71%；全国生产能力大于 15000kg/hm^2（折合 1000kg/亩）的耕地仅占 6.09%；耕地分布状态和质量状况由集中、连片、优质逐步向破碎、零星、劣质转变，影响粮食生产能力，威胁国家粮食安全。

其次，高速城市化负外部性造成的乡村活力衰退从农业劳动力和农业基础设施等方面影响粮食生产，特别是农业劳动力面临后继无人的风险。如前文所述，高速城市化的负外部性增加了乡村发展的机会获得成本、资源环境成本和经济社会成本，集中指向乡村地区的衰退特别是活力的衰退。一方面，活力衰退使乡村地区的组织程度降低，农田水利、道路等需要农民合作修建和维护的农业基础设施面临已有设施老化破坏、新修工程缺少积极性的困境。另一方面，乡村活力衰退的重要原因就是青壮年人口的结构性流失，使得农业从业劳动力年龄结构老化，这在依靠精耕细作最大程度发挥土地生产潜力的中国意味着若干年后农业耕作技术的退化。因此，乡村衰退带来的农业基础设施和农业劳动力的退化都将对中国的粮食生产产生不利影响。

2. 生态环境问题

城市化过程中，中国的生态环境污染和生态安全问题已经显露出来，并引起了广泛重视。从高速城市化及其负外部性的角度来看生态环境问题，可以将这两者之间的关系归结为以下几个方面。

第一，城市化和工业化的快速发展造成了自然环境污染。特别是在片面追求经济效益的高速城市化前期，城市工业的污染排放缺乏有效的制约机制，工业废水和废气通过水循环和大气循环进入自然环境中，造成自然生态的破坏。而在高速城市化中后期，随着大城市规模的快速增长和机动化的发展，城市拥堵造成的空气污染变得日益严重，成为自然环境污染新的重要源头。

第二，城市化发展和大城市集聚推高资源需求的人均水平和总量，破坏区域生态平衡。北京市的水资源问题在这方面是一个突出的例子，北京市人口规模的快速增长造成用水供需矛盾突出，已超出其自身水资源承载能力，需要从周边省市调集水资源，对本来就缺水的华北乡村生态系统进一步带来压力，造成北京周边区域生态环境的退化。

第三，高速城市化负外部性造成的乡村衰退使农业生态系统因遭受废弃而退化。农业生态系统是一种半自然生态系统，虽然包含有人为因素，但因其与自然过程结合紧密，多数情况下对自然生态是一种有益的补充。而高速城市化负外部性带来的乡村衰退使农业生态系统遭到抛弃或缺乏维护而退化，给灾害性自然生态过程有可乘之机，如农田因抛荒而面临荒漠化、沙化的威胁等。

第四，城市化深入发展和城市影响向乡村的扩散造成乡村景观和生态系统的破碎化。随着高速城市化深入发展，城市群、城市连绵区等的发展成为城市化的主要模式，城市群内部城市之间的联系需求增加，随之而起的高速公路、城际铁路穿越乡村，对乡村景观生态结构造成切割。同时，郊区化和城市资本渗入乡村进行的乡村开发直接改变乡村生态要素的功能，使乡村生态系统破碎化。

3. 城乡公平问题

高速城市化引起的城乡不公几乎是本源性的，城市的快速集聚和发展是建立在对乡村的不公之上的。在西方发达国家的高速城市化过程中，这种不公表现出更多的市场竞争属性，城乡生产效率不同的增长速度使资本带动下的各种要素迅速流向城市。而发展中国家的城市化由于被视为“追赶战略”中的重要指标，通常有更多的政府推动因素，因而具有先天的城市偏向性。利普顿（Lipton，1977）认为发展中国家城乡关系的实质就是城市人利用自己的政治权力，通过“城市偏向”的政策使社会资源不合理地流入自己利益所在地区，而资源的这种流向很不利于乡村的发展，其结果不仅使穷人更穷，而且还引起农村地区内部的不平等。

高速城市化过程中的“城市偏向”政策在社会成本、要素价值、公共服务等多个方面形成制度性的城乡不公，迫使乡村承担其负外部性。首先，城市化高速发展为城市带来了大量的农村劳动力，相关政策有意无意地滞后或落实不力使进城务工人员不规范就业成为普遍现象。在生活保障压力下进城农民“城市不开门，农村不断根”，农村青壮年的黄金年龄贡献于城市发展，而他们的教育培养成本、退回农村结婚生子培养下一代劳动力的成本和自己的养老成本都留在农村，形成了农村为城市承担大量社会成本的机制。其次，高速城市化过程中形成了乡村要素价值流向城市的机制，甚至为城市资本的投机留下了空间。这突出表现在土地要素方面，城市建设的不断扩张过程中，低价征用的乡村土地在成为城市建设用地后价格大幅上涨，乡村的土地价值流失于无形之中，这种机制在日本城市化过程中就曾引来大量的土地投机资本。第三，高速城市化追求效率的市场逻辑使城乡在公共物品获得上的差距日益增大。市场由于乡村衰退缺乏盈利空间而对乡村不感兴趣，而政府在城市优先的倾向下对乡村的财政转移支付力度不够，由此造成公共物品提供的城乡不均衡，城乡生活条件的失衡也越来越严重。以上，高速城市化导致的城乡公平问题具有自我强化的特征，进一步增强了其负外部性，以及由此引发的乡村衰退。

4. 问题的互锁

高速城市化及其负外部性带来的粮食安全、生态环境和城乡公平等问题的严重性不仅在于各问题本身，更在于问题与问题之间存在的相互影响和关联，使这些问题形成了相互锁定的牢固结构。

就粮食安全问题与生态环境问题的相互影响而言，生态环境恶化将成为威胁粮食安全的重要因素，而粮食安全的困境也会催生破坏生态环境的措施。如前文所述，在人地关系紧张的背景下决定中国种植业发展上限的是土地要素，而生态环境状况对土地产能具有重要影响。正是认识到这种影响，韩国《农地法》规定实行“农业振兴地域”保护制度，将“农业振兴地域”分为“农业振兴区域”和“农业保护区域”两类，在保护主要承担农业生产功能的“农业振兴区域”的同时保护“农业保护区域”，即为确保农业振兴区域的水源和水质等的农业环境而必需的地域（刘黎明，2004）。另一方面，在粮食安全的巨大压力下被迫采取的措施对生态环境的破坏也不容忽视，并有可能愈演愈烈。“中国以世界7%的耕地养活22%的人口”的代价是使用了世界35%的化肥，农业已成为水体面源污染的首要来源。

粮食安全问题与城乡公平问题之间也存在着类似的相互制约。社会成本、要素价值、公共服务等方面存在的制度性城乡不公迫使乡村承担高速城市化的负外部性，而这些城乡公平问题不解决，将带来乡村的持续衰退和农业劳动力的持续弱化，造成农民务农积极性的下降和农业从业人员技术水平的退化，最终影响粮食产量。而在粮食安全的压力之下，一方面国家需要平抑粮食价格避免通胀，却又无法提供足以保证农民收益与社会平均收益持平的种粮补贴，使种粮农民陷入到隐性的工农业产品剪刀差之中；另一方面为保证主要粮食作物的产量，需要大规模增加谷物的播种面积，相应的种植业规划和行政指令据此压缩了农民根据市场变化调整种植结构的空间和自由度，即意味着乡村作为经济人参与市场供需博弈是受限制的，不具有与城市同等的自由决策权。

从生态环境问题与城乡公平问题的相互关联来说，生态环境问题中天然存在着城乡不公，而城乡公平问题也会导致生态环境的恶化。如前文所述，城市化和工业化是造成生态环境破坏的首要因素，但生态环境破坏的结果却是城乡共同承担的，甚至乡村承担得还多一些，这首先就存在城乡不公。一旦面对生态环境问题或资源环境制约，得到优先保证的依然是城市，甚至为了城市牺牲周边乡村的生态平衡，这又加剧了生态环境问题上的城乡不公。而城乡不公造成的乡村持续衰退则会使农业生态系统退化，进而给相关自然生态环境带来不利影响，这在前文已经论述过了。即使乡村面对城乡不公造成的发展困境积极应对自寻出路，如采用乡村工业化模式发展乡镇企业等，也会带来许多问题，其中就有土地资源浪费巨大和工业污染“星火燎原”等不利于生态环境的问题。

综上所述，高速城市化及其负外部性带来的粮食安全、生态环境和城乡公平等问题通过两两之间的双向关联形成了一个相互锁定的结构，给问题的解决带来困难。而解决问题的关键，或者说解开这种互锁结构的钥匙，就是减小高速城市化的负外部性及其带来的乡村衰退，减少乡村在经济、社会、环境等方面承担的额外成本。

1.2.3 现有调节机制的有效性缺失分析

面对中国高速城市化的负外部性及其带来的粮食安全、生态环境和城乡公平等问题，需要建立有效的调节机制减小高速城市化的负外部性，延缓乡村衰退、重塑乡村活力。然而现有的调节机制，无论是市场的、政府的还是乡村自组织的面对这一问题时，在意愿、方法和能力等关键环节都存在某一方面或某几方面的缺陷，造成现有调节机制有效性的缺失。

1. 市场调节

中国的高速城市化过程始终伴随计划经济向市场经济的转轨，逐步淘汰阻碍要素在城乡之间、城市之间自由流动的计划体制，对资本市场而言，发挥市场机制对要素配置的主体作用是大的发展趋势。然而，市场机制在效率优先的准则下很难兼顾公平，有产生“市场失灵”的先天缺陷，结果可能使其追求的效率也得不到保证。高速城市化产生负外部性，造成乡村衰退并对整个城乡系统形成负反馈，其本身就是市场逻辑的体现，是“市场失灵”的一种具体而又综合的表现。“拉美模式”城市化带来的贫民窟、治安混乱、土地荒芜、粮食歉收、大面积饥荒等问题，正是放任市场机制单方面发挥作用形成的后果，而城市化不断侵蚀城郊耕地也是在市场逻辑利益导向的驱使下形成的，因为在城郊的土地上，种任何作物也比不上“种房子”赚钱（仇保兴，2006）。反过来，对于农业在环境保护、维护生态平衡、保持自然风景、保护人类文明遗产等方面具有的正外部性，市场机制也不能给予其恰当的报偿（吕洋等，2008）。因此，寄希望于市场调节机制来化解高速城市化产生负外部性这本身就是“市场失灵”产物的问题，无异于缘木求鱼，或者说市场调节机制产生不了解决这一问题的意愿。

2. 政府调控

政府调控包括经济、法律、行政等手段，在中国农业和农村领域，以及城乡关系领域常见的政府调控形式有财政补贴、出台政策法规、编制各类规划等。在市场面对高速城市化的负外部性失灵的情况下，政府调控应该成为调节城乡关系、缓解乡村衰退的主要机制，然而现实中政府调控机制却存在着各种问题，制约其作用的发挥。

首先，面对高速城市化产生的负外部性和乡村衰退，中央政府与地方政府的认识存在上下不一致，中央政府从宏观和全局的角度出发对高速城市化的负外部性带来的问题认识比较清楚，解决问题的意愿比较强烈，而地方政府出于地方利益和眼前利益的考虑，城市偏向的倾向明显。但在调控形式方面，中央政府主要采用政策法规和财政补贴等形式，偏于宏观，地方政府则掌握着各类具体规划，可以执行符合自己意愿的具体调整。因此，这种政府意愿和行为的上下脱节使有利于减小高速城市化负外部性的政府调控成为纸上谈兵，无法落实。

其次，政府调控还因条块分割而缺乏统筹协调，使调控的有效性大打折扣。在中国的政府部门设置中，没有统一管理农村事务的部门（如英国的环境、粮食和乡村事务部），农村工作分散于各个部委，形成了农村工作条块分割的体制基础。虽然也存在中央农村工作领导小组和国家发展改革委农村经济司等以协调农村工作为目标的机构，但这些机构多存在于上层政府，协调作用也偏于宏观，而越到基层这样的农村工作协调机构和机制就越势微，缺乏统筹的情况也越严重。

再次，作为政府对抗与平衡市场机制不足和负面影响的重要手段的各类规划，也存在各自为政、缺乏系统协调的问题。农业部主要致力于管理和指导农业生产，不涉及乡村人居环境和生活服务；发改、经贸等经济部门的规划对乡村基层缺乏指导性和操作性；交通、水利、电力等基础设施部门的规划缺乏对乡村的系统性考虑；而在空间规划方面，国土部门的主要目标是耕地保护和指标控制，建设部门则偏重于居民点的建设和管理。缺少涵盖经济、空间和设施，统筹考虑生产、生活与生态的综合规划机制。

3. 乡村自组织

乡村自组织从严格意义上来说并不是一种独立的调节机制，而是在宏观政治经济体制之下，具有较强自我意识的乡村居民联合起来以在市场竞争和政治利益竞争中对抗城市力量的组织形式，但高度的自组织确实能为乡村带来经济和政治利益，在某种程度上抵消高速城市化的负外部性。近年来，在政府扶持和引导下，作为乡村自组织形式之一的各种合作社在中国乡村又开始兴起，在农村生产组织和市场营销等方面发挥了积极作用，但仅仅这样还是远远不够的。

一方面，城市吸引造成的乡村人口流出仍未停止，农民即使忍受非市民待遇也不愿意留在乡村，乡村自组织的根基并不稳固。另一方面，在高速城市化和全球化背景下，乡村即使自组织起来，面对自上而下的城市经济和政治力量时仍然显得渺小，在竞争中仍处于弱势地位。

此外，乡村自组织的总体思路和目标不清晰，未能充分发挥应有的作用。在中央政府和地方政府对高速城市化负外部性的调控意愿不一致的背景下，目前形成了中央政府有保护和扶持乡村发展的政策但落实困难、地方政府不主动落实或主动不落实中央政策、乡村不知道如何利用和落实中央政府政策的局面。在这种局面下，需要将地方规划作为乡村自组织的一种重要形式，在全面分析认识乡村系统构成和关键要素的基础上，对接和利用中央政策为乡村谋利益，实现对自身的保护。但这样的规划目前显然是缺少的，乡村自组织总体而言存在能力上的欠缺。

1.2.4 乡村规划研究的需求分析

中国高速城市化产生负外部性并带来粮食安全、生态环境和城乡公平等一系列互锁的问题，而现有调节机制由于各自存在的缺陷而无法做出有效的应对，因此需要创新一种新的调节手段来应对这些问题。新的调节手段应满足的条件可以从以下几个方面进行分析。

第一，从理论上讲，城市化是一个动力和反馈机制相当复杂的过程，涉及人口、政治、经济、文化、社会、环境等各个方面（图 1.6），因此应对高速城市化负外部性的新调节手段需要具有综合的、系统的解决问题的思想方法。

第二，从解决问题的实践层面来说，高速城市化负外部性带来的粮食安全、生态环境、城乡公平等问题涉及的经济社会层面和空间类型是广泛的，空间方面包括生产空间、生活空间和生态空间，因此新的调节手段控制的空间范围应该是区域性的。

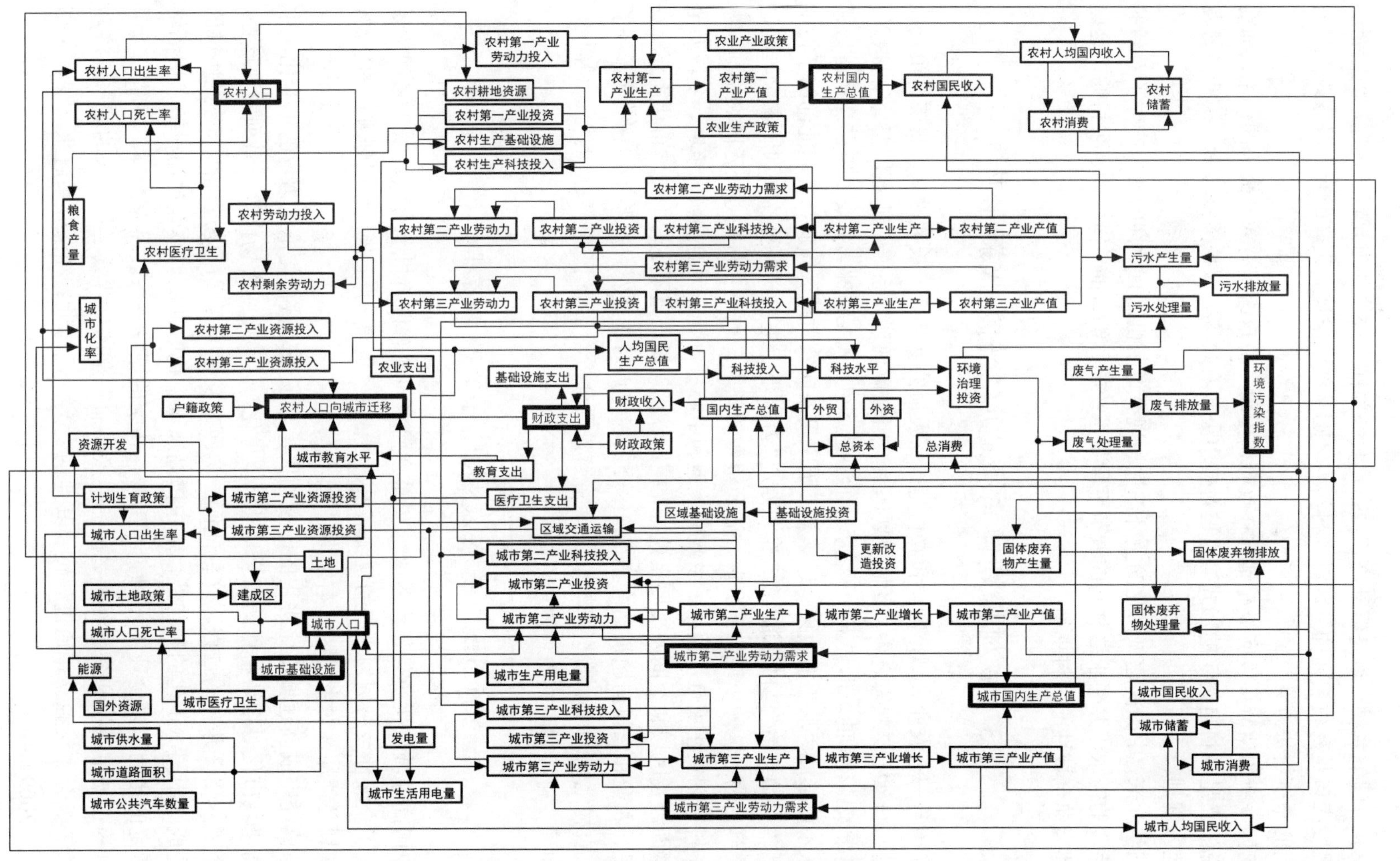

图 1.6 城镇化作为复杂大系统的研究框架

图片来源：顾朝林等，2017

第三，缓解乡村衰退是解开高速城市化负外部性带来的互锁问题的钥匙，因此新的调节手段应该是乡村层面的、针对乡村活力衰退从经济发展、设施配套、服务改善等方面做出的系统解决方案。

第四，新的调节手段应能起到弥补政府调控和乡村自组织有效性缺失的作用，即前文所说的立足乡村自组织的形式，通过对接中央政府政策来保护关键要素、扶持乡村发展的地方规划。

归结起来，中国高速城市化的负外部性和现有调节机制有效性的缺失产生了对新的调节手段的需求，并要求这种新的调节手段是系统的、综合的、区域的、乡村的，这些要求都指向全域性的乡村规划。

1.3 乡村规划体系不适应乡村发展新形势

我国是一个农业大国，农业和农村是国家发展的基础。但长期以来，我国村镇发展一直处在自然主义状态之中，乡村规划体系沿用城市规划体系，在国家推进“乡村振兴”和“健康城镇化”的新形势下，出现明显的不适应性。概括起来，主要表现在：一是“条”的投入不能形成“块”的效果。近年来，国家投入向农村地区倾斜，各职能部门正在推进包括“农地整治”“村村通”“安全供水”“万家千店进农村”等各项利民惠农工程，但聚集到农村地区，出现投入分散，资源浪费的倾向。二是乡村规划缺乏区域性研究。现行乡村规划关注重点在镇区、乡政府驻地和中心村，就广大的县域、镇域、乡域乃至国家层面涉及区域和空间发展要素挖掘、控制、管理均严重不足，中国城市化需要解决的农民、农业和农村问题长期被架空，结合农村特点对构成农民完整生产、生活系统的“面”（农村地域）的规划严重缺乏。为此，首先要分析新形势下乡村发展的特征和问题，梳理加强乡村规划研究的总体思路。

1.3.1 乡村发展的特征及其影响

中国高速城市化负外部性带来的一系列问题和现有调节机制有效性缺失之间的矛盾催生了全域性乡村规划研究的现实需求，而依循“调查-分析-规划”规划方法的思想，乡村规划必须加强对乡村区域本身特征的研究。

与已经完成高速城市化进程的国家相比，除了作为城市化推进力量的工业化，中国的高速城市化时期还将伴随着全球化、信息化、机动化和市场化等一系列宏观形势，是一个“六化”并存的过程。这种任何一个西方发达国家城市化过程都未曾经历过的情况造成了中国城市化的独特性，对中国高速城市化时期的城乡互动和村镇发展都将产生特定的影响。以全球化为例（图 1.7），传统的城乡关系表现为人口、商品、货币和信息等在城市经济和乡村经济之间的交换，而在全球化背景下，一国的城市经济和乡村经济既合作又独立，通过外贸和其他的交换方式与世界经济联系起来（保罗·诺克斯等，2009）。

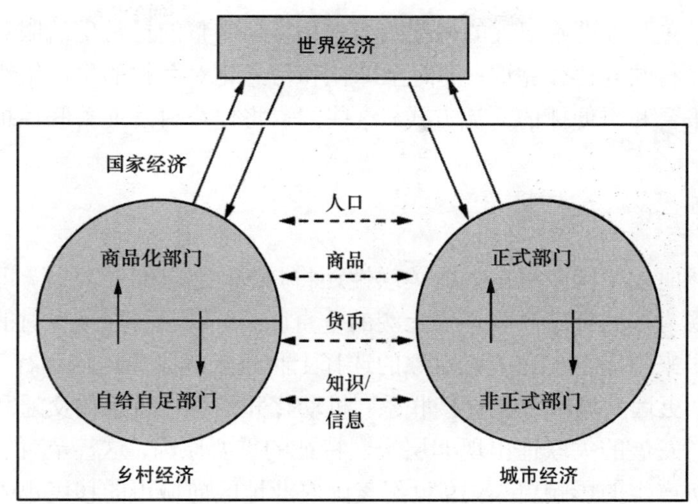

图 1.7 全球化背景下欠发达国家城乡经济之间和部门间的相互作用

图片来源：保罗·诺克斯等，2009

从乡村的角度来说，在中国高速城市化“六化”交织的复杂背景下，中国乡村发展也会出现一系列变化，表现出独有的特征。而这些特征又会与高速城市化时期规律性的乡村衰退相互影响，使中国的乡村发展问题复杂化，增加应对乡村衰退的难度。从乡村区域特征的两个方面——乡村发展的关联性和乡村区域的系统性——分别分析其在中国高速城市化时期的特征和影响。

1. 乡村发展关联性的特征和影响

乡村发展的关联性是乡村社会经济系统与外部环境之间的要素交换和相关程度。在全球化、信息化等影响下，中国高速城市化时期乡村发展的关联性表现出扩大化、非层级性和不稳定性等特征，而这些特征所带来的影响则具有复杂的作用效果，甚至存在相悖的现象。

1）扩大化

高速城市化时期中国乡村发展的关联性具有扩大化的趋势，这反映在人口迁移、生产协作、产品交换、技术交流等生产、生活的各个环节中，其已经有所表现并将继续发展。计划经济时期，中国乡村的生产发展和产品销售服从于垂直的计划指令，而生活消费则表现为农村公社的自给自足和短缺经济下的配给制，因此这一时期乡村发展的关联性是相当有限的。改革开放后，首先是市场化改革对乡村发展的关联性产生关键影响，乡村的生产和生活不再依靠计划指令，而是通过市场配置，这大大拓宽了乡村发展可能的交换对象和自由度。其次是机动化带来交通运输条件的不断改善，为乡村发展关联性的扩大提供了条件。目前来看，市场化已基本完成，机动化还有待深入推进，但两者带来的影响已经得到较为充分的发挥并趋于势微。进入高速城市化阶段后，城市化的高速发展本身使城乡之间各种要素的流动更加频繁，流动范围也更大；而由于乡村人口规模和密度的减小，在服务设施配置的规模门槛作用下，完整的日常生活服务也需要由更大地域范围内的乡村共同协作完成；同时全球化和信息化对乡村的生产组织和市场销售提供了更广阔的平台和更便捷的交流方式。这些因素将使乡村发展关联性扩大化的趋势得以继续。

2）非层级性

高速城市化时期中国乡村发展的关联性还将具有非层级性的特征，即和乡村发展的关联性主要表现为按照行政序列逐级上溯的垂直联系，以及与同级乡村的水平分工的传统模式相比，未来中国乡村在关联对象的选择上将越来越脱离地域和行政关系的束缚，更多地与更大、更远的城市发生直接联系。机动化和信息化带来的交通和信息交流的便捷化无疑是乡村发展的关联性出现非层级性特征的重要原因，这甚至可能比经济机制和行政体制变化所产生的影响更大。19 世纪美国农业地区向城市的移民也表现出短距离迁移和逐级迁移的特征，即移民“具有内部移民模式的特征……是一种渐进的过程，从农场到乡村，从乡村到城镇，从城市到大都市”（Weber，1963），这说明在机动化和信息化还没有到来的年代，不管何种市场机制或行政体制，乡村发展的关联性都具有层级性的特征，而在机动化和信息化发生之后，这种关联性则表现出非层级性。同时，全球化则将这种非层级性提升到了另一个层面，乡村有可能直接与全球经济发生关联，而不再需要通过本国各级城市的层层传递。

3）不稳定性

传统的乡村发展关联性主要变现为乡村与上级城镇之间逐级上溯的层级性联系和同级乡村之间基于日常生活服务互通有无的需求的联系。这两种联系都具有较大的稳定性，而在高速城市化时期随着中国乡村发展对外关联的扩大化和跨层级化，乡村发展的关联性也将变得越来越不稳定。这种不稳定性既表现在乡村与城市的关联中，也影响到同级乡村之间的相互关联。在乡村与城市的关联中，无论是乡村寻求在大城市发展中获得机会或参与全球化的主动过程，还是大城市向乡村辐射或全球化渗入乡村的被动过程，一方面乡村与关联对象的经济体量存在巨大差异，往往需要举全局之力来维系这种关联，或者说关联对象的影响力能轻易波及整个乡村，而另一方面乡村在关联对象方面拥有众多选择，或者说自上而下渗入乡村的大城市辐射或全球化因素在具体内容方面具有很大的偶然性。也就是说，无论主动或被动，乡村发展的整体模式和主导产业很容易发生改变，而这种改变往往带来乡村的关联对象城市的整体替换，这就带来了不稳定性。进而，乡村经济和产业内容的易变性使理想中的基于区位因素的同级乡村之间相互合作或带动作用显得根基不稳，乡村与周边同级乡村之间除了日常生活相互服务之外的关联也变得越来越不稳定。

4）影响分析

乡村发展的关联性扩大化、非层级性和不稳定性三个特征将给中国高速城市化时期的乡村发展、特别是应对乡村衰退带来一系列影响，对乡村规划研究提出了新的挑战。从整体上来说，乡村发展关联性的三个特征都使乡村发展越来越脱离与本地经济的联系，加大了发展中的不确定性和乡村衰退的风险。

乡村发展关联性的扩大化使乡村需要通过与更大地域范围内的乡村的分工协作才能满足其日常生活所需的各项服务，即乡村发展的基本需求变得更加依赖于乡村体系而且一个自治的体系所需的乡村数量和地域范围变大了。自治体系体量的扩大使其变数增大，体系中任何一点的变化可能带来牵一发而动全身的效果，再加上乡村对体系依赖性的增强，由于乡村公共服务得不到有效满足导致乡村衰退的风险加大了，这就要求乡村规划和研究扩大协调的范围。

乡村发展关联性的非层级性特征则使城乡之间要素流动的自由度更大，同时也不再是一个次第转进的关系，这显然更有利于大城市规模集聚效应的发挥，加剧了高速城市化过程中的规模偏好，将会抑制中小城市和小城镇的发展，不利于乡村地区形成带有一定层级的、稳定的居民点体系。而从发展经验来看，健全的居民点体系具有减缓乡村衰退的作用。

乡村发展关联性的不稳定趋势使乡村的经济和产业结构容易发生整体性的转变，同时乡村与周边同级乡村之间的相互合作和带动作用变得脆弱，这意味着除了日常生产生活所必需的互助服务，传统乡村体系规划和研究中所谓的职能分工和互补将会存在极大的不确定性，并且随着规划层级和范围扩大，这种不确定性也越来越大，对规划的科学性和可实施性产生的消极影响也越大。

2. 乡村区域系统性的特征和影响

乡村区域的系统性是指乡村区域内各种要素的构成和分布、要素间相互结合的情况及其表现出的系统功能。在高速城市化背景下，中国乡村区域的系统性受全球化、信息化等因素影响，表现出动态化、非自主性和破碎化的总体趋势和特征，不利于乡村系统的发展和组织，增加了应对乡村衰退的难度。

1）动态化

高速城市化时期的中国乡村区域的系统性将表现出动态化的特征，即在一个确定的乡村区域，其系统中的各要素首先出现要素构成即数量和质量上的变化，进而出现单个要素组织形态的变化，继而各要素之间的结合模式和状态也发生变化，最终影响到该乡村区域系统整体系统的表现和特征，乡村区域系统性的动态化特征首先来源于高速城市化本身，正是高速城市化过程使要素不断从乡村向城市特别是大城市集聚。首当其冲的是人的流动，“城市总是不断地从农村地区吸取新鲜的、纯粹的生命，这些生命充满了旺盛的肌肉力量、性活力、生育热望和忠实的肉体”（刘易斯·芒福德，2005），人的流动一方面带动着财、物的流动，另一方面也迫使留在乡村的人口改变其组织形态——居民点的迁并，进而影响乡村生产和生活各个系统的组织模式。同时高速城市化过程中的城市也通过快速、直接占用乡村资源（包括土地资源、矿产资源和环境资源）的形式改变乡村区域的系统要素构成。乡村区域系统性的动态化同样也是全球化和信息化等影响的结果，与城市化对乡村区域系统从量变到质变的影响模式不同，全球化对乡村区域系统的影响则是自上而下的，乡村区域系统需要根据外部要求首先重新定义系统功能，进而重组其系统要素以实现这种功能。

2）非自主性

高速城市化时期中国乡村区域系统性的另一个总体特征是非自主性，即乡村区域在系统功能转变、系统结构组织甚至系统要素组成等方面都受到外部力量的作用和外部因素的影响，而其自身对这些系统的关键指针的掌控能力相对于外部力量来说则相当弱小。乡村区域系统的这种非自主性来源于高速城市化和全球化背景下乡村发展关联性的改变。随着乡村发展关联性的扩大化和非层级化，乡村更多地与大城市乃至全球经济直接发生联系，乡村与其关联对象之间在资本、劳动力和技术等方面的体量和力量差异变得越来越大，甚至相差一个或几个数量级。在这样的不对称关联中，强大的外部力量将单个乡村区域作为一个环节吸纳或组织到其庞大的体系之中，按照其意愿来决定特定乡村区域所承担的角色和功能，而乡村区域则需要按照这种被赋予的系统功能定位来组织其系统要素和系统结构，如土地功能的变化、劳动力从业结构的变化等。更为直接的情况是，外部力量通过其管理优势对乡村区域的系统组织进行干预，按照其理念和利益改变乡村区域的系统结构。更进一步的，外部力量可以利用其在资本和权力方面的优势地位，对乡村区域的系统要素进行直接占用。总之，在高速城市化和全球化背景下，乡村区域越来越多地受到强大外部力量直接或间接的干预，对其系统性的功能、结构和要素的控制力越来越弱，表现出非自主性的特征。

3）破碎化

无论中外，乡村区域系统性的破碎化都是高速城市化时期一个显著而重要的特征，而中国由于特殊的国情，这种破碎化更容易发生。乡村区域系统性的破碎化指的是乡村区域的系统构成要素发生流失或被占用的情况，导致其偏离正常的数量和质量结构或与原来的乡村区域系统功能割裂开来，进而导致系统内要素间联系的断裂，最终使原本相对完整的乡村区域系统变得片段化和结构失衡。高速城市化时期乡村区域的系统性的破碎化表现在人口、土地、自然资源、环境资源等诸多要素上，总体情况是优质的、对城市等外部力量有价值的要素被转移或占用，剩下的则是劣质的、相对没有价值的要素。其中最显著和影响深远的是农村人口的结构性流失，韦伯（Weber，1963）对 19 世纪美国农业地区向城市的移民的统计研究发现年龄段在20～40岁的移民占总数的一半以上，并且出于婚姻等因素的考虑，女性移民比男性多，类似的情况在中国也正在发生。乡村土地和自然资源则通过低价征占的方式向城市进行实体或价值转移，而随着城市和全球化经济力量向乡村的渗透，乡村的优质环境资源被占用的情况也越来越多，被占用的环境资源主要用于旅游、休疗养、私人度假等功能，与原来的乡村区域系统之间的联系被割断了。

值得注意的是，中国人地关系紧张的国情使人口结构性流失这一乡村区域系统性破碎化的重要方面更容易产生。保罗·诺克斯等（2009）描述了欧洲和北美的工业化核心区域农村发展和城市增长紧密相连的模式（图1.8），认为这些地区形成了“农业生产力提高—农业增产、劳动力转移—城市经济和技术发展—技术和机械进一步提高农业生产力”的不断积累优势的螺旋增长。然而中国的情况则并非如此，在以全世界7%的耕地养活22%人口的压力之下，中国的土地生产力通过精耕细作已接近上限，劳动力冗余而技术投入对农业生产的边际效益很小，因此更容易产生人口结构的系统性破碎化，即有活力的人口迁移到城市而留下老人和妇女，因为依靠这些人依然可以将土地的农业产能维持在较高水平。

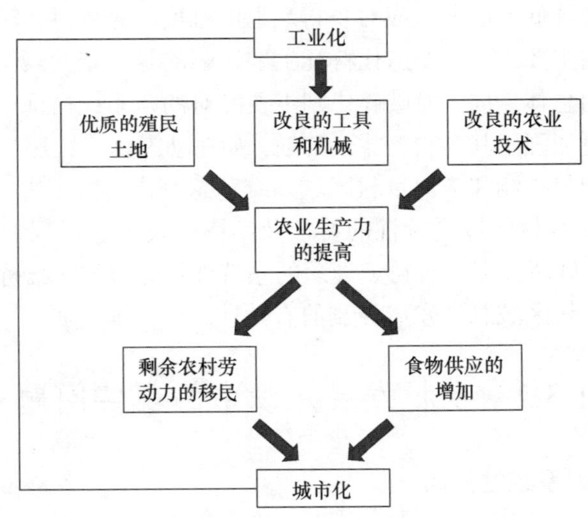

图1.8 世界核心地区的城市化进程

图片来源：保罗·诺克斯等，2009

4）影响分析

高速城市化时期中国乡村区域在系统性方面表现出的动态化、非自主性和破碎化的特征使乡村区域发展总体上变得难以预料和不可控，使通过调整和组织乡村区域中的要素和资源应对乡村衰退成为一项充满不确定性的工作，也增加了乡村规划和研究的难度。

乡村区域系统性的动态化状态直接根源于高速城市化过程本身，其直观表现为乡村区域的系统要素构成的变化，这种变化又对要素的系统组织形成倒逼机制，迫使乡村区域的系统组织必须主动或被动地进行与其相适应的变化，否则乡村区域的系统运转将会发生问题，最常见的例子是人口的流失迫使乡村居民点体系做出调整。乡村区域系统性的动态化特征要求乡村规划和研究能对乡村区域的系统变化做出预判，并适时地指导其进行调整。

乡村区域系统性的非自主性特征更多地来源于全球化大生产体系的影响，其使乡村区域的整体走向变得难以把握，乡村区域的系统功能偏离传统行政体系出于全局利益考虑对其提出的要求的可能性大大增加，这对乡村规划落实上位规划、合理定位乡村区域系统功能提出了新的挑战。乡村区域系统性的非自主性同样也表现在乡村区域对其自身系统要素和系统组织的掌控和调整受到外部力量的限制，增加了通过规划组织系统资源应对乡村衰退的难度。

乡村区域系统性的破碎化趋势一方面使乡村区域的系统要素“去优存劣”，另一方面使乡村区域内系统要素之间的联系断裂，降低了乡村区域系统的要素质量和组织化程度，从两个方面对应对乡村衰退问题带来负面影响。因此，在乡村规划和研究中，需要从维持乡村区域系统必要的整体性的角度出发，明确系统要素之间相互关联的关系链，控制具有关键性的系统要素，限制其脱离系统或发生影响全局的改变。

乡村区域系统性的动态化、非自主性和破碎化特征通过综合作用，使乡村区域发展的可预见性和可控性降低，增加了应对乡村衰退的难度。对乡村区域系统而言，三个特征各有其发挥作用的主要方面，动态化特征主要影响的是系统要素构成，非自主性主要影响的是系统功能的总体走向，而破碎化则主要针对的是系统内部组织。三个特征分别影响的相互叠加则更加强了其各自产生的影响，如在动态化特征影响的基础上考虑非自主性特征的影响，则使预测和应对乡村区域系统动态变化的难度进一步加大等。因此，中国高速城市化时期乡村区域系统性的特征及其影响要求乡村规划理清乡村区域的系统构成和系统组织，创新具有综合协调理念的系统性规划方法，维持乡村区域必要的整体性，增强规划对乡村区域总体发展控制的有效性。

1.3.2 乡村发展建设中的现实问题

1. 城乡关系出现系统性危机

我国城乡关系经历了四个阶段：一是新中国成立前重农抑商的轻城重乡阶段，以土地、宗族为纽带，封建社会制度、乡绅治理制度、告老还乡文化制度，乡村较城市更成为财富积累的源地和地域文化滋生的福地。二是改革开放前的城乡分割阶段，在城乡人口与社会发展空间关系上，城市和乡村采取人口、经济和服务的完全封闭的城乡分治管理制度。三是改革开放后的城乡互动发展阶段。1978～1983 年以农村为发展的重点，城乡差距逐步缩小。1984～2002 年以增长为导向的改革决定了以城市为核心的发展格局，城乡处在互动发展状态之中。四是城市与乡村发展极不平衡阶段。由于城市经济发展迅速和发展动力巨大，对乡村地区的空间、土地、劳动力资源的集聚作用进一步强化，导致乡村地区发展要素流失，城乡空间争夺的加剧（表 1.1）。

这导致了一系列乡村发展中突出问题的产生。首先，乡村整治和撤并违背农民和农村地区自治原则。其次，城市型开发破坏乡村发展本源。在高速城市化推动下，事实上无论农业还是农村均面临困境。有些快速城镇化地区，为保证城市建设供地，国家提出划定“永久基本农田”落实不到位，存在“划远不划近，划劣不划优”的现象；有些农村文化地域特色地区，国家历史文化名镇名村、风景区一经颁布，成为资本圈地逐利的场所，大改造变成大破坏，失地农民和发展权丧失现象严重。第三，乡村规划以村庄整

表 1.1 我国城乡关系的四个发展阶段

发展阶段	经济特征	社会特征
重农抑商阶段	新中国成立前，自给自足的小农经济，空间分散而时间停滞	封建礼制社会：告老还乡、科举制度，乡绅精英，藏富，人财双向同步流通机制畅通
城乡分割阶段	改革开放前，计划经济，剪刀差，农产品单项输出，双系统运行	计划经济社会：政治精英，人财流通系统基本封闭，升学、当兵、招工入城三个途径，显贫，城剥夺乡，回乡流通系统健全
城乡互动发展阶段	改革开放后，开发区、城市新区、乡镇企业同步扩展，城市吸纳人力资本	商品经济社会：财富精英，劳动力进城，城市和乡村经济繁荣
城市与乡村发展极不平衡阶段	2000 年后，经济全球化和世界工厂对土地、劳动力资源需求进一步扩大，城市繁荣，乡村衰败，农业萧条、农民失地和流动	市场经济社会：城市建设用地总量控制与增减挂钩，政府通过程序合法性占用土地，村民通过违法建设合理性坚守，形成了城乡发展的极度不平衡、过量占用空间资源状态，城市挤占乡村发展空间，城乡空间争夺加剧

治为核心效果不佳。近 20 年来，村庄规划的相关研究主要集中在以村庄整治为核心的建设规划，但由于农村集体土地制度、乡村自治管理等农村地区的“特色”问题造成乡村规划难以真正实施推进。

2. 乡村社会运行系统出现涣散

从社会运行角度看，在我国广大乡村地区，控制农业土地使用权的基础在于联产承包责任制和基于耕地保护的基本农田保护制度，而约束农业生产过程的财税制度则随着农业税的取消而消失。同时，一户一宅的农村宅基地福利化制度因为不能市场流通和基本公共服务事实上的不均等，都使得乡村地区的吸引力逐步下降。居住的复杂性导致自立性，人们通常会追求眼前的利益最大化，且往往忽视长远的利益，传统乡村居民必须唇齿相依，维系地缘关系的血脉、精神、场所已经消失，现代国家公民所应具备的公共意识还远未在植根于村民内心深处，传统乡村治理的基础已经不复存在。此外，忽视乡村文化和主流价值观的传播，使得改革开放前的大众忠诚也随着经济发展在乡村地区消失。由于乡村人口尤其是青年知识人口快速流入城市，乡村精英渐少，以妇女和老人为主的“三八”现象严重，传统乡村治理的“精英-权威-秩序”三个核心出现缺失，特别是传统“氏族权威”下的精英流失，乡村治理成本最低的道德范式也已经式微。现在的乡村地区，只剩下“村长向政府负责 ”的政治行政系统的管制运行实施乡村社会的治理，基层农村自治制度也在一步一步蚕食这仅有的乡村运行系统，乡村自治的社会条件和运行规则亟需建构，且在许多地方村委会、党支部的权威尚不及旧时宗族对村民的深刻影响。

3. 乡村规划实施存在制度缺陷

一是乡村地区物权、经营权和分配权分离导致规划实施困难。由于历史上涉及的土地权属、土地流转问题难以解决和私人利益受损的情况下，村民对村庄规划的编制和实施持怀疑、观望态度，村民不愿意参加村庄规划的编制、实施过程，主体地位难以体现。二是乡村建设许可制度无法实施。按照《城乡规划法》规定，城乡规划管理采取差异化管理制度，乡村采用“一证”（乡村规划建设许可证）。出于乡镇技术基础不足、管理人才缺乏等原因，乡村建设许可制度并未得到有效的实施，或者用两证一书的城市规划建设管理方式替代乡村管理，乡村建设未能实施有效的空间管制、技术引导和政策调控，导致难以引导和满足村庄发展需求，乡村建设混乱状况频现。三是乡村规划实施中农民主体地位没有得到确立。以往的村庄规划往往是由政府自上而下编制的“见物不见人”的物质性规划，忽视了村民的主体性，他们既是规划制定的决策主体，也是实施主体，同时亦是最终的受益主体。在规划编制者缺乏对农村的深入了解和缺少广泛公众参与的情况下，规划成果既不能解决农民的现实问题，也不能提出农村长远发展目标和实施路径。四是乡村规划实施主体职责不明确。《城乡规划法》、《乡村规划编制办法（试行）》均规定村庄规划由乡（镇）人民政府负责组织编制，但规划实施主体没有明确，导致实施主体错位、缺位现象严重。实际村庄规划实施的参与方既有政府、集体组织，也有村民和企业，不同项目建设主体和投资主体的差异较大，尤其是基础设施和公共服务设施的建设由于缺乏明晰责任边界投资往往不足。

1.3.3 改进乡村规划研究的总体思路

新形势下乡村发展的特征和乡村发展建设中的现实问题，以及减小高速城市化带来的粮食安全威胁、生态环境退化和城乡发展差距加大的负外部性（图 1.9）等，都对改进乡村规划研究和编制实施提出了迫切的现实需求。

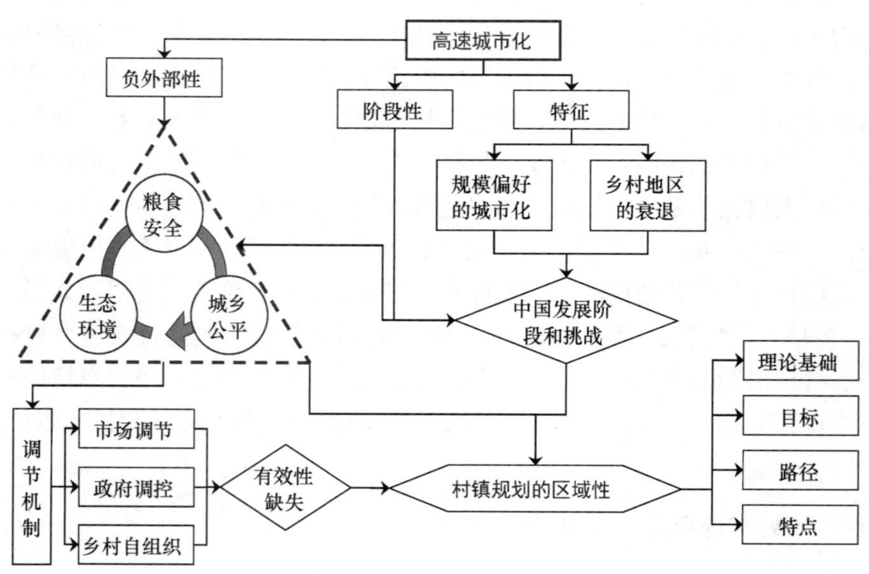

图 1.9 乡村规划的区域性研究框架

中国是传统的农业国家，小农经济具有鲜明的特色，在构筑社会主义市场经济体系的过程中，为了避免城市化过程中负外部性的市场调节、政府调控、乡村自组织的失效，也需要从全要素全区域进行综合规划。因此，乡村规划必须从农村地区的发展出发，紧紧围绕农村发展动力机制，将城镇化快速推进与农业确保相结合，集聚集中发展与绿色集约生态发展相结合，明确县镇乡村域发展的目标定位，划定农村生产、生活和生态空间，以协调田、林、水、路、村为重点，在乡村地区居民点体系规划基础上，构建包括县域、镇域、乡域、村域四类规划的农村地区规划新框架，为农民富裕、农业现代化、乡村振兴提供技术支撑。

据此，从区域发展视角关注县、镇（乡）、村发展，进行全域性的乡村规划研究成为国家新型城镇化现实需求和科学创新需求。通过全域性乡村规划研究，可以有效解决我国高速城市化过程中正在出现的生态环境破坏、乡村衰退和社会公平重建等问题。

1.4 研究意义、范围和目标

1.4.1 乡村规划及其研究意义

1. 揭示高速城市化发展对乡村规划的新需求

中国进入高速城市化时期意味着城乡经济社会交流更加频繁，城乡关系面临剧烈变迁，乡村地区的城镇化发展和乡村建设将有新的内在机制和外在表现。从高速城市化时期城乡发展变化的特征、高速城市化产生的负外部性及其带来的问题、高速城市化对现有调节机制和手段的挑战等方面入手研究乡村规划，可以揭示高速城市化发展对乡村规划的新需求。

2. 探索乡村规划落实国家农村政策的路径

为破解“三农”问题，国家制定了一系列旨在扶持农村、发展农业，增加农民收入的法规和政策，涉及的空间范围是区域性的。乡村规划作为城乡规划的组成部分，是配置乡村空间资源的重要手段。因此，研究乡村地区规划理论方法，构建乡村发展建设的综合性统一规划平台，对乡村规划如何落实国家相关农村政策具有探索意义。

3. 有助于解决乡村规划的现有问题

乡村规划体系照搬城市规划体系已经表现出明显的不适应性，对区域性的重视不够是其主要问题之一，而同时乡村规划也长期存在面广量大但规划力量不够的问题。因此，对乡村规划理论方法进行梳理和调整，将有利于提高乡村规划在乡村地区的适应性和可实施性，有助于解决乡村规划的现有问题。

1.4.2 研究范围

本书旨在通过研究构建我国完整的县、镇（乡）及村域规划与管理技术体系，促进我国农村地区城镇化和社会主义新农村建设的健康有序发展。据此，研究范围是涉及国家行政管理区范围内的乡村地区。根据 2014 年统计数据，全国有县级行政区 2853 个、乡级行政区 40466 个（其中镇 19683 个）、自然村 276 万个（其中行政村 56.88 万个）。在空间上，将乡村地区划分为县、镇、乡和村四个层次。“县域”区域作为农村地域空间规划的基础单元，以城镇化路径和非城镇化路径划分出除生态区域以外的城镇化地区和永久性现代农村地区，镇域与乡域分别作为城镇化地区与非城镇化地区的发展承载空间。“镇域”中各城镇化要素集聚集约构成城镇化地区；“乡域”中居民点布局与农业生产布局关联，并包含以“非城镇化”为主的永久现代农村地区；侧重三农发展的乡域与侧重城镇化发展的镇域共同构成综合的“县域”乡村空间单元（图 1.10）。“村域”作为乡村地区的基础单元中的第三级空间构成，以不同的聚集形式构成镇域/乡域空间，包含自然村屯、集中居民点、农田、自然生态区、各类设施场地等要素。由此构建“县域-镇/乡域-村域”三级乡村基础地域空间（图 1.11）。

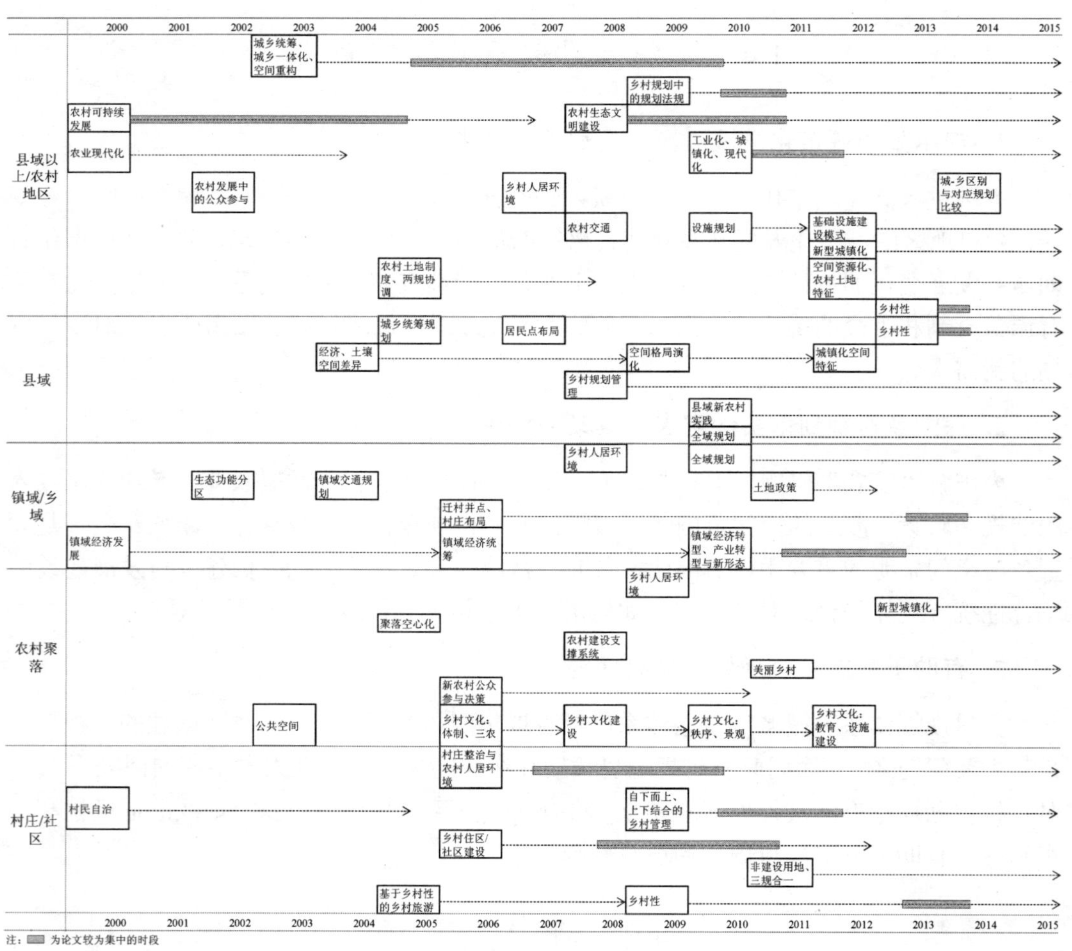

图 1.10 我国乡村规划研究（2000～2015 年）（自绘）

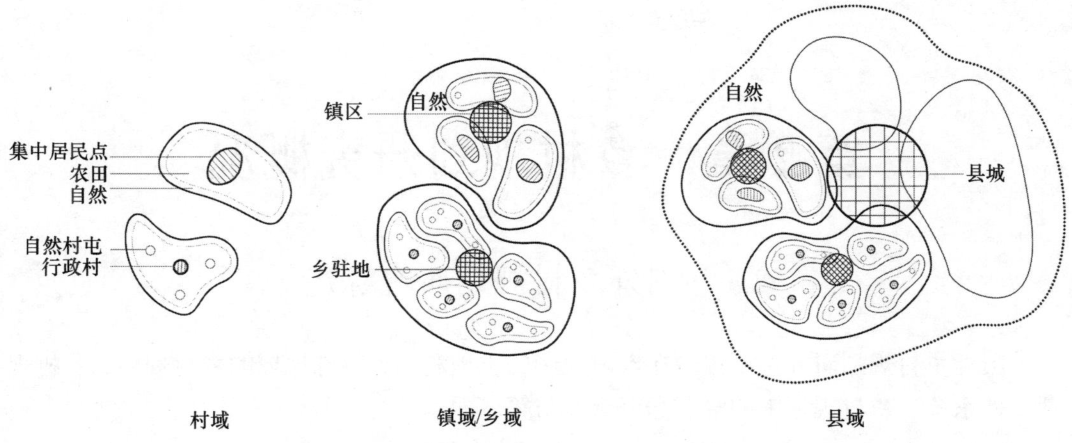

图 1.11 “县域-镇/乡域-村域”三级结构示意图（自绘）

1.4.3 研究目标

针对我国乡村规划简单使用城市规划体系与编制技术，规划理念停留在对点（居民点）的控制上，而没有结合农村特点将构成农民完整生产、生活系统的面（农村地域）作为规划控制和研究重点的现状，研究解决乡村规划存在的区域性空间管制规划被架空、国家相关政策得不到有效落实、乡村体系规划脱离实际等问题，将乡村规划与城镇化发展及其区域分异相联系，提出切合中国乡村地区实际的县域、镇（乡）域和村域规划的理论框架，在县域、镇（乡）域和村域规划探索实践的基础上，研究形成县域、镇（乡）域和村域规划编制技术及导则，为构建我国新型乡村规划体系提供技术支撑。

第 2 章　乡村规划研究概况

2.1　国外乡村规划研究综述

国外乡村规划研究主要集中在农村地区的土地利用、特殊地域的乡村规划、乡村规划支持系统、乡村规划中的管制和公众参与等方面。

1. 农村地区的土地利用

农村地区的土地利用是国外乡村规划研究的重点。在地方和区域层面，为规划和决策服务的土地利用评估是可持续的用地管理的一个关键部分（Clay and Daniel，2000；Lee et al.，1999；Nakamae et al.，2001；Palmer and Lankhorst，1998）。评估方法的发展和应用成为复杂而又系统的土地利用生态学和规划研究的目标。后续研究中，Adrian 认为传统的土地利用规划方法加速了农村地区的远郊城市化，进而提出了一个将土地利用规划与远郊城市化联系起来的基于概念过程的模型，以对农村地区土地利用规划的新方法进行探索（Adrian and John，2000）。David 认为美国乡村的经济、文化和土地景观进入了持续和剧烈变化的阶段，土地利用模式及其发展背景变得越来越由基于自然资源的舒适度来驱动（David et al.，2002）。Yuji 采用航拍数据和 GIS 工具，对大城市周边地区的土地利用变化进行了分析，发现大都市周边地区土地利用的模式深受传统农业土地利用模式的影响（Yuji et al.，2005）。Burghard 总结了一系列多目标土地利用最优化技术的案例，并将“维多利亚乡村土地计划”中提出的一系列可持续景观原则也考虑进来，以得到优化土地利用决策的规划方法（Burghard et al.，2008）。

2. 特殊地域的乡村规划

特殊地域的乡村规划主要是指对大都市区范围内的乡村规划的研究。Pieter 以荷兰兰斯塔德地区为例，探讨了基础设施对大都市区区域城镇化和城镇空间布局、生态绿地保护的影响，并在此基础上提出城市-乡村以高质量城市生活和自然环境为目标的发展模式建议，即可持续的空间模式需要一种将基础设施和城市活动规划与生态绿地规划相结合的规划方法（Pieter，2000）。Michiel 总结了阿伯克隆比在大伦敦规划中的区域规划思想，认为这是一套面向大都市区内部的乡村保护与开发的思想框架（Michiel，2005）。此外，还有学者对按流域划分的乡村规划进行研究，Karen 分析了农村地域按流域进行协作管制的流域规划模式，但结论认为美国环境保护部和国家研究协会发布的流域规划导则很难实现（Karen，2005）。

3. 乡村规划支持系统

乡村规划支持系统的开发包括对乡村土地利用变化的分析、预测、模拟和决策支持等方面。Eric 等采用美国人口普查和国家资源目录数据，对近年来家庭数量增长速度与土地开发之间的关系进行分析，并用以预测 2030 年美国各州和各区域土地开发情况（Eric et al.，2009）。Kim 等采用元胞自动机（CA）技术，从实践应用的角度出发建立了一套可用于村庄发展规划的空间拓展模型，主要用于预测和布局现有村庄将来的新增用地，以及模拟村庄土地利用规划的结果等（Kim and Chung，2005）。Gerrit 等认为土地利用分配过程中经常忽略对拓扑关系的分析、生物物理和社会经济过程、不同用地的空间布局等问题，这将导致土地利用破碎化，从而危及土地利用的可持续性。因此，基于 GIS 平台建立了一套将拓扑关系考虑在内的旨在解决土地利用分配问题的方法（Gerrit et al.，2002）。

4. 乡村规划中的管制和公众参与

在乡村规划的管制方面，Mark 介绍了北爱尔兰的 LEADER 项目，提出通过提高农村社区的制度地位，安排其与地方经济的协商（处理各种经济利益），从而促进在农村地区建立多层次协作的合作管制模式（Mark，2004）。Tabatha 等分析了澳大利亚自然资源管理权下放（即从原来的联邦和州政府管理变为由基于社区的区域组织进行“民主”管理）产生的影响，认为如果要真正对环境管理发挥负责任的作用，某些州一级的监督和协商对话机制必须恢复（Tabatha et al.，2008），这实际上探讨的是区域规划管制的层域问题。

在乡村规划公众参与方面，Amanda 等从心理学的角度研究了快速发展地区的乡村居住开发和“地方依赖”之间的关系，进而探讨了地方依赖心理对乡村传统自然环境保护、土地利用规划策略（包括农地保护、历史保护、区划及其他土地利用规划工具）的影响，认为地方依赖心理对乡村保护的影响是积极的，成为居民支持对土地保护策略的强大动力（Amanda and Robert，2008），这对引导乡村规划中的公众参与具有启示作用。David 等则以墨西哥为背景，探讨了在以促进乡村发展和解决贫困为目的的基于社区的规划中公众参与的作用（David and Victoria，2008）。

2.2　国外乡村规划实践综述

李兵弟对英国、德国、法国、美国、南非、日本、韩国、印度、巴西等国家和地区的乡村（乡村）建设法律制度进行了比较研究（李兵弟，2010a）。其他学者对国外乡村规划的体系、内容、要素、价值取向等内容分别进行了介绍（王宝刚，2003；叶齐茂，2005；郭亨孝，2006；姜爱林等，2006；胡娟等，2006；左停等，2007；石忆邵，2007；岳杰勇，2007；冯贞柏等，2008）。下文将这些研究分为国家、大都市区、县域、镇域和村域等层面进行介绍。

在国家层面，日本编制了“五全综”，长期关注国家广域发展和居民点体系建设。

1970年以来，针对全国范围过疏化地区的农村，连续制定4个10年期的《过疏地域措置法》，提高过疏化地区的自立能力；针对大都市郊区，搭建轨道交通框架，增加基础设施和社会公共设施，鼓励城市森林和市民农园建设。在韩国，1970年开始“新村运动”，对韩国健康城市化发展起到非常重要的作用。这项运动最初在农村推行，后来扩展到城市、工厂和学校，工作内容也由单纯的管理改革扩展到政治、经济、社会和文化等诸方面，成为一场席卷全韩的全方位社会改革运动。现在看新村运动，除了着力改善农民的基本生产生活条件和发展农村公共事业，关键是快速稳妥地向城市转移了大量农村富余劳动力。1970年韩国新村运动开始时，农业人口的比例高达50%，到1975年急剧下降为37.15%，到1985年又下降为20.18%，2008年下降为7%。到20世纪90年代，韩国农村居民人均收入已达城市居民收入的95% 。也就是说，韩国仅用了约30年的时间，就完成了发达国家上百年甚至几个世纪才完成的农村富余劳动力转移过程，而且没有出现严重的失业问题和社会动荡。在英国西南英格兰地区，开展了西南英格兰乡村规划，其实质上是侧重于乡村地区的区域规划。规划根据人口、经济、社会等相关方面的基础数据，分析乡村地区的运作方式、功能特点及发展的内在需求，研究城乡及不同乡村地区的功能联系与差异，这是规划的重点内容；然后在功能分析的基础上将区域划分为若干次区域，制定区域空间规划及交通发展战略；最后整合其他规划的相关观点，并据区域空间与交通规划制定次区域发展策略，其中主要包括住房、就业、旅游、交通、基础设施、休闲娱乐、农业、矿物、垃圾处理等几个方面。

在大都市地区，第一次世界大战后美国就强化这一地域的城镇体系研究，将“田园城市理论”发展为“卫星城镇”方案，通过大城市郊区卫星城镇的建立与乡村体系的重构，缩小城乡差距。乡村建设和发展，经历了早期关注乡村生活质量、提供充足的基础设施保障，到1972年颁布《农村发展法》关注农村发展的多样化需求。目前，注重乡村特色保护和城乡发展的融合，控制乡村扩张，保护高质量农田，成为规划的主要内容。在欧洲，比利时针对瓦隆区的长期经济社会发展衰退，将国土规划和农村整治实践结合起来，1956年颁布《农业土地并块法》以法律形式将其确定为农村整治工程，到1983年年初已完成土地并块工程92项，面积达9万hm^2。后期还从土地并块逐步扩大到农村现代化建设和环境整治等，并发展出一套土地并块的技术方法。我国台湾地区，提出“农为邦本，本固邦宁”的方针，把农村、农业、农民融入第二、三产业的发展和都市化进程之中。通过改革土地制度、构建农会组织、强化农业金融制度，发展农业生产与营销，发展农业教育，实施农业救助等措施，实现农村地区的较快发展。

在县域规划层面，由于日本实行农村地方自治制度，为集约利用土地，扩大社会公共设施覆盖面与使用效益，明治维新以来已展开三次大规模的市町村合并，特别是2000年后加快合并速度，采取“新设合并”和“编入合并”的形式，到2007年市町村总数减少40%以上。在英国，通过推行“集镇”政策（market town），在潜力较大的乡村腹地，遵循“自给自足”和“均衡发展”两个原则建设新市镇，为即将离开土地的农民提供就业机会。在韩国，针对农渔村劳动力老龄化、弱质化、农业机械化发展滞后、农业濒临崩溃的现象，制定《农渔村整备法》《奥地（偏僻地方）开发促进法》，扭转了区域发展不均衡的问题。

在镇（乡）域层面，20世纪50～70年代英国政府遴选中心村，实施中心村建设计划，旨在通过加强中心村的基础设施、社会服务设施、住宅，以及其他相关产业的建设，改善乡村生活和就业环境，促进乡村人口集中，缩小城乡差别。70年代后期，比利时也开展了以农村整治为主的农村振兴工程，由地方政府主持，全体公众参与，进行基础设施修建和发展第二、三产业等。法国通过交通运输业和农业生产方式的突破性变革以及瓦解农村公社促进城乡交流等举措，完成了农村社会向现代社会的转型。目前针对乡村地区的政策主要包括：优秀乡村中心（PER）政策、乡村复兴区（ZRR）政策和大区自然公园（PNR）政策。

在村域层面，日本通过农地保有合理化法人、集落营农、农事组合法人等形式，推进农地规模化经营，并实施农业农村整备和灾害共济补偿。为了应对工业化进程中城乡发展差距扩大问题，从1961年起陆续通过《农业基本法》《农村地区引入工业促进法》《农业振兴地域整备法》《村落地域建设法》等法规，并建设示范工程，达到改善农村生活环境、缩小城乡差别的目的。在加拿大农村地区，推行农业土地规模化、分工专业化、生产机械化。1996年以来，加拿大开始关注农村发展滞后问题，采取“加拿大农村协作伙伴计划”等一系列措施促进欠发达农村发展，鼓励农村居民主导社会发展。在英国乡村建设中，更加关注环境与可持续发展，伦敦郡通过实施“绿带开发限制法案”等，减少对乡村环境和利益的损害，进行可持续的乡村设计。2004年Defra在《乡村战略》中提出政府对乡村政策的三个优先考虑：①经济与社会更新；②体现全面社会公正；③提高乡村价值。在以色列，采用“乡村综合发展方法”，选择农村建设与农业组织合二为一的合作化道路，通过农业结构的调整和技术创新追求农业增长，培育一支高知识、高技能和高素质的农民队伍，用了不到50年的时间在沙漠里完成了农业现代化的过程，为当地居民建设起了全新的农村。

上述国家和地区，都是在土地私有制的背景下，利用针对农村地区的各类政策，在20世纪末完成了大规模城市化进程。大都市地区、县域、镇（乡）域、村域的乡村规划研究和实践呈现以下特点：乡村聚落集中和土地集约利用；农村工业化、农民市民化、城乡一体化；中心村遴选、培育与乡村体系建设；卫星城建设与乡村体系重构；新市镇、新村建设。

2.3　国内乡村规划研究综述

国内研究者在对村镇规划和城乡统筹规划的研究中，对乡村规划的一系列重要问题都有所涉及，包括其价值取向、思想和理念、内容框架和规划技术等。

1. 乡村规划的价值取向

对乡村规划价值取向的探讨多建立在现实批判的基础上。李兵弟指出在农村居民点调整问题上存在价值观方面的问题：①缺乏城乡统筹规划的科学指引，主观盲目地调整农村居民点，缺乏对农村生活的基本了解和对农民群众的尊重；②为了城镇发展建设用地指标，偏执地调整农村居民点，随意加大农村居民点建设密度，个别规划师职业道德缺失，规划工作理念与方向上出现重大偏差（李兵弟，2010b）。张京祥等则指出城乡统筹规划已经偏离了其核心的、长远的宗旨目标，而在地方功利主义的驱使下，正在演变成为“城乡建设用地指标转移规划”（张京祥等，2010）。

在乡村规划价值观的倾向性方面，宋劲松等认为城乡规划要体现公平性、公正性和公共政策的普惠性（宋劲松等，2008）。李兵弟提出统筹城乡改革发展必须摆脱近些年改革受益层面偏窄，受益层面日益精英化、高层化的倾向，让广大农民也能够公平地享受改革开放的成果，同时土地管理制度的改革也要将城镇化发展过程中的土地收益更多地向农村倾斜，让农民得到更多的实际利益（李兵弟，2010b）。张京祥等呼吁以更高、更本质、更系统的角度来理解城乡统筹规划这一实践的意义及其应该遵循的基本价值观（张京祥等，2010）。

2. 乡村规划的思想和理念

在乡村规划的思想和理念方面，规划要重视和体现城乡差异（何兴华，1989；朱磊，2000；杨保军，2009；李兵弟，2010b）和地区差异是两个得到广泛认同的观点（钱紫华等，2008；李兵弟，2010b）。

乡村规划要体现城乡差异，从根本上说是由规划对象决定的，涉及的因素包括社会文化与经济技术的水平和特点（何兴华，1989；何兴华，2011）、发展任务和职能功能（李兵弟，2010b）。就乡村作为人类聚居点而言，聚落规模从大到小，中间并无界限，但却存在着从量变到质变的问题，当聚落小到一定时候不能满足居民的日常生活要求，则必须向上一级聚落寻求服务（何兴华，2010），规划对象存在着质的差异必然也要求规划本身体现这种差异。就乡村体系与城镇体系的差别而言，城市之间的关系主要指经济、社会发展的互相影响，它是超出于人们日常生产生活行为所必须的基本环境单元的宏观联系，而乡村体系除了宏观联系外更需要通过微观的具形的物质环境来表现，这就对乡村规划设计提出了不同于城市的具体要求（何兴华，1989）。朱磊则在对城乡一体化的研究中提出城乡一体化并不意味着城乡差别（如产业结构、经济生产方式、文化、空间景观等）的消失，也不意味着社会区域由非均质空间演变为一种彻底的均质空间（朱磊，2000），因此仍需重视规划对城乡差别的考虑。

与乡村规划区域性内容相关的地区差异主要是指地区之间城乡一体化水平的差异。动态来看，城乡关系整体上呈现出一种由自发走向有序、由城乡分离走向城乡融合的发展演变规律，体现出由低水平的城乡均衡向高水平均衡的转变（赵群毅，2009）。而要达到城乡一体化水平必须同时具备以下几个条件：①城乡生产力达到较高的发展水平；②地区经济发展比较均衡；③城镇相当密集；④交通、通信等基础设施能适应或超前于当前经济、社会发展的要求（朱磊，2000）。赵群毅总结了不同地区（不同的城乡地域特征、发展动力和基础条件）的城乡一体化实现模式，包括城市带动、乡村发展、城乡互动、网络化等不同类型（赵群毅，2009）。钱紫华等则将城乡统筹的要求投影到土地、人口（城镇化）、产业、环境、公共服务设施等要素上去，概括了东部地区和西部地区各自面对问题的差异（钱紫华等，2008）。李兵弟按城镇化发展水平将农村地区大体上分为城乡融合地区、农牧业地区和生态保护地区三类，并分别指出了其城乡一体化发展的重点（李兵弟，2010b）。

除了对城乡差异和地区差异的体现外，乡村规划区域性内容的思想和理念还包括：①全覆盖理念，鲁晓军提出规划区应既包括建设空间，又包括非建设空间，并提出非建设空间的规划应该重点加强（鲁晓军，2009）；李兵弟则从更宏观的视角指出城乡统筹规划的全覆盖主要指行政地域的全覆盖、城乡主要领域（部门规划）的全覆盖、城乡发展要素的全覆盖和政府统筹城乡职能的全覆盖，而规划全覆盖的目标则是解决城镇化发展进程中的区域、城乡、经济与社会发展的三个不平衡（李兵弟，2010b）；②乡村居民点调整“四个尊重”的理念，即尊重农村生产活动方式的要求、尊重城乡统筹下农村生活方式的要求、尊重农村社会管理的组织方式、尊重科学和自然（李兵弟，2010b）；③以指导性为主的弹性规划理念，即更多地运用经济、立法等手段，对规划的实施加以引导，并对地方政府、集团、企业和个体经营者的行为加以约束（余颖等，2008）。

3. 乡村规划的内容框架

对乡村规划的内容框架进行总体研究的文献很少，同样，对城乡统筹规划的研究可供借鉴。李兵弟提出城乡统筹规划内容包括：①基本实现城镇化发展目标的设定（包含城乡产业发展指引）；②城乡居民点聚落体系空间布局调整；③重点发展区域、发展轴、发展廊道规划；④城乡建设用地统筹整理及调整使用规划指引；⑤城乡发展安全环境与生态保护规划指引；⑥城乡区域性基础设施建设规划及重大建设项目库；⑦城乡公共设施配置规划的基本要求（按生活消费、社会管理模式组织的城乡公共服务圈）；⑧统筹城乡社会发展规划；⑨城乡社区（社会）服务管理规划引导；⑩推进城乡一体化建设的阶段目标与主要措施等（李兵弟，2010b）。余颖等将城乡总体规划的主要内容概括为四个“二”，即“二结构、二分区、二布局、二系统”。“二结构”即城乡空间结构规划与城（村）镇体系结构规划；“二分区”即主体功能分区规划与空间管制分区规划；“二布局”即建设用地布局规划与非建设用地布局规划；“二系统”即基础设施系统规划与社会服务设施系统规划（余颖等，2008）。

其他研究者从现有规划的不足、新的发展形势等不同角度分别对某些内容予以了强调。朱磊提出城乡一体化规划的主要任务是：充分有效地开发利用当地自然资源和社会经济资源，合理布局生产力和城乡居民点体系，使各项建设在空间地域上相互协调配置，提高社会经济效益，保持良好的生态环境（朱磊，2000）。李立勋等从乡村发展和城镇发展协调的角度提出应确定乡村地区的边界，为乡村社会经济的发展提供足够的空间（李立勋等，2007）。孙娟从填补空间规划“空白”的角度出发提出应加强对非建设用地如生态用地、农业用地等的规划（孙娟，2007）。宋劲松等认为城乡规划作为公共政策要体现公平分配，强调了规划配套政策应保证普惠性和公正性（宋劲松等，2008）。卞晓雯等总结了农村集体建设用地流转的 5 种形式，认为农村集体建设用地流转已经成为普遍存在的现象，应加强规划管控（卞晓雯等，2008）。鲁晓军强调了乡村产业研究的重要性，认为实现乡村集约发展关键还是在于产业创新和组织创新（鲁晓军，2009）。赵群毅提出经济与社会发展的分析，应由作为传统空间规划中的背景与目标，变为规划的主体内容之一。规划必须首先从城乡一体化的角度思考经济、社会所包括的内容体系，其次必须思考和回答如何促进经济与社会协调发展的问题（赵群毅，2009）。张京祥等则提出应重视乡村地区的用地规划布局，加强对乡村生产用地用途的明确管制规定（张京祥等，2010）。

在各层次的区域性乡村规划的内容框架方面，也有很多研究者提出了观点和建议：

（1）县（市）域规划的内容。吴友仁认为市域或县域规划的内容可以归纳为三个方面的问题：①研究市域或县域社会经济发展的战略目标和布局安排；②城镇化水平预测和城镇体系布局的研究；③确定市域或县域规划的区域范围（吴友仁，1985）。胡序威则从县域国土开发的角度提出县域规划除了明确全县经济、社会发展及资源开发和环境整治的主要方向外，还应具体规划农林牧渔基地、工矿区、乡镇企业集聚点及各类城镇开发建设的区位和地域范围，交通、通信、水利、能源供应、排污处理等基础设施的线路等级、走向、站场与网络分布，不同地域类型的不同开发整治重点，主要开发区、整治区和生态保护区的目标、措施和地域界线，各相关开发建设项目之间的资源平衡与时空协调配合等（胡序威，1994）。张京祥等基于有限目标的理念提出了县域规划的内容体系（张京祥等，2000），但总的来看仍然是一个较为全面的内容体系。李志刚等则根据大都市郊县“与大都市区的协调性、发展方向上的变动性、超越本体的功能性”等特点提出了大都市郊县县域规划的内容体系，并指出县域功能定位、空间发展战略、重点地域规划是其中的重点内容（李志刚等，2001）。段炼尝试提出《县域规划规范（讨论稿）》，对县域规划的内容做了系统规定，包括：县域发展方向的确定及总目标预测，产业结构调整规划及产业布局，城乡一体化规划，县域基础设施的发展与布局规划，社会服务事业的发展与布局规划，生态环境保育规划及防灾规划，风景名胜区及历史文化遗产的保护及开发规划，近期建设项目的提出及配套资金落实方案，实施县域规划的措施及合理化建议。在此基础上提出县域产业结构调整规划、县域城乡一体化规划和县域生态环境保育规划是县域规划的重点内容，并根据当时的社会经济发展特点提出对人口增长及城市化水平的发展、乡镇企业的发展规划进行专题研究（段炼，2001）。童本勤提出县域规划的主要内容包括：①社会经济发展战略；②县域空间发展战略；③城镇体系规划；④县域空间配置规划；⑤支撑体系规划；⑥近期建设规划和实施机制。而其重点则是县域空间发展战略、城镇体系规划及空间配置规划（童本勤，2001）。马强认为县域总体规划的主要内容包括：县域基本情况及经济社会发展的现状；人口变动趋势和资源环境的承载能力；优化整合、重点开发、生态环境、自然保护等功能分区及其发展定位；重点发展轴线和发展中心的布局；城镇发展布局和功能定位；不同区域经济社会发展的定位、模式和重点；事关县域经济社会发展的重要产业、重大项目的布局；支撑县域经济社会发展的能源、交通等基础设施和其他公共服务设施的发展方向和布局等（马强，2005）。左慧敏则提出县域总体规划的重点问题在于县域空间整合，包括：城镇建设用地整合、基础设施廊道整合、产业园区用地整合、非建设用地控制等（左慧敏，2005）。顾朝林等则提出了在科学发展观指导下，由县域经济与社会发展、乡村体系规划与建设、土地利用规划相结合的县域规划新框架，其内容主要包括区域规划、镇规划、村庄规划三部分。其中县域乡村体系规划中区域规划部分的主要内容包括：①发展条件与发展战略；②发展目标与功能定位；③开发空间区划；④人口布局；⑤产业布局；⑥城镇空间布局；⑦重点地区发展规划；⑧确定村庄布局基本原则和分类管理策略；⑨支撑体系规划（顾朝林等，2008）。

（2）镇域规划的内容。研究者们提出了不同时期、不同地区、不同理念指导下的镇域规划内容体系（或重点内容）。李志民提出以实现农村城镇化为指导思想的镇域规划内容包括：①建立镇域城镇经济体系，调整镇域产业结构；②镇域工业的发展和布局；③确定农业功能，推进农业现代化；④国土开发模式的选择；⑤镇域功能地域组织（李志民，1995）。万艳华等提出在农村新“四化”（农民市民化、农业产业化、农村生态化和城乡一体化）的背景下，编制合理配置全镇土地空间资源、统领各行业规划的综合性镇域规划，才是乡镇之所需，具体内容包括：①合理确定小城镇的发展方向；②合理布局镇域产业基地；③与乡镇域土地利用总体规划相协调；④合理安排镇域基础设施和社会服务设施建设用地；⑤合理进行镇域兼村并点规划；⑥合理确定镇域景观生态、文物古迹、绿色空间的保护要求与控制措施（万艳华和艾志诚，2004）。理论基于区域统筹的理念提出镇域规划应注重以下内容：镇域资源优化配置、镇域能源优化配置与空间布局、镇域产业空间布局规划、经济分区、镇域村庄层次划分和规模结构规划、镇域村庄的迁村并点、镇域基础设施配置和镇域公共服务设施配置（李迅，2006）。顾朝林等则提出由镇域规划、镇区规划和专项规划三部分组成的镇规划体系，其中镇域规划主要内容包括：①发展条件分析；②发展目标及功能定位；③产业布局；④复核镇域人口规模；⑤空间组织（顾朝林等，2008）。王聿丽强调镇域规划应把视线放大到镇域各类空间的协同发展上，特别是在资源保护、新农村建设和镇域层面的设施配套，以及与土地利用总体规划的衔接等方面，具体包括：①镇域产业空间的统筹布局；②镇域地域空间的统筹管治；③镇域配套设施的统筹配置；④镇域土地利用的统筹安排（王聿丽，2009）。

（3）村域规划的内容。汪忠满等从规划编制过程的角度提出新农村规划的状态评价和目标任务框架（汪忠满等，2007），从其内容上看具有村域规划的特征。顾朝林等提出村庄规划的内容包括：①发展条件分析；②村庄类型及定位；③人口和用地规模预测；④产业布局；⑤用地布局；⑥基础设施；⑦建设时序及投资估算（顾朝林等，2008）。

郐艳丽等从构建乡村规划从宏观到微观的规划体系的角度出发，提出村庄规划包括村域发展规划和村庄整治建设规划（郐艳丽等，2010），但没有专门针对村域规划提出系统的内容。

4. 乡村规划的规划技术

在规划实践的基础上，研究者们对乡村规划的具体规划技术进行了及时的总结，按区域层次综述如下。

1）县（市）域规划具体内容探讨

在对县（市）域规划所应包含的内容进行研究的基础上，研究者们进一步对县（市）域规划的具体内容进行了探讨。吴友仁对市域或县城规划范围的确定，市域和县域国民经济、科学技术和社会发展的研究，城镇化水平预测，城镇居民点体系规划布局等问题进行了重点研究（吴友仁，1985）。张京祥等重点对县域规划实施的制度保障提出观点，包括县域规划的法定地位、县域规划的实施主体、县域规划对区域发展资金的支配能力等方面（张京祥等，2000）。李志刚等则提出县域规划从根本上说是一种以空间资源分配为主要调控手段的地域空间规划，并提出把县域空间划分为都市空间延伸区、城镇发展区、农田开敞区、生态敏感区四大类型区（李志刚等，2001）。王兴平等提出了县域规划的中心镇战略对策和中心镇选择方法，认为可以通过定量手段对各城镇的发展潜力与中心性进行评价，在此基础上将难以量化的指标加以定性比较，最终确定中心镇，同时还给出了一套评价城镇发展潜力和中心性的指标体系（王兴平等，2001）。

2）镇域规划具体内容探讨

国内对镇域规划具体内容的研究较少。万艳华等对镇域土地综合利用与空间发展规划、镇域产业布局规划、镇域兼村并点规划和镇域景观生态环境保护规划进行了重点研究（万艳华等，2004）。陈志诚等重点对产业空间统筹发展、地域空间统筹管治、交通设施统筹协调三方面内容进行探讨（陈志诚等，2006）。许宏宇等提出将战略研究引入镇域规划的编制，并结合实践提出镇域规划中的战略研究重点为：①确定区域性、前瞻性的城镇职能性质；②确定城镇空间结构；③提出开发模式；④产业发展策略与布局；⑤统筹城乡发展的新农村建设（许宏宇等，2009）。张春花介绍了通过镇区群落划分、农村社区选择和村庄群落划分科学规划乡村居民点体系的规划方法，以及在划分、选择过程中对 GIS 空间叠加分析和 SPSS 数理统计分析等定量分析方法的运用（张春花，2010）。

3）村域规划相关专项研究

与村域规划相关的专项研究主要有乡村建设规划、乡村整治规划、农村居民点布点规划等方面。村庄建设规划或整治规划强调的是对农村建设无序的整治和对基础设施缺乏的补充（邵爱云等，2006），通过文明示范村和生态村的建设推动新农村的建设（宋雁等，2007），村庄布点规划着重于在城乡统筹基础上，把农村居民点的布局与农村经济发展结合起来（田洁等，2007），在建立农村居民点等级体系的基础上，强调建设用地指标和人口规模的预测（章建明等，2005），也强调通过迁村并点实现空间资源的整合（李海燕等，2005）。此外，俞孔坚等运用景观安全格局的理论和方法，把村落看作是大地生命系统的有机组成部分，在规划过程中保障村落的生态、历史和社会文化之生命在快速的城镇化过程中得以延续（俞孔坚等，2006），其规划方法和研究尺度具有村域规划的特征。

2.4　结论和讨论

通过对国外规划实践的综述，可以发现以下几个方面具有启示意义：①强调上下层次规划之间的衔接，也就是所谓“多层治理的决策方式”；②对全域的管理，以及对建设用地和非建设用地、城市和乡村地区的共同关注；③韩国的实践中将“新村运动”演化为一场社会改革，充分发挥了乡村地区自身的发展活力和动力，为自下而上的区域力量培育提供了良好的范本。国内对乡村规划的研究已经具有一定深度，特别是对内容框架的研究较多。然而目前的研究还存在以下不足：①缺少对乡村规划从目标到手段的整体理论研究，存在混淆目标与手段或者简单引用政策目标的问题，而没有从乡村规划对象本身特征和系统发展的角度出发思考乡村规划的研究目标，提出的内容框架因而缺乏理论依据；②对乡村规划的理解仍然多限于镇村体系层面，采用的是城市规划中城镇体系规划的思路，而没有根据乡村生产-生活系统的空间分布特征，引入区域规划的思路实现对乡村发展的空间引导和支撑。

传统的乡村规划，其理论和方法植根于城市规划，乡村体系规划照搬了城镇体系规划内容，镇村居民点延续了城市规划的用地布局规划和详细规划，以及城市设计手法，编制和实施的乡村规划丧失了乡村地区特色，也没有达到促进乡村发展、推动农村地区现代化的目标。虽然乡村规划早已存在，但我国在规划中长期侧重于城市规划，乡村规划尤其是村庄规划研究起步较晚，国内乡村规划研究较为零散，并无完整、深入的分析研究体系，镇村规划技术理论远远落后于乡村建设发展的速度（贾莉，2009），而且村庄整治陷入“大拆大建、贪大求洋、急功近利”的陷阱（仇保兴，2006）。首先，城乡发展的核心要素不同。由于城市是第二、三产业的主要载体，研究城镇及城镇群的空间布局结构，通过优化城镇结构和形态可以极大地促进产业发展，从而推动城镇的快速发展。然而，乡村的产业发展主要依附在居民点以外的广袤的非建设用地上，居民点主要是农民的生活空间并非产业的主要载体。这就从根本上决定了植根于城市规划理论和方法的乡村规划不能解决乡村发展问题。其次，城乡发展的动力机制不同。城市发展主要依靠自身强大的规模效应和聚集效应，城市规划主要通过培育中心城市质量和增加郊区扩展规模，推进城市及其周边地区发展。但对乡村而言，农业及第一产业是经济发展主体，土地资源是乡村发展的核心要素，其发展主要在于提高农村劳动生产力、土地利用强度、农业科技和机械化水平，以及农副产品加工和利用，农业发展决定了农村用地的分散性，腹地经济和多样性是乡村规划需要遵循的重要原则，居民点对土地的依附也决定了乡村居民点的分散性和小规模特点，因此借鉴城市规划理论和方法，试图通过培育重点镇、中心村等农村聚落实现乡村地区发展违背了乡村地区发展基本原理，必然造成乡村生产和生活空间组织的失序和管理，以及经营效率的下框架缺失。

改革开放以来，我国乡村建设经历了农房建设、乡村规划建设、乡村体系布局三个发展阶段（高文利，2005），尽管传统的乡村规划对农村发展起到了一定的推定作用，但是在新形势新背景下，面对乡村发展动力机制，适度规模化经营、农村生态保护、农村地域景观等一系列问题，传统的乡村规划体系出现了明显的规划失效现象。究其原因，主要是“重居民点轻农村产业和生态、生产空间，导致乡村体系规划的目标与农村经济发展条件不相适应，与农村城镇化进程脱钩（顾朝林等，2014）”，滞后于农村经济发展要求。2006 年住房和建设部颁布了《县域乡村体系规划编制暂行办法》，2010 年颁布了《镇（乡）域规划导则》，对县域、镇域的规划编制做出了相关规定，在“城乡规划法”中要求乡规划对乡域范围内的村庄布局做出规划，规划重点从单纯关注村庄整治转向村庄空间布局，并逐渐向关注农村地域发展转变。然而，在实际操作过程中，乡村规划依然以村庄体系和村庄整治为主要内容，对“域”的规划并没有足够的重视，也缺乏科学的引导，集中体现在“新农村建设”上，尽管对农村居民点的建设起到了一定的推动作用，但也出现了许多的问题 。2013 年，住房和建设部针对新的背景开展了“全国村庄规划试点”的规划编制工作，各地进行了许多如“全域规划”（唐鹏，2009）、“四化同步规划”（陈霈和黄亚平，2014）等不同类型的乡村规划探索，涌现出许多乡村规划新思想、新理论和新的法。住房和建设部乡村司 2014 年和 2015 年在宁夏和云南召开了第一届和第二届全国乡村规划理论和实践研讨会，编辑出版《乡村建设法律法规政策汇编》，开展省、市、县各级美丽宜居乡村示范和绿色村庄创建活动。我国近期也出现了以浙江、湖北、四川、河南等省规划实践为代表的镇村体系规划、乡村建设规划、综合发展规划、“四化同步”规划、全域规划、“多规融合”规划等多重县、镇（乡）域规划模式。江苏省更是以分层分解量化的工作方式，将苏南永久性农业及生态区域上图落地，明确农业发展特别是重要农产品生产及生态用地面积，确保土地面积控制又为发展留出适度的空间，探索新的乡村地域发展之路。总之，我国乡村规划研究至“十五”规划提出加强乡村规划建设之后，在各个乡村地域空间层次上，开始从城乡统筹的价值取向出发，在城乡空间融合、乡村空间重构、乡村人居环境、农村产业、乡村聚落及社区、乡村性等方向上都取得了进展；从学习国外经验的乡村管理公众参与开始，逐步探讨社会主义新农村村民自治、“上下”结合的乡村管理之路；从研究土地规划与乡村规划协调出发，开始在集约土地利用、集体土地制度、乡村规划中研究农村地区发展问题。但是，从总体上看，我国目前仍然缺乏具有系统性的乡村规划理论框架。

第一篇

乡村规划新框架

第3章　乡村规划新目标

中国高速城市化时期乡村规划的总体目标和关键在于控制高速城市化产生的负外部性，保留和营造一个有活力的乡村，非如此无以保证乡村不陷入持续衰退，无以保证国家粮食安全和生态安全。在总体目标之下，乡村规划目标体系的生态、经济和社会三个方面各有具体的内涵，本章将从现实问题和发展趋势两个方面对目标体系的具体内涵进行分析和总结。而在乡村规划的具体操作层面，为适应乡村区域的多样性和其发展目标的阶段性，需要对特定乡村区域在特定时期内的规划主导目标进行界定，并通过规划策略制定环节实现规划目标与规划内容的连接。本章将对不同目标导向下的规划策略进行探讨，并结合实践案例加以说明。

3.1　乡村规划新目标体系的内涵分析

构建乡村规划的技术框架时，除对目标体系进行生态、经济和社会三方面的初步划分外，还应对这三方面目标的内涵进行深入分析。尤其在高速城市化时期，应对城乡发展建设出现的新情况，乡村规划目标体系内涵的确定是否科学更关系到其控制高速城市化负外部性、缓解乡村衰退、保障粮食和生态安全的作用能否有效实现。本书从乡村规划历史缺位导致的现实问题和高速城市化时期发展特征对乡村规划的需求两个角度出发，分析确定乡村规划目标体系的内涵。

3.1.1　基于现实问题的分析

由于改革开放后中国乡村规划实践过程中区域性研究的历史缺位，主要导致出现了生态环境和粮食安全面临威胁、乡村发展的空间引导和支撑不力，以及农村资源要素价值流失等三方面的现实问题。

1. 乡村生态环境与粮食安全面临威胁

从“农村支持城市、城市反哺农村”的城乡关系角度来看，农村应当承担保障粮食安全、生态安全和环境安全的三大安全功能，这也关系到维护国家的发展安全。然而现实情况是中国农村生态环境和粮食安全日益面临严重威胁，尽管导致这种情况的因素很多，不能完全归结于乡村规划的欠缺，但乡村规划的缺位至少是其中一个重要因素。

生态环境方面，由于乡村规划没有对农村自然生态空间和要素实现有效控制，随着城市化的发展和城市环境保护力度的加大，城市实行“退二进三”，导致污染向乡村地区转移，而农村经济开发也处于自发状态，农村生态用地在农业、工业甚至包括旅游业的开发中被侵蚀，生态环境遭到破坏。此外，乡村规划缺乏对农业用地及其配套设施建设的指导，导致农业面源污染严重的问题得不到有效解决，成为区域环境恶化的新问题。根据 2010 年年初公布的全国面源污染普查数据，中国面源污染贡献度最高的领域，不是城市，也不是工业，而是农业，其占面源污染的贡献份额是 47%，接近一半。

粮食安全方面，主要表现为村镇建设占用耕地，导致粮食减产。其原因一方面是村镇建设中存在“喜新厌旧”的倾向，没有合理利用原有设施和建筑物，而采取开辟新区的建设方式（何兴华，2011），而乡村规划没能在行政辖区范围内对耕地进行有效保护、对这种现象进行有效管制；另一方面则是乡村规划未能对村镇范围内乡村居民点体系的分布进行有效引导，导致乡村居民点布局分散，相应的基础设施和公共设施的配套建设存在大量重复和浪费，也占用了耕地。此外，随着城镇化进程的推进，“空心村”现象突出，乡村居民点体系的调整未能及时跟进，农民在城镇和农村两头占用建设用地的现象难以解决。

2. 乡村发展空间引导与支撑基础不力

乡村规划导致对乡村发展的空间引导和支撑不力表现在生活空间和生产空间两个方面。

生活空间方面，乡村规划对乡村居民点体系的规划引导不力，使我国村镇居民点普遍规模小、布局散，不仅影响第三产业的发展，不利于城市化，而且浪费资源、扩散污染，也使得公共建筑与基础设施的配置很不经济。同时，农村剩余劳动力就业转移与居住空间转移的不同步，使“空心村”不断出现，不仅造成了建设用地的重复占用，也造成乡村发展活力的丧失，乡村规划未能通过引导“空心村”适当合并重塑乡村发展活力。

生产空间方面，乡村规划对乡村产业发展的空间支撑不力。一方面，乡村规划对农业发展和非建设用地的忽视，使农业发展和农业项目建设缺乏空间引导。另一方面，由于乡村规划未能在镇域、乡域范围内实现对工业发展和集体建设用地的统筹考虑，使乡镇企业布局呈现“村村点火、户户冒烟”，一方面，影响村镇集聚，使村镇居民点布局散的状况难以改变，制约农村城镇化发展，另一方面，也使乡镇企业难以形成产业集群等规模经济形式，对乡镇企业的进一步提升发展形成限制。

3. 乡村经济发展要素及价值流失严重

乡村规划欠缺区域性研究的问题，通过综合作用使经济发展的三要素（资金、土地、劳动力）不断流出农村，其中又以土地和劳动力要素的流出与乡村规划的相关性最为显著。

土地要素及其价值的流失主要是在城乡二元土地制度下，通过城镇非农建设占用耕地，耕地“农转非”实现的，这也成为改革开放以来经济增长和资本积累必不可缺的因素之一（图 3.1）。有研究表明，集体所有制的农业用地被征为国有并转变为非农用地的过程中，形成了征地价、成本价、行政划拨价、协议出让价、市场拍卖出让价等五种地价；从征地价到出让价（包括协议出让价和市场拍卖出让价），土地资本增值收益可达几倍乃至十几倍（温铁军等，2007）。

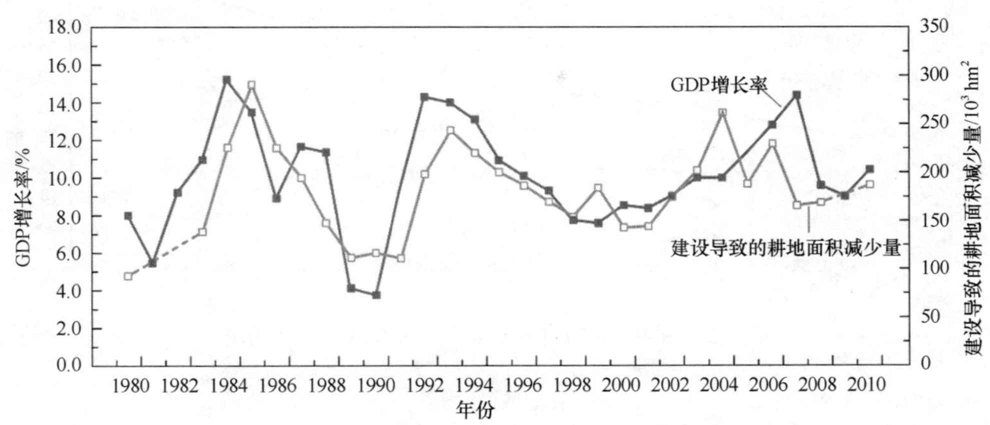

图 3.1　GDP 增长率与建设占用耕地对比

数据来源：历年《中国国土资源统计年鉴》《中国统计年鉴》

值得注意的是，在中国耕地保护日益严格的情况下，农村集体建设用地的流失正成为农村土地流失的一种新的主要形式。通过农村居民点整理获得建设用地指标，并利用“城乡建设用地增减挂钩”的政策将指标转移至城市。与非农建设直接占用耕地的形式不同，这种形式的农村土地流失不表现在土地利用变更上，而更多的是一种价值形态的转移，农村实际流失的是建设用地指标上承载的发展权益。

在农村土地及其承载的发展权益流失的情况下，农村经济难以获得良好发展，从而资本和劳动力要素在市场经济和城镇化作用下也不断从农村流出，与农村经济凋敝和发展权益丧失形成了恶性循环。

从上述分析中可以看到，如果能通过乡村规划有效实现对农村产业经济发展的引导和支撑，一方面通过产业发展增加农村非农就业、提高农民收入水平，可以减少劳动力要素的流出；另一方面通过统筹安排农村集体建设用地为农村产业发展提供空间，则既实现了对农村经济发展的空间支撑，又可以有效遏制集体建设用地及其承载的发展权益的流失。

3.1.2　基于发展趋势的分析

截至 2016 年年底中国城市化水平达到 57.35%，城市化进入缓慢增长期。值得注意的是，从 1995 年开始，我国农村人口的绝对数量开始逐年减少，从 1995 年的 8.59 亿减少到 2009 年的 7.13 亿（图 3.2），农村人口向城镇的转移成为城镇人口增加的主要来源，这表明中国的城市化进入了新的发展阶段。

在新的发展阶段，城乡统筹成为城乡之间关系的主题，城乡之间的要素流动更加活跃，乡村建设和农村城镇化也呈现出新的发展趋势，主要包括建设活动的广域化、城镇化驱动力的多元化和城乡社会公平重建的诉求等方面。

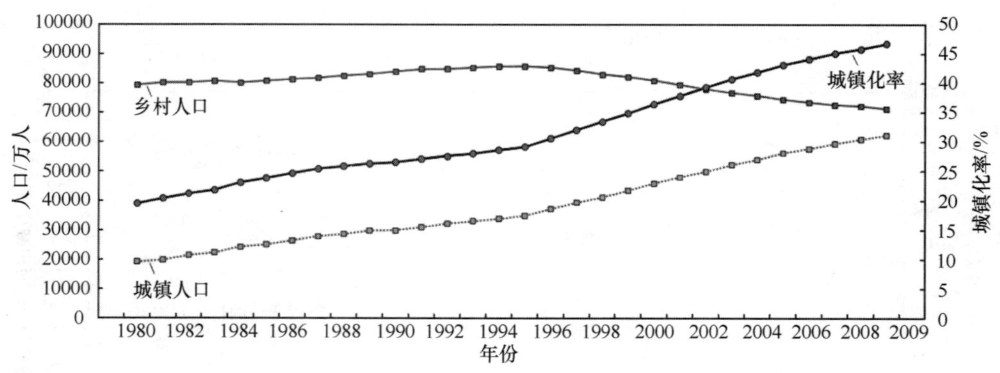

图 3.2　1980～2009 年全国城镇、乡村人口变化情况

数据来源：国家统计局历年《中国统计年鉴》《中国人口统计年鉴》

1. 建设活动的广域化需要严格保护生态环境

高速城市化时期城乡交流更加频繁，城市资本下乡与乡村资源结合的诉求和可能都大大增加，而在市场经济条件下投资主体更加多元化，寻求与乡村资源结合的城市资本的来源也趋于多元化，同时农村产业发展也会在上述因素的影响下趋于多样化。多元投资主体与多样化的农村产业发展相结合，特别是资本与农业、旅游业的结合，将使开发建设诉求远远超出乡村居民点的范围而走向更广阔的乡村区域，即导致乡村建设活动的广域化。

从生态环境的角度来讲，高速城市化时期建设活动的广域化将使乡村空间在城乡生态环境系统中的角色发生改变。在传统的城乡空间格局中，乡村空间很大程度上是作为城市的环境缓冲区的角色出现的，主要的功能是对城市污染物的稀释和自然净化。而乡村建设活动的广域化将使乡村工业污染、现代化农业生产带来的面源污染、农业生产和乡村旅游开发的拓展对自然地域的侵蚀等问题越来越上升为一个城乡区域空间体系中的主要环境问题。于是，乡村空间在整个生态环境体系中的角色，由缓冲区向保障区转变，即乡村空间不再只有环境容量问题，解决乡村空间本身的环境问题已经成为保障整个区域环境质量的关键。因此，高速城市化时期建设活动广域化对乡村生态环境的保护提出了更高的要求，需要通过乡村规划落实对乡村生态环境的保护。

从规划管理的角度来说，高速城市化时期建设活动的广域化将对乡村规划管理提出新的要求。以往乡村规划一般将规划管理范围，即规划区，设定为乡村居民点建设用地及其周边，通常不会覆盖整个村镇行政辖区。在除居民点之外的乡村地域范围内建设需求不大的情况下，这样的规划管理设定抓住了重点，有利于节省管理成本，也不会发生太大的纰漏。然而在乡村地域开发建设需求大量增加的情况下，乡村地区的开发建设压力将明显增大，如果不能进行有效的规划控制，工业开发、休闲农业开发等侵占耕地，农业开发、旅游开发等污染、侵占、改造乡村自然景观资源和水体、植被、山体等生态要素的现象必将层出不穷。因此，建设活动广域化将使农村生态安全、环境安全、粮食安全受到的威胁更加严峻，需要通过乡村规划加强对农村地区建设活动的控制，严格保护生态环境。

2. 农村城镇化驱动力变化需要完善发展引导

农村城镇化的驱动力包括政府力、市场力和内驱力，即农村城镇化的动力机制是这三种驱动力综合作用的结果。

在中国不同的历史发展阶段，这三种驱动力交替发挥主导作用，形成该历史阶段农村城镇化的典型特征。20 世纪前 50 年是中国农村在民间士绅、地方军阀、知识分子推动下自我发展和自我管理的“乡村建设”阶段，领袖人物包括早期的米春明、米琢、孙发绪、阎锡山等和后期的梁漱溟、晏阳初、黄炎培、陶行知和卢作孚等，农村城镇化的主要动力是内驱力，即通过村民合作实现公共服务的“自我供给”。新中国成立后到改革开放前，中国农村在“人民公社化运动”中进行了农业社会主义的实践，尽管从实际效果来看这一时期的农村公共服务水平发展缓慢，但这一阶段的农村城镇化仍然具有明显的农村自我供给的特征，只不过推动力量从知识分子转变为政府。改革开放后，乡镇企业的兴起使农村城镇化的驱动力发生了根本转变，乡镇企业的发展带动了农民非农就业率和收入水平的提高，也带动农民进入小城镇，促进了小城镇的发展建设，这一阶段的农村城镇化可以认为是市场力主导的城镇化。

进入高速城市化时期，中国农村城镇化的动力机制再次发生了变化。首先改革开放后形成的市场力（乡镇企业）主导模式难以为继，一方面随着外部发展环境的变化乡镇企业普遍陷入困境，布局散、规模小、管理与创新能力不足等方面的问题使其持续发展能力遇到空前挑战，另一方面“乡镇企业在资本增密的内在机制作用和以私有化为主的改制中，出现了始料不及的资本排斥劳动、使农村劳动力在本地的非农就业连年下降的情况”（温铁军等，2007），这使得乡镇企业对农村城镇化的带动作用大大降低。其次在经历了以土地家庭承包经营为核心的农村经营体制改革后，农村生产力虽然有了长足发展，但是同时也由于农民的单干和分散而使农村失去了合作基础，农村公共管理能力降低、公共服务退化，农民的集体凝聚力下降，乡土中国的自给自足传统再难以承担主导农村城镇化的重任。而这一时期在“城乡统筹”“以工补农”“城市反哺农村”等战略的指导下，政府力一跃成为农村城镇化的主要驱动力，国家每年向乡村转移支付数以千亿的财政资金，通过推进农村义务教育、新型合作医疗、最低生活保障等向农民提供高效公共服务，促进了农村城镇化的发展。同时，在政府主导、民间力量参与下，农村组织建设和制度建设开始得到恢复，通过培训、研讨、实验和信息化等手段提高农民组织化程度的工作全面展开，可以想见，农村组织化程度的提高将使内驱力在农村城镇化中的作用将得到强化。因此，可以认为高速城市化时期农村城镇化的驱动力更加多元化，将由上一阶段的市场力为主导转变为政府力和内驱力共同主导。

农村城镇化驱动力的变化对乡村规划也提出了新的要求。第一，农村城镇化的多元驱动力需要整合，一方面政府力本身存在“条块分割”的问题，另一方面政府力与内驱力、市场力之间需要空间、领域等方面进行整合，这需要规划加以引导。第二，城镇化驱动力的多元化带来乡村发展诉求的多元化，而发展诉求多元化则可能带来发展空间的冲突，需要规划进行协调。第三，农村城镇化的市场力需要重振，政府大量的资金投入只能是“授人以鱼”，不能起到“授人以渔”的效果，培育农村的自身发展能力，而农村组织化程度的提高带来的内驱力提升如果缺少农村经济发展作为着力点也将陷入“无的放矢”，而市场力的重振需要发挥乡村规划对乡村经济产业发展的指导作用。综上，高速城市化时期的乡村规划需要对乡村经济社会各方面的发展及其空间做出全面完善的引导和安排。

3. 城乡社会公平重建需要控制要素价值流失

随着改革开放的深入和城镇化进程的推进，“城乡二元”社会经济体制的弊端和其对农民利益造成的损害日益得到正视，城乡社会公平的重建成为高速城市化时期的必然要求。而城乡社会公平的重建的重要目标之一就是要控制资金、土地、劳动力三要素从农村持续流出。

20 世纪 80 年代乡镇企业发展带动农村居民收入增长速度连续多年超过城市居民收入增长速度、农村商品消费需求旺盛导致国民经济出现内需拉动型“黄金增长”的经验很好地说明了资金、土地、劳动力三要素对农村发展的重要性（温铁军等，2007）。分析乡镇企业的发展模式，可以看到乡镇企业在当时实现了将资金、土地、劳动力三要素留在农村并就地转化为工业化要素，从而促进了农村的发展和农民收入水平的提高。其后的 90 年代则形成了三要素持续大幅流出农村的局面，致使农村经济、农民收入增长缓慢，城乡差距持续拉大，而目前更形成了三要素及其价值流出农村的恶性循环。

高速城市化时期乡村社会和空间的变迁更加剧烈，变迁过程中有可能出现农村土地、资金、劳动要素的进一步流失，特别是土地要素的价值流失形态已现端倪，需要通过乡村规划寻求在农村内部整合经济发展三要素的路径，控制要素价值的流失，重建乡村社会、保留土地及其承载的发展权利。

3.1.3 新目标体系的内涵

通过对乡村规划区域性研究历史缺位导致的现实问题和高速城市化时期发展特征对乡村规划的需求的分析，提出乡村规划新目标体系涵盖乡村生态、经济、社会和城乡关系四个方面，可概况为生态环境保护、乡村发展引导、社会公平重建和城乡一体化。

1. 生态环境保护

落实乡村规划以生态本底、自然要素为本的规划理念，在规划空间范围方面实现对乡村行政地域范围的全覆盖，在规划要素方面加强对自然生态要素和非建设环境的管制，保护乡村生态环境，从而使农村保障粮食安全、生态安全和环境安全的三大安全功能得以实现。

2. 乡村发展引导

整合农村城镇化过程中的政府力、市场力和内驱力，寻求乡村发展并围绕发展安排空间。为乡村经济产业发展提供路径指引和生产空间支撑，挖掘和整合乡村生产要素并通过推动要素资本化促进农业和农村发展，为农村生活空间的合理调整提供科学引导。

3. 社会公平重建

遏制资金、土地、劳动力等要素及其价值从农村不断流失，特别是保证土地增值收益及其承载的发展权益留在“三农”，优先为乡村经济产业发展提供空间保障。促进乡村基础设施建设和公共服务配给，提高农民生活质量。从发展权益和公共服务两方面实现城乡社会公平的重建。

4. 城乡一体化

城乡一体化作为现代化和城市化的终极目标，也是乡村规划的具体目标。城乡一体化的基础是实现农村现代化，包括农村人居环境现代化、农民生活质量现代化和农业现代化，是城市与乡村经济、社会和制度内涵与发展水平趋于一致的过程。城乡一体化的内容包括四个方面：一是经济一体化，促进城乡之间生产要素有序流动，发展以农业现代化为核心的农村经济，缩小城乡产业效率差距；二是社会一体化，提高乡村居民收入水平，缩小城乡居民的收入差距；三是制度一体化，为农村地区提供均等化的公共服务，缩小城乡居民享受公共服务水平的差距；四是城市内部二元结构一体化，农民工市民化可以彻底解决中国城市化的两栖化问题，是中国当前最为严峻的任务。

3.2 乡村规划新目标界定的基本方法

在将乡村区域作为一个一般性的概念时，其规划目标无疑应该是综合平衡的，即应同时兼顾生态、经济和社会等方面的发展效益。然而，在面对一个具体的乡村区域时，一方面由于个体情况千差万别，其发展的主导因素和主要问题也各有不同，另一方面由于乡村区域的规模和体量小，一个主导因素或主要问题往往决定着整个系统的发展走势，再加上高速城市化时期乡村系统的非自主性使其主导因素的不确定性大大增加，因而具体乡村区域的规划目标往往是单方面主导的、阶段性的和多变的。因此，需要分析乡村规划目标体系中三方面目标可能的相互关系模式，并理清界定乡村区域发展目标需要考虑的因素和分析方法。

3.2.1 目标体系之间的关系模式

总体而言，乡村规划目标体系的三个方面，即生态环境保护、乡村发展引导和社会公平重建三者之间的关系主要有协同关系和主次关系两种模式，而随着乡村区域外部环境和内部条件的发展变化，这两种关系模式也会发生转化。

1. 协同关系模式

协同关系模式是乡村规划目标体系相互关系模式中比较一般化的模式，也是从长期发展来看应该具有的模式，即生态、经济、社会三方面的目标对乡村区域发展具有同等的重要性，在规划过程中需要综合平衡考虑三方面目标的实现的情况。此外，在生态目标、经济目标、社会目标三个方面中有两个方面具有同等的重要性，另一个方面相对不那么重要的情况也可以归于协同关系模式之中。

2. 主次关系模式

主次关系模式是指乡村规划目标体系的三个方面中，有一个方面的目标非常重要、处于绝对主导的地位，另两个方面的目标相对不重要、处于从属地位的情况。对于具体意义上的乡村区域，在一个相对较短的发展阶段，主次关系模式应该是乡村规划目标体系关系模式表现出的最普遍的模式，也就是说，在乡村规划实践中，经常需要面对的就是某一方面目标占主导地位的情况。

3. 关系模式的转化

随着乡村区域发展的外部环境和内部条件的变化，乡村规划目标体系的关系模式也会发生转化。有可能由于主导目标的实现或主要问题的解决使原来的主导目标重要性降低，而某个次要问题却变为主要问题，从而发生主次关系模式内部的转化。也有可能主导目标的实现使三方面目标的重要性又回到同等水平，从而产生从主次关系模式到协同关系模式的转变。

3.2.2 目标界定的因素和方法

目标界定应该是一个“分析-综合”的研究过程，即通过对影响乡村区域发展的各种因素的分析，理清各方面目标的具体内涵和支撑其重要性的因素，再通过目标之间重要性的对比或逻辑关系上先后顺序，确定目标体系的关系模式。有的情况下还需要目标体系关系模式界定和目标界定两者之间进行互动反馈。

乡村规划目标界定过程中可予考虑的因素包括主体功能、区位关系、发展阶段和系统问题等，并各有不同的分析方法和路径。

1. 主体功能分析法

主体功能分析法即根据省、市等编制的主体功能区划，按照乡村区域属于哪一类主体功能区来确定乡村规划的主导目标，这种方法对于位于禁止开发区和限制开发区的乡村区域具有较强的适用性。从广义上来说，通过上位规划对乡村区域的发展要求来确定乡村规划主导目标的方法，也属于这一类。

2. 区位关系分析法

区位关系分析法即根据乡村区域与大中城市、区域性资源和设施等的区位关系来判断乡村区域发展的主导目标，如根据与大中城市的区位关系，可将乡村区域分为大城市郊区型、腹地边缘型、腹地中心型等，城市发展对其有着不同的影响机制，会产生不同的导向目标。而与风景名胜区、自然保护区或区域饮用水水源地等区位较近的乡村区域则一般以生态目标为导向。

3. 发展阶段分析法

发展阶段分析法是根据乡村区域的工业化和城镇化发展阶段来判断其发展的主导目标的方法。一般而言，工业化和城镇化尚未起步的农业型乡村区域以城乡社会公平目标为主导，处于工业化和城镇化发展中期的乡村区域以经济目标为导向，工业化后期的乡村区域则可能以生态目标为导向。

4. 系统问题分析法

系统问题分析法即在分析乡村系统中存在的主要问题的基础上，确定乡村规划的主导目标，是一种问题导向的分析方法。需要指出的是，这种分析方法需要建立在对乡村区域的运行机制和问题传导机制的系统认识的基础之上，因为乡村区域表现出的主要问题很有可能不是其根源性的问题。

3.3　基于既定目标的规划策略制定

规划策略制定是乡村规划适应乡村区域多样性和发展不确定性的重要环节，也是规划弹性的重要体现。

在面对具体村镇个体时，需要通过具体问题具体分析界定乡村区域发展的主导目标，在此基础上，通过乡村规划的规划策略制定环节安排各规划内容组合的技术路线，根据既定的主导目标确定各项具体规划内容的优先顺序、逻辑顺序。这也是乡村规划与强调综合平衡的大尺度区域的区域规划存在较大差别的地方。

本书将分别对生态目标导向、经济目标导向和社会目标导向下乡村规划的规划策略进行探索，并结合规划案例进行说明。

3.3.1　生态目标导向的规划策略

生态目标导向的规划策略即以生态环境保护为乡村规划的主要目标，优先解决乡村区域中的生态问题或保护其中的重要生态资源，并以此为依据展开其他规划内容。一般适用于乡村区域内包含或涉及重要生态资源、或者所处地区自然生态环境有特殊限制的情况。

生态目标导向的规划策略需要以生态资源的保护或灾害性生态环境的改造为首要或关键任务，首先通过景观生态格局规划和空间管制规划确定乡村区域内的禁建区和限建区；其次根据空间管制和生态保护要求，调整居民点体系布局，确定产业发展方向和产业布局；然后在严格限定产业发展方向的基础上进行乡村区域内的非建设用地规划和建设用地规划，特别强调非建设用地上的产业发展生态化；最后配置相应的交通体系、公共服务设施和基础设施，并重点强化非建设用地生态化发展的设施规划，如渠道、道路的布置等（图 3.3）。

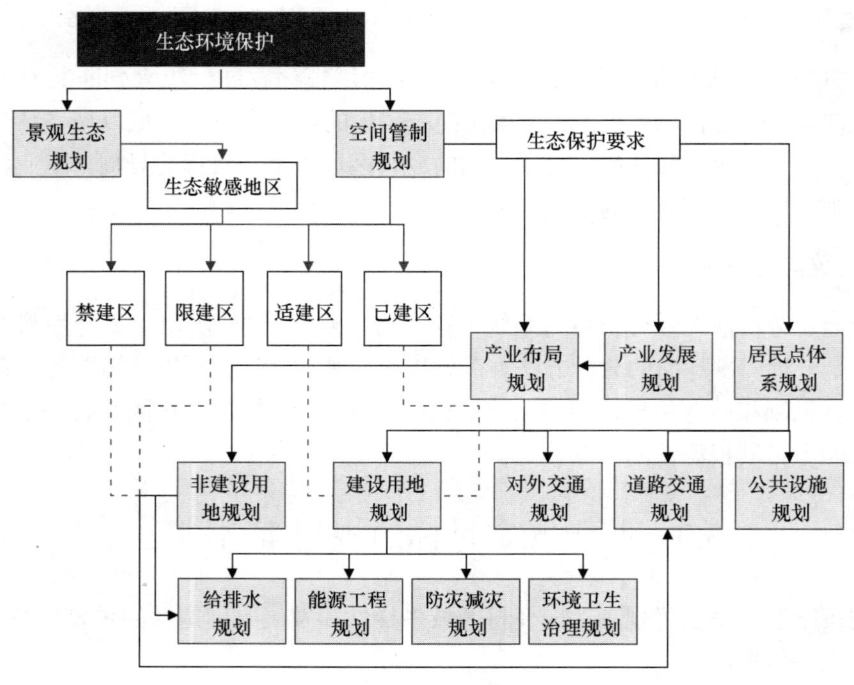

图 3.3 生态目标导向的规划策略示意图

3.3.2 经济目标导向的规划策略

经济目标导向的规划策略即以村镇经济产业的全面、优化发展为乡村规划的主要目标，强调规划对产业发展的方向引导和空间引导，从促进经济产业发展的角度展开其他规划内容。经济目标导向的规划策略一般适用于乡村区域具备一定乡镇工业基础和城镇化基础，但进一步发展面临各种制约和瓶颈，需要通过规划整合资源、实现突破的情况。

经济目标导向的规划策略应在分析现状产业发展面临的制约因素和问题的基础上，以产业结构调整、产业链延伸和产业水平提升等产业发展的关键目标为中心，从以下几个方面组织规划内容：一是工业发展方面，通过居民点体系调整实现对乡村区域建设用地的整理，为工业集中发展提供空间；二是服务业发展方面，与居民点体系规划相结合，实现服务业发展与农村城镇化的相互促进，并与公共设施规划相协调；三是农业发展方面，按照生态化、高效化、链条化和适度规模化的发展思路，与乡村区域内非建设用地规划相结合；四是空间管制方面，在保证各产业发展空间的基础上，结合居民点体系进行乡村区域建设用地规划和非建设用地规划，并与空间管制、景观生态规划相协调；五是基础保障方面，根据用地规划，协调交通体系和各项基础设施的规划布局（图 3.4）。

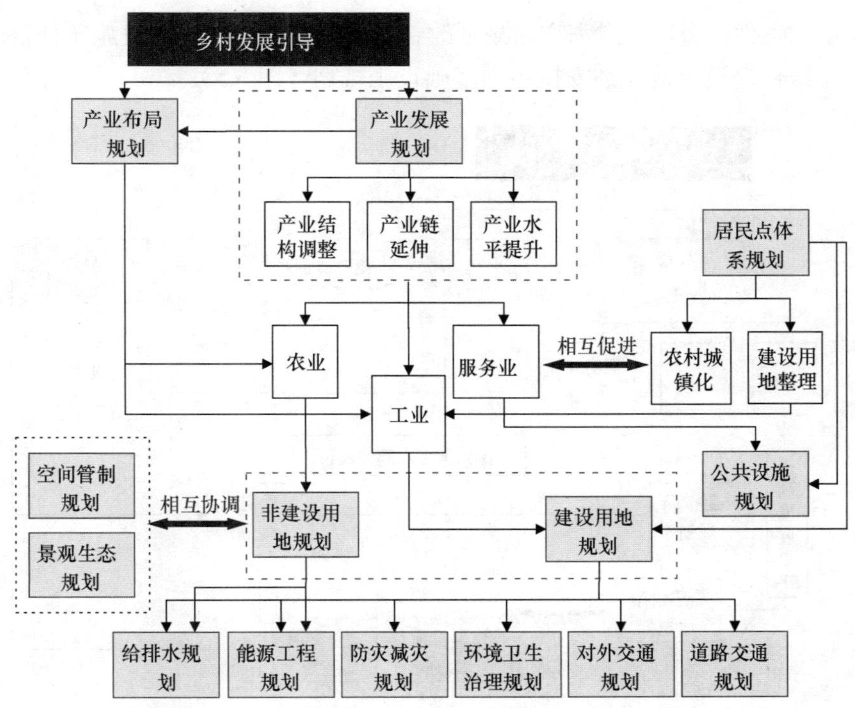

图 3.4　经济目标导向的规划策略示意图

3.3.3　社会目标导向的规划策略

社会目标导向的规划策略即以实现城乡社会公平为乡村规划的主要目标，从公共服务和发展权益两方面对乡村区域进行保护和引导，以乡村区域内部调整和要素资源整合为线索展开各项规划内容。

社会目标导向的规划策略一般适用于乡村区域经济社会发展基础较差、内部发展诉求得不到有效满足和规划支持，以及由于高速城市化发展的负外部性使乡村区域发展条件显著恶化而导致乡村衰退的情况。

社会目标导向的规划策略应在分析导致乡村区域衰退的原因及其传导机制的基础上，以促进城乡公共服务均等化、引导和组织村镇发展诉求为两条线索，从按以下思路组织规划内容：一是以乡村区域内各级居民点公共服务发展水平为重要考虑因素，对居民点体系进行调整，并根据调整后的居民点体系规划结构清晰、覆盖全面的公共服务设施体系，实现公共设施规划和居民点体系规划，以及交通规划的相互协调；二是通过发掘和引导乡村区域内部的发展诉求，提出产业发展的规划思路，并结合居民点体系规划对乡村区域的建设用地进行整理，为基于内部诉求的工业和服务业发展提供空间；三是归纳工业和服务业发展布局、居民点体系规划和公共设施布局，进行乡村区域建设用地规划，对重要公共设施的建设用地进行直接安排；四是提出提高农业发展水平的思路，并通过非建设用地规划确定农业规划布局；结合结合空间管制和景观生态规划改善非建设用地的生态条件，通过渠道和道路规划改善非建设用地农业生产设施条件，促进农业发展；五是结合建设用地规划安排各项基础设施规划（图 3.5）。

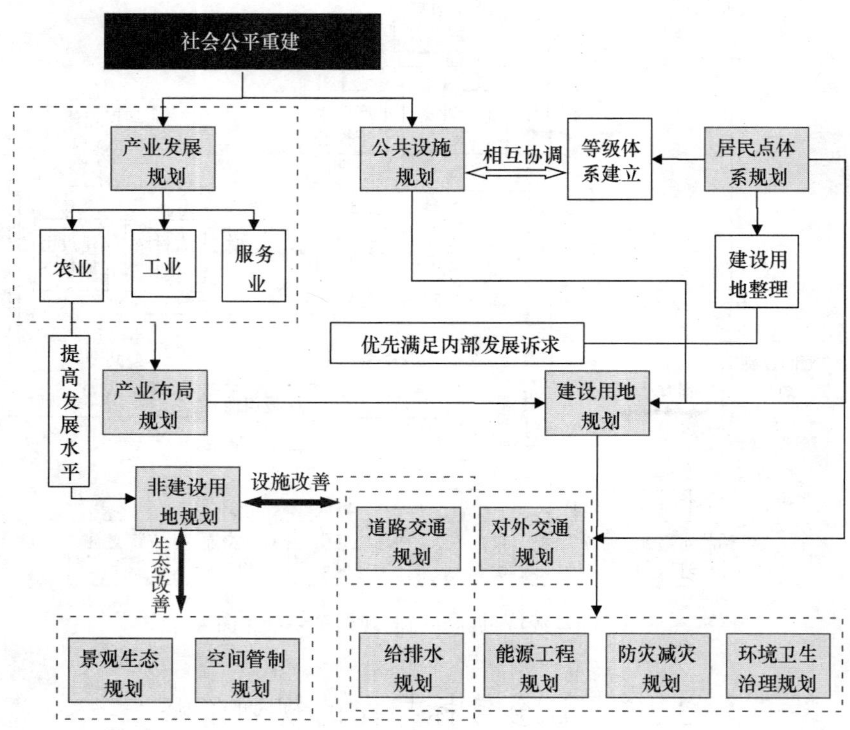

图 3.5　社会目标导向的规划策略示意图

第 4 章　乡村规划新理论

为适应我国乡村发展转型和国家乡村振兴战略要求，需要深入挖掘乡村发展和乡村规划新理论，从乡村规划的内涵和特征出发，结合乡村发展价值导向确定乡村发展方向，探讨乡村治理“自上而下”的官本模式转变为“自下而上”的民本模式的实施路径，构建适合我国国情、满足乡村地区可持续发展的乡村规划新理论体系。

4.1　乡村规划基本理论及其不适应性

4.1.1　基 本 理 论

学术界对乡村规划的研究长期存在盲区，缺乏多学科系统性的研究；城市规划学科则一直存在着较为明显的“城市中心”偏向，乡村规划侧重乡村居民点，较少涉及乡村腹地。21 世纪以来，随着国家对“三农”问题的重视，以及城乡矛盾认识的不断深入，城市规划界的研究范围迅速拓展到乡村建设领域，由于对农村、农业、农民的陌生导致了乡村规划编制中缺乏足够的理论技术准备，只能依照城市规划的经验与方法进行，即以城市规划为参照和发展的起点。目前城市规划的理论与技术方法逐步发展，但乡村规划基础理论、编制技术仍严重依托城市规划，还处于探索阶段，严重滞后于城市规划的发展。由于普遍使用城市规划的理论指导乡村规划，并停留在计划经济条件下的城市规划认识层面，因此功能分区理论、级配理论、规模效益理论等较为广泛地应用到乡村规划的用地空间布局、市政基础设施与公共服务设施配置及居民点体系规划等方面，试图解决乡村建设盲目分散的混乱状况，提高乡村投入的经济效益。

1. 功能分区理论

功能分区理论来源于 1933 年制定的《雅典宪章》，即城市应按居住、工作、游憩进行分区和平衡的布置，建立把三者联系起来的交通网，以保证居住、工作、游憩、交通四大活动的正常进行。城市功能分区是按功能要求将城市中各种物质要素，如工厂、仓库、住宅等进行分区布置，组成一个互相联系、布局合理的有机整体，为城市的各项活动创造良好的环境和条件。村庄规划借鉴城市规划的做法，根据功能分区的原则确定村庄建设用地利用和空间布局形式，主要分为居住区、公建区、生产区等，并成为当前村庄规划的一种重要方法。

2. 级配理论

级配理论是当前我国城市与乡村公共服务设施配置的基本理论，即在分等定级的基础上确定公共服务设施配置的等级和规模。目前级配理论已经具有一定的理论延伸，“级”由单纯的行政、规模层级演化为系统和体系，“配”由单方供给转向供需匹配、量体裁衣，因此级配标准的形式也发生变化，分为刚性标准和弹性、指导性标准。目前已经废止的《村镇规划标准》（GB50188—93）中对村镇公共服务设施的配置就采用了按中心镇、一般镇、中心村、基层村分等级配置的方式。这样的配置方式在目前依然被北京等地方制定的乡村建设标准所沿用。

3. 规模效益理论

规模效益理论也称规模经济效益理论，是指适度的规模所产生的最佳经济效益，由微观经济学理论中因生产规模扩大而导致的长期平均成本下降的现象的理论衍伸形成，主要应用于乡村地区公共服务配置，即在政府公共投入短缺的前提下，公共服务设施配置和公共服务提供的基本原则是效益最大化。该理论未考虑公共服务设施配置偏好以及投入的社会效益和环境效益。同时，成本计算过程中仅考虑政府投入，未考虑村民和社会的投入，仅考虑近期效益，较少考虑远期影响。

4.1.2 基本理论不适应性

1. 理论基础与管理制度脱节

与传统乡村建设理论思想基础不同的是，当代乡村仅有城市规划理论的借鉴，缺乏管理运营理论，思想基础是技术自上。从规划编制角度，当前乡村规划主要应用规模效益理论进行村庄布点规划，应用城市规划的功能分区理论进行用地布局，运用级配理论进行公共服务设施的配置。从规划管理角度，2008 年前，政府对乡村的空间干预主要依靠国土部门的土地利用规划，起到保障农田不被非法侵占和控制建设用地的新增，建设用地范围内的各类建筑和设施的空间秩序维护缺乏制度的保障，政府对公共利益的维护采取的行政干预手段极其薄弱。即便遵守了相关的规划理论进行村庄规划编制，在规划本身的质量受到质疑的情况下，由于维持乡村基本的空间秩序规则尚未建立，规划很难实施。因此，从当代乡村规划理论与规划管理制度的承接关系而言，二者是脱节的。

2. 缺乏乡村保护的制度安排

我国一直奉行城市为中心的选择偏好，因此管理制度体系也是完全基于城市发展角度，无论是征地拆迁，还是规划建设管理。即便是对农民最有利的包产到户作为一种制度安排，也是当时为急于摆脱财政危机，政府在农业相对于城市工业而言显得不经济的条件下，通过向村社集体和农民在土地和其他农业生产资料所有权的让步，甩出农村集体管理和农民福利保障，以及公共积累的一项制度交易。目前针对乡村主要是关注农产品的输出功能，因此侧重农业现代化，未有农村现代化和农民现代化的整体制度设计，缺乏对乡村全面保护的制度安排。

3. 参与主体的行为矛盾选择

乡村编制主体和实施主体不明确，规划工作推动困难重重。《城乡规划法》《村镇规划编制办法（试行）》均规定村镇规划由乡（镇）人民政府负责组织编制，但村和乡镇的规划编制主体没有区分，在实际工作中容易忽视村庄规划。村庄规划的实施主体应是村集体，但由于村民认识问题，新农村规划涉及的土地权属、土地流转问题难以正规性解决，导致农民对村庄规划的实施持怀疑态度，主体地位难以体现（吴志红和周素红，2008）。乡村忽视公共参与，没有充分调动农民的积极性。以往的村镇规划往往是由政府自上而下编制的“见物不见人”的物质规划，忽视了居民的主体性。规划编制者又缺乏对农村的深入了解，规划成果常常不被农民了解或接受。受市场力和行政管理制度影响，政府、村集体和村民作为乡村建设的主体，由于发展目标不同，是否接受或遵守现行的乡村规划管理制度呈矛盾状态。

4.2　乡村规划理论建构

建构乡村规划理论，树立以人为本的乡村规划理念，改进和完善村庄规划方法和技术，是城乡一体化时代中国乡村规划发展的基本方向和基础内容。

4.2.1　乡村发展理论

1. 系统优化理论

系统优化原指人力资源系统经过组织、协调、运行、控制，使其整体动能获得最优绩效的过程，运用到乡村规划领域则指乡村治理结构的优化。可实施的乡村规划应加强治理主体的研究，明晰多元治理主体的责任，建立治理主体之间的协作机制和制度性约束框架。乡村系统优化具有以下逻辑：①乡村治理系统的整体成效不是简单地等于各个治理主体投入力量的代数和。整体合力可能出现大于、等于或小于治理主体投入力量之和三种情况；②乡村治理系统的整体成效达到最大，关键环节是治理主体配置结构和投入力量组合取其最优；③乡村治理系统的内部消耗必须达到最小，系统内耗的原因主要是治理主体目的分歧、利益冲突而导致的相互摩擦与能量抵消。减少内耗主要应采取目标整合、利益协调等措施；④乡村治理系统对外的竞争能力必须最强。系统对外的竞争力取决于系统对外部环境的适应力与系统内的凝聚力。城乡存在巨大的差异，乡村是一个复杂的巨系统，应遵循自身的发展规律。即乡村作为区域系统，运用系统学观点，通过居民点体系之间、通过点线面结合实现空间、生态、社会和经济的全面耦合、协同发展，促进系统全面优化。

2. 协同发展理论

协同论主要研究远离平衡态的开放系统在与外界有物质或能量交换的情况下，如何通过自己内部协同作用，自发地出现时间、空间和功能上的有序结构。协同论以现代科学的最新成果——系统论、信息论、控制论、突变论等为基础，吸取了结构耗散理论的大量营养，采用统计学和动力学相结合的方法，通过对不同的领域的分析，提出了多维相空间理论，建立了一整套的数学模型和处理方案，在微观到宏观的过渡上，描述了各种系统和现象中从无序到有序转变的共同规律。乡村发展系统涉及产业结构、居民点体系、环境生态、基础设施保障、公共服务供给等多个子系统，落实到乡村区域土地空间上的协同发展意味着乡村系统秩序和发展逻辑的构建，以及实施策略和完善路径的契合。

3. 公平发展理论

公平发展理论包括以下三个方面的内涵：一是城乡发展的公平。罗尔斯的公平理论概括为平等自由原则和机会的差别原则与公平原则两个原则。城乡骨肉关联，协调发展是城乡健康稳固发展的基础。城乡发展公平是城乡范围内各项资源的配置，打破城乡二元经济结构和社会结构的束缚，构建动态均衡、双向沟通、良性互动的体系和机制。推进城乡人、财、物要素自由流动，广泛地提高乡村服务水平和基础保障能力，促进城乡经济协调发展，缩小城乡贫富差距；二是乡村经济、社会、生态文化等乡村价值的平等、综合认同。经济可能不是最重要的，关注乡村的人文价值、生态价值和社会价值；三是乡村主体的决策权的均等与公平。政府的行政权威、规划师的技术权威、企业的资本力量都应考虑农民的意愿、农村的实际和农业的本底，赋权于民。

4.2.2 乡村规划空间理论

现代乡村空间规划主要依托以下两个方面的规划理论。

1. 农业区位论

杜能的《孤立国》的中心内容是：农业土地利用类型和农业土地经营集约化程度，不仅取决于土地的天然特性，而且更重要的是依赖于当时的经济状况和生产力发展水平，尤其是农业生产用地到农产品消费地（市场）的距离。杜能阐述了对农业生产区位选择进行经济分析的方法，即理论成立的基础是一系列的空间假设：①在一个大面积的区域内，有一个圆形范围的“国家”，其中有人居住和耕种，而在这个“国家”的外围是大片荒凉不能耕种的土地。这个“国家”的土地是一定的，且完全被投入使用，并要获得尽可能高的纯收益；②在“孤立国”中只有一个城市，且位于中心，其他都是农业用地，城市是农产品的消费中心；③在城市和郊区之间只有陆上大道联系；④在这个“国家”中，各地的土壤质量和气候条件是相同的；⑤运输费用与农产品的重量和生产地到消费市场的距离呈正比（图 4.1）。

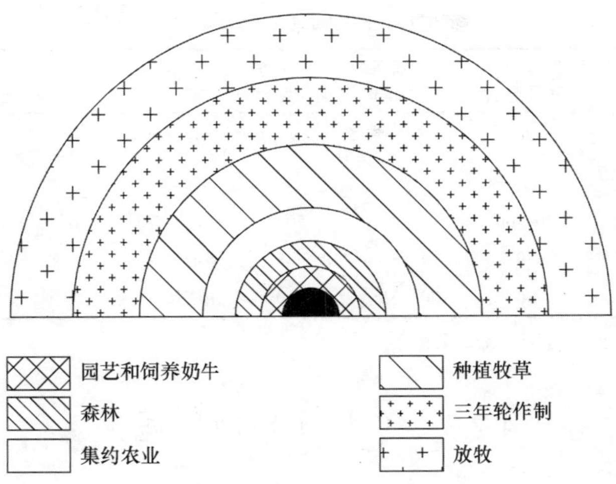

图 4.1　杜能的“孤立国”

图片来源：Paul N. Balchin，Gregory H. Bull and Jeffrey L. Hieve：Urban Land Economics and Public Policy（fifth edition）. Palgrave Press，1995

杜能的基本结论有两个：一是在距城市最近的郊区，可以生产易腐烂的、不适宜长途运输或者是重量大、单位重量价值低的产品；二是距市场远一些的企业应种植单位重量价值较大的产品，并相应降低生产资料和劳动费用。即随着到消费地距离的增加，土地经营逐渐粗放。距城市最近的郊区，经营集约度最高。城市周围土地的利用类型以及农业集约化程度都是呈圈层变化的。围绕城市消费中心形成一系列的同心圆，被称作“杜能圈”，其相应的土地利用类型如下：①第一圈距市场最近，种植园艺作物，饲养奶牛，以及种植饲料、土豆、甜菜等；②第二圈发展林业，因产品量大、运费高；③第三圈以非常集约的方式种植农作物，实行六区轮作制；④第四圈种植牧草及粮食，不实行集约生产；⑤第五圈实行粗放的三圃制；⑥第六圈放牧等。从经济实质看，杜能圈的理论基础是农业区位的级差地租。在这里，区位级差地租可以解释为土地的区位价格，它与需求之间是正相关的。这为土地资源的合理利用提供了一个重要的经济依据。

农业区位论随着现代乡村产业的发展出现进化，一村一品（特色发展）、六次产业融合（混合发展）可以理解为现代农业区位论的具体形式和时代演进。交通条件的改变使得圈层呈现放大趋势，信息化技术的普及促使圈层出现模糊化特征。

2. 生活圈理论

生活圈理论来源于日本，即某一特定地理的、社会的乡村范围人们的日常性生活、生产的诸活动，具有平面上的分布、拥有集团的方向性与地域的领域性等重叠属性的特征。根据一定人口的村落、一定距离圈域作为基准，按照聚落—基层村落圈—第一次生活圈—第二次生活圈（市镇村）—第三次生活圈进行层次划分，但各地具体空间范围存在一定的差异（表 4.1）。设施配置规划以居民的设施利用行为作为基准，并将掌握的圈域作为基础组建生活服务系统。

表 4.1 生活圈基本特征一览表

生活圈	参考交通方式	参考出行时间/分钟	等效服务半径/km	最大服务面积/km^2	服务单元	设施类型
基本生活圈	步行	20	0.5～1	3	村镇社区/行政村	幼儿园、卫生室、文化站小型休闲活动广场、小商店、垃圾收集站、公共厕所、污水处理站
一次生活圈	步行	30～60	2～4	50	中心村/镇	小学、科技站、小超市
二次生活圈	自行车	30	4～8	300	中心村/镇	中学、中心卫生院、大中型超市
三次生活圈	机动车	30	20～25	2000	中心镇/县城	高中、职业中学、中心医院、商场

资料来源：根据广州市部分村庄规划成果整理。

4.2.3 乡村规划制度理论

1. 公共产品理论

公共产品理论可以从马克思公共产品理论与西方公共产品理论两个角度来讨论。马克思公共产品理论从以人为本、整体和供给角度，围绕着社会存在和发展的共同利益需要研究公共产品、公共服务的本质及其供求问题，市场只是当作供给公共产品的手段。西方公共产品理论以个人或消费占有为研究出发点，认为公共产品是弥补市场失灵的产物，围绕着消费偏好以市场需求为导向研究其供求问题。党的十八大报告、2014 年和 2015 年中央 1 号文件、《国民经济和社会发展第十二个五年规划纲要》及《国家基本公共服务体系“十二五”规划》均提出城乡基本公共服务均等化的战略目标，认为基本公共服务是由政府主导、保障全体公民生存和发展基本需要、与经济社会发展水平相适应的公共服务。推进基本公共服务均等化，是全面建成小康社会的应有之义，从国家层面认同了农村基本公共服务设施的公共产品属性。

根据人们需求的公益性程度及其需求满足中对政府的依赖程度的不同，可以将乡村公共服务分为“基本公共服务”“准基本公共服务”和“非基本公共服务”三类，对应的乡村基础设施与公共服务设施按经济属性分为公共物品、准公共物品和私人物品三类（表 4.2）。我国城乡最根本的差距是公共服务差距，乡村规划服务均等化配置方法不是简单的平均化，是按照各地区乡村基本公共服务清单规定的标准，结合乡村发展实际，以促进城乡、区域、人群基本公共服务均等化为主线，涵盖教育、劳动就业创业、社会保险、医疗卫生、社会服务、住房保障、文化体育等领域，通过基本公共服务配置有效引导乡村节约化、可持续发展。政府是基本社会公共服务提供者，是非基本社会公共服务的倡导者和参与者，是准公共服务的部分提供者和倡导者，同时又是整个社会公共服务的规划者和管理者。

按供给方式及服务特征乡村公共服务设施分为五类（表 4.3）：自治型是不能依靠市场机制，需独占服务产品使用权的服务，如乡村自身的文体、公共事务；保护型是不能依赖市场机制，而又不能独占服务使用权的服务，如低保服务、伤残服务等；专业型是以专业技术支撑，能够依赖市场机制，而不能独占使用权的服务，如教育、医疗；运营型是可以依托市场机制，实现社区对服务产品的共有使用权，如便民利民的商业服务等；职能型作为政府传统职能在农村的延伸，主要指村委会。

表 4.2　乡村基础设施与公共服务设施的经济属性与分类

行业	项目	竞争性	排他性	自然垄断性	物品属性
供热燃气电力设施	热能生产和传输	高	高	低	私人物品
	燃气生产和输送	高	高	低	私人物品
	输电	低	高	高	公共物品
	配电	中	低	高	公共物品
水资源供排水设施	制水	高	高	中	私人物品
	供水管道	中	高	高	准公共物品
	私人终端设备	高	高	低	私人物品
	排水管道	低	高	高	准公共物品
交通基础设施	公共交通	高	高	高	公共物品
	农村道路	低	低	高	公共物品
	交通标志、信号	低	低	低	公共物品
环境基础设施	固体废弃物收集	中	中	中	准公共物品
	固体废弃物运输	高	高	中	准公共物品
	固体废弃物处理	低	中	中	准公共物品
	固体废弃物利用	高	高	中	准公共物品
	固体废弃物填埋场	低	高	高	公共物品
	公园、休闲地	低	中	中	公共物品
	绿化、绿地	低	低	高	公共物品
	基本卫生设施	低	低	低	公共物品
公共服务设施	教育场所、设施	低	低	高	公共物品
	医疗场所、设施	高	高	中	准公共物品
	商业场所、设施	高	高	低	私人物品
	文体场所、设施	低	低	中	公共物品

表 4.3　不同服务设施的制度选择

服务类型	服务设施	提供者选择	生产者选择
自治型	社团机构、文化活动中心、农资放心店、体育公园/健身场地、寺庙	村集体或村民、社团	村集体或村民、社团、小企业、个人
保护型	社保服务站	政府	政府、村集体或村民、企业
专业型	托幼、小学、中学、村医务室/保健站、爱农信息驿站/科技站	政府	政府、社团
运营型	银行/储蓄所、邮政所/电信服务点、超市/集贸市场、餐饮、公用礼堂、网络服务站、敬老院、合作经济组织	政府、村庄、社团	政府、社团、企业
职能型	村委会	政府	政府

2. 公共政策理论

针对乡村规划官方并未如城市规划[①]一样明确提出其为公共政策概念内涵。公共政策是多元主体参与下经由政府做权威性的价值分配的动态过程和动态博弈，其制定、实施和评估实际上是一种政治过程，当前部分乡村规划制定和实施过程已经具有公共政策特征：①乡村规划的制定主体及其合法性；②乡村规划形成一致的公共目标；③乡村规划的核心作用与功能在于解决公共问题，协调与引导政府、村集体、村民以及企业等各利益主体的行为；④乡村规划是准则、指南、策略和计划；⑤乡村规划是一种乡村公共管理的活动过程。乡村规划的过程包括制定、实施、管理、保障和评估等环节。这些环节紧密围绕着公共政策的目标导向——维护公共利益和解决公共问题，在每一个环节都充分体现出公共政策性，形成对应的“公众参与、公众监督、城市管制、政策法规和政策评估”等公共政策逻辑，从而构成乡村规划的公共政策体系（图 4.2）。政策是国家政权机关、政党组织和其他社会政治集团为了实现自己所代表的阶级、阶层的利益与意志，以权威形式标准化地规定在一定的历史时期内，应该达到的奋斗目标、遵循的行动原则、完成的明确任务、实行的工作方式、采取的一般步骤和具体措施。乡村规划作为公共政策若要得到公众的接受和支持，发挥实际的作用，必须在内容上具备合理性。即所制定的规划方案，必须能够符合多数人的长远的利益要求，才能被公众广泛认可。

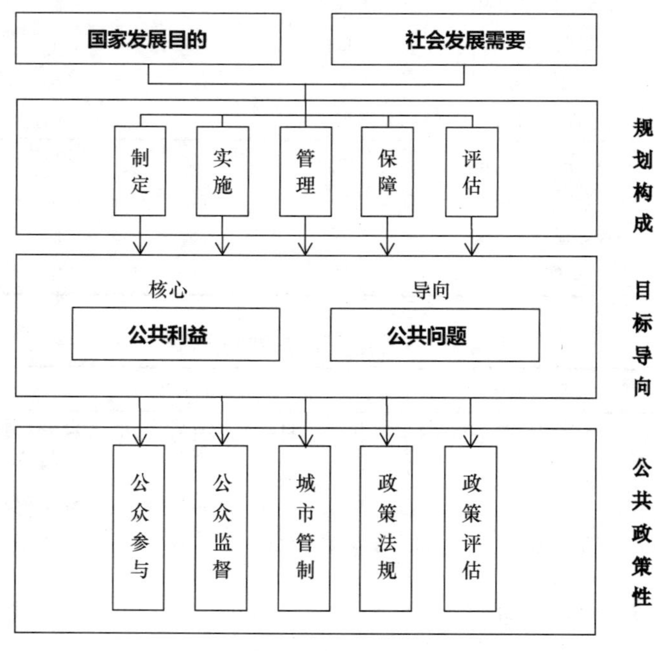

图 4.2　乡村规划公共政策的构成体系

① 《城市规划编制办法》第 3 条规定，城市规划是政府调控城市空间资源、指导城乡发展与建设、维护社会公平、保障公共安全和公众利益的重要公共政策之一。

4.2.4　乡村规划方法论

1. 公众参与理论

西方城市规划公众参与最早的理论基础是 20 世纪 60 年代大卫多夫提出了辩护性规划理论，他认为城市规划应该由不同利益群体的规划人员共同商讨、决定对策，以求得多元化市场经济体制下社会利益的协调分配，规划师应当成为社会弱势群体的辩护人。70 年代哈贝马斯又提出了交往式规划理论，主张建立一种“政府-公众-开发商-规划师”的多边合作，参与规划的各个主体在决策的过程中应相互理解、相互沟通，建立一种友好合作的关系，实现最为广泛的社会群体参与。Sherry Arnstein 从实践角度提出了公众参与城市规划程度的阶段模型“市民参与的阶梯”理论，为衡量规划过程中公众参与成功与否提供了基准。

我国《城乡规划法》明确规定了城乡规划的公众参与基本原则，公众参与是一种具有功能意义的合法化程序（陈镇宇，2009），是一项公民权利（Arnstein，1969），是“政府-公众-开发商-规划师”的多边合作。公众参与的乡村规划可以反映民意，将利益诉求在规划编制中得到体现，通过权力救济弥补乡村规划中的政府失灵，有助于提升乡村规划的科学性和可接受性，化解乡村规划所面临的制度性危机，为乡村规划提供合法性的基础，一般包括制定、选择、实施和反馈四个阶段。

我国乡村实行与城市完全不同的土地管理制度，土地联产承包责任制和“一户一宅”的乡村住宅福利性制度表明中国农民是最大的小有产权所有者，涉及宅基地及耕地调整的任何规划活动都应确保农民有正常的参与途径。乡村规划编制、实施、监控过程应分层次、分阶段推动公众参与：①“代表性”参与，针对与广大农民直接利益相关性不大、在日常生产生活中无法直接感知的规划内容，但事关乡村的整体发展，可以通过媒体渠道吸引民众关注、通过专家解释进行宣传普及，但参与却需要以“代表”的形式，采取听证会、研讨会等方式，可降低参与成本；②互动式参与，针对与农民日常生产生活息息相关的规划内容，需要通过方案意见征集、意见反馈、意见申诉等形式吸引农民参与并表达自己的利益和需求诉求，而且这些诉求能够切实反映到规划方案中去；③维权参与，在政府和市场同时失灵的情况下，公众发挥保留的权力，如果规划方案影响到乡村公共利益、农民私人利益，需要有畅通且切实有效的法律渠道、申诉渠道。

2. 协商规划理论

乡村规划以协商规划理论为基础理论主要基于现有乡村土地管理体制，农民是最大的小有产权所有者。协商式规划是协商式民主理论基础在城乡规划领域的具体体现，是基于“规划是对社会各项利益的平衡，是在协商和妥协基础上形成的社会共识”认识下形成的技术方法和理念变革，强调规划要充分反映不同利益群体的社会诉求，通过充分的沟通和协商达成一致的认识，在维护公共利益的前提下实现各方利益平衡。协商式规划是契约式的自下而上的规划，重视公共利益的维护、规划制度的构建、民生需求的表达、规划政务的公开和规划实施的权威，通过法定程序将规划成果转化为法定文件和乡规民约，成为社会共同遵守的行为准则。乡村协商式规划在中国应具有多规协调的部门协商、供给需求平衡的社会协商、目标协同的层级协商、高度参与的共同协商等特征。

4.3 乡村规划新内涵

4.3.1 乡村规划目的

1. 践行国家长远发展战略

当前乡村已经由单一的承载农业生产、农民生活转向承载多元复合功能，乡村规划应适应乡村发展的全面转型。新时期的中国乡村具有经济价值、生态价值、社会价值和文化价值等综合价值，上升到国家层面体现在乡村承担保障国家粮食安全、生态安全、文化安全和社会安全的责任，由此构建四个方面的作用：基于粮食安全的绿色农产品的生产与供应作用、基于国家生态安全的生态保护和建设作用、基于国家文化安全的文化传承和游憩发展作用、基于国家社会安全的农村居民健康居住与发展作用。党的十九大基于国家安全角度提出乡村振兴战略，即是对乡村作用的全面认识。

2. 实现国家宏观发展目标

国家宏观发展目标是全面建设小康社会，从乡村角度涵盖两个方面的目标：一是城乡一体化。城乡一体化是中国特色的城镇化的终极目标。乡村兴则国家兴，乡村毁则城市亡，乡村衰败成为国家全面建设小康社会的现实挑战，农村农业农民等“三农”问题是关系国计民生的根本性问题乡村规划一直是城乡规划中的短板，套用城市规划的模式，脱离乡村发展实际，带来诸多乡村建设问题。在城乡一体化发展时期，乡村规划应树立生态为本、以人为本的发展理念，创新规划理论、完善规划技术、健全管理功能，做为国家科学管理国土空间、社会有效参与乡村发展的基础依据；二是农村现代化。在中国城市化发展过程中，乡村在国民经济发展中的作用长期被定位在为城市提供健康和丰富的农产品，农村发展的目标被定位为“农业现代化”，新时期农村现代化比农业现代化更加全面、更加重要。农村现代化不仅是农村自身发展的必然要求，而且也同时构成城市现代化发展的外部环境与必要条件。

4.3.2 乡村规划特征

1. 传统乡村规划特征

新中国成立以来，我国乡村规划具有如下特征：

一是蓝图式规划。乡村规划沿袭我国计划经济时期“城市规划工作是国家经济工作的继续和具体化”[①]思想，较少考量乡村是否有准确计划和投资项目来源不确定性前提，乡村规划是建设项目在空间上的落实，是物质性规划。蓝图式规划的重要限制因素是土地指标的计划性和建设用地规模的限定性，存在如下悖论：与土地利用规划协调，则限制在土规范围之内，缺少腾挪的空间，规划科学性受到质疑；与土地利用规划不协调，则规划无法实施。

二是自上而下式规划。乡村规划建设的公共服务投入仅考虑国家层面的教育、医疗、文化、体育等方面，立足于国家投入的建设成本收益最大化，普遍以经济效益作为衡量标准，以政府为核心的成本计算方式和部门项目的运作方式使得规划决策思维是自上而下的，因此乡村规划的编制普遍采用自上而下的“标准规范决策+专家理性分析”的决策方式，相关规划规范及文件主要从编制指导思想、原则、内容角度阐述。

三是精英式规划。乡村规划及实施过程中涉及村民、村集体、企业和政府多个参与主体，也包括参与治理过程的规划师，不同参与方在乡村治理决策中的话语权是有差异的。我国当前的乡村规划主要是精英式规划，主要取决于政府、企业和规划师在乡村治理过程中占据政策、资金、智力等权威优势，思维观念中农民是落后、愚昧的代名词，出于对农村、农业、农民的了解甚少等方面的原因而采取运动式、一次性、单方面决策的项目形式，进行自上而下的价值输出，并以显性的精英价值取向和技术权威价值强行植入等方式体现。村民的意愿并未得到体现，话语权被政府、企业、规划师所取代，政府、企业、规划师主导的、以为村民满意的乡村规划成为目前主流的规划模式。

县、镇（乡）、村是我国最基层的社会治理组织，也是当下国家由农业国家向新型工业化和城镇化国家转型、城镇化进程加快发展的重要实现载体。然而，在我国快速城镇化进程中，乡村地区生态和环境恶化，县、镇（乡）、村域基础设施严重不足，城乡差距日趋扩大，严重制约了我国农村地区社会经济的发展，成为国家推进新型城镇化和统筹城乡发展的瓶颈。新时代背景下，传统的乡村规划类型也不能满足乡村振兴、农业发展、农民富裕的新需求。

2. 现代乡村规划特征

随着乡村功能、乡村主体的转变，现代乡村规划应具有如下特征：

一是综合性规划。乡村规划是特殊类型的规划，生产与生活结合（张尚武，2013）。乡村现有规划为多部门项目规划，少地区全域综合规划，运行规则差异较大，如财政部门管一事一议，环保部门管环境集中整治，农业部门管农田水利，交通部门管公路建设，建设部门管居民点撤并等。因此乡村规划应强调多学科协调、交叉，需要规划、建筑、景观、生态、产业、社会等各个多关学科的综合引入，实现多规合一。

二是制度性规划。2011 年我国的城市人口历史性的超过农村人口，但非完全城镇化

① 国家建设局长孙敬文. 适应工业建设需要加强城市建设工作. 人民日报，1954 年 8 月 12 日.

背景下，乡村规划与实施管理的复杂性凸显：①产业收益的不确定性导致的村民收入的不稳定性；②乡村建设资金来源的多元性；③部门建设资金的项目管理转向综合管理。乡村规划与实施管理的表征是对农村地区土地开发和房屋建设的管制，实质是对土地开发权及其收益在政府、市场主体、村集体和村民的制度化分配与管理。与此相悖，我国的现代乡村规划是建立在制度影响为零的假设之上，制度的忽略使得规划远离了现实（赵燕菁，2005）。因此乡村规划与实施管理重心、管理方法和管理工具需要不断调整，乡村规划制度的重要性凸显。

三是服务型规划。乡村规划是对乡村空间格局和景观环境方面的整体构思和安排，既包括乡村居民点生活的整体设计，体现乡土化特征，也涵盖乡村农牧业生产性基础设施和公共服务设施的有效配置。同时乡村规划不是一般的商品和产品，实施的主体是广大的村民、村集体乃至政府、企业等多方利益群体，在现阶段基层技术管理人才不足的状况下，需要规划编制单位在较长时间内提供技术型咨询服务。

四是契约式规划。乡村规划的制定是政府、企业、村民和村集体对乡村未来发展和建设达成的共识，形成有关资源配置和利益分配的方案，缔结起政府、市场和社会共同遵守和执行的“公共契约”。《城乡规划法》规定乡村规划需经村民会议讨论同意、由县级人民政府批准和不得随意修改等原则要求，显示乡村规划具有私权民间属性，属于没有立法权的行政机关制定的行政规范性文件，具有不同于纯粹的抽象行政行为的公权行政属性和“公共契约”的本质特征。

4.4 乡村治理新逻辑

4.4.1 乡村治理模式

乡村治理存在官本和民本两种模式。

1.“官本”模式

乡村治理过程涉及多个层面：村民（村集体）、涉农企业、地方政府和国家，也包括参与治理过程的规划师，不同参与方在乡村治理决策中的话语权是有差异的。我国当前的乡村治理大部分采用“官本”的治理模式。为形象表达政策效果和简化模型，将政府或企业投入与村民之间的连线形成的半径代表乡村公共服务的实际水平。“官本”模式下单一政府投入情况下，政府内部部门分制的特征使得政府总投入由于政策分散导致的政府实际投入下降，总体乡村公共服务水平降低（图 4.3）。“官本”模式下多元投入情况下，虽然总投入增加，但由于缺少系统性政策设计，导致项目重复、设施整合不足或与居民需求不符等原因，并未起到促进乡村公共服务水平提高的政策效果（图 4.4）。

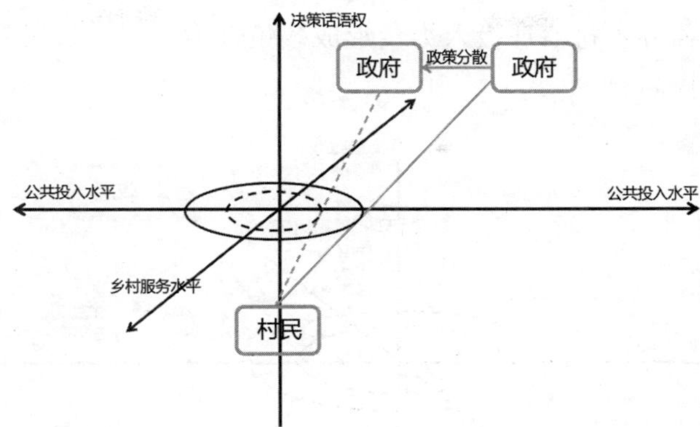

图 4.3 “官本”模式下政府投入效益解释

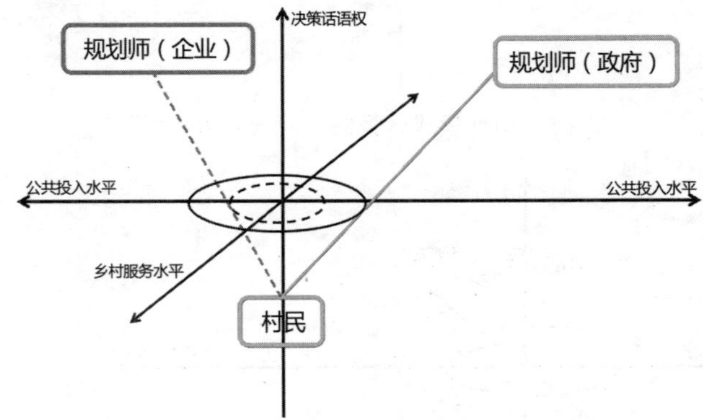

图 4.4 “官本”模式下多元投入效益解释

2.“民本”模式

现实整治过程中不乏有居民、政府、企业、规划师多赢的案例，但其中的决策过程一个关键的显性特征是居民决策话语权的提升，即“民本”的治理模式，是乡村治理采取常态化、长远性、协商式等系统性决策形式，并以“授之以鱼”的显性表达和“授之以渔”的隐形体现等两种方式并存。这一过程中村民的意愿得到最大体现，积极性得到极大调动，成为乡村建设和运营管理的主体，政府、企业、规划师在决策过程中以原则界定、政策约束、标准制定、意识引导、资金投入等形式参与乡村治理过程。

实现乡村治理模式由当前的“官本”向本原的“民本”模式的转换过程中将促进乡村公共服务水平的边际效益提高。图 4.5 可以看到，由于政府治理理念发生的变化，政府在乡村治理决策过程中的话语权让位给村民，决策地位由①转变至②，所有政府部门由于全部以满足村民需求为目的而达到的系统性整合使得政府公共投入达到了“1+1＞2”的效果，形成政府合力，政府公共服务投入水平增加③，这一过程中由于农民的主体地位提升，使得其从乡村治理的旁观者、被动受益者变为主动参与者、建设者和主动受益者，村民投入增加④，从而使得乡村服务公共水平的边际效益显著增加。图 4.6 解释了在政府、企业和规划师等乡村治理的参与方治理理念均以农民利益为最根本目的状态下，各方乡村治理投入力量形成政策合力，引导村民参与治理，促进公共服务水平的极大提高。

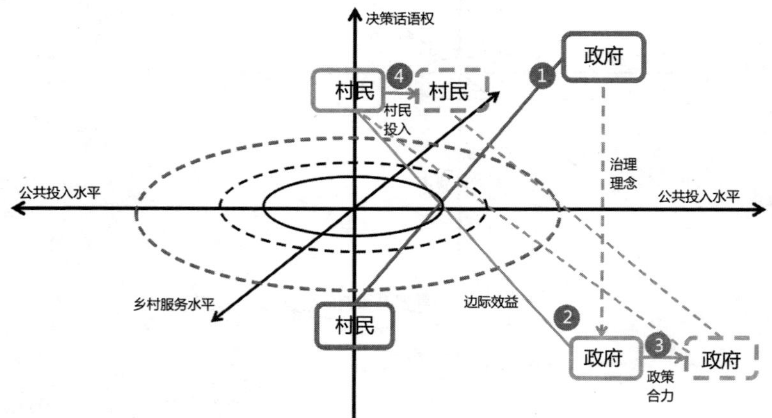

图 4.5　治理模式转换的政府投入效益解释

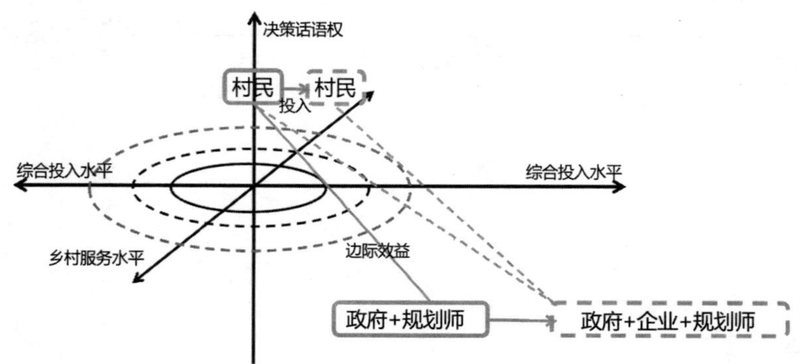

图 4.6　“民本”模式下多元投入效益解释

4.4.2　乡村治理路径

乡村问题错综复杂，归结根源是传统秩序崩溃，而新的乡村秩序尚未建立。新中国成立以后农村集体化运动打破了原有的乡村秩序，依靠国家政权深入阶层建立的政治秩序仍然以行政指令的形式实施乡村管制，无法有效回应乡村生活的全面需求，党委领导下的村民自治未能建立良好的乡村秩序，需要重新回归乡村治理的本源和常态，建立基于信任的文化和环境自信的乡村社会网络系统，倡导以人为本的治理逻辑，即通过人本的治理动力基础、还权赋能的治理动力方式和有序共赢的治理动力构架，在乡村治理各参与主体相应理念变化的基础上，通过制度机制创新实现切合乡村实际利益、实现村民自我管理、规范政府协同治理和提高企业运营效益的目标，最终实现重构乡村新秩序的目标（图 4.7）。

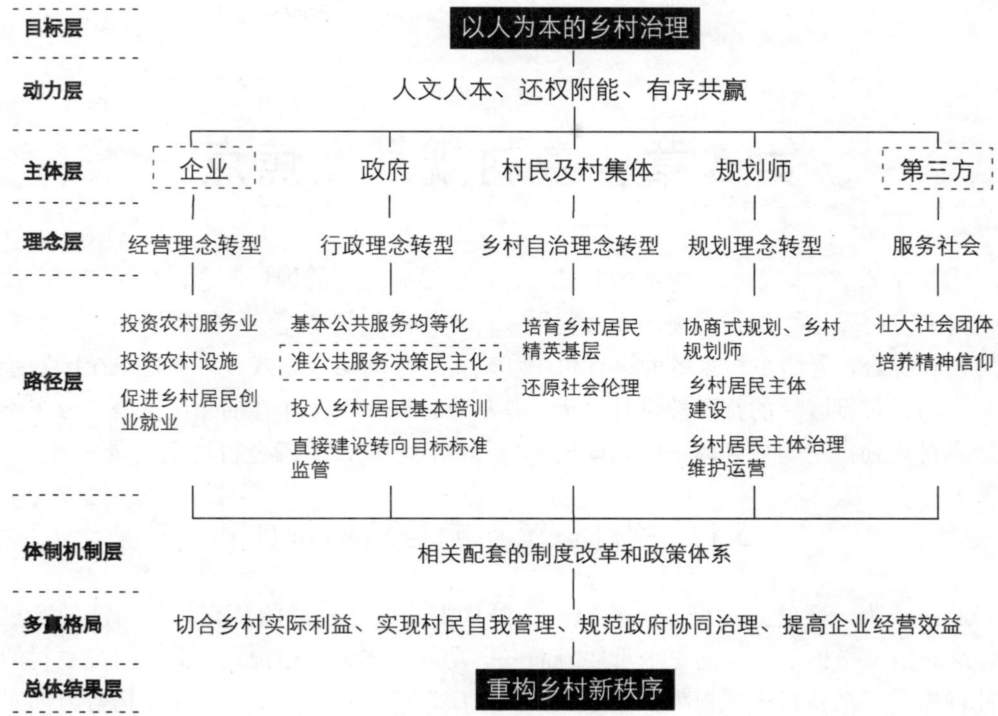

图 4.7　乡村治理模式的变革路径示意图

第 5 章 乡村规划新焦点

本章在基于乡村系统性特征的基础上，按照系统控制的规划理念，全面梳理高速城市化时期乡村发展与保护出现的现实问题。对乡村的系统功能、系统要素和系统结构进行解析和综合，弄清乡村系统的运行机制和功能、空间结合方式。对乡村系统区别于城市系统和大尺度区域的特殊性进行分析，并从可行性和可操作性的角度出发，分析不同层级乡村规划在空间规划体系中的横向环境和纵向环境，明确乡村规划的研究焦点。

5.1 乡村系统功能与结构特征

通常认为，系统是由若干要素以一定结构形式联结构成的具有某种功能的有机整体，这一定义指出了系统的三个重要方面——功能、要素和结构。因此，研究乡村的系统性首先需要把乡村区域视为一个系统，从系统功能、系统要素、系统结构等方面对其进行剖析。

5.1.1 乡村系统功能

系统功能是系统在与其环境之间相互交换物质、能量和信息的过程中产生或发挥的作用，即离开系统与环境的交换，系统功能就无从谈起。乡村系统作为一个非特指的概念，与其相对的环境指的是以城市系统为主的外部系统，而其主要系统功能包括生产功能、生态功能和物质能量信息输入功能。

1. 生产功能

乡村系统的生产功能指的是乡村区域利用系统内和环境中的自然资源和其他资源，生产出各类产品的能力，这里的产品包括生物的和非生物的、物质的和非物质的。从城-乡关系来说，生产生物产品是乡村系统生产功能的主要方面。乡村系统的生物产品包括粮食作物、蔬菜、水果、树木等植物产品，畜类、禽类、鱼类及蛋类副产品等动物产品，广义的生物产品还可以包括人口劳动力的生产。乡村系统的非生物产品包括物质和非物质两类，非生物物质产品主要是指村镇工业生产的工业产品，而非物质产品主要是指满足人们精神生活所需的乡村文化、历史文化等。

2. 生态功能

乡村系统的生态功能指的是乡村区域中的自然要素和半自然要素通过生物过程、理化过程和循环过程提供的水土及营养物质保持、水和大气等的净化，以及提供人与自然交流的环境等功能。与生产功能的产出大多可以通过商品交换取得补偿不同，乡村系统的生态功能的产出或效益是无形的，通常没有衡量其价值的标准，也无法取得应有的补偿，具有正外部性的性质。

3. 物质能量信息输入功能

乡村系统的物质能量信息输入功能是其从环境中获取物质、能量和信息，以维持自身正常运转和保证生产功能发挥的重要功能。随着物质和精神生活水平的提高和社会分工的细化，这一功能对乡村系统的重要性越来越大。

乡村系统从环境中获取的物质主要包括生产和生活所需的工业产品、矿物和化石燃料等；从环境中获取的能量主要是指太阳能、风能和电力等；从环境中获取的信息主要包括文化、知识、技术和服务等。道路和各类公用设施、公共服务设施是乡村系统物质能量信息输入的主要途径和载体。

5.1.2　乡村系统构成

乡村系统是一个复合系统，由若干子系统构成，各子系统又由不同的要素组成。构成乡村系统的要素中，有些要素可能在不同的子系统变现为不同的形式，但实际上是同一种事物。

1. 乡村系统的子系统划分

按照受人类活动影响的大小程度，乡村系统可划分为自然环境子系统、农业生产子系统和村镇居民点子系统，其中自然环境子系统受人类活动影响较小，村镇居民点子系统基本上是人工环境，农业生产子系统则是一个半自然、半人工的系统。

自然环境子系统是乡村系统的基础，它为其他两个子系统提供了存在和运行的基底条件，包括太阳辐射、大气流动、河湖水系和土地空间等，同时它又存在一定的独立空间，即尚未被改造成农业生产子系统和村镇居民点子系统的部分。自然环境子系统的运行主要受自然规律的制约。

农业生产子系统是乡村系统的主要功能承载者，它是在自然环境的基础上经过人类劳动改造而形成的。与自然环境子系统相比，农业生产子系统是一个无法自动维持能量和养分平衡的系统，随着作物收割或畜禽出栏就意味着能量和养分从该系统流出，需要人类活动的投入来重新启动系统的运行。农业生产子系统同时受到自然规律的制约和人类活动经济规律的支配。

村镇居民点子系统是乡村系统中的枢纽，它除了是村镇居民居住和繁衍的场所之外，更是保护和利用自然环境子系统、维持农业生产子系统运行的命令中枢，也是维系乡村系统的三个子系统使之协调运作的纽带。村镇居民点子系统的运行需要依靠外部物质和能量的输入，同时它还承担着农业生产子系统要素输入的中转站的功能。村镇居民点子系统具有人工系统的典型特征，人类的社会经济活动是其演变和发展的主要影响因素。

2. 乡村系统的系统要素

乡村系统的三个子系统各由不同的要素组成，如果忽略阳光、空气等无形要素，各子系统中的要素大致可分为生物要素和非生物要素两类。

自然环境子系统的要素主要包括：生物要素如自然林、草原、野生动物等；非生物要素如自然水体（河湖水系、沼泽、湿地等）和未利用土地（荒漠、戈壁、裸岩、滩涂、未开垦地）等。

农业生产子系统中的生物要素主要包括农田及种植作物、人工林、人工草场和蓄养动物等，非生物要素主要包括灌溉和养殖水体、田间道路等。

村镇居民点子系统的生物要素主要有家畜家禽、宅旁路旁植物、村镇居民和伴生动物等，非生物要素主要有住宅建筑、生产建筑、公共建筑及场所、公用设施和村镇道路等。

5.1.3 乡村系统结构

乡村系统的系统结构除了最基本的“系统-子系统-要素”的层次结构，还包括功能结构和空间结构两个方面。如果说层次结构是通过对系统的分解来认识系统的构成的话，功能结构和空间结构则是从功能组织和空间组织的角度对系统进行综合，以认识系统的运行逻辑。

1. 功能结构

乡村系统的功能结构即其生产功能、生态功能和物质能量信息输入功能各自通过哪些系统要素来实现，以及在各子系统中是如何分布和连接的（图 5.1）。

生产功能是乡村系统中涉及要素和子系统最多的功能。在自然环境子系统中，带有原始色彩的采摘和狩猎等活动仍在进行，从自然界直接获取生物产品仍然是生产活动的重要组成部分；农业生产子系统是直接为生产功能而形成和运行的，其中所有要素及其组织的首要目标都是指向生产功能的；村镇居民点子系统对生产功能的作用也越来越重要，除了家畜家禽养殖等副业在村镇居民点进行外，村镇工业的发展主要在村镇居民点布局，各子系统生产产品也需要通过村镇居民点子系统向环境输出。

乡村系统的生态功能得以实现的主要载体是自然环境子系统和其中的各种要素，而农业生产子系统中的农作物、树木、草场和水体等要素也具有重要的生态功能。此外，村镇居民点子系统中的宅旁路旁植物对乡村系统生态功能的发挥也有一定贡献。乡村系统的生态功能除了与系统外的环境的连接外，在乡村区域内部则通过自然过程，在总体上表现为从自然环境子系统向农业生产子系统再向村镇居民点子系统的扩散和传递。

物质能量信息输入功能主要涉及农业生产子系统和村镇居民点子系统，其中村镇居民点子系统是功能实现的主要载体。在功能组织在子系统之间的连接方向方面，乡村系统从环境中获取的物质、能量和信息首先通过道路、公用设施和公共设施在村镇居民点汇集，再经过田间道路和设施管线通过人类劳动的搬运进入农业生产子系统。

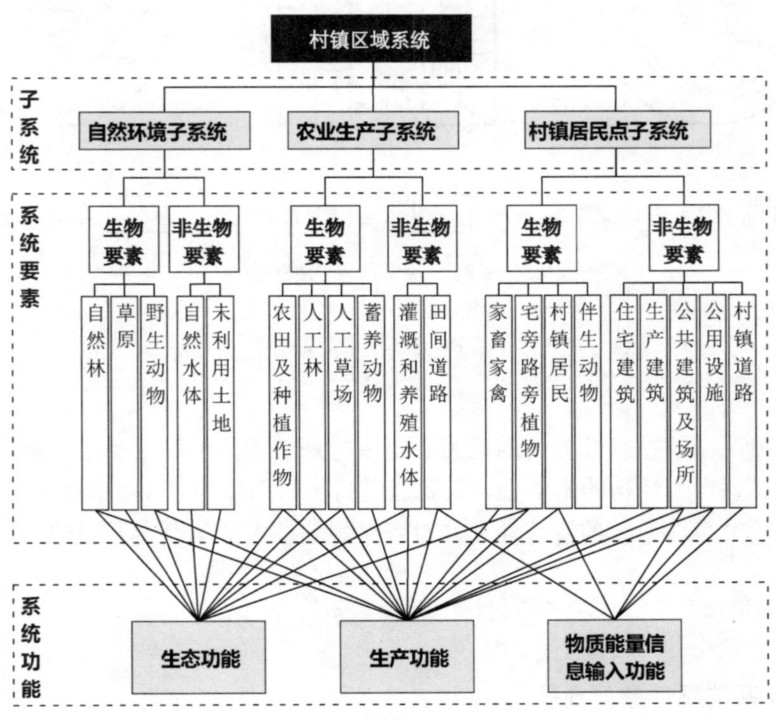

图 5.1 乡村系统功能结构示意图

2. 空间结构

乡村系统的空间结构主要是指其自然环境子系统、农业生产子系统和村镇居民点子系统在空间布局上的组织形式，这种组织形式在总体上是有序的，表现出较为明确的圈层模式，但在细节上存在一定的交错和相互渗透。需要指出的是，这里讨论的空间结构是以功能为导向的，而实际的地理分布呈现出的结构千差万别，很可能会得出不同的结论。

乡村系统在空间结构上一般以村镇居民点子系统为中心，根据农业生产子系统和自然环境子系统不同的空间关系，表现出不同的空间结构模式，图 5.2 展示了乡村系统 3 种不同的空间结构模式。

在一般情况下，乡村系统表现为明确的圈层模式，从内圈到外圈依次为村镇居民点子系统、农业生产子系统、自然环境子系统（图 5.2（a））；在村镇居民点较为分散或者存在特殊自然地理条件限制的情况下，自然环境子系统会作为“斑块”存在于农业生产子系统“基质”之中（图 5.2（b））；在特殊的土地利用模式下，如草原游牧和贫瘠土地休耕等情况，自然环境子系统和农业生产子系统可能相互转化，在不同的时间节点表现出不同的性质（图 5.2（c））。

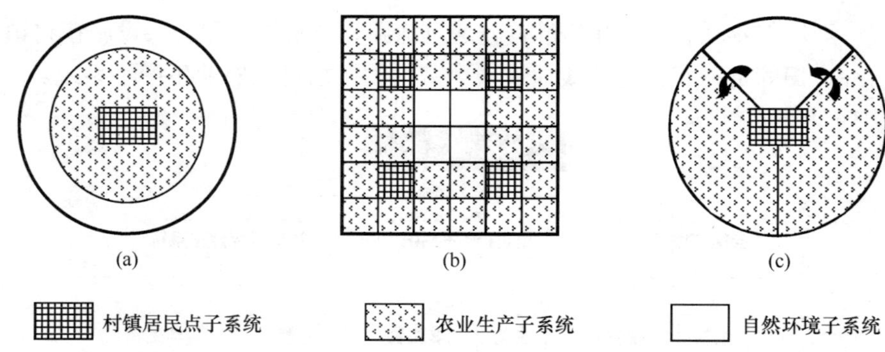

图 5.2 乡村系统空间结构模式示意图

5.2 乡村系统属性与规划影响

研究乡村区域的系统性的目的是为制定乡村规划的技术框架奠定基础，在明确乡村系统的功能、要素和结构的基础上，需要通过将乡村系统与城市系统、大尺度区域的对比，进一步研究乡村系统的特殊性及其对乡村规划技术框架制定的影响。

5.2.1 城乡系统差异

1. 城乡系统属性差异比较

从上述对乡村系统的分析可以看到，乡村系统中的村镇居民点子系统作为一个人工环境子系统与城市系统存在着较多的相似之处，而从其他两个子系统的角度看，乡村系统与城市系统则在系统功能和功能组织的空间结构方面存在着很大的差异。

在系统功能方面，乡村系统生产功能的主要任务是对生物资源（无论是自然生长的还是人工培育的）的采集和输出，而城市系统的生产功能则主要是各类工业产品的生产和加工；乡村系统的生态功能有着与生产功能同等的重要性，其不仅维持这自身的生态平衡，还向城市系统输出外部性，而城市系统在生态方面非但无法自洽，还向系统外输出大量负外部性；物质能量信息输入功能对于乡村系统和城市系统都具有重要作用，都起到从外部获取资源维持系统运行的作用，不同的是两者输入物质能量信息的具体形式。

从系统功能的空间组织看，乡村系统的生产功能横跨其三个子系统，并以农业生产子系统作为主要载体，乡村系统的生态功能则以自然环境子系统和农业生产子系统为两个具有同等重要性的载体，物质能量信息输入功能以村镇居民点子系统为主要载体，并向农业生产子系统扩散。这样的系统功能组织映射到空间上，采用建成环境和非建成环境的两分法，乡村系统的建成环境（村镇居民点）承载的主要是物质能量信息输入功能和一小部分的生产功能，以及限于系统内部的生活服务功能，而乡村系统的非建成环境则承载了大部分的生产功能和生态功能。反观城市系统，其生产功能、物质能量信息输入功能，以及内部的生活服务功能集中于建成环境，而非建成环境只承担着的生态功能。

打个形象的比喻，城市系统的功能重心在于城市内部，类似于鸡蛋，发挥核心价值和功能的是蛋黄；而乡村系统的功能重心在村镇居民点外部，类似于苹果，主要的价值和功能在于果肉而非果核。

2. 城乡系统差异规划影响

从乡村系统与城市系统的差异来说，两者在系统功能的空间组织方面的不同决定了乡村规划不能像城市规划那样只关注或只重点关注建成环境，因为要实现乡村系统的完整功能，重点在其非建成环境，即自然环境子系统和农业生产子系统，这就要乡村规划首先把规划范围扩展到整个行政辖区范围，对非建成环境（即“果肉”部分）中的生产和生态的发展和布局给予重点关注。而过去中国的乡村规划照搬城市规划体系，仅关注乡村居民点的内部结构及其之间的相互关系，实际效果就是仅对乡村系统的物质能量信息输入功能，以及内部的生活服务功能进行了空间安排，而未对其占主要地位的生产功能和生态功能给予必要的重视，当然也就无从实现城乡规划“促进城乡经济社会全面协调可持续发展”的目标了。

5.2.2　区域尺度差别

1. 不同区域尺度特征比较

区域规划具有成熟的理论和实践体系，然而将乡村视为“区域”、建立乡村规划区域性的技术框架却不能直接套用区域规划的框架，原因就在于传统的区域研究和区域规划中，“村镇”只是作为一个“点”而出现，很可能还是一个看不见的“点”，而将乡村作为一个“区域”进行研究和规划，必须注意到这种尺度上的巨大差距以及由此带来的一系列差别。

乡村区域与大尺度区域在规模和尺度上的差距首先带来系统自洽性方面的差别。总体而言，大尺度区域包含着城市、乡村和自然等多种环境和系统，有着从各级城市到小城镇、村庄的完备的居民点体系，具备一、二、三产结构较为平衡的产业体系和相对多样化的资源环境，因此虽然有对外联系和交换，但基本上是能够维持自洽的，即整个区域的生产能满足自身的各种需要。而乡村区域则不然，乡村区域由于规模和资源条件限制，不可能具备完整的现代产业体系，因而其所需的生产资料、生活资料很多需要靠外部输入解决，而另一方面，其生产的农产品中为满足乡村区域内部需要的产品只是很少一部分，大部分产品要输出以进行商品交换。因此，乡村区域不是一个自洽的系统，要依靠与外部环境的交换才能维持其平衡和发展。

乡村区域与大尺度区域在自洽性方面的差别进一步导致了两者自主性的差别。大尺度区域由于能在内部完成基本的供需平衡，外部因素很难通过市场手段影响其整体发展走向，而在行政权力方面大尺度区域本身的层级较高，面临的上级指令也较少，因此，大尺度具有较强的自主性。而乡村区域由于不能实现自身的供需平衡，在市场竞争中与外部环境存在着巨大的体量差别，在行政权力方面又处于底层，因此在对自身发展方向、方式的选择和把握方面受到了诸多限制和影响，自主性较弱。

乡村区域与大尺度区域在自治性方面的差别还会导致两者在稳定性方面的差别。大尺度区域由于规模大又是自治的，因而其受到外部环境变化的影响较小，或者说外部环境对其作用的深度较小、周期较长。例如，大尺度区域的优势产业是对外输出的部门，其一般都建立在区域特有的优势资源条件之上，外部环境很难改变这种资源优势，因而大尺度区域的优势产业也是比较稳固的。而乡村区域由于在产品市场和消费需求两方面都高度依赖外部环境，因此外部环境的变化将给乡村区域带来直接的影响，而且这种影响由于乡村区域的规模和体量小，其作用的相对效果就大得多，从而使乡村区域总体发展变得不稳定。

乡村区域与大尺度区域还存在着多样性方面的差别，这同样是来源于两者规模和自治性的不同。大尺度区域由于在资源环境、城镇体系、产业体系等各方面拥有较为完整的体系和结构，在一定客观规律的作用下，从宏观尺度观察，相互之间存在较大的相似性，多样性表现不明显。而乡村区域由于在上述资源环境、城镇体系、产业体系等方面往往只占据了一个或几个环节，加之本身数量众多、观察尺度又趋于微观，因而表现千差万别，呈现出丰富的多样性。

2. 不同区域尺度规划影响

乡村系统作为系统与城市系统的差异、作为区域与大尺度区域的差别对乡村规划的技术框架提出了客观要求，需要在制定技术框架时充分考虑乡村系统的特殊性，即这些差异和差别带来的影响。

从乡村区域与大尺度区域的差别来说，乡村区域相对于大尺度区域的非自主性和不稳定性使乡村区域的发展存在较大的不确定性，这对乡村规划的技术框架的影响集中表现在规划目标的制定方面，即乡村区域的发展目标容易受外部环境的影响而变化，具有阶段性的特征。而乡村区域的多样性也为乡村规划技术框架的制定带来了难度，即技术框架如何适应各种乡村区域的不同特点，而同时又不能过分降低技术框架的规范性。要想解决上述问题，应该在具体的规划内容体系保持稳定的前提下，重视乡村规划中确定规划目标并根据目标制定规划策略、组织规划内容的环节，以增强乡村规划对规划目标变化和乡村区域多样性的适应能力。

5.2.3 乡村系统关联

乡村的发展显然不是一个孤立的封闭系统，而是受到其所处的中观和宏观环境的影响，被环境的大趋势所左右，同时乡村与其周边乡村之间也存在着竞争、合作、带动等相互影响，这两种影响共同构成了乡村发展的关联性。乡村发展的关联性在地理空间上涵盖的范围可以为乡村规划重点层次的确定提供支撑和依据，而这也是乡村规划研究的重点问题之一。

1. 乡村发展关联性

乡村发展的关联性包括两个方面，即乡村与异质地区的关联性和乡村与同质地区的关联性。

异质关联性。乡村发展的异质关联性是指乡村发展和与自身具有较大差别的社会经济规模、结构的地区（居民点）之间的关联性。异质关联性更多地表现为层级的、互补的关联，最普遍的是乡村与其上级居民点之间的关联，如村与乡镇、乡镇与城市之间的关联等，而最典型的、最广泛的这种关联则可以概括为“城-乡”之间的关系。值得注意的是，随着交通工具的进步和信息化的发展，乡村发展的异质关联性绝不仅仅是依赖层级关系逐级上溯的，“跳级”关联的可能性和现实都大量存在。除了国家、省、市等大区域的发展战略和趋势，乡村的发展甚至直接受到全球化的影响，这主要表现在农业结构调整的非本地导向性、农业生产流通过程的国家干预力减弱（包括生产、加工、贸易等环节）、价值观影响下乡村感知的区域差异减弱等方面（Woods，2005；Bruinsma，2003）。

同质关联性。乡村发展的同质关联性是指乡村发展和与自身具有相似的社会经济规模、结构的地区（居民点）之间的关联性。同质关联性表现为同级的、既有相互同化又有相互竞争的关联，在现实中常表现为相邻或者相近的乡村之间具有发展趋同性的特征，如拥有类似的产业结构，或某一乡村形成具有相对竞争优势的产业或产品后对周边乡村的带动并由此形成竞争等。

2. 乡村规划层次性

乡村规划的层次问题在于应该主要在哪一个或者哪几个层次上研究乡村规划的才是最合理的。从前文的论述可以看到，作为政府职能的乡村规划在层次上一般与行政事权相对应，广义上可分为村、乡镇、县（市）三个等级。而我国乡村规划的实践在问题导向的思路指导下，也经历了从单个村庄、集镇规划到乡镇域村镇群体布局规划，再到县域镇村体系布局的发展过程（何兴华，2011）。然而，虽然“乡镇是乡村规划的重点层次，而县域是乡村规划编制和实施的最佳空间单元”是一种很普遍的看法，乡村规划的层次问题仍然值得认真讨论，原因有二：一是规划空间层次的划分本身是一个重要的理论和实践问题，过多则浪费技术资源且容易引起矛盾，过少则难以承上启下指导具体建设（何兴华，2010）；二是对县域层次的重视似乎本身就存在着“地域歧视”，提出这一观点或者说存在这一实践需求的地区主要集中在沿海发达地区，由于研究力量和被关注程度方面的差距，这一论断能否推广到广大内陆地区则还应存疑。因此，需要从全国角度对乡村规划的层次问题进行深入分析。

乡村发展的关联性在地理空间上的投射决定了乡村规划区域性的层次。这从我国乡村规划实践层次从单个村到乡镇域再到县域不断扩大的过程也可以得到印证，这一过程实际上是随着农村社会经济发展要素的交流范围不断扩大而产生的，也就是说，村镇发展的关联范围越广，从越大范围研究乡村规划的需求就越大，相应的乡村规划的主要研究层次就越高。

既然乡村发展的关联性决定了乡村规划的层次，那么随之而来的一个问题就是到底是异质关联性还是同质关联性对这一问题起主导作用，或者说哪种关联性是适宜空间投射的，是可测度的。由于村镇发展的异质关联性主要表现为城乡关系，并且大量存在“跳级”关联的现象，从乡村规划作为一种政府职能的角度来说，异质关联性不宜作为乡村规划的层次的主导因素。这是因为“跳级”关联现象的存在使异质关联性对应的空间范围似乎可以无限扩大，理论上甚至可以扩大到全球层面，这在基层政府规划事权范围限定的条件下无疑是不现实的，而城乡之间的关系则应该由另一种规划形式来进行协调解决（如近年来兴起的城乡统筹规划、城乡一体化规划等）。因此，乡村发展的异质关联性更适宜作为乡村规划的背景条件纳入分析，而不适合作为直接决定规划范围大小的规划层次的主导因素。

而乡村发展的同质关联性由于通常表现为在层级上的同级和空间上的邻近，适宜作为乡村规划的层次的主导因素。这里借用城市吸引区边界界定的研究来说明乡村发展的同质关联性为何可以作为乡村规划的层次的主导因素。格林（H.L.Green）曾用 5 项数据探讨了纽约与波士顿在新英格兰南部的相互影响，认为在纽约和波士顿之间存在这样一条模式边界，在这条边界上纽约与波士顿的影响相同，在这条边界的靠纽约一侧，纽约的影响大于波士顿；反之在靠波士顿一侧，则波士顿的影响大于纽约（图 5.3）。但实际情况更复杂一些，除了分别完全从属于纽约和波士顿的区域外，还存在一条中间分界带，在这条中间分界带内，纽约与波士顿的影响相当，或者说各在某些功能上的影响占据优势。这一模式的实质就是存在交集的两个影响区域（图 5.4（a））。如果这两个影响区域的交集足够大，大到将两个区域的核心都包含进来（图 5.4（b）），那么就可以认为这两个区域组成了一个新的系统，并且是一个不宜被拆分的系统，而两个区域间则存在明显的

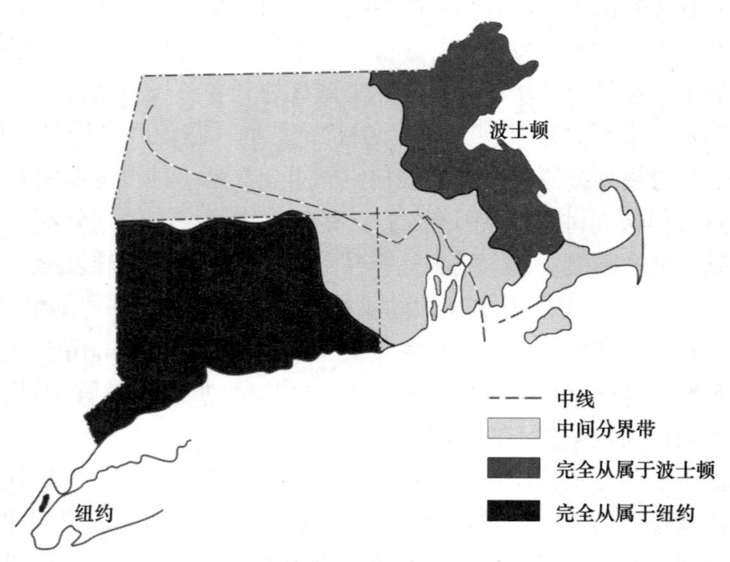

图 5.3 纽约和波士顿腹地的划分

资料来源：许学强等，2009

同质关联性。将两个区域组成新的系统的情形推广到两个以上区域，则会出现由若干个（n）具有同质关联性的区域共同组成的大区域（图 5.4（c））。如果将图中的小区域当做某一地区的乡村区域，那么当 n 足够大，大到使大区域的范围相当于上一层级的行政区域覆盖的范围，那么就可以认为大区域所代表的层级应作为乡村规划的重点层次，而非小区域所代表的层级。

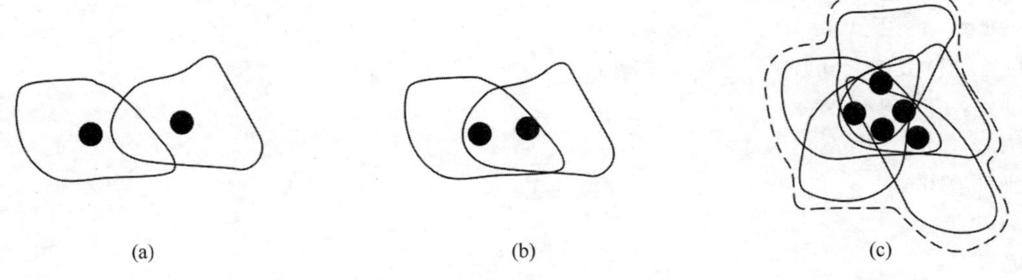

图 5.4 同质关联性空间模式示意图

上述分析实际上展现了这样的研究路径，即将乡村发展的同质关联性在空间上覆盖范围的大小与各级行政单位的辖区范围相比较，最相近的就可以作为乡村规划的主要研究层次。需要指出的是，在讨论乡村发展的同质关联性时，我们将乡村区域默认为一个结节区域（由节点连同其吸引区组成的区域，区别于均质区）的。也就是说，在乡村区域中有一个质心，它承载着乡村大部分的社会经济活动和统计特征，而这也是克里斯塔勒（W. Christäller）和廖什（A. Lösch）提出中心地理论这一地理学经典理论的基本假设之一（许学强等，2009）。只有在结节区的基础上，讨论乡村发展的关联性在地理空间上的格局才是有意义的，因为如果每个乡村区域都是均质区或者近似均质区，那么所有乡村区域在地理空间上将形成一个连续变化的表面，就无法讨论乡村发展在多大范围内具有关联性，也更无从讨论乡村规划的层次问题了。

5.3 乡村规划横向与纵向环境

乡村规划体系环境是指现有的涉及乡村区域的各类规划组成的规划体系及其对乡村规划的影响，分析规划体系环境，有助于实现乡村规划与各类规划的协调和对接。乡村规划的规划体系环境可分为横向环境和纵向环境两大类。

5.3.1 横向环境

乡村规划的规划体系横向环境考察的是涉及乡村区域的除城乡规划之外的各部门规划。按照中国国务院的机构设置，对其中的涉农机构按照是否中央农村工作领导小组成员单位、是否以县或乡镇为单位编制规划、是否空间规划或设施规划三项标准进行了梳理（表 5.1）。

表 5.1 涉农机构的规划组织形式和规划属性分析

	中央农村工作领导小组成员单位	以县为单位编制规划	以乡镇为单位编制规划	空间规划或设施规划
国家发展和改革委员会	ü	ü		ü
农业部	ü	ü		ü
水利部	ü	ü	þ	ü
国家林业局	ü	ü		ü
全国供销合作总社	ü			
国务院扶贫开发领导小组办公室	ü			
中央财经工作领导小组办公室	ü			
教育部		ü		ü
工业和信息化部		ü	þ	ü
民政部		ü		
财政部		ü		
人力资源和社会保障部				
国土资源部		ü	ü	ü
环境保护部		ü		ü
交通运输部		ü	þ	ü
文化部		ü		ü
卫生部		ü		ü
国家人口和计划生育委员会		ü		
国家广播电影电视总局		ü	þ	ü
国家邮政局				
住房和城乡建设部		ü	ü	ü
*国家电网		ü	þ	

注：þ 为“村村通”工程负责部门；*为已市场化的单位，非政府机构。

从表 5.1 中可以看出：①以乡镇为单位编制规划的部门除了水利部、工业和信息化部、交通运输部、国家广播电影电视总局和国家电网等“村村通”工程负责部门外，只有国土资源部、住房和城乡建设部两个部门；②很多部门的规划以县为最小规划单元，但规划内容直接涉及乡镇的设施和空间，其中设施规划部门占绝大多数；③中央农村工作领导小组成员单位中没有以乡镇为单位直接编制规划的部门（水利部只负责农村饮用水“村村通”工程），特别是没有以乡镇为单位编制空间规划的部门。

结合各部门具体规划内容来看：①目前乡镇空间规划形成了住房和城乡建设部门以村镇居民点为主、国土资源部门以居民点外围用地为主的分工格局，但存在规划功能上的缺陷，即国土部门规划以指标控制和耕地保护为主，缺少与产业经济规划的衔接，使乡村系统功能的实现缺少空间规划的引导；②各类设施规划缺少对乡村区域中农业生产子系统的关注，各“村村通”工程只通到村镇居民点，对农业生产有重要作用的农田水利设施和交通设施缺少乡镇层面的具体规划；③各类设施规划缺乏乡镇层面的空间统筹，有的设施只有县级层面的规划，对设施在乡村的具体布局不作理会，而各“村村通”

工程普遍缺乏作为一种规划对乡村发展实际的统筹考虑，即不管设施建设的社会经济背景，只管“通”。

考虑上述规划体系横向环境的特点，乡村规划的技术框架应关注以下几个方面：①已有的涉农规划种类繁多，但缺乏空间统筹特别是乡镇层面的空间统筹，需要对其进行统筹考虑和安排；②各部门规划很多只有县级层面的，在规划层级上高于乡村规划，因此不能完全按照乡村区域的系统功能或子系统划分来组织规划内容，而要做到既有清晰的逻辑思路，也能实现与其他部门规划的对接；③要加强对农业生产子系统和自然环境子系统的关注，对现有规划体现的功能缺陷进行补充，主要包括对乡村系统的生产功能和生态功能的规划空间引导、农业生产子系统的重要设施规划等。

5.3.2　纵向环境

乡村规划体系纵向环境指的是现有的城乡规划体系。

根据《城乡规划法》，城乡规划包括城镇体系规划、城市规划、镇规划、乡规划和村庄规划，乡村规划（包括镇规划、乡规划和村庄规划）处于最低的层次。《城乡规划法》又规定“规划区的具体范围由有关人民政府在组织编制的城市总体规划、镇总体规划、乡规划和村庄规划中，根据城乡经济社会发展水平和统筹城乡发展的需要划定”，而在规划实践中，很多城市的规划区都将整个市域范围包括进来，造成城市规划区与乡村规划区“大圈套小圈”的情况。因此，乡村规划不仅规划等级受到上位规划的限制，空间安排更有可能受到上层次规划的直接控制，即乡村规划的规划体系纵向环境是城市主导的。

在地方发展“重城轻乡”的总体态势和全球化带来自上而下的强势外部力量的背景下，规划体系纵向环境表现出的城市主导性质要求乡村规划的技术框架更重视规划过程的重要性，在规划的编制和实施过程中通过对各种形式的公众参与的引导将乡村组织起来，保护乡村系统中的关键要素，或通过充分开发利用使其市场价值提高，使之免于被无偿或低价侵占。即需要强化乡村规划作为地方规划和乡村自组织的重要形式的属性。

第 6 章　乡村规划新理论框架

新时期城乡空间组织模式发生变化，本章以落实国家主体功能区为基础，建立城乡空间关系和组织模型，提出县域、镇（乡）域和村域三层次空间规划均以“生产、生活、生态”三生空间为基本原则，从而建立乡村规划的新组织架构。在明确乡村规划的平台式规划、抽屉式规划、互通式规划等新技术要求基础上，确定乡村规划的新理论框架。

6.1　乡村规划新组织架构

6.1.1　城乡空间关系

我国乡村地区，由于特定的城乡关系反映在地域空间中呈现出特定的城乡发展空间模式，从区域规划和长远规划的视角进行农村与村镇的空间组织，划分永久农村地区和城镇化地区，建立城乡空间关系和组织模型（图 6.1），为探索符合新型城镇化的县域城镇化战略和空间格局奠定理论基础。

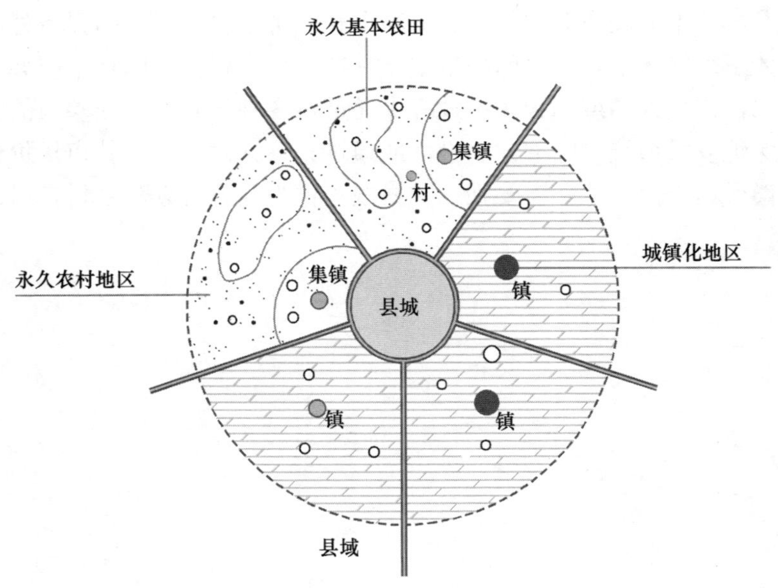

图 6.1　县域空间组织构想示意图

通过城乡空间关系组织，为不同地区的农村发展指明方向，有利于差别化的动力机制培育。在城镇化地区（镇域），强调规模化、集群化、产业化发展路径，全力培育小城镇作为人口转移主要载体的集聚效应，加强快速交通建设，密切村庄与镇区、镇区与周边环境的关系，高标准配套基础设施和公共服务设施，打造“花园小城镇”，增强镇的吸引力，实现其作为人口转移主要载体的功能要求，引导镇走产业化、集群化发展的城镇化路径；在永久现代农村地区（乡域），以满足农业生产的基础设施为重点，在尊重农民意愿基础上，适度推进规模化经营，实现公共服务现代化，同时保持村庄形态结构和景观的乡村风貌，尊重农村农业生产要求，构建农村市场体系，多元化、特色化发展乡村经济。

6.1.2　乡村规划体系

按照国家主体功能区宏观要求，县域、镇（乡）域和村域三层次规划均以“生产、生活、生态”三生空间为基础，包括生态保护、产业发展、土地利用、居民点体系/布局、支撑体系建设，以及管理实施等作为规划主体内容，形成我国乡村地区新型空间规划体系（图 6.2）。

6.1.3　乡村规划层级

中国乡村地区发展，需要有步骤地实现农业现代化、减少农民数量和建设美丽乡村，尤其需要加强县、镇（乡）、村的地区规划，完善乡村地区规划体制，通盘考虑城乡发展规划的编制。中国乡村地区面广量大，规划基础薄弱，也不能盲目铺摊子做全覆盖的乡村地区区域规划。中国乡村地区县乡镇村等基层政权组织完备，可以按照乡村发展的需求编制必要的可以实施的规划。从区域规划的角度，以“域”的规划代替“村镇体系规划”，从而避免过分强调村庄之间的空间关系而忽视区域的重要性，构建乡村地区规划新框架。为了提高乡村地区规划编制和实施效率，将其划分为三个层次。

1. 县域村镇体系规划

县域村镇体系规划以促进县域经济社会发展为目标，积极推进多规融合和或多规合一，明确划定水源涵养区、生态保护区、城镇化地区和永久现代农村地区，规划建设与城市联系紧密的快速交通体系和现代化通信系统，构建城乡融合发展的县城-镇（乡）-村体系结构，按城镇/农村发展要求配置相应水平的水、电、路、燃料等基础设施和商贸、医疗、教育、文化、社会保障的社会服务设施，按照县情财力编制规划实施计划和对策措施（图 6.3）。

条件成熟的县，鼓励推进“多规合一”的县域规划，将以发展县域经济为核心，充分发挥县域的自然、人口、经济和土地资源优势，对农村地区“山、水、林、田、路、房”进行全要素统筹规划，可以为广大农村地区的发展和推进新型城镇化进程提供规划支撑。“多规合一”的县域规划，不仅以多规融合或多规合一的思想进行上层次统筹规划的内容编制，而且要协调区域中的经济区、生活圈、产业区等，并衔接区域快速交通，延伸区域基础设施建设，促进区域公共服务设施均等化。

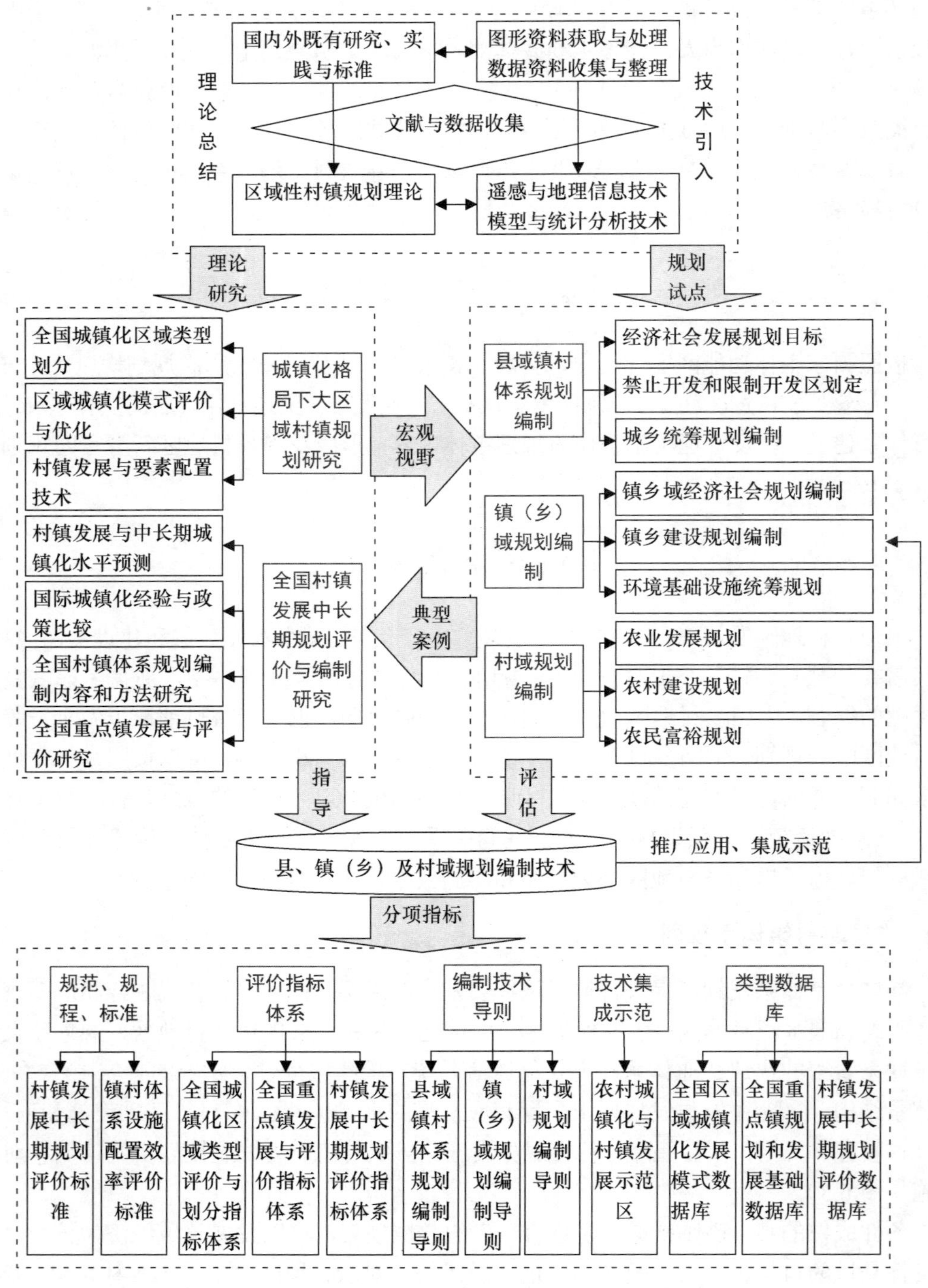

图 6.2　县、镇（乡）及村域规划编制关键技术研究与示范技术路线图

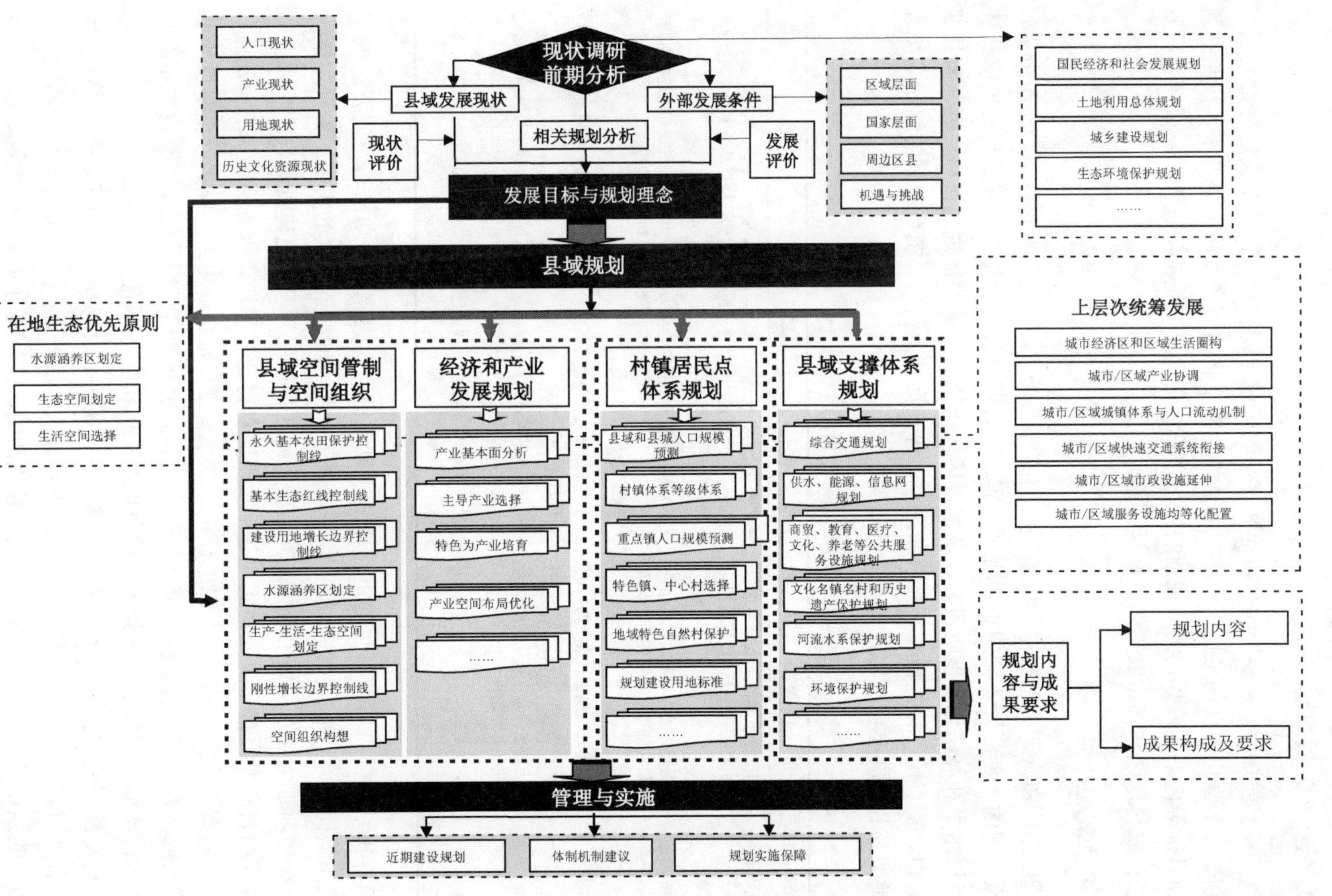

图 6.3　多规融合的县域村镇体系规划内容和过程

图片来源：顾朝林、张悦、邵磊、唐燕、陈继军编著.《县镇乡村域规划编制手册》，2016

2. 镇（乡）域规划

镇（乡）域规划，主要针对乡镇地区存在的区域问题和发展需求，决定是否编制该类规划。为了强化规划的可操作性和可实施性，需要将镇域和乡域区分开来，按照问题导向和目标导向编制规划，镇域规划的核心是积极推进新型城镇化进程，乡域规划需要关注永久农村地区和基本农田保护地区划定。

1）镇域规划

我国地广镇众，类型多样，要编制实用的镇域规划，首先需要进行镇域类型分类，再按照不同的类型配置不同的重点规划内容，使规划更具可操作性。根据我国当前经济社会发展水平和城镇化发展阶段，以及建设现代化的小城镇的镇规划目标，可分为县域副中心镇、重点镇、特色镇、一般镇和卫星镇等五类（表 6.1）。镇域规划的编制应参考上述类型及其发展要点，深入完成重点步骤。

表 6.1　中国城镇类型和镇域规划目标

城镇类型	概念	规划编制指导思想
县域副中心镇	除县城外，在县域经济社会发展中承担片区中心的建制镇	规划建设成为县域经济、文化、教育、医疗、交通、物流、农技的地方中心，市政设施和社会设施配置达到县城标准，配套建设重点中学（高中）、地段医院
重点镇	在县域内被国家部委、省市人民政府确定重点发展的建制镇	突出城镇优势提升城镇综合实力和竞争力，在镇域规划建设产业园和生态农业区，集聚人口、集聚产业，市政设施和社会服务设施达到或超过县城配置水平
特色镇	指具备一种以上发展优势特色的建制镇	注重挖掘提炼镇域特色要素，划定特色空间，保护特色资源，集中发展特色产业
卫星镇	位于城市周边、区位和交通优势明显的建制镇	依托母城的基础设施与公共服务设施发展，充分利用母城的资本、技术与市场等要素辐射，加快发展，逐步形成为自立性城镇
一般镇	一般建制镇	合理引导集中、集聚、集约的经济产业发展，构建镇域生活圈，将市政基础设施与公共服务设施向镇域地区延伸覆盖

镇域规划要以农村城镇化的重点地区建设为目标，强化镇村功能与空间资源的整合，突出居民点、土地、生态环境、经济发展等各类空间要素配置的集中、集聚与集约利用，循序渐进引导农民集中居住，推动产业园区规模化、现代化建设，鼓励农业土地适度规模经营和发展都市农业；实现基础设施向农村延伸和社会服务事业向农村覆盖，以农村生活圈组织为基础构建县城——镇区快速交通、通信、电力、供水等市政设施系统，建设沟通行政村农村地区干道网、公交网、商贸网、信息网系统，以及教育和健康保障体系；塑造现代化小城镇景观、特色地域文化和生态环境（图 6.4）。

镇域是县域的主要城镇化地区，以先进、优美的现代化城镇建设标准进行全域建设，建成具有吸引力的区域性花园小城镇，主要承载人口、产业、土地的集聚与集约发展，村镇功能的强化与空间资源的整合，地方性生活圈，以及地方文化、区域景观和美丽城镇特色的塑造。

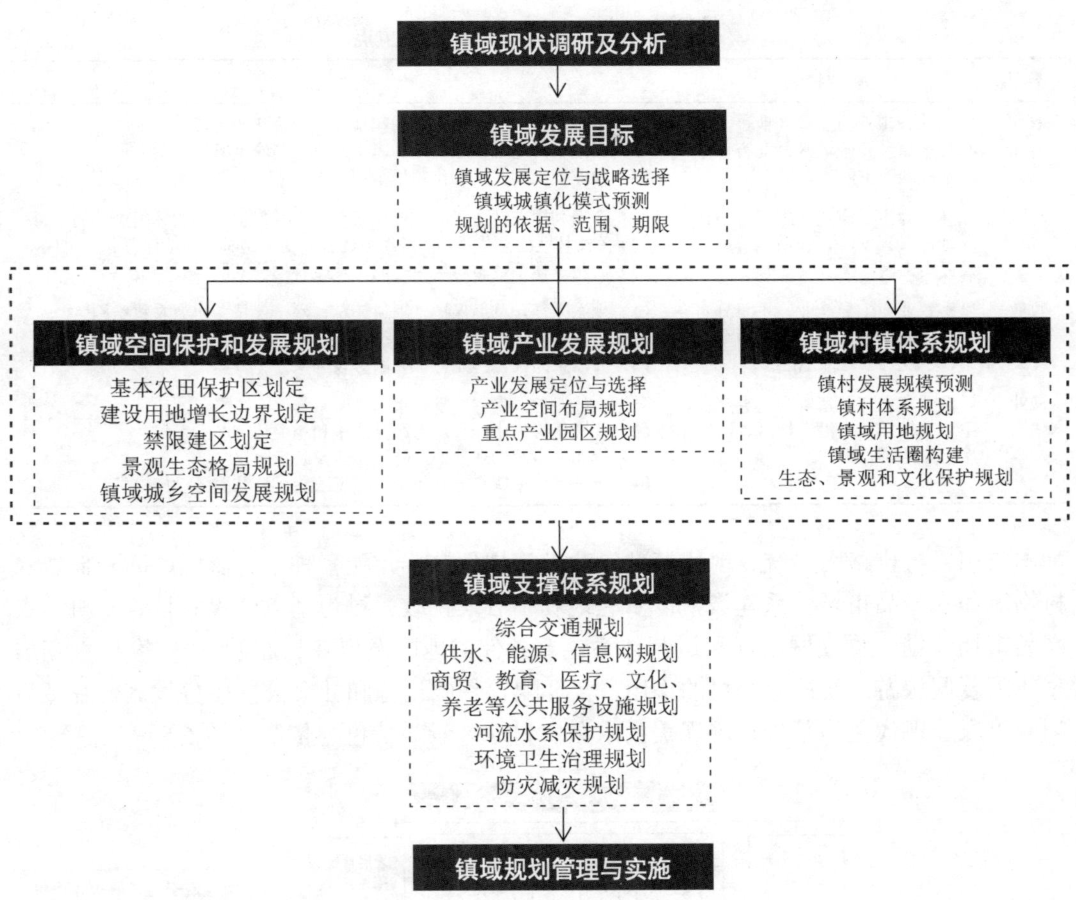

图 6.4　镇域规划主要内容和步骤

图片来源：顾朝林、张悦、邵磊、唐燕、陈继军编著.《县镇乡村域规划编制手册》，2016

2）乡域规划

我国作为历史悠久的农业大国，幅员辽阔、乡村众多，且不同地区乡村各具特色，差异极大。保护乡村将是未来一段时间内规划师必须重视的问题。乡域规划不是消灭乡村，而是要繁荣乡村、保护乡村，将现代化、城市化要素注入乡村地区。因此，乡域规划完全不同于镇域规划，规划目标主要在于：推进农业现代化，积极改善农村地区落后面貌，实现城乡居民同步分享改革开放成果，逐步提高供水供电、信息化智慧化、环境保护和生态保育水平，为美丽乡村建设提供大平台。依据上述乡域规划目标和我国传统农业大国的特点，乡域类型主要从产业发展划分，分为农业、林业、牧业、渔业等类型，主要特点和规划重点如表 6.2 所示。

乡域规划，以确保农业生产、粮食安全为主要目标，明确划定基本农田保护区和永久现代农村地区，严格保护水土自然资源和农村自然生态系统；推进“一村一品”、“接二（产）连三（产）”的农林牧渔大农业发展；以农村生产——生活圈组织为基础、以自然村为单元、以方便生产和生活为目的优化农村村庄空间布局；进行农村水利、

表 6.2 我国的乡域类型和规划重点

类型	主要特点	规划重点
农业	以农业种植业为主导产业，大多分布在平原及丘陵地区；北方以旱田和水浇地为主，南方以水田为主	（1）以基本农田保护为核心的耕地保护，优化土地经营模式 （2）农业生产基础设施的提升，土地重划与农地整治 （3）农业景观和乡土文化的传承和延续，未来永久农村地区的划定
林业	以林业为主导产业，主要分布在东北地区（兴安岭、长白山等地区）及西南山区	（1）合理利用森林资源，注意风景名胜资源保护和相关休闲产业的培育 （2）关注林区生态作用，注意退耕还林和更新造林，林地保育和水土保持 （3）居民点体系调整与居住空间环境改善；公共服务设施提供
牧业	以畜牧业为主导产业，主要分布在内蒙古地区，以及新疆、西藏、甘肃、宁夏等中西部地区	（1）生态先行，草场保护，退耕还草，水土保持；协调农牧结构 （2）科学利用，以草定畜；布局养殖基地，构建畜产品加工体系 （3）居住空间优化；完善公共服务设施供
渔业	以渔业和水产养殖等为主导产业，主要分布在东南沿海地区、河湖水系沿岸地区	（1）水体保护，生态恢复与水污染防治 （2）规模化特色化养殖，水产品加工和相关休闲产业发展 （3）岸线生态及景观保护，防洪排涝及防风防汛 （4）居民点体系调整与居住空间环境改善；公共服务设施提供

基本农田、机耕路网系统、现代精准农业设施规划布局，配套种子、农副产品仓储、农村物流和农产品市场体系建设，以乡驻地和中心（行政）村为基点建设农技、农机、农产品市场营销、物联网培训和运营体系，有条件的地区发展乡村旅游、“农家乐”和居家休闲度假旅游；发挥中心村的作用，合理配置基础设施和社会公共服务设施。乡域规划应以农业现代化为基础、展现美丽永久农村地区景观特色为依归（图 6.5）。

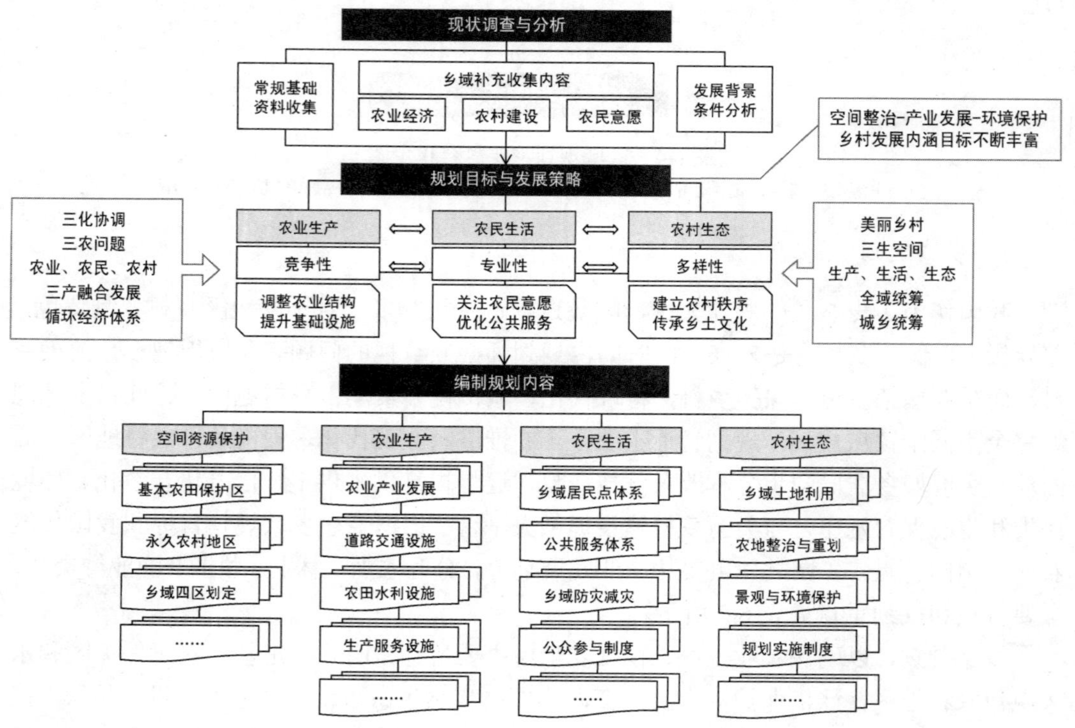

图 6.5 乡域规划主要内容及其相关关系

图片来源：顾朝林、张悦、邵磊、唐燕、陈继军编著.《县镇乡村域规划编制手册》，2016

乡域是县域的非城镇化地区，明确为培养新的农村、农民和农业而长久存在的现代化农村地区。建设社会主义“新农村地区”，主要包括永久现代农村地区、水土自然资源和农村自然生态系统保护区、居民点与农地协调的农村生产生活圈，其中“永久现代农村地区”需综合考虑以下因素予以划定：是否是历史文化名村或传统村落、是否拥有基本农田保护区、是否为乡和村的行政建制、区域人口密度是否较低、主导产业是否为农业等。

3. 村域规划

我国农村数量大，类型多，发展不平衡，村域规划需要尊重发展水平、尊重地域特色、尊重农民自身意愿，这样才能得到事半功倍的效果（表 6.3）。因此，村域规划主要在于：充分考虑村集体和村民自治的重要特征，重点解决农村生态资源保护、实现农业现代化，以及公共服务设施与基础设施均等化等问题。

表 6.3　我国的村庄类型和阶段规划目标

规划目的	村庄类型	阶段规划目标					
		产业发展	文化传承	环境保护	空间布局	服务设施	综合防灾
美丽乡村	城镇化地区	▲	▲	●	●	●	●
	城乡过渡地区	▲	▲	●	▲	▲	●
	永久农村地区	□	▲	●	▲	▲	●
魅力乡村（传统村落、特色历史文化村寨）	城镇化地区	▲	●	▲	▲	▲	▲
	城乡过渡地区	▲	●	●	▲	▲	▲
	永久农村地区	□	●	●	▲	▲	▲
富裕乡村（一村一品、农村土地适度规模经营、乡村旅游）	城镇化地区	▲	▲	▲	▲	▲	▲
	城乡过渡地区	●	▲	●	●	●	▲
	永久农村地区	□	●	●	●	●	●

注：▲ 确定的规划目标；● 可选择的规划目标；□ 特定的规划目标。

村域规划要以农业土地适度规模经营为基础进行基本农田建设，以发展现代农业为目标培养现代农民和种养大户和农副产品职业经理人，形成“一村一品”地域特色农业体系；保育村域自然景观格局和历史记忆与文化传统；加强农村环境面源污染治理，形成“美丽乡村、魅力乡村、富裕乡村”集中展示地区。在城镇化地区，积极对接城镇发展空间，循序渐进引导农民向城镇集中，实现产业集聚和产业升级，发展都市农业，实现农村城镇化。在城乡过渡地区，以镇为核心，鼓励土地流转和空心村整治，优化村镇体系，发展都市农业和配套产业。在现代永久农村地区，以乡带村，推广农田土地整理和农业土地适度经营，保护农村生态系统，改善农业生态条件和生态环境，发展“一村一品”、现代农业和特色农业。

村域规划实际上是典型的农村地区规划，我国农村类型多样，实行农村土地承包制度，因此，这类规划主要在于引导农民生产致富、方便生活、彰显特色，不需要千篇一律的规划模式和刻板的规划编制内容，为村民所想、为村民所用，就是这类规划编制的目标和内容。村域规划用于指导农业经济和乡村地区发展，推进村民自治，自下而上解决“三农”问题。

县域、镇域、乡域、村域规划的各自重点和特点如表 6.4 所示。县以上层次的空间规划，为我国乡村规划实施城乡统筹发展的核心所在，主要是明确本县区域所在上层次区域（或更大范围）确定的地区发展功能定位以及上层次规划中城乡地区重大基础设施（交通、水、电、通信、能源）和社会设施布局规划。

表 6.4 县镇乡村域规划重点和特点

类型	重点和特点
县域	推动县域经济社会发展、实现城乡一体化的主要空间
镇域	农村城镇化的重点地区，承载农村转移人口的主要空间
乡域	永久现代农村地区，农业现代化地区
村域	村民生产生活的直接载体，“美丽乡村、魅力乡村”的集中展示地

6.2 乡村规划新类型

6.2.1 平台式规划

我国不同区域城镇化发展模式、村镇发展模式存在着巨大的差异。如何基于城镇化进程、经济社会、资源环境等发展背景差异，划分我国城镇化类型区，提出针对不同类型区域的城镇化发展模式，进而提出不同城镇化模式下的村镇发展及其要素配置技术要求，是一个自宏观至微观层层细化深入的技术体系问题，也是村镇规划分类指导的基础问题（图 6.6）。

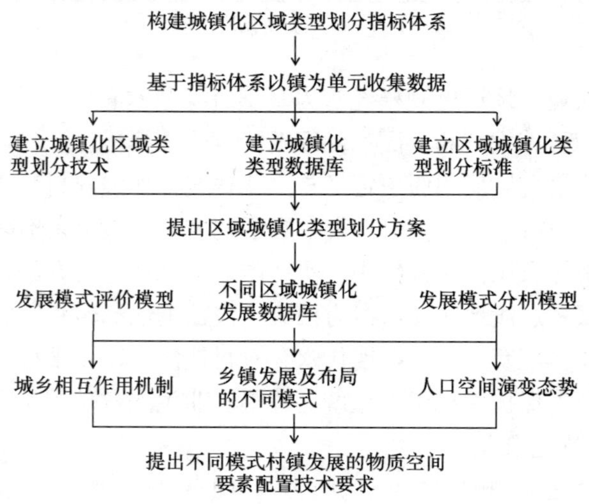

图 6.6 城镇化格局下的乡村规划研究技术路线图

1. 城镇化区域类型识别与划分技术研究

以区域城镇化水平、发展速度、规模结构、动力机制等城镇化进程识别要素为核心，以城镇化发展的资源环境和社会经济发展水平的区域分异为基础，研究构建我国城镇化区域类型划分指标体系；研究基于多指标区域分异与耦合的区域城镇化类型划分标准，提出我国城镇化的区域类型体系；研究基于遥感和 GIS 空间分析技术的区域类型识别方法，研制基于多指标的类型区划分叠加集成技术，建立各种城镇化类型划分技术体系；提出我国城镇化区域类型划分方案。

2. 区域城镇化发展模式评价及优化技术研究

根据城镇化区域类型划分结果，研究不同区域基于城乡交通网络系统建设、产业空间重组、城乡设施建设、资源条件变动、区域生态敏感性变化、人文环境等影响因素体系的城乡空间相互作用机制；综合运用细胞元自组织模型、网络节点优化模型、城乡要素作用耦合等系统分析模型，研究不同类型城镇化区域的乡镇人口空间演变态势；建立全国层面的区域城镇化发展数据平台及发展模式分析平台，研究不同区域城镇化模式的评价体系和优化技术。

3. 不同城镇化模式下的村镇发展及其要素配置研究

以城镇化成熟发展地区、城镇化快速发展地区、生态脆弱地区等为重点，研究分析不同地区、不同资源禀赋条件、不同发展阶段和不同空间区位的乡镇发展路径和动力机制，识别和划分乡镇发展和空间布局的不同模式，提出不同村镇发展模式下的物质空间要素配置技术要求，如城乡一体化发展前提下村镇基础设施、公共设施与生活空间、生产空间的配置需求、标准和实用技术，快速城镇化地区村镇产业空间集约利用技术，适应大规模人口流动性的村镇空间配置弹性技术，节水节能的村镇基础设施配置技术，应对气候变化的村镇发展要素组织技术等。

6.2.2　抽屉式规划

构建以需求为导向的县镇乡村域规划编制框架（图 6.7），采用抽屉式规划模式，县镇乡村域根据各自的需求进行相应内容的规划编制，乡、村域规划尤其应分析实际需求进行针对性规划，避免照搬框架内容，作“大百科”式的规划编制。框架将传统规划体系中的产业发展规划、人口规模预测、村镇体系规划、空间管制、公共服务设施规划和公用工程规划等整合为产业、空间、体系和支撑四大板块，其中支撑体系指保证空间战略规划的措施，包括环境与安全、公用设施及历史文化三个板块，尤其是构建快速交通体系、现代化的物流及信息网络、均等的公共服务设施，高效的农业水利设施等方面，是落实村镇规划的基本保障。

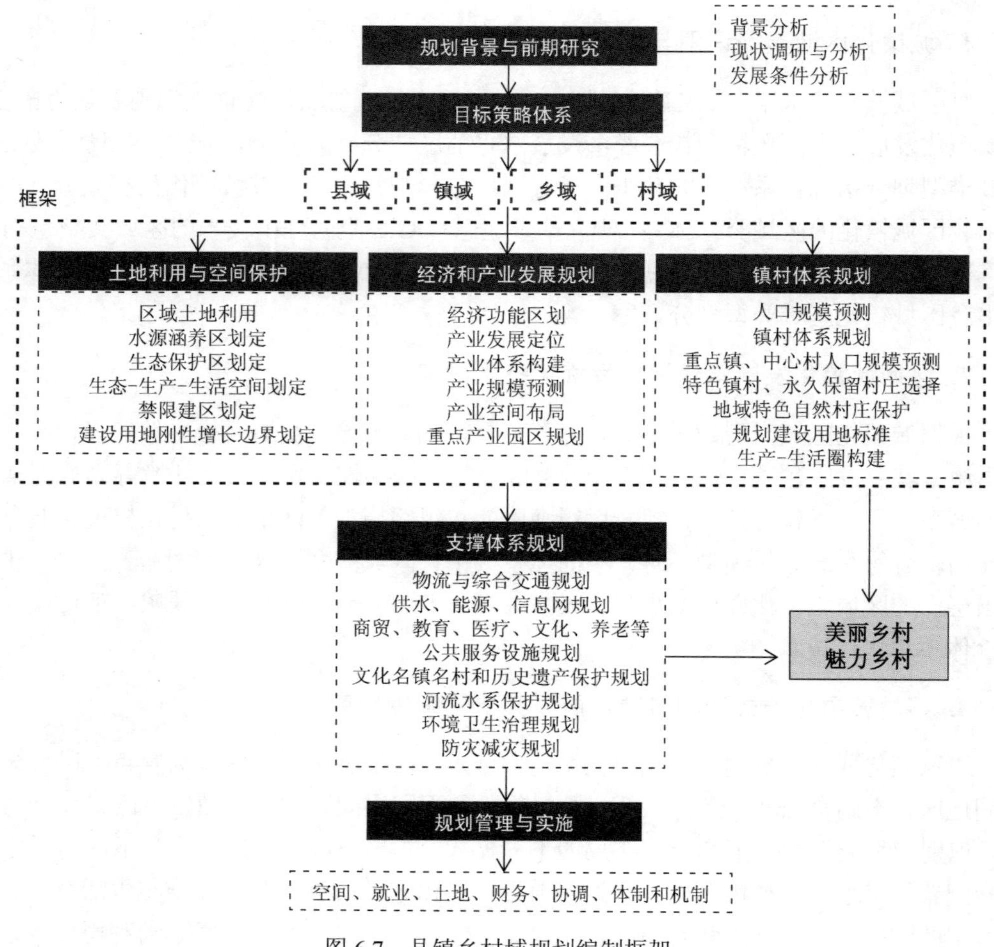

图 6.7 县镇乡村域规划编制框架

6.2.3 协同式规划

1. 思路一致

乡村规划新框架从县镇乡村域发展的实际需求出发，以问题为导向，结合目标要求，提出各层次的规划应对的措施及理论思想，为各层次规划提供理论基础（表 6.5）。

表 6.5 县镇乡村域规划编制思路一览表

	发展需求	规划应对	实现目标	理论思想
县域规划	“三生”空间划定； 水源涵养区、生态保护区、城镇化地区和永久农村地区划定； 建设与城市联系紧密的快速交通体系和现代化通信系统； 构建城乡融合发展的生产-生活圈	确定县域经济发展目标和发展战略； 县域空间分区管制与空间组织； 县域产业发展与空间布局； 县城-镇（乡）-村体系结构； 按城镇/农村发展要求配置相应水平的水、电、路、燃料等基础设施和商贸、医疗、教育、文化、社会保障的社会服务设施	促进县域经济社会发展； 促进空间整合及城乡融合发展； 推进“多规融合”或“多规合一”	城乡统筹发展； 区域综合发展规划

续表

	发展需求	规划应对	实现目标	理论思想
镇域规划	强化镇村功能与空间资源的整合； 人口、产业和土地的集中、集聚与集约发展； 构建地方生活圈； 地方文化、区域景观和美丽城镇特色塑造	生态、生活和空间划定与空间组织； 构建县城-镇区快速交通、洁净水、清洁能源、现代信息网等系统； 建设干道网、公交网、商贸网、信息网系统，以及教育和健康保障体系	现代化小城镇发展基础和环境； 农村城镇化重点和示范区	花园城市
乡域规划	永久农业地区划定； 水土自然资源和农村自然生态系统保护； 农村生产生活圈组织； 协调居民点与农地关系	划定基本农田保护区和永久农村地区； 推进“一村一品”、“接二连三”的“六次产业”发展； 优化农村村庄空间布局； 农村基础设施、市场体系和培训体系	确保农业生产、粮食安全， 农业现代化的永久农村地区	农业和农村经济
村域规划	农业土地适度规模经营； 现代农民培育条件建设； 农业经济和乡村发展	满足农业土地适度规模经营的基本农田建设； 培养现代农民和种养大户和农副产品职业经理人条件建设； “一村一品”地域特色农业体系； 保育村域自然景观格局和历史记忆与文化传统； 加强农村环境面源污染治理	自下而上解决“三农问题”	美丽乡村、魅力乡村

2. 内容协调

对一个地域而言，乡村地区规划具有三个层次四种类型，需要规划内容协调和空间衔接，这样的协调和衔接离不开各类规划内容重点的差异性。据此，需要进行县镇乡村域规划内容的协调和衔接（表 6.6），构成一个互锁的乡村规划内容回路或闭环。

表 6.6　县镇乡村域规划内容的协调和衔接

	研究重点	主要内容	实现目标	理论思想
县域规划	“三生”空间划定，水源涵养区、生态保护区、城镇化地区和永久农村地区划定； 建设与城市联系紧密的快速交通体系和现代化通信系统； 构建城乡融合发展的生产-生活圈	确定县域经济发展目标和发展战略； 县域空间分区管制与空间组织； 县域产业发展与空间布局； 县城-镇（乡）-村体系结构； 按城镇/农村发展要求配置相应水平的水、电、路、燃料等基础设施和商贸、医疗、教育、文化、社会保障的社会服务设施	促进县域经济发展； 促进空间整合及城乡融合发展； 推进“多规融合”或“多规合一”	城乡统筹发展； 区域综合发展规划
镇域规划	强化镇村功能与空间资源的整合； 人口、产业和土地的集中、集聚与集约发展； 构建地方生活圈； 地方文化、区域景观和美丽城镇特色塑造	生态、生活和空间划定与空间组织； 构建县城-镇区快速交通、洁净水、清洁能源、现代信息网等系统； 建设干道网、公交网、商贸网、信息网系统，以及教育和健康保障体系	现代化小城镇发展基础和环境； 农村城镇化重点和示范区	花园城市
乡域规划	永久农业地区划定； 水土自然资源和农村自然生态系统保护； 农村生产生活圈组织； 协调居民点与农地关系	划定基本农田保护区和永久农村地区； 推进“一村一品”、“接二连三”的“六次产业”发展； 优化农村村庄空间布局； 农村基础设施、市场体系和培训体系	确保农业生产、粮食安全 农业现代化的永久农村地区	农业和农村经济

续表

	研究重点	主要内容	实现目标	理论思想
村域规划	农业土地适度规模经营； 现代农民培育条件建设； 农业经济和乡村发展	满足农业土地适度规模经营的基本农田建设； 培养现代农民和种养大户和农副产品职业经理人条件建设； “一村一品”地域特色农业体系； 保育村域自然景观格局和历史记忆与文化传统； 加强农村环境面源污染治理	自下而上解决“三农问题”	美丽乡村； 魅力乡村

6.3 乡村规划新技术框架

在对乡村系统的系统功能、系统结构和特殊性，以及乡村规划体系环境进行分析的基础上，构建乡村规划新技术框架，使其对乡村区域的系统性拥有良好的呼应。

6.3.1 规划技术框架基础

从村镇规划的现有问题和乡村区域的系统性两方面对构建乡村规划技术框架的理念进行梳理和总结，为技术框架的具体构建明确总体方向。其中，对村镇规划现有问题的分析主要集中于其缺乏区域性方面。

1. 基于村镇规划现有问题的分析

中国村镇规划在其发展历程中受历史条件的制约逐渐形成了照搬城市规划体系的现实。中国较为系统的村镇规划工作开始于 1979 年第一次全国农村房屋建设工作会议（青岛会议），会议针对改革开放后因农民收入大幅提高而出现的“建房热”，提出了“全面规划、正确引导、依靠群众、自力更生、因地制宜、逐步建设”的方针，并提出“在国家基本建设委员会中设立农村房屋建设办公室”。此后 30 余年的发展历程中，一方面，村镇规划相比城市规划在理论上更加缺乏可以引入的国外现成理论，在发展之初可供借鉴的主要来源就是中国“城市规划实践中的乡村经验”（何兴华，2011）；另一方面，由于技术力量、人才队伍和基础资料等方面存在的历史条件限制，村镇规划在实践方面新城了问题导向的工作传统，工作重心始终围绕农村居民点建设（后期扩展至农村居民点体系）。因此，在这样的发展历程中，村镇规划依赖城市规划的理论和实践经验也就成为历史必然。此外，原有规划体制在建制镇这一层面的重叠也是造成村镇规划照搬城市规划体系的一大因素。1989 年版《中华人民共和国城市规划法》将居民点按城乡二元划分，其所指的城市是“是指国家按行政建制设立的直辖市、市、镇”，相应的城市规划就包括设市城市的规划和建制镇的规划。而村镇规划按照一般理解则包括建制镇的规划、乡（集镇）的规划和村庄规划。因此，村镇规划和城市规划在建制镇这个层面是重叠的，建制镇的规划按照《城市规划编制办法》照搬城市规划体系似乎是天经地义的。而客观上居民点的规模大小分布是连续的，并不像行政建制那样有严格的等级之分，因此城市规划的理论和方法通过建制镇传递到乡（集镇）和村庄也就顺理成章了。

中国村镇规划照搬城市规划的体系、方法和技术造成其在区域性方面的欠缺。从上述对乡村系统的功能、结构及其与城市系统的差异分析可以看到，村镇规划沿用城市规划体系，实际上只重点关注了“果核”部分（村镇居民点），而对乡村区域中承担主要生产、生态功能的“果肉”部分（乡村区域中村镇居民点以外部分）的规划则严重缺乏。即使涉及区域层面的规划，也承袭了城市规划中城镇体系规划的技术思路，主要从居民点体系的角度对一定地域范围内村镇居民点之间的组合关系进行安排，即“果核”之间的组合，这不能取代对“果肉”的规划。

综上所述，中国现有村镇规划在规划内容设置上忽略了村镇规划与城市规划的规划对象在系统功能和结构方面的显著差异，形成了其在区域性方面的欠缺。因此，在构建乡村规划的技术框架时，需要在理念上实现以下转变：①不同于城市规划以人居环境、产业经济为本的规划理念，村镇规划的区域性应该实现向以生态本底、自然要素为本的规划理念的转变，这是因为从系统功能的空间分布角度看，乡村区域的主要功能都分布在居民点之外的自然和半自然生态环境之中；②村镇规划的区域性应加强对乡村系统生产功能和生态功能的主要承载空间的规划，即加强“果肉”部分的规划和引导；③上述理念映射到空间上，村镇规划的区域性应在规划范围方面实现对村镇行政地域范围的全覆盖。

2. 基于乡村系统性的分析

总结前文对乡村系统性的分析，乡村规划技术框架的构建还应实现系统性和弹性的理念。

系统性理念是指乡村规划技术框架的制定要体现乡村区域作为一个系统的完整性，规划方法和内容应尊重乡村系统的运行机制。首先技术框架应对乡村系统的生产功能、生态功能和物质能量信息输入功能有全面平衡的考虑；其次技术框架对乡村系统的三个子系统在系统功能上的重叠性应有所体现，如农业生产子系统兼具生产功能和生态功能等；第三技术框架应对乡村区域三个子系统之间协作运行机制给予重点考虑，特别是对在子系统之间起到联系通道作用的要素给予关注，如联系自然环境子系统与农业生产子系统的农田水利设施、联系村镇居民点子系统与农业生产子系统的田间道路等。

弹性理念是指乡村规划的技术框架要能对高速城市化时期乡村系统发展的不确定性、目标的阶段性和个体的多样性具有良好的适应能力。增强乡村规划技术框架的弹性的办法是重视确定规划目标并根据目标制定规划策略、组织规划内容的过程，并将其中具体问题具体分析的规划策略制定过程作为一个环节固化到技术框架中。

6.3.2 乡村规划技术框架核心

在明确乡村规划技术框架的构建中需要具备的理念的基础上，进一步提出技术框架的主要环节设置构想，并明确各环节的需要解决的问题和要点。通过上述分析，本书认为乡村规划新技术框架应该设置目标界定、策略制定、具体规划和规划实施 4 个主要技术环节，各有不同的分工，需要对各个环节需要解决的主要问题和需要注意的要点进行分析。

目标界定环节的主要任务是在坚持促进城乡公平、控制乡村衰退、保持乡村活力、保障粮食和生态安全等总体目标的前提下，通过分析乡村区域的发展现状、发展背景发展趋势，明确一段时期内乡村区域发展在生态、经济、社会等方面中的侧重方向或突破口，为规划制定指明重点方向。

策略制定环节是指在明确规划目标的前提下，对各项具体规划内容的优先顺序、逻辑顺序进行有针对性的安排，确保规划内容的组织能实现既定的乡村区域发展目标。这一环节是承上启下、具体问题具体分析、体现乡村规划技术框架的弹性的重要环节。

具体规划环节的重点问题是确定乡村规划由哪些具体内容组成，并且这些内容的设置既有与乡村区域的系统性相应的清晰逻辑思路，又能实现与其他部门规划的有效对接。

规划实施环节的重点问题在于规划实施机制、公众参与机制等的设定和落实，使乡村规划具有规划的规范性，并能真正发挥促进乡村自组织的作用。

6.3.3 乡村规划框架

在目标界定、策略制定、具体规划和规划实施这 4 个主要环节的基础上进行细化，最终得到乡村规划的技术框架。技术框架相应地由 4 个部分组成，即目标体系、规划策略、内容体系和实施机制（图 6.8），并通过现状调查与分析、实施效果评估等基础性环节形成循环体系。其中，目标体系分为生态目标、经济目标和社会目标三个方面，具体的目标内涵需要进一步明确；规划策略是一个“黑匣子”，具体内容需要根据规划目标的侧重点来确定；内容体系分为导向性内容和支撑性内容两大部分，导向性内容包括生态环境保护、经济产业发展和公共服务配置等，支撑性内容包括交通体系、土地利用和基础设施等，各包含若干专项规划，而专项规划之间又存在相互联系和交叉，使内容体系成为一个有机的整体；实施机制包括编制机制、管理机制和公众参与机制三个方面。

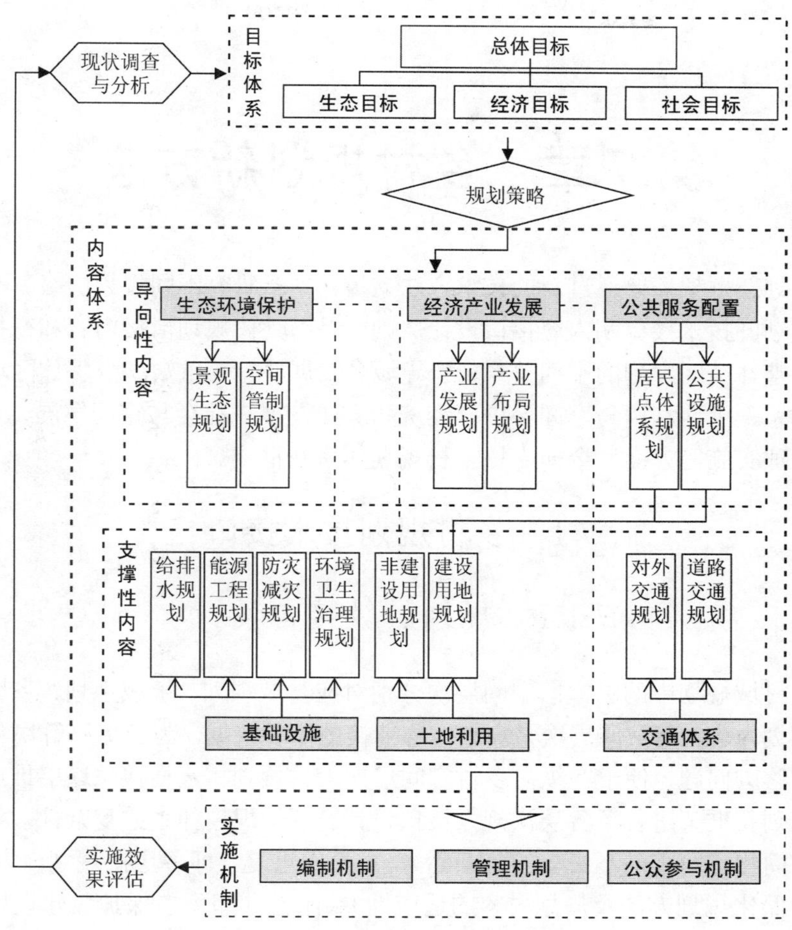

图 6.8　乡村规划的技术框架

第 7 章　乡村规划新方法

乡村规划新框架需要通过新的技术方法支撑，本章研究不同规划层级、不同空间尺度的乡村规划的技术接口和内容接口设计原则，提出具体规划衔接内容和衔接逻辑，通过组织城乡整体空间序列的空间关系、引导城乡发展并行、重塑城乡整体区域风貌，从目标策略体系、土地利用与空间保护、经济和产业发展、社会与空间发展、支撑体系，以及规划管理实施等方面，全面支撑乡村规划体系新框架。

7.1　乡村规划技术接口

7.1.1　规划层级接口设计

县镇乡村域规划中的纵横向空间层次分别对应县域规划、镇域规划、乡域规划和村域规划的规划内容，其空间层次是规划内容衔接的重要依据。为了更好解决各空间尺度对应的规划落脚问题，便于在纵向乡村空间层次上的规划相互衔接、逐层推进实施，县镇乡村域规划新框架进行了各层次规划接口设计。鉴于规划体系的复杂性，各层次规划接口设计以简化（即去除不必要的复杂性）、重叠不重复（即各层次规划内容有侧重）、弹性（即非僵化规划方法及规划内容的适应性）、刚性（即生态保护、建设用地增长控制线等刚性控制衔接）等思路进行纵横向乡村空间规划接口设计（图 7.1）。

1. 目标路径指引

各层次规划内容以目标路径为指向，以城镇化与非城镇化发展为主要的划分方式，选择不同的规划方法与内容侧重。例如，县域城乡村镇体系从“城”“乡”两个体系共同融合发展，镇域村镇体系强调迁并集聚，而乡域居民点需要结合农业生产圈和生活圈综合考虑居民点布局。在空间保护与组织、居民点体系、产业发展等模块中，县域以城乡空间融合为关键，镇域以促进城镇化为关键，乡域以三农发展为关键，村域以节约集约为关键。

2. 各模块规划内容纵向共同作用

上层次规划中的各模块规划内容包含下层次规划对应模块的主干内容。例如，各村域的现状产业基础是乡域或镇域产业空间布局的重要构成内容，也包含于县域产业发展规划。

对各专项的规划内容上下关联，空间系统中某个层面专项内容的规划或实施的变化将引起纵向单线上各内容的对应反馈。例如，县域生态空间保护规划需要通过镇域、乡域的对应保护规划内容逐步落实，并通过村域规划中的生态保育规划与实际村庄建设联结，同样实践过程中村域生态空间规划的更改需要逐层向上反馈于县域统筹之中。

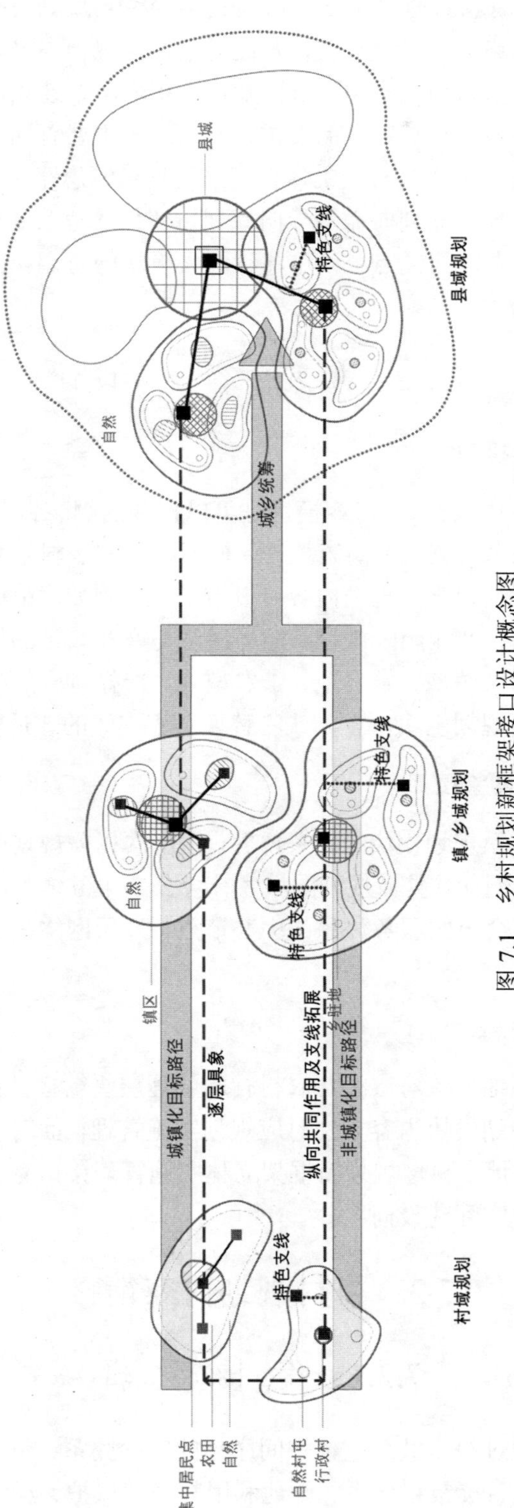

图 7.1　乡村规划新框架接口设计概念图

县域、镇域、乡域、村域规划编制需改变自上而下的规划思路，强调多规融合，强调“公众参与”的技术路线，强调对农村发展的指导，规划内容以指导性为主，指令性为辅，有利于实现易于乡村地区实用、农民知识青年理解、县乡镇村基层干部实施规划管理的目标。对县镇乡村域规划编制的要求，概括起来主要有四个方面：一是自上而下与自下而上相结合，技术主体向村民主体转变的规划编制思路；二是指导性建议为主，指令性内容为辅，目标导向规划向需求导向规划转变；三是以多规融合、生态优先为基础，加强空间管制与产业、居民点、设施建设四大板块的协调；四是乡、村规划以需求为导向，针对性规划为主。

7.1.2 规划内容接口设计

1. 支线拓展/替换接口

在各层次规划的主体框架中，内容模块是可以扩展的。将各层次规划的通用部分（主干）和实际现实规划细节（支线）清晰梳理，应对各类型乡村规划的繁复变化，即在主干内容不被反复修改的情况下，规划内容可以被扩展。例如，镇域规划的产业规划在产业选择、产业空间布局、产业园区规划、循环经济与产业政策的规划主线上，可以根据城镇本身发展的特色如旅游型、农贸型、工农型等，选择对应的产业发展模式拓展规划内容，接入产业模块的规划主线内容，或者替换对应支线的普适性产业规划内容。

2. 支撑体系逐层具象接口

主要适用于支撑体系规划模块的相关内容，上层次相关规划内容的体系末端层作为下层次规划的起始层。例如，县域规划的城乡社会公共服务体系的末端节点分别作为镇域、乡域规划中农村社会公共服务体系的中心节点，逐层网络拓展，直至完成村域公共设施布点。

3. 立体实施管理接口

纵向空间上以我国地方政府层级与农村行政管理层级衔接县镇乡村域规划各层次。横向功能模块中将各规划模块内容分别对应规划实施管理，面对不同建设管理需求。具体问题具体分析，以乡镇乡村域规划新框架立体实施管理接口有效索引规划内容，并通过规划尽可能提前解决实际建设问题。

7.2 乡村规划内容衔接

7.2.1 衔 接 逻 辑

县镇乡村域规划通过组织城乡整体空间序列的空间关系、引导城乡发展并行、重塑城乡整体区域风貌，从目标策略体系、土地利用与空间保护、经济和产业发展、社会与空间发展、支撑体系，以及规划管理实施等方面，全面支撑乡村规划体系新框架：从上层次区域规划到基层村庄规划，规划内容在县-镇/乡-村的三层次空间上衔接递进，针对不同层次、不同类型的城乡空间，其规划各有重点和侧重。图 7.2 对县镇乡村域规划空间层次纵向对接的技术逻辑进行解读。

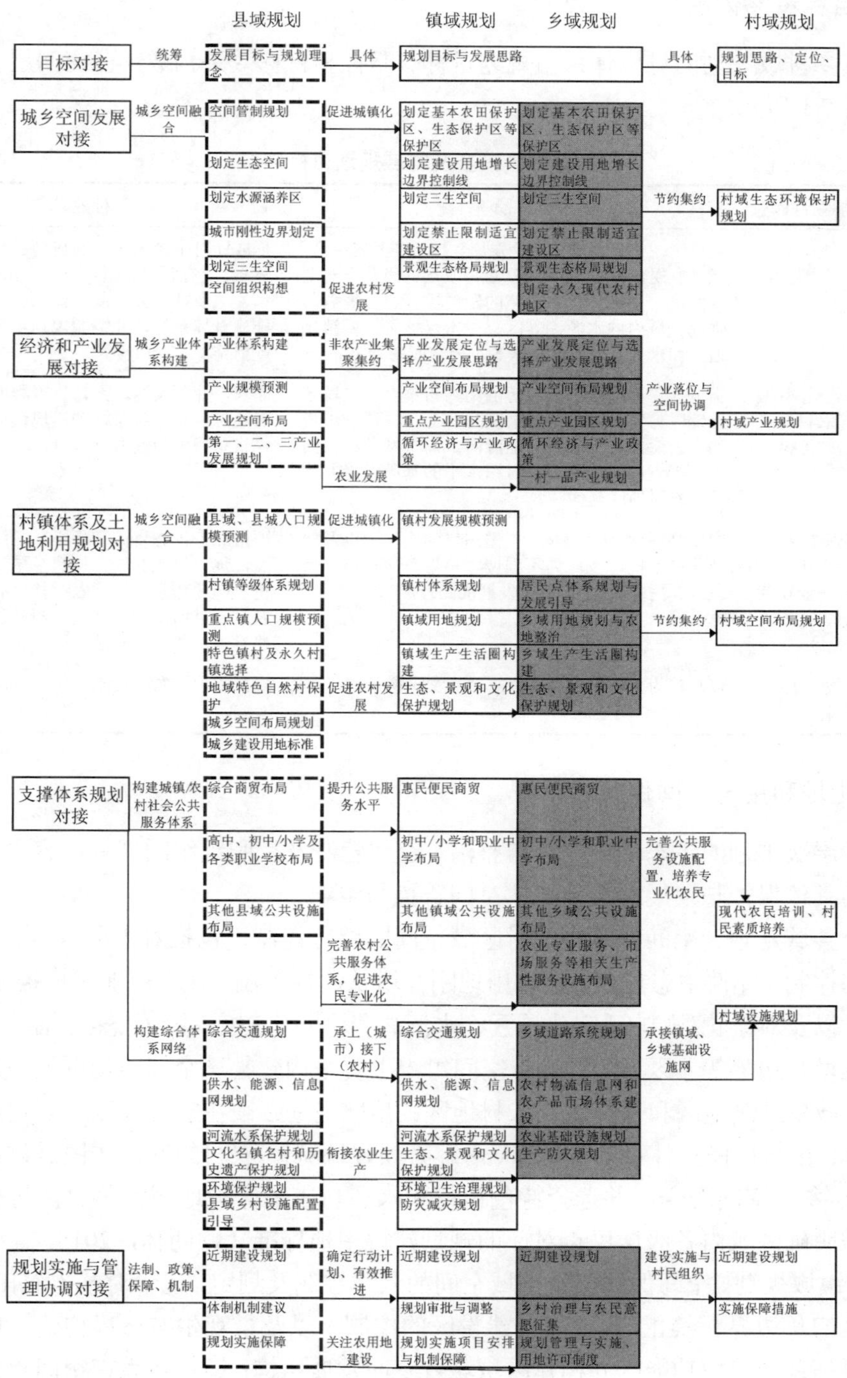

图 7.2　县镇乡村域规划内容衔接示意图

7.2.2 衔 接 内 容

1. 目标策略体系

县镇乡村域规划的目标体系由规划目标、路径和目标效果构成，在空间层次上具体衔接如表 7.1 所示。

表 7.1 县镇乡及村域规划目标体系

规划目标		路径	目标效果
县域规划	促进县域经济社会发展	促进空间整合及城乡融合发展，推进“多规融合”或“多规合一”，在上层次统筹发展的思路下对全域经济、社会、生态环境的发展进行综合规划，强调全域内的水源涵养区、生态保护区、城镇化地区和永久现代农村地区等重要空间的划定	形成针对全域城镇、农村构建科学的发展体系，包括县城-镇（乡）-村城乡融合体系、城乡社会公共服务体系、城乡基础设施建设体系等，并编制规划实施计划和对策措施
镇域规划	现代化小城镇，农村城镇化重点和示范区	强调人口、产业、资源等的集约与集聚，在城镇化地区与农村地区之间建设快速连接/流通的干道网、公交网、信息网、能源网、商贸网及物流网等，配置高于一般中小城镇水平的基础设施并使其向农村地区延伸	非农产业更发达、人口集聚程度更高、非农经济活动更频繁，塑造现代化、具有文化景观特色的魅力小城镇
乡域规划	确保农业生产和粮食安全，农业现代化的永久农村地区	突出强调现代化的农业、生态化的农村，以及职业化的农民，乡域内不强调“集聚”而强调“特色”，寻找乡村“绿色”发展的路径	严格保护生态资源和环境，围绕农产业发展，优化村庄布局，构建乡域一村一品特色农产业体系，构建农村社会服务体系、农产品市场及物流体系、农村设施体系等，建设永久现代农村地区和美丽乡村
村域规划	建设美丽乡村、魅力乡村	以自治为主，自下而上解决“三农问题”	农田整治、农村设施、环境治理

2. 土地利用与空间保护

在各层次规划的生态环境保护与整治、空间管制及空间组织的规划内容中，以下层次空间的具体保护与发展对接上层次空间管控与组织。

（1）县域规划。空间管制强调对区域空间的整体控制，包括对永久基本农田控制、基本生态控制、弹性生态控制、建设用地刚性增长边界控制、建设用地规模控制等“线”的划定，以及对禁止/限制/适宜建设区、水源涵养区、生态空间、生态-生活-生产空间、城市刚性增长边界等“区”的控制；空间组织主要是构建县域空间结构框架，划定城镇化地区、城乡过渡地区和永久现代农村地区；县域规划必须在宏观尺度上划定永久现代农村地区；镇村居民点体系的“空间”内容必须强调城镇/农村的双向居民点体系共同发展及“城-乡”空间融合，并选择特色镇村和永久村庄、保护地域特色自然村。土地利用规划需明确区域内各级居民点对应的规划建设用地标准（顾朝林，2015）。

（2）镇域规划。空间保护侧重镇域空间的具体控制及划定，包含对基本农田保护区、建设用地增长边界、禁止/限制/适宜建设区的控制，以及景观生态格局构建；城乡空间发展主要是划分镇域功能区并构建区域城乡空间发展结构；镇村体系在空间上侧重规模发展与控制，结合生产生活圈优化集中居民点布局，并强调新型农村社区及镇村景观、文化建设内容；镇域土地利用规划偏重居民点建设用地、村庄经营性建设用地等区域建设用地的发展。

（3）乡域规划。空间资源保护需严格划定基本农田保护区与永久现代农村地区，并对乡域生态环境进行严格控制；村镇居民点体系规划强调居民点布局与农业生产的空间关系，分类引导居民点布局优化，不强制居民点集中布局；用地规划与农地整理侧重区域内“非建设用地”的规划利用，合理布局建设用地，科学推进农地重划，并强调农田水利的同步建设。

（4）村域规划。空间布局规划主要结合当地资源现状提出保护与利用的目标与措施，在征求村民意愿的基础上进行居民点布局优化，结合土地整理节约集约利用土地。

3. 经济与产业发展

经济产业发展的规划编制中，县域构建城乡产业体系，镇域主要发展村镇非农产业集聚集约，乡域以农业发展为中心，村域以产业落位与空间协调为主要内容。

（1）县域规划。侧重区域产业体系的构建，加快发展主导产业、培育发展新兴产业、力推特色优势服务业，并科学合理布局各次产业；着重构建城乡流通体系，将城市流通向农村地区延伸。

（2）镇域规划。基于区域产业发展路径（产业主导类型）制定产业发展策略，并合理科学布局镇域产业园区，推进循环经济发展；衔接城市与农村流通体系，规划各类流通“接口”。

（3）乡域规划。主要涉及保证国家粮食安全、以大农业观推进农业六次产业化，基于一村一品构建地方特色农业体系；构建农村大流通体系及农产品市场体系，保证现代农业及涉农产业的发展。

（4）村域规划。注重对村域现状产业的分析，结合农业产业化实现三产结合，注重产业链的纵向发展，并对各产业的空间关系进行规划协调，建设农村流通的集货起点与供给末端等农村供应网点。

4. 社会与空间发展

社会人文发展的规划内容中，县域主要构建城镇/农村社会公共服务体系，进行历史文化名镇名村及历史文化遗产保护规划，选择地域特色自然村；镇域主要作为城镇化人口转移主要承载区，提升公共服务水平，进行生态景观文化保护；乡域主要完善农村公共服务体系，促进农民专业化，保护村落文化生态；村域主要完善公共服务设施配置，培养专业化农民，尊重地方文化发展（表 7.2）。

5. 支撑体系

相关的农村地区基础设施规划编制内容中，各规划层次也各有侧重，乡域规划层次及以下的村镇规划中，需与农业生产结合，利用对应专门的规划技术进行农业生产所需基础设施建设的配置和布局（表 7.3）。

表 7.2 社会服务设施规划内容衔接示意

	社会人文发展规划侧重	商业设施规划侧重	教育设施规划侧重	生产性服务设施网点规划侧重
县域规划	主要构建城镇/农村社会公共服务体系	综合商贸体系及节点布局，如综合中心、大型商贸网点、各类商贸中心等	高中、初中/小学及各类职业学校选点布局	设施网络体系与节点布局
镇域规划	镇域主要作为城镇化人口转移主要承载区，提升公共服务水平	惠民便民商贸网点布局，如零售网点、餐饮娱乐网点、农资服务网点、商品交易与集贸市场、旅游服务、公用设施营业网点等	初中/小学和职业中学选点布局	非农生产性服务节点布局
乡域规划	主要完善农村公共服务体系，促进农民专业化	惠民便民商贸网点布局	初中/小学和职业中学选点布局	农业专业服务、市场服务等相关设施节点
村域规划	主要完善公共服务设施配置，培养专业化农民	生活服务布点	现代农民培训、村民素质培养，引导为农业现代化和永久现代农村地区的发展培养专业化农民	合作社建设指引

表 7.3 基础设施规划内容衔接示意

	道路交通	区域供水、能源、信息网、排水、防灾等
县域规划	综合交通规划：综合交通运输网、区域快速交通、乡镇快速连接线、区域公共交通系统等	规划城乡并行标准体系：构建体系网络、预测用量、确定分配方案、合理统筹安排水源及相关重要设施、主干管线网布置等
镇域规划	承上（城市）接下（农村）的交通网建设：乡镇快速连接线及对外交通、镇域道路网、镇域公共交通系统等	以城镇高标准进行规划：预测用量、确定配置标准、确定水源及卫生防护区、重要设施设置、干管网线布置、洁净水工程、清洁能源发展等
乡域规划	衔接农业生产道路系统：重要交通设施布局、乡村道路系统（含生产路与机耕路）、乡村客运公交等	对应建设农村物流、信息网和农产品市场体系，针对农业生产规划农业建筑及配套设施、农田水利、能源系统、污染防治和环境卫生系统、生产防灾设施等，增加农业生产所需基础设施建设的配置及建设指引
村域规划	对外交通连接方式、村庄内道路、道路交通设施、道路工程、道路景观、公交及停车等	承接镇域、乡域基础设施网配置各类设施，配置农机站、设施园艺、打谷场、种养场、农产业加工设施等农业生产设施，增加农业生产所需基础设施建设的配置及建设指引

6. 规划实施

在规划管理与实施的内容中，县域与镇域规划管理与实施侧重近期总体发展目标战略、空间格局及近期重点项目，以及规划实施目标安排与机制保障，确定近期和重大项目的行动计划作为规划实施的计划指导，提议政策机制保障规划实施有效推进。乡域规划更需关注农用地建设的相关政策与对策，并推进自下而上的乡村治理与农民意愿征集，保障乡域规划的操作与实施。村域还需列出近期建设的主要项目、规模、投资估算，对建设时间、资金来源、实施主体等提出规划意见，并从村民组织制度建设、经营制度建设、职业培养及素质培养四个方面对村域规划实施提供保障。

第二篇

乡村规划编制技术

第 8 章　县域镇村体系规划编制技术

本章在县域空间分析的发展条件分析技术、人口与城镇化水平预测技术及空间分类和划分技术的基础上，研究不同区域的县域空间开发和管理的“多规”融合技术、建设空间管制区划定技术、建设用地适宜性评价技术、城乡用地分类管理技术、县域产业空间布局技术、县域空间综合布局技术等，提出县域镇村体系规划技术、县域基础设施统筹规划技术、县域服务设施优化配置技术等三个系统化配置技术。

8.1　县域空间分析技术

8.1.1　县域发展条件分析

编制县域村镇体系规划，应首先综合分析县域发展的基本情况，把握发展条件和制约因素，对县域内各区域的自然条件、历史背景、区位条件、村镇发展的现状、社会发展水平、自然资源、环境与生态条件等进行综合和全面的分析评价，为编制县域村镇体系规划提供真实科学的现实依据。一般而言，县域村镇体系规划的流程如图 8.1 所示。在分析县情时做到图文结合，图文并茂，有利于为县、镇领导干部建立空间资源配置的概念。

8.1.2　人口与城镇化水平预测技术

县域人口发展预测是乡村规划的基础条件。县域村镇体系规划，要根据国家有关人口政策的规定，结合近年来人口变动的实际情况，科学预测出规划期内县域总人口数量和人口年龄结构，并确定劳动年龄组的可能的劳动力数量。

1. 县域总人口预测

我国是一个人口大国，长期重视人口资源对经济和社会发展的影响，户口登记和户籍制度由来已久。最近 30 年来，建构了完整的人口管理制度。因此，规划师在编制县域村镇体系规划时，不需要“重起炉灶另开张”进行县域人口发展预测，只需要从政府的卫生健康委员会索取相关数据就能基本解决。值得注意的是，从政府的卫生健康委员会索取总人口预测数据，一般都是基于县域人口的自然增长所得，需要对县的经济和社会发展前景进行预估或预测，增加人口机械增长的部分，才能比较准确地把握县域总人口和劳动力供应。也需要特别重申，经过 30 多年的经济高速增长，我国进入重视质量

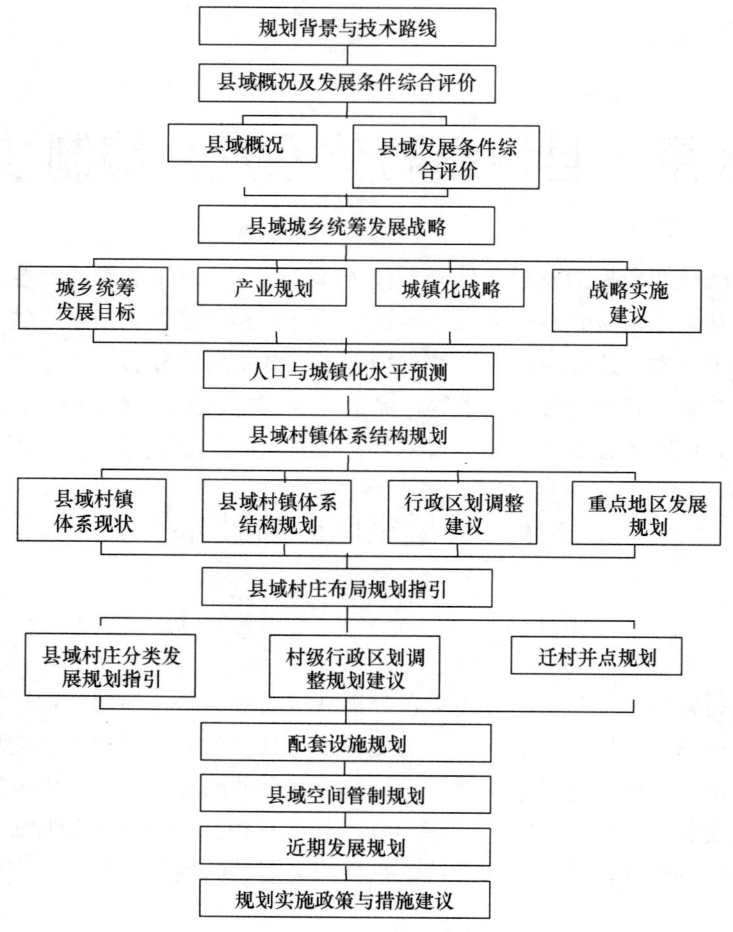

图 8.1　县域村镇体系规划流程

增长的新时代，有些县的经济会进入停滞或衰退期，人口以流出为主，在规划时要正确认识这一现实问题。这也从另一个方面显示，在大的经济社会趋势发生改变的情况下，有时依靠“科学的趋势外推预测技术”也会是“不科学”的结果。因此，县域人口发展预测需要多模型、多方法最后综合平衡得出预测结论。县域总人口预测包括县域极限人口容量估算技术和基于劳动力供给的人口预测技术。

1）县域极限人口容量估算技术

一般采取生态足迹方法。将××县××××年各类用地数据代入计算公式中，计算出生态承载力面积为××××××ghm^2。生态承载力计算公式：

$$EC=\sum_{j=1}^{6}B_j=\sum_{j=1}^{6}b_j\times\gamma_j\times y_j$$

式中，EC 为县域生态承载力（单位：global hm^2，简称为 ghm^2）；j 为土地类型（耕地、草地、林地、水域、建筑用地和化石燃料用地）；B_j 为 j 类土地消费项目折算的生态承载力（ghm^2）；b_j 为 j 类土地的面积（hm^2）；γ_j 为 j 类土地的均衡因子（ghm^2 / hm^2）；产量因子 $y_j = yk_j / yw_j$，yk_j 为某区域 j 类土地的平均生产力（t），yw_j 为 j 类土地的世界平均生产力（t）。生成表 8.1。

表 8.1　LS 生态承载力

土地类型	面积/hm^2	均衡因子	产出因子	生态承载力面积/ghm^2
耕地	43835.8	2.82	1.04	128561.63
林地	13504.6	1.14	1.55	23862.63
草地	18822	0.54	0.19	1931.14
水域	10622.9	0.22	1	2337.04
建设用地	17076.7	2.82	1.04	50082.55
化石燃料地	0	1.1	0	0
总供给面积	103862			216775
生物多样性用地面积		26013		
生态承载力面积		190762		

将××县消费的能源（原煤、电力等）和生物资源（谷物、肉类等）的统计数据代入计算公式中，计算出×××县××××年人均生态足迹为×××ghm^2/人。人均生态承载力计算公式：

$$\begin{cases} \mathrm{EF} = \sum_{j=1}^{6} A_j = N \times \sum_{j=1}^{6} a_j = N \times \sum_{j=1}^{6}\sum_{i=1}^{n} \gamma_j \times \dfrac{C_{ji}}{P_{ji}} \\ ef = \mathrm{EF} / N \end{cases}$$

式中，EF 为区域生态足迹（ghm^2）；N 为人口数（人）；j 为土地类型；A_j 为 j 类土地消费项目折算的生态足迹；a_j 为 j 类土地消费项目折算的人均生态足迹；γ_j 为 j 类土地的均衡因子（ghm^2/ hm^2）；i 为不同类型土地的消费项目类型；C_{ji} 为某一区域 j 类土地的 i 类消费项目的年生产量（t）；P_{ji} 为 j 类土地的 i 类型消费项目的世界年均产量（t）；ef 为 6 类土地的人均生态足迹（ghm^2 /人），生成表 8.2。

表 8.2　LS 人均生态足迹需求汇总

土地类型	人均生态足迹/ghm^2	均衡因子	均衡面积/（ghm^2/cap）
耕地	0.0812	2.8	0.2274
林地	0.0473	1.1	0.0520
草地	0.4627	0.5	0.2314
水域	0.4172	0.2	0.0834
建设用地	0.0019	2.8	0.0053
化石燃料地	0.4507	1.1	0.4958
合计	—	—	1.0953

根据表 8.2，如果××耕地和建设用地的人均生态盈亏呈现出盈余态势，说明××县还具有人口增长的基本条件；反之亦然。人口容量计算公式：

$$N = \frac{\mathrm{EC}}{ef_0 + ed\gamma_0}$$

式中，N 为人口容量；EC 为区域生态承载力；ef_0 为均衡人均生态足迹；$ed\gamma_0$ 为均衡人均生态盈亏（表 8.3）。

在现有生态承载力不变的基础上，将均衡人均生态盈亏（0.8ghm^2）和均衡人均生态足迹（1.1ghm^2）代入上式，得出××县生态承载力的人口容量为××万左右。

表 8.3 LS 各类用地生态足迹

土地类型	人均生态承载力	人均生态足迹	人均生态盈余
耕地	0.2787	0.2274	0.0514
林地	0.0517	0.0520	–0.0003
草地	0.0042	0.2314	–0.2272
水域	0.0051	0.0834	–0.0784
建设用地	0.1086	0.0053	0.1033
化石燃料地	0.0000	0.4958	–0.4958
总计	0.4483	1.0953	–0.6470

2）基于劳动力需求的县域人口预测技术

根据对三次产业劳动生产率的统计，LS 近 10 年来劳动生产率的总体状况是第一产业的劳动生产率稳固提升，第二产业的劳动生产率上升趋势明显，第三产业的劳动生产率在 2005 年后进入了飞速的提升时期。根据 1999～2018 年 LS 国民生产总值的分产业劳动生产率进行回归分析，得到各产业的拟合回归预测曲线，并由此预测未来三次产业的劳动生产率。在根据 2015 年、2020 年和 2030 年三次产业结构和经济发展规模，根据公式：从业人数=国民生产总值/产值劳动力生产率，计算出 2015 年、2020 年、2030 年三次产业的从业人数（表 8.4）。根据三次产业的带眷比确定三次产业人口需求量。三次产业需求人口相加，最终得县域人口数。

表 8.4 LS 从业人数预测 （单位：%）

	一次产业	二次产业	三次产业	总从业人员
2015 年	5.9	20.1	22.7	48.7
2020 年	6.1	28.6	29.3	63.9
2030 年	3.7	37.6	47.7	89.0

3）县域城镇化水平预测技术与方法

县域城镇化水平通常用县城人口和乡镇驻地聚集区人口占全县总人口（人口数据均用常住人口）的百分比来表示，用于反映全县人口向城镇聚集的过程和聚集程度。基本公式是：

$$P_{\mathrm{U}} = P_{\mathrm{t}} / P \times 100\%$$

式中，P_U 为城镇化率；P_t 为城镇总人口；P 为县域总人口。

常用的县域城镇化水平预测方法是：

（1）常规增长法。LS 进入了城镇化快速发展时期，城镇化水平近期按每年平均增加 2 个百分点计算直至 2020 年；2020～2030 年随着 XX 新城的发展将吸引更多的人口，城镇化按每年增加 1 个百分点预测。如此，到 XXXX 年，LS 城镇化水平为 57%左右。到 2020 年，LS 城镇化水平为 67%左右，2030 年，LS 城镇化水平为 77%左右。

（2）时间序列法。对 1999～2018 年 LS 以非农人口统计的城镇化水平进行拟合，得到如下结果：

$$y = 1.943 \times (x - 1997) + 9.9474 \quad (R^2 = 0.9762)$$

式中，y 为预测年末总人口；x 为预测年份。利用上述线性回归模型外推，得到 2008～2030 年 LS 城镇化率：XXXX 年为 56%，2020 年为 70%，2030 年为 86%。

（3）城镇化与经济发展相关关系模型法。众所周知，城镇化与经济发展水平之间具有紧密的内在关系，而且这种关系实际上是多因素的综合，但从经验上看，城镇化水平与人均国民生产总值之间存在着对数曲线的关系，因此只要得到国民经济发展水平的估计指标，就能够预测未来的城镇人口比例。实际预测是，可用 LS 1999～2018 年的人均 GDP 与城镇化率做散点图，两者的相关系数为 0.938，用各种曲线估计（图 8.2），发现对数模型拟合最好，拟合方程为

$$y = 11.214\ln(x) - 86.631 \quad R^2 = 0.9654$$

式中，y 为城镇化率；x 为人均 GDP。根据 LS 城镇化水平与经济发展相关模型按不同情景进行模拟预测（表 8.5）。

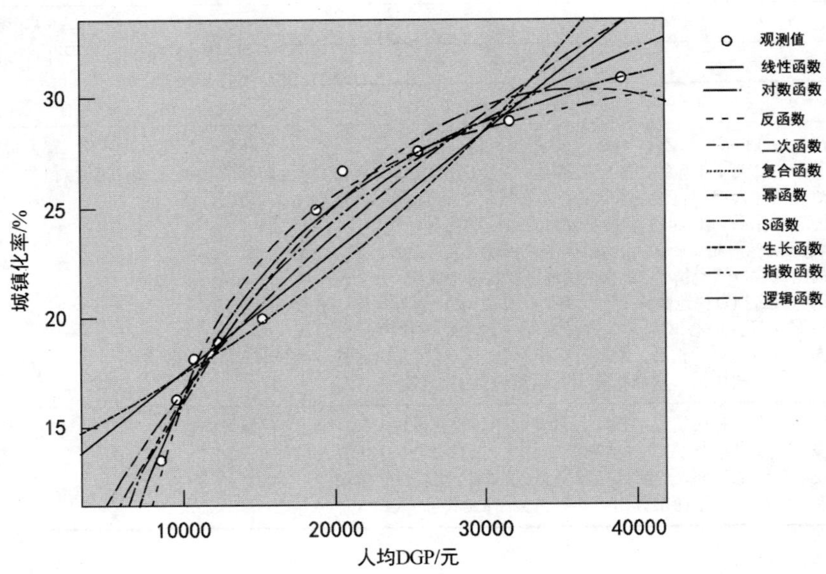

图 8.2　LS 城镇化水平与经济发展相关模型

表 8.5 LS 城镇化率预测结果 （单位：%）

	低	中	高
2015 年	42.7	49.3	54.2
2020 年	58.6	62.6	68.4
2030 年	71.0	75.1	80.4

2. 县城人口规模预测方法

县城人口预测，主要按下述流程进行：①确定中心城区边界，分别统计确定现状基准年县城现状和规划建成区范围内的常住人口；②基于中心城区历年人口数据（一般至少十年）比较分析，对中心城区人口变化特征进行研究，并结合宏观政策、人口政策、现状人口特征、城镇化特征和趋势，以及工业化与产业发展角度综合对中心城区人口流动趋势进行判断；③选取至少两种以上方法或混合使用对县城人口进行预测并综合确定预测目标年的县中心城区人口规模。县中心城区人口预测方法及适用条件详见表 8.6。

表 8.6 县中心城区人口预测方法及适用条件一览表

方法	公式或原理	适用条件
综合增长率法	$P=P_0(1+r+r')^k$，其中，P 为规划期末的预测人；P_0 为起始年份的现状人口规模；r 为自然增长率；r'为机械增长率	适用于难以确定基本人口规模或生产性劳动人口规模的城市，需要有历年来城市人口规模自然增长和机械增长方面的调查资料
职工带眷系数法	人口规模 ＝ 带眷职工人数 ×（1＋带眷系数）＋单身职工	更多地应用于新建工矿城镇的人口规模或者大型园区植入带来的人口规模的部分估算
线性回归法	$y=aX+b$	各种线性回归模型对各地人口规律适用性不尽相同，往往同时使用几种方法后选取拟合度较高的方法
	$y=a\ln X+b$	
	$y=ae^{bx}$	
剩余劳动力转移法+区域分配法	$P_t=P_0（1+K）^n+Z_t·（1+a）[f·P_1（1+k）^n-s/b]$ 其中：P_t为 t 年城镇总人口预测值；P_0为基期城镇总人口数；K为镇区人口年自然增长率；Z_t为农村剩余劳动力进镇比例；a为带眷系数，取 0.4；f为农业劳动力占周围农村总人口比例（一般为 45%～50%）；P_1为城镇周围农村现状人口总数；k 为城镇周围农村自然增长率；s 为城镇周围农村耕地面积；b 为每个劳动力额定担负耕地数量（一般为 1.4～1.7hm^2）；n 为预测年限 根据现状县中心城区人口占县域城镇总人口的比例和对县域人口发展趋势的判断，预测目标年份县中心城区人口占县域城镇总人口的比重，进而推算出目标年份县中心城区的人口	适用于城镇化水平较低，有大量剩余劳动力转移的城镇，适用于县城和乡镇驻地的规模预测
城镇化率反推法+区域分配法	以县域人口和城镇化率预测为基础预测县域城镇总人口。根据现状县中心城区人口占县域城镇总人口的比例和对县域人口发展趋势的判断，预测目标年份县中心城区人口占县域城镇总人口的比例，进而推算出目标年份县中心城区的人口	目标导向较强，多用来复核中心城区人口

8.1.3 县域空间分类和划分技术

按照省级主体功能区规划，在全面摸清并分析县域国土空间本底条件的基础上，划定城镇、农业、生态空间，以及基本生态控制线、永久现代农村边界线、城镇开发边界线，作为县域空间发展战略、空间开发强度管控和主要控制线落地依据。县域空间主要有生活空间、生产空间、生态空间组成。生活空间有城镇空间和乡村空间，生产空间有农业生产空间和工业空间之分。为了保护县域生态环境，生态环境是县域生产和生活可持续发展的基础，水资源涵养区、基本农田保护区和城镇空间刚性增长边界是最重要的空间划分基线（图 8.3）。

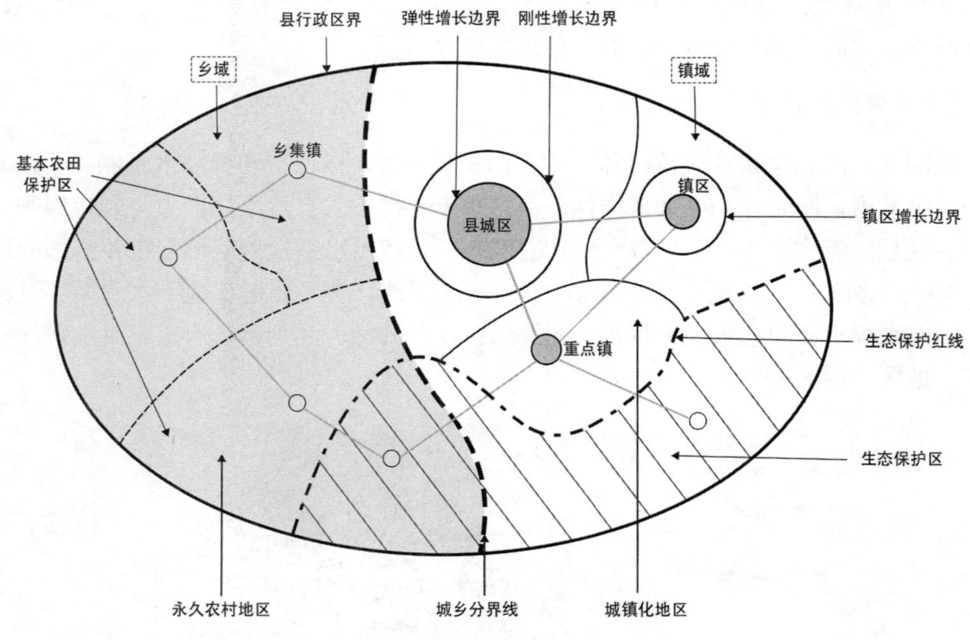

图 8.3　县域空间类型和划分

为了提高科学性、实用性和可操作性，乡村规划需要建构以村为单元的空间分类体系，达到该保护的保护、该利用的利用，实现空间效率的最大化。要实现这一目标，乡村规划需要首先进行县域空间的分类和划定，以生态为底，空间分配遵循先生活后生产的原则，采用定量方法为主进行生态敏感和保护区、永久农村地区和最大城镇增长边界的划定。

1. 基本生态控制线划定技术

为了强化自然和生态保护，实现县域生态安全格局维护，促进县域经济社会可持续发展，落实省级主体功能区规划，积极推进多规融合和多规合一，划定县域基本生态控制线。县域基本生态控制线划定主要基于生态环境敏感区、水源涵养区和生态保护区划定。

1）生态环境敏感区划定技术和方法

生态环境敏感区是指对区域总体生态环境起决定性作用的大型生态要素和生态实

体，其主要特征是对区域具有生态保护意义，一旦受到任何破坏将很难有效恢复，也可以是规划用来阻隔城市无序蔓延、防止城市人居环境恶化的非城市化地区。在县域镇村体系规划中，将生态环境敏感区划分为以下两类：一是自然生态环境敏感区，包括地形坡度、高程不适合开发建设的山地地区、沼泽、河流湖泊地区、沿海湿地地区，以及森林资源密集分布地区等；二是灾害敏感区，包括地下水漏斗区、采矿沉陷区等。CA 县综合考虑土壤侵蚀、水环境污染、地质灾害、酸雨敏感性影响，并赋予相应权重（土壤侵蚀 0.3，水环境污染 0.3，酸雨 0.2，地质灾害 0.2）计算综合敏感性指数，分为极敏感、高度敏感、中度敏感、轻度敏感和一般地区 5 个等级。

2）水源涵养区划定技术和方法

水源涵养区划定是县域镇村体系规划的重要内容，以保持和提高水源涵养、径流补给和调节能力，同时保护生物多样性，保持水土，维护水自然净化能力为划定原则。水源涵养区划定流程如下：①县域水系功能区划分，按照水系根据地形划定各水系的流域（图 8.4）；②地下水水源区，为了确保地表水水源地，有必要进行地下水水循环过程分析，确保水源水质和水量保护目标（图 8.5）；③水源涵养区划分，水源上游生态保护和涵养的地区（图 8.6）。

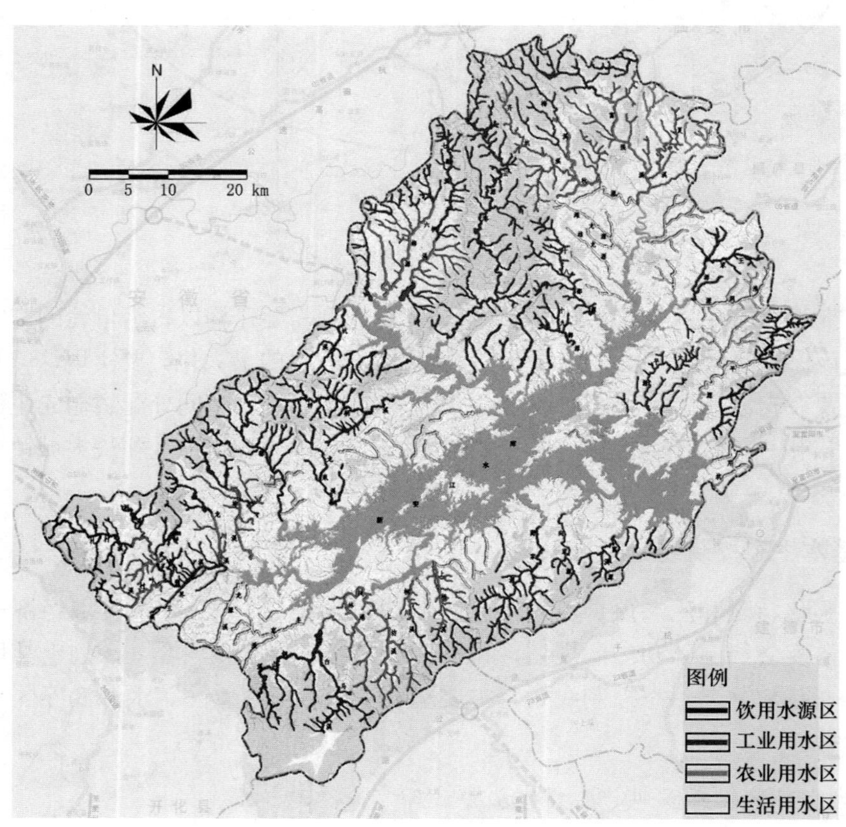

图 8.4 CA 县水系功能划分

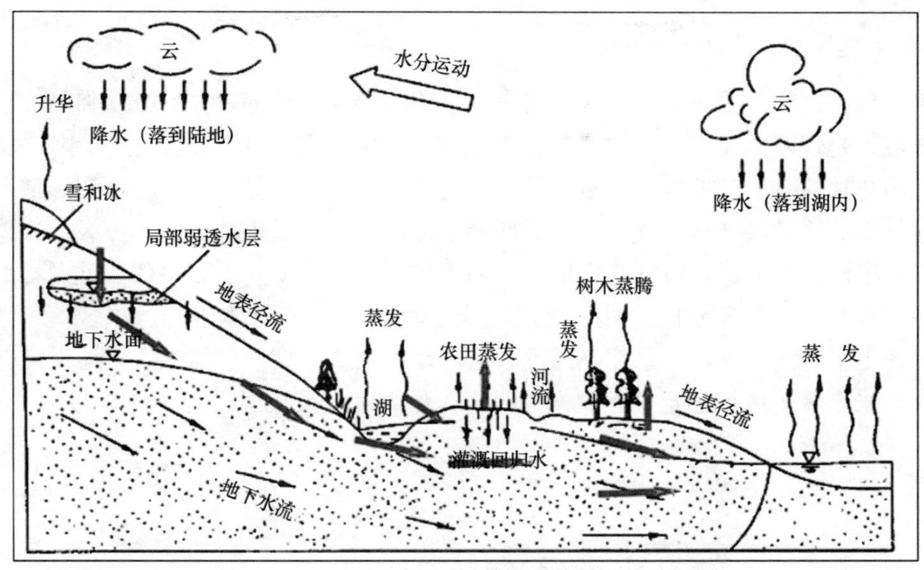

图 8.5　CA 地下水循环过程

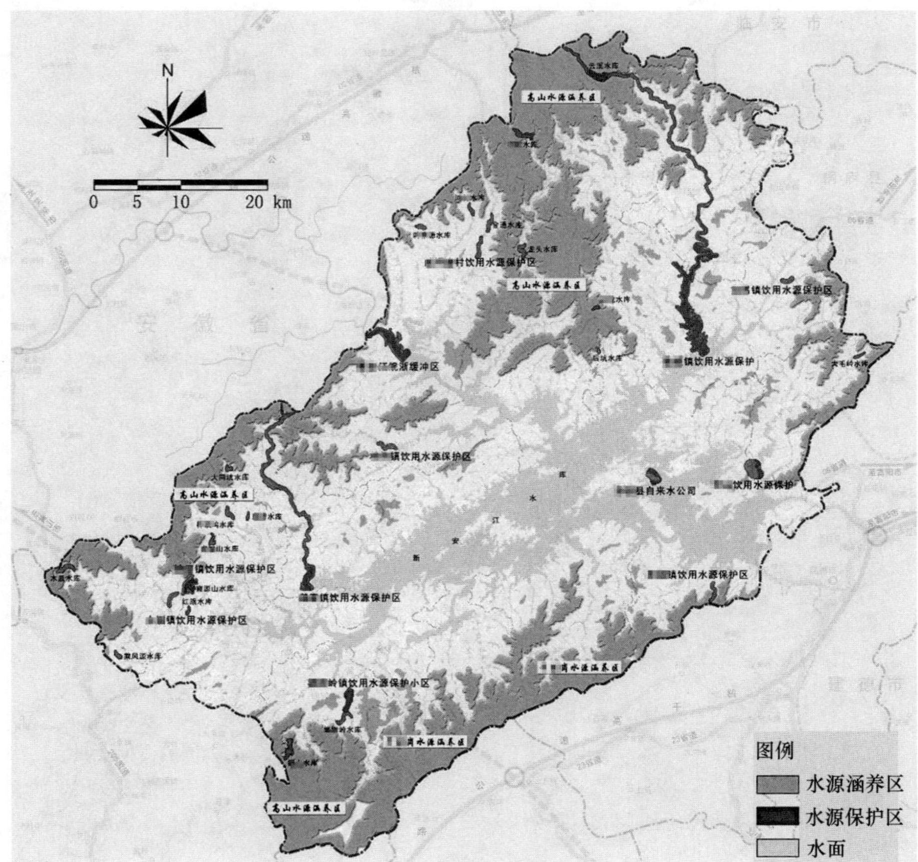

图 8.6　CA 水源涵养区

3）生态保护区红线划定方法和技术

生态保护区红线是指在生态空间范围内具有特殊重要生态功能、必须强制性严格保护的区域，是保障和维护国家生态安全的底线。根据有关法律、法规，协调城乡规划、土地利用总体规划、林业发展规划、环境功能区划等相关规划，结合城市实际情况，将各级自然保护区的核心区及缓冲区、各级风景名胜区、各级森林公园、各级地质遗迹保护区、各级地质公园、各级文物保护单位的保护范围、坡度大于25%的山地及林地、重点生态公益林（包括重点防护林、重点特殊用途林）、永久基本农田保护区、一级水源保护区、主干河流、湖泊、水库、滩涂、沼泽地、主要河湖的蓄滞洪区、地质灾害危险区、煤矿采空区等区域划定基本生态控制线，作为永久禁止建设区（图8.7）。

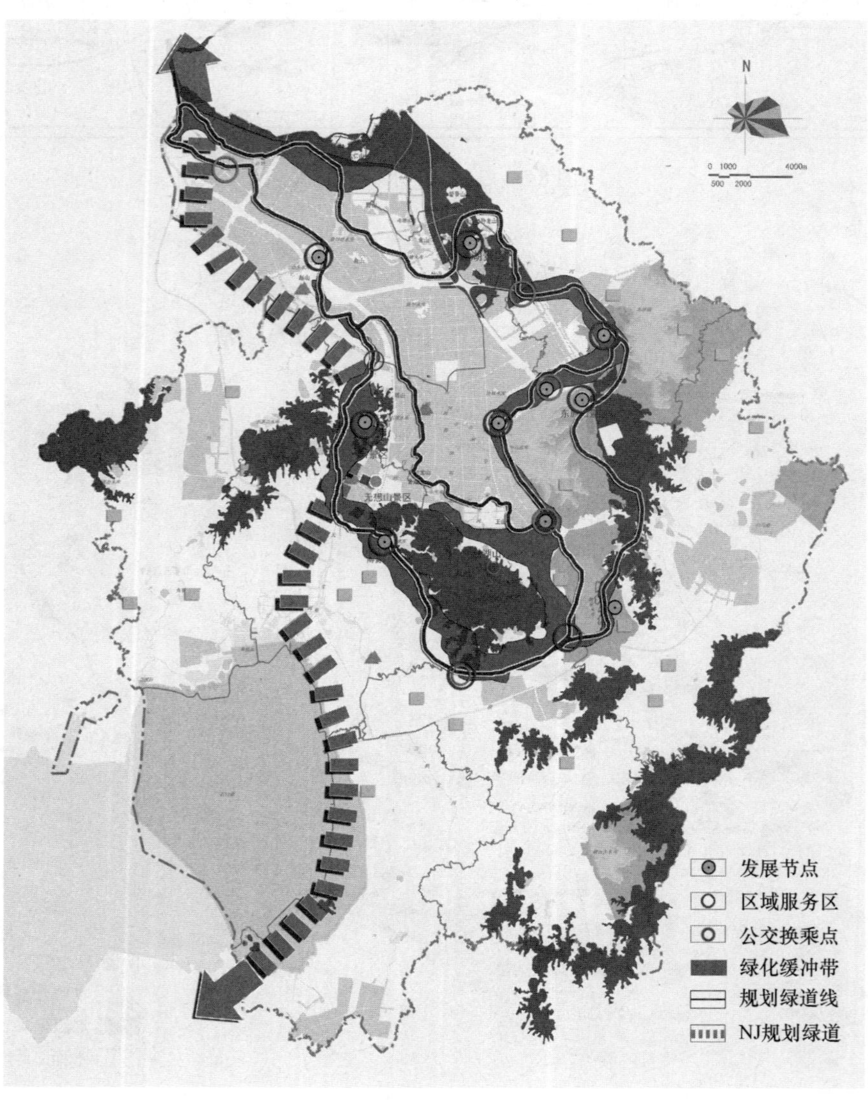

图8.7　CA生态空间划定

2. 永久农村地区边界划定技术

永久农村地区包括基本农田保护区和永久农村地区，是我国社会主义现代农村的主体部分。

（1）基本农田保护区控制线，即县域土地利用总体规划中，按照一定时期人口和社会经济发展对农产品的需求，依法确定的不得占用、不得开发、需要永久性保护的耕地。永久基本农田及其边界线划定时应统筹考虑耕地质量、产出效率和集中连片程度。基本农田保护区划定，一般根据国土资源部门编制的县土地利用总体规划中所确定的基本农田保护区划定，不要自行划定基本农田保护区保护区控制线。

（2）永久农村地区划分方法和技术。永久农村地区即以基本农田保护区为基础的农业地域，具备乡或村行政建制，区域人口密度较低，经济部门以农牧副渔等第一产业为主，或拥有历史文化名村或传统村落。永久农村地区划定以自然村为基本单位（图 8.8、图 8.9）。

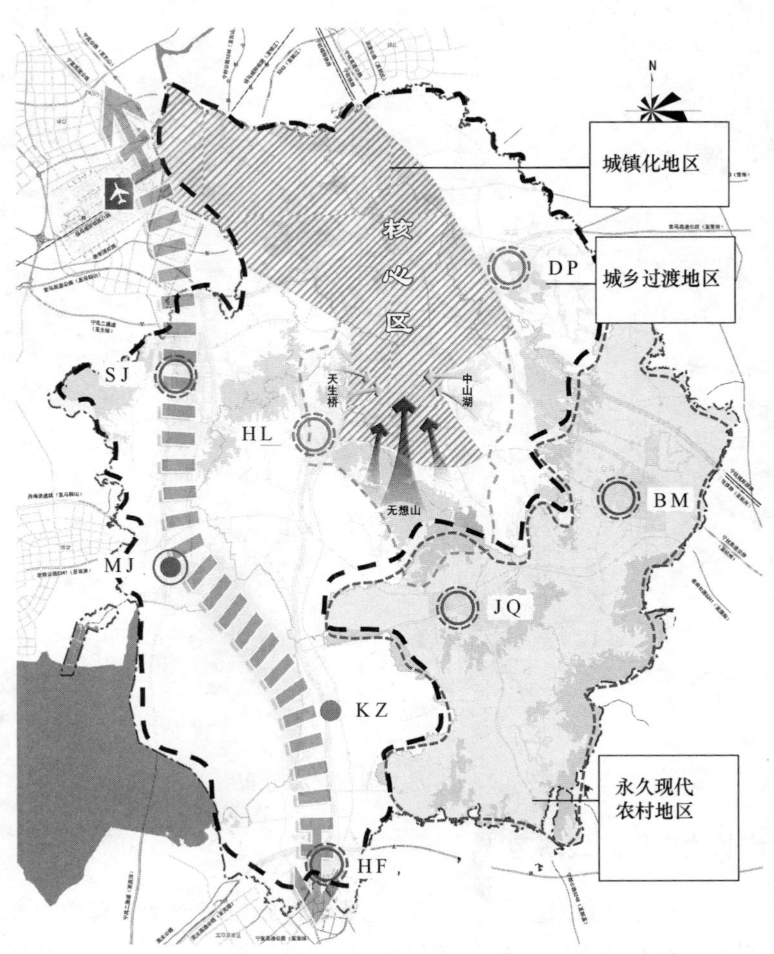

图 8.8　LS 空间组织构想

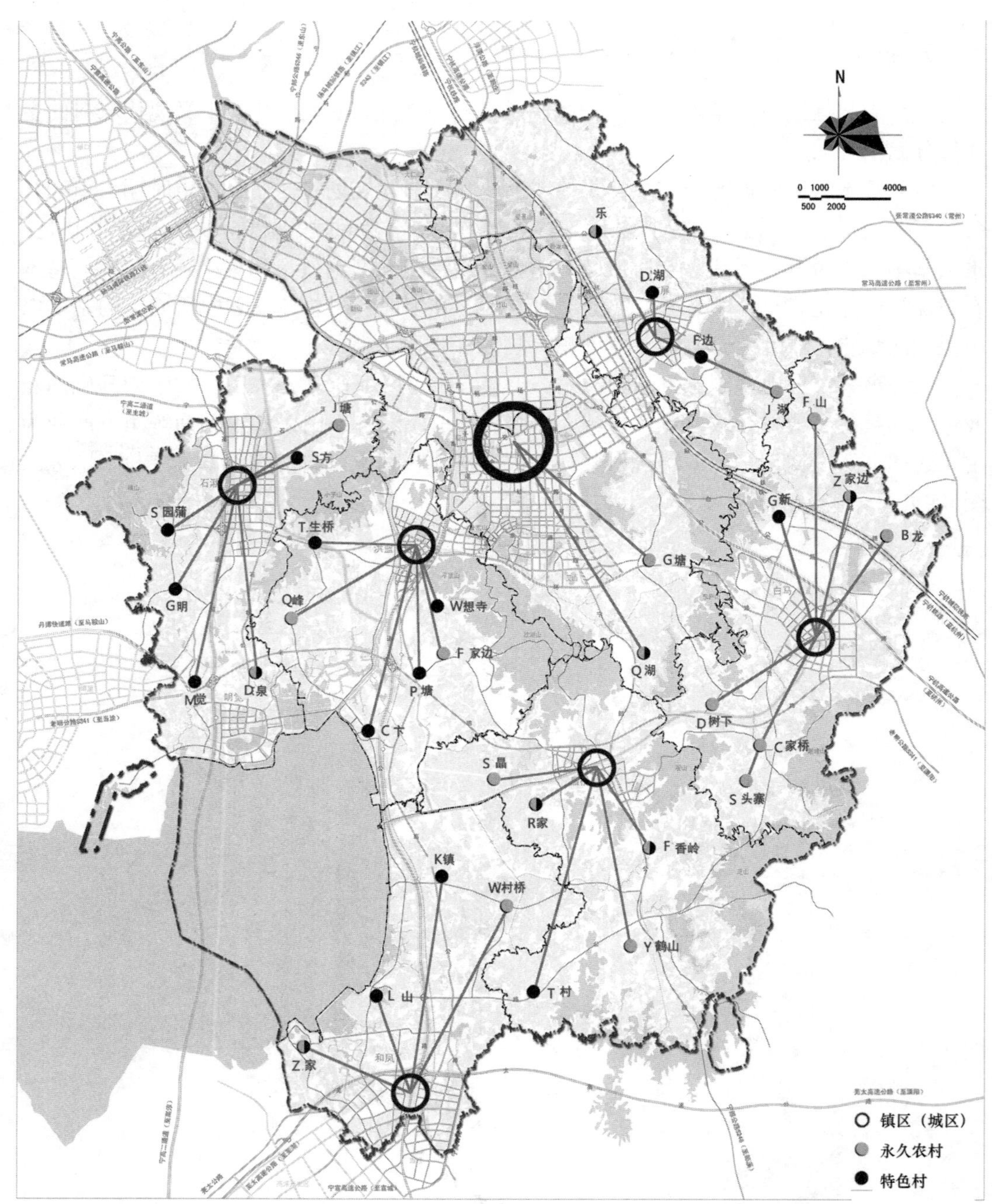

图 8.9 LS 永久保留村庄分布

3. 城镇增长边界控制线划定技术

为了节约和集约使用城镇建设用地，防止基础设施投资浪费，有效限制城镇无序蔓延，在禁止建设区、限制建设区以外划定供城镇开发的地区。最大可能的城镇开发边界，称为城镇刚性增长边界；规划期可能的城镇开发边界，称为城镇弹性增长边界（图 8.10）。

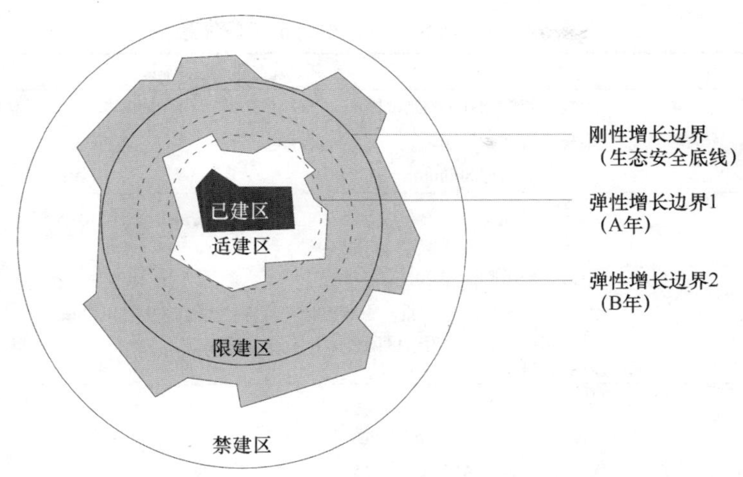

图 8.10　城市增长边界控制示意

1）数据来源与准备

数据源为国际科学数据服务平台（http：//datamirror.csdb.cn）提供的 SZ 域范围内的多时相 Landsat TM/ETM+卫星影像数据，将不同时相数据经几何校正后与研究区域边界 shp 数据叠加剪裁，生成研究区域内的遥感数据。TM7、5、2 三个波段进行假彩色合成，分别赋以红、绿、蓝色，城市建设用地在其影像上表现为紫色（偏蓝）系列；村庄建设用地形状不规则，常分布在沿河或沿穿越农田的道路；纹理结构较粗糙。使用 ERDAS 软件监督分类中的最大似然法对遥感影像进行信息提取，得到不同时相建设用地的增长情况。

2）城镇刚性增长边界划定方法与技术

城镇刚性增长边界最大范围与城市发展的基本生态安全控制线重叠，是城镇最大可能的规划建设用地范围，也是城市建设用地不得逾越的生态底线，具有永久性，不得任意改动。根据用地评价结果，结合建设用地规模边界、重点发展区域和重点建设项目选址，划定明确的各城镇最大的规划建设用地范围。城镇刚性增长边界划定原则为：①生态控制，在快速城市化和工业化的背景下，未来的发展应充分考虑与区域生态环境的协调，尽可能将城市发展对生态环境的影响降至最低；②先底后图，城镇增长边界的划定需采取先底后图的方法，以资源承载能力和生态环境容量为前提，注重水资源的保护、严格保护生态环境敏感区，集约使用土地；③以人为本，综合基于人的感受，划定有价值但没有定义的郊野空间，实现城市的健康发展。

城镇刚性增长边界划定采取指标体系和空间叠加技术实现。例如，SZ 刚性增长边界划定时，首先，建立刚性增长边界划定指标体系（表 8.7）。其次，划定刚性要素边界。①地层断裂带，规划区断层绝大部分隐伏在第四系土层之下，按其深度可分为一般断裂、盖层大断裂、基底断裂、深断裂带四类，参照城乡建设用地评定标准，划定断裂带两侧 200m 控制范围为不适宜建设区（图 8.11（a））；②滑坡崩塌区，根据城乡建设用地评定

表 8.7 SZ 刚性增长边界划定指标体系

类型	评价因子	不适宜建设区范围
工程地质	断裂	断裂带两侧 200m 控制范围；
	滑坡崩塌	不稳定滑坡、崩塌区；
	地面沉陷	累计沉降超过 800mm 范围
自然生态	坡度	＞25%；
	高程	＞400m；
	山体	山体及沿山脚纵深 200m；
	生态敏感度	湿地、绿洲、草地、原始森林等具有特殊生态价值的原生生态区；
	河湖岸线	沿太湖（太湖旅游度假区除外）和阳澄湖纵深 1km；独墅湖、三角咀、裴家圩、漕湖、澄湖等沿岸纵深 300m
人为影响	基本农田	基本农田保护区；
	自然保护区	自然保护区、＜200m 缓冲区；
	森林公园、风景名胜区	森林公园、国家级风景名胜区；
	历史文化保护区	历史文化保护区核心区；
	重大基础设施廊道	高速公路控制沿路每侧 200m；高速铁路控制沿路每侧 300m；普通铁路和城际轨道控制沿路每侧 100m
	郊野空间	从人的游憩需求、乡村景色的保护出发，城市周边有价值但没有定义的郊野空间

注：参照《城乡用地评定标准（CJJ 132—2009）》及城镇当地情况选取用地评价因子。

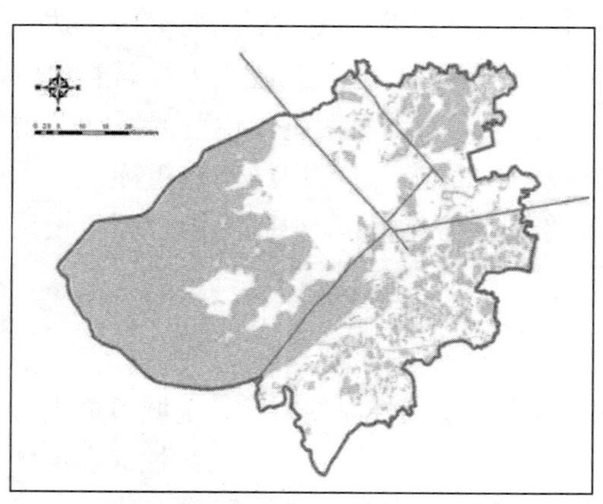

(a) 断裂带两侧200m范围

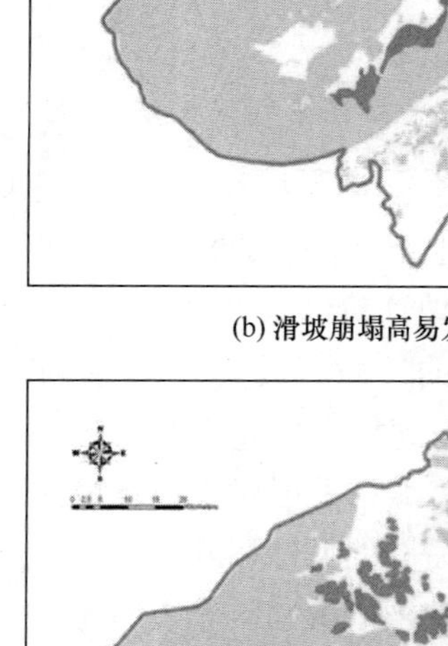

(b) 滑坡崩塌高易发区

(c) 地面沉陷累计800mm地区

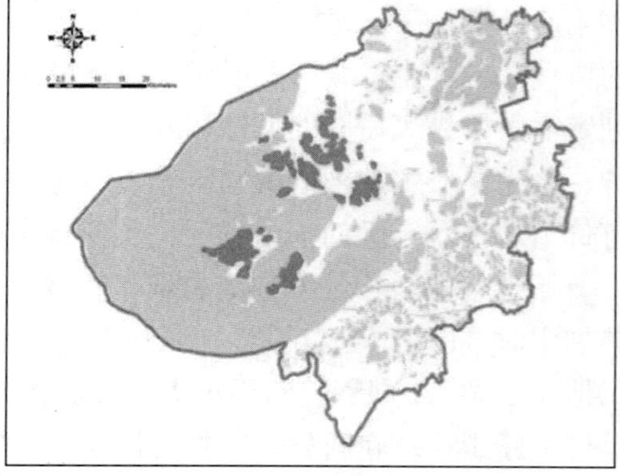

(d) 山体及缓冲区

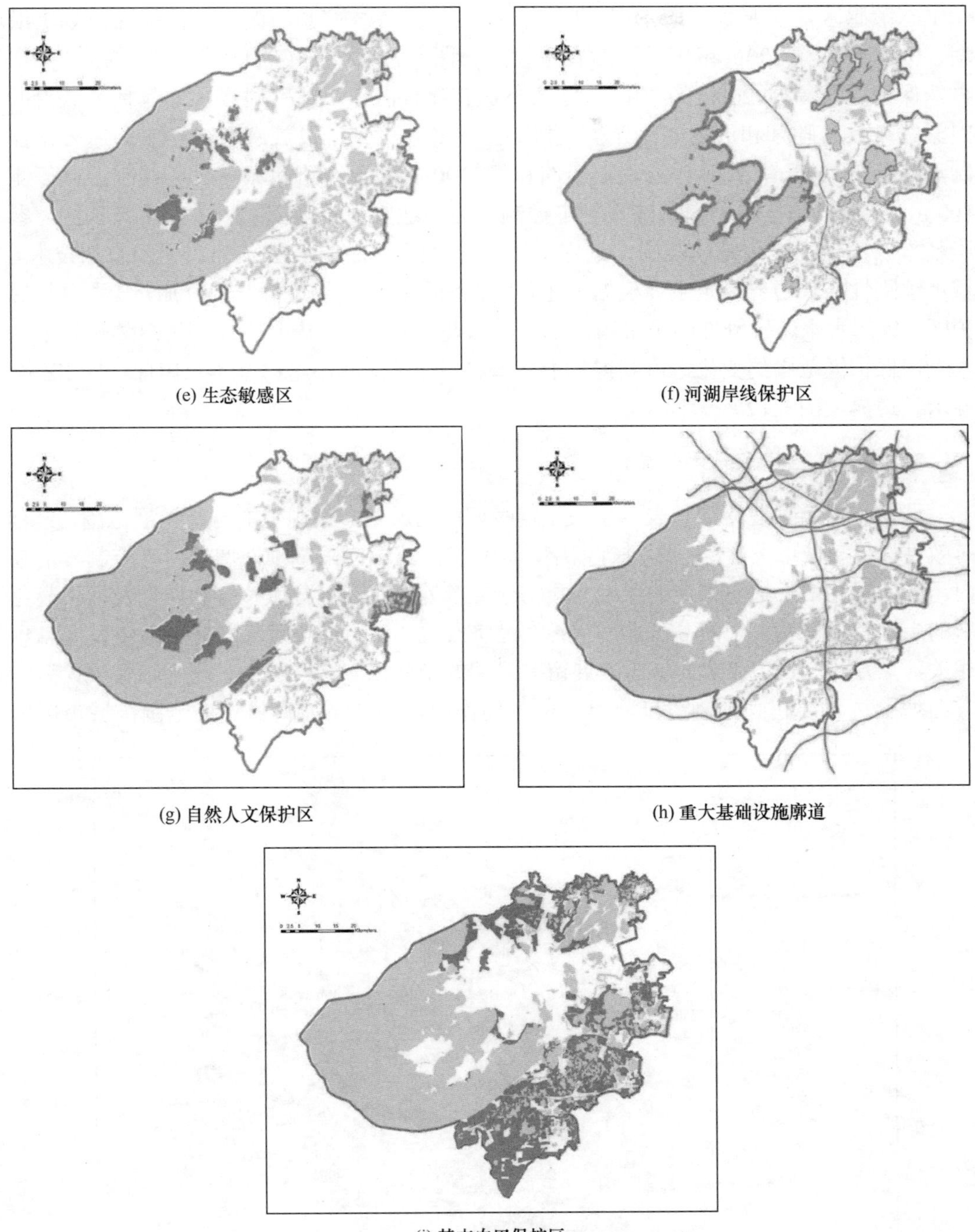

(e) 生态敏感区

(f) 河湖岸线保护区

(g) 自然人文保护区

(h) 重大基础设施廊道

(i) 基本农田保护区

图 8.11　刚性增长边界要素图

标准划定不稳定滑坡、崩塌区为不适宜建设区（图 8.11（b））；③地面沉降带，参照地方标准，划定累计沉降超过 800mm 范围为不适宜建设区（图 8.11（c））；④山体及缓冲区，除山体本身不适宜建设外，划定沿山脚纵深 200m 为不适宜建设地区（图 8.11（d））；

⑤生态敏感区，参照划定的生态敏感区，确定其边界线；⑥河湖岸线保护区，划定沿湖、沿水面纵深 300m 范围为不适宜建设区（图 8.11（f））；⑦自然人文保护区，划定自然保护区及周边 200m 缓冲区范围为不适宜建设区，不适宜建设区还包括区域内的国家级风景名胜区和历史文化保护区核心区；⑧重大基础设施廊道，参照高速公路控制沿路每侧 200m，高速铁路控制沿路每侧 300m 普通铁路和城际轨道控制沿路每侧 100m，光福机场按相关国家法规划定控制区为不适宜建设区；⑨基本农田保护区，参照基本农田保护区划定的范围，划定不适宜建设区（图 8.11）。第三，空间叠加技术。城市镇刚性增长边界划定主要根据上述各刚性因子评价结果进行空间叠加，其中自然保护区、饮用水水源等刚性因子采用一票否决的叠加方法。考虑到土地利用总体规划中基本农田保护区范围的变化，可获得基于基本农田保护区和不考虑基本农田保护区 SZ 刚性增长边界（图 8.12）。

3）城镇弹性增长边界划定

城镇弹性增长边界则是表示未来一定时期内的城市建设用地的可能扩展范围，具有时效性，会随城市发展的需要进行调整，但其空间范围应限于刚性增长边界控制线范围内。城镇弹性增长边界划定的原则为：①区域统筹，有利于区域整合和协调发展，避免新的土地资源浪费、空间蔓延加剧等；②经济发展，城市增长边界与城市经济发展息息相关，一方面增长边界要为城市发展留有足够的空间以容纳产业增长与人口集聚，另一方面增长边界要起到抑制蔓延，提高密度的作用，因此不能盲目划大范围；城市用地

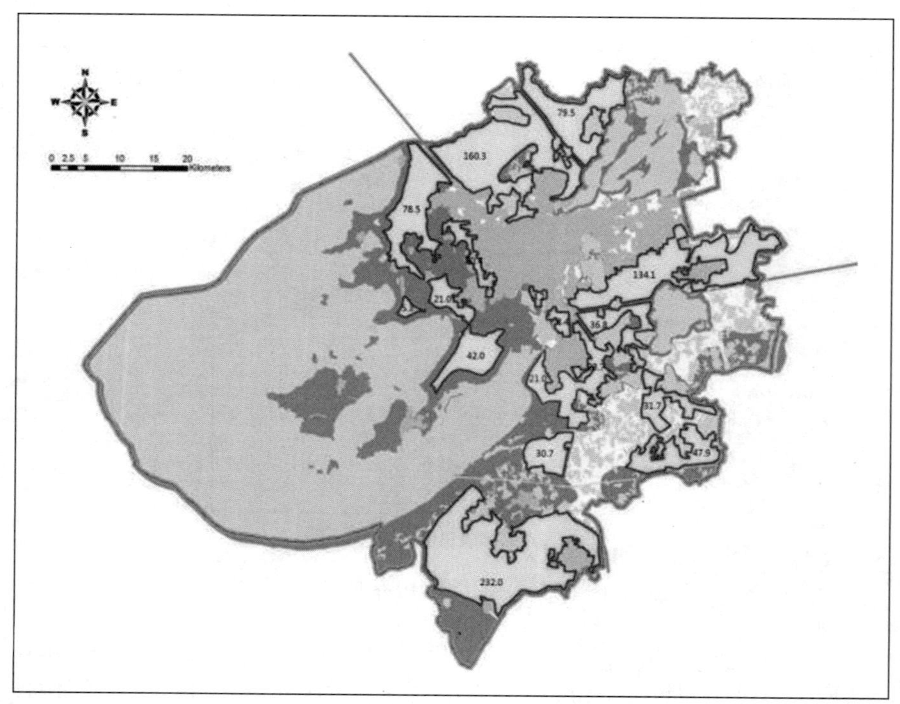

(a) 不考虑基本农田保护区

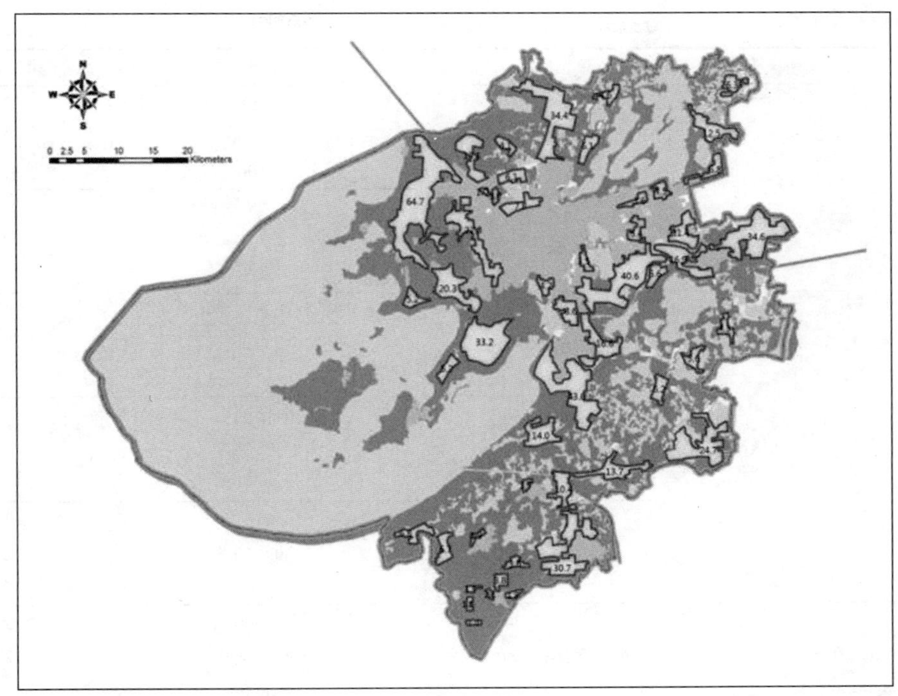

(b) 考虑基本农田保护区

图 8.12　SZ 刚性增长边界

扩张只有与经济发展吻合才能实现精明增长，提高城市土地的使用效率；③交通引导，通过有意识的规划引导城市沿交通走廊发展，以实现基础设施的高效利用，城镇弹性增长边界划定也是采取指标体系和空间叠加技术实现。

首先，建立刚性增长边界划定指标体系，主要考虑社会、经济、交通、基础设施等对发展潜力的影响。此外，影响增长潜力的自然要素分为工程地质条件、水文地质条件、工程经济性、生态敏感性四大类；社会经济要素分为人口发展和经济密度两大类指标（表 8.8）。

表 8.8　SZ 弹性增长单元确定指标体系

	主导因子	单项因子	建议分级标准	建议分值
自然要素	工程地质条件	地质灾害易发程度	低易发区	3
			中易发区	2
			高易发区	1
		地面沉降	＜400	3
			400～800	2
			＞800	1
	水文地质条件	地下水埋深/m	＞3.0	3
			1.5～3.0	2
			＜1.5	1

续表

	主导因子	单项因子	建议分级标准	建议分值
自然要素	工程经济性	相对高程/m	＜50	3
			50～100	2
			＞100	1
		地形坡度/(°)	＜8	3
			8～25	2
			＞25	1
	生态敏感性	生态敏感性	城镇村庄及工矿用地	3
			耕地、荒草地、裸地	2
			林地、湿地、牧草地、水域	1
		各项保护区	外围区	3
			各类保护区缓冲区	2
			各类保护区核心区	1
		水网密度指数	＜30	3
			30～50	2
			＞50	1
社会经济	人口发展	人口密度/(人/km^2)	＞2000	3
			800～2000	2
			＜800	1
		人均 GDP/元	＞150000	3
			75000～150000	2
			＜75000	1
	经济密度	地均 GDP/(万元/km^2)	＞20000	3
			10000～20000	2

注：表中各项指标建议分级标准和建议分值参照国家标准及有关文献。

第二，建构城镇弹性增长评价单元。一般采用格网法进行弹性边界划定。通常以1km×1km格网进行分割，建构基本评价单元（图8.13），评价单元编号表示为1A-1a格式。

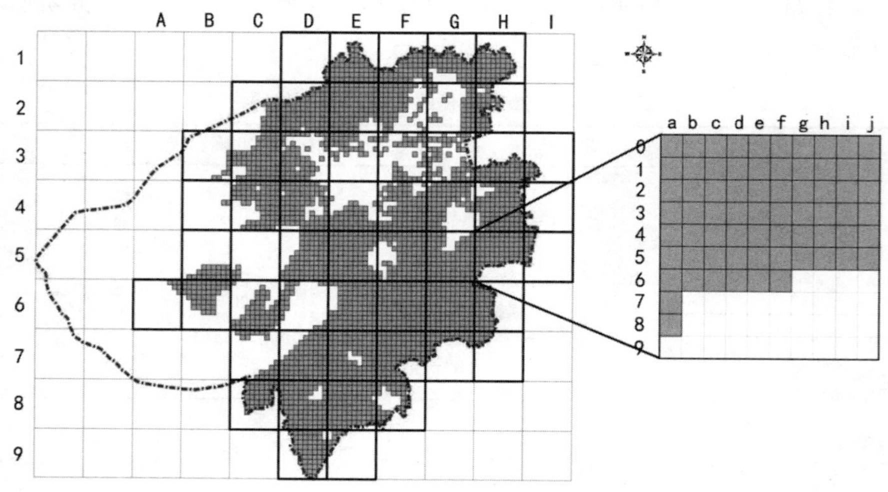

图8.13 评价单元划分

第三，采集数据。城镇弹性边界划定涉及城市发展的社会经济动力要素，其基础数据主要包括空间数据和统计数据两大类：①空间数据，土地利用现状图、交通现状图（包括公路、铁路、水运等）、地形图、基本农田保护规划图等空间数据，上述数据经数字化转为矢量格式；②统计数据，人口数据（包括规划区范围内各乡镇、街道人口数据）、城市发展资料（主要包括城市经济总量、城市用地发展、城市基础设施建设等）。在 ArcGIS 环境下，建立规划区各乡镇街道社会经济发展条件的属性数据库，并将属性数据与各评价单元空间数据相互关联，作为研究的基础。对坡度、高程等 30m 分辨率栅格数据进行重采样（重采样方法为计算评价单元内均值），并根据上述评价标准对评价单元进行赋值，得到单元格属性数据表。对于人口经济数据，根据各乡镇街道 2010 年统计资料将人口密度、人均 GDP、地均 GDP 数值赋给相应行政范围内的评价单元，处于交界处的评价单元取单元内面积超过 50%的乡镇所在数据。

第四，确定弹性增长单元。运用主成分分析方法，对变量或单元格进行分类，根据提取出的主因子得分进行聚类分析，根据相似性进行城市土地利用的发展潜力空间分析，最终划定城市弹性增长单元分区。

第五，划定弹性增长单元。根据上述主成分和聚类分析，提取四项主因子得分制图，其中第一主因子与社会经济发展水平显著正相关，得分较高的地区表示规划区内人口密集、经济发达的单元；第二主因子与坡度、高程、保护区分布高度正相关，得分较高的地区表示受工程经济性较好的单元；第三主因子则主要反映水网密度与生态敏感性分布情况，得分较高的地区表示生态敏感性较低，水网密度不大，适宜转化为建设用地的区域；第四主因子与地下水埋深、地面沉降及地质灾害易发程度得分正相关，得分较高的地区表示水文地质条件较好，适宜进行城市建设。

根据综合评价模型可以计算出各个区域的综合分值，通过该模型可以详细了解到规划区用地发展的整体适宜程度（图 8.14）。

4）城镇增长区划定方法和技术

根据各个主因子在各自空间单元上的得分作为基本数据矩阵，运用 SPSS 软件，根据各评价单元在各个主因子上得分的相近程度进行归类，并据此划分区域类型（图 8.15）。为方便计算，将建设条件 1 与建设条件 2 根据各自特征值所占比例合并为 1 个主因子，则三个主因子分别代表空间单元在生态敏感性、建设条件、社会经济条件上的重要性（图 8.16）。将每个主因子得分根据断裂点分为三级，则共有 27 种类组合类型，每种组合类型代表的单元格有不同的发展方向（表 8.9）。

根据各聚类中心值在各主成分上的得分情况可知，第一类用地为生态敏感区，生态敏感因子得分低，多为山体林地、沿湖湿地或内陆水网生态环境脆弱区，对于这类地区应实行严格的保护策略，避免进行开发建设；第二类用地为生态较敏感区，其生态敏感因子得分较低，同时建设条件和社会经济条件较差，可在管制前提下进行小规模建设；第三类用地为社会经济条件限制区，此类用地生态承载力高，建设条件好，但社会经济条件较差，

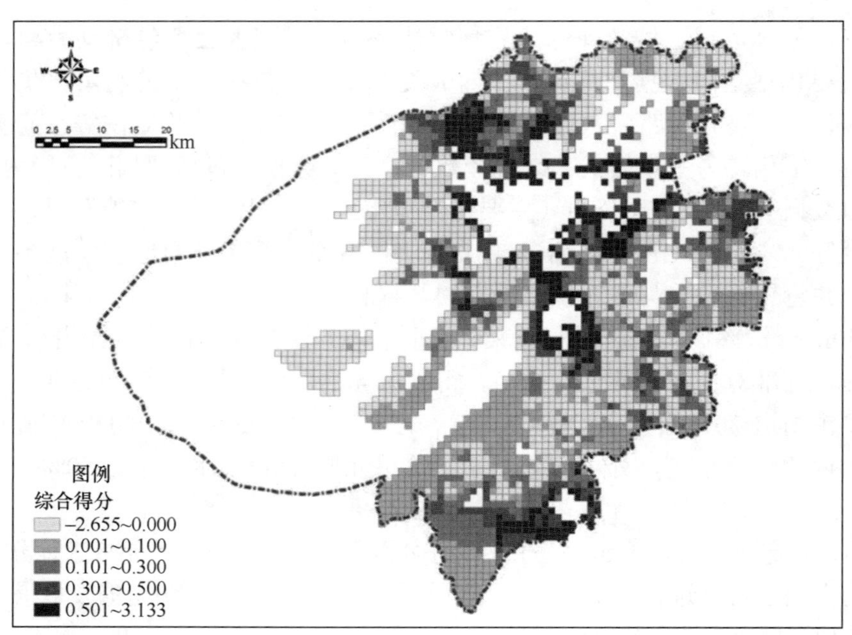

图 8.14 SZ 弹性增长单元综合得分图

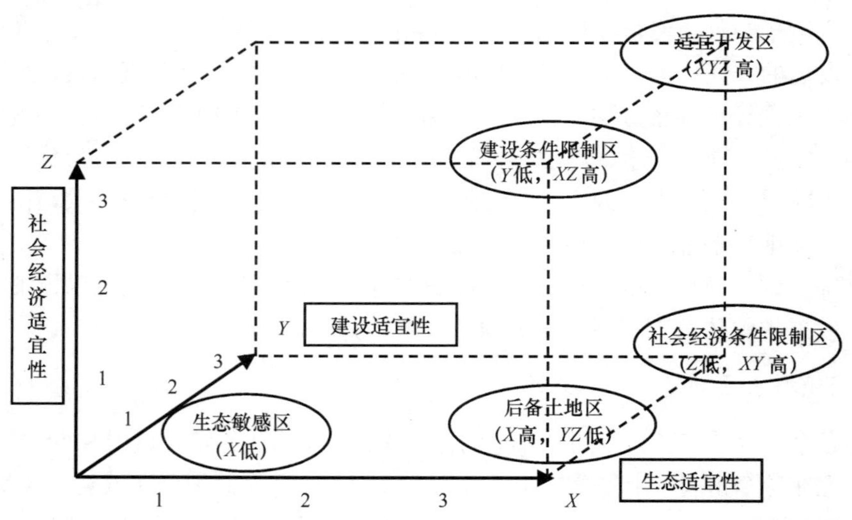

图 8.15 SZ 增长边界三维聚类概念模型

适宜较大规模的城市建设，是未来工业化和城市化空间拓展区；第四类用地为建设条件限制区，其生态承载力高，社会经济条件好，但建设条件较差，通过工程技术处理可进行城市建设；第五类用地为较适宜开发区，其生态承载力较高、建设和社会经济条件较好，较适宜城市建设；第六类用地为适宜开发区，其生态承载力高，建设条件和社会经济条件好，是转化为城市建设用地的首选地区；第七类用地为后备土地区，其生态承载力高，但建设条件和社会经济条件均不高，此类用地发展方向尚不明确，一旦城市可利用土地消耗殆尽时可考虑用于城市建设。在建设用地选择的过程中，应优先选择社会经济发展条件较好，同时受生态环境、建设条件约束较小的地区，即优先选择第六类用地和第五类用地，而第三类用地可用于建设大规模新城。SZ 城镇增长边界影响因子空间分析如图 8.17 所示。

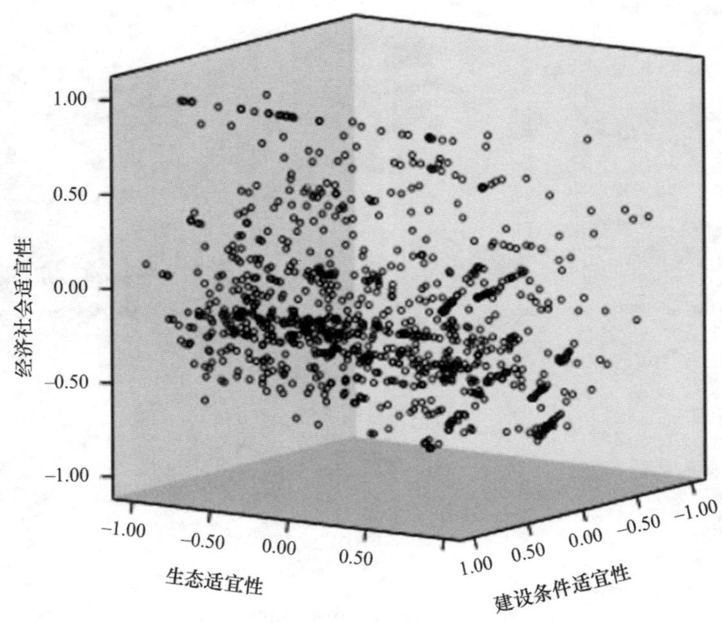

图 8.16　SZ 增长边界划定单元格三个主因子得分情况（部分）

表 8.9　SZ 增长边界分区类型单元分值及描述

分区类型	单元分值（*x*，*y*，*z*）	描述
生态敏感区	（1，1，1）（1，1，2）（1，1，3）（1，2，1）（1，2，2）（1，2，3）（1，3，1）（1，3，2）（1，3，3）	生态敏感因子得分低，是生态脆弱地区，应避免大规模城市建设
生态较敏感区	（2，1，1）（2，1，2）（2，2，1）（2，2，2）	生态敏感因子得分较低，同时建设条件和社会经济条件较差，可进行管制性的适度开发
社会经济限制区	（3，3，1）（2，3，1）（3，2，1）	生态承载力高，建设条件好，但社会经济条件较差，是未来城市化空间拓展区
建设条件限制区	（3，1，2）（3，1，3）（2，1，3）	生态承载力高，社会经济条件好，但建设条件较差，通过工程技术处理可进行城市建设
较适宜开发区	（3，2，2）（2，3，2）（2，2，3）	生态承载力较高、建设和社会经济条件较好，较适宜城市建设
适宜开发区	（3，3，2）（3，2，3）（2，3，3）（3，3，3）	生态承载力高、建设条件和社会经济条件好，最适宜城市建设
后备土地区	（3，1，1）	生态承载力高，但建设条件和社会经济条件均不高，发展方向尚不明确，当可利用土地消耗殆尽时再考虑用于城市建设

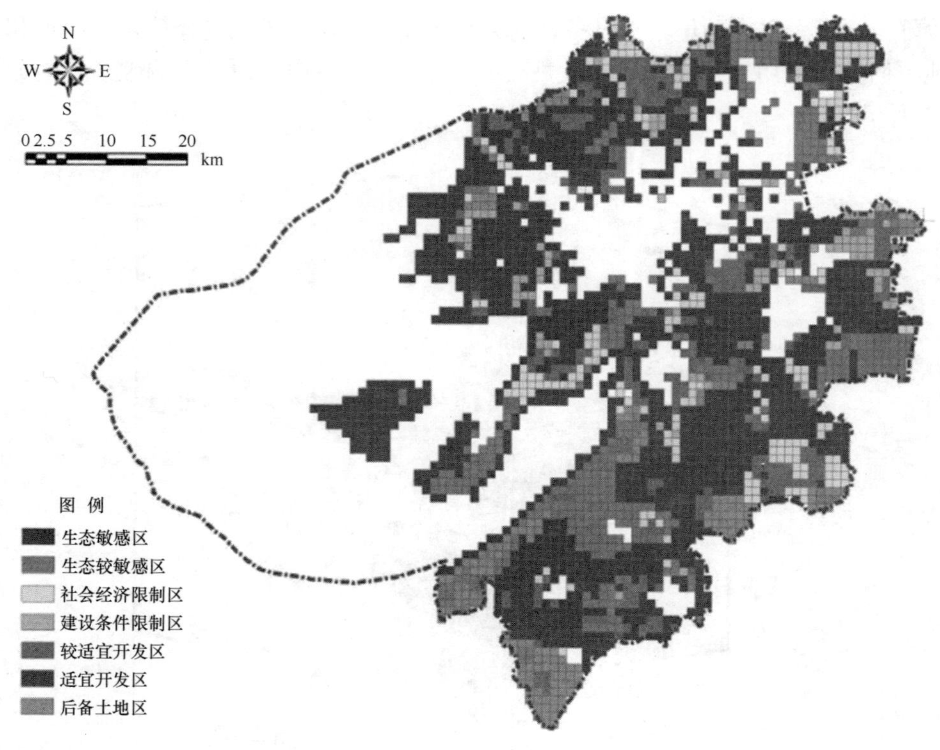

图 8.17 SZ 增长单元空间分析

8.2 县域空间开发与管理技术

8.2.1 “多规”融合技术

1. 城乡生态功能区划

近年来，环境部门根据生态区位进行了县域生态功能区划（图 8.18），划定生态保护区和水源保护区，生态保护区又分为重要生态保护区和一般生态保护区。①在重要生态保护区：禁止建设与生态无关的项目；生态防护林内，除市政设施以外，严格控制无关的开发活动；城镇绿地建设应严格保护山林形态；②在一般生态保护区：允许安排市政管廊和小型市政设施、园林建筑，以及一定比例的休闲旅游等设施，不得进行集中成片的城市化开发建设；严格保护隔离绿地内的山体、水体及林地，允许保留少量农村居民点和农业用地；允许安排绿地功能兼容的开发建设项目，开发建设用地应控制在总用地的 20%以内，林木覆盖率应达到 80%以上；③在水源保护区：禁止建设有污染的项目；有工业污水和生活污水排放的企业的污水排放应达到规定的标准排放；通过疏浚拓宽河道，保证水环境质量和水系网络畅通，维护水域生态系统安全；转变农业生产方式、大力发展生态农业，重点发展无公害农产品，控制农业污染，治理养殖污染。

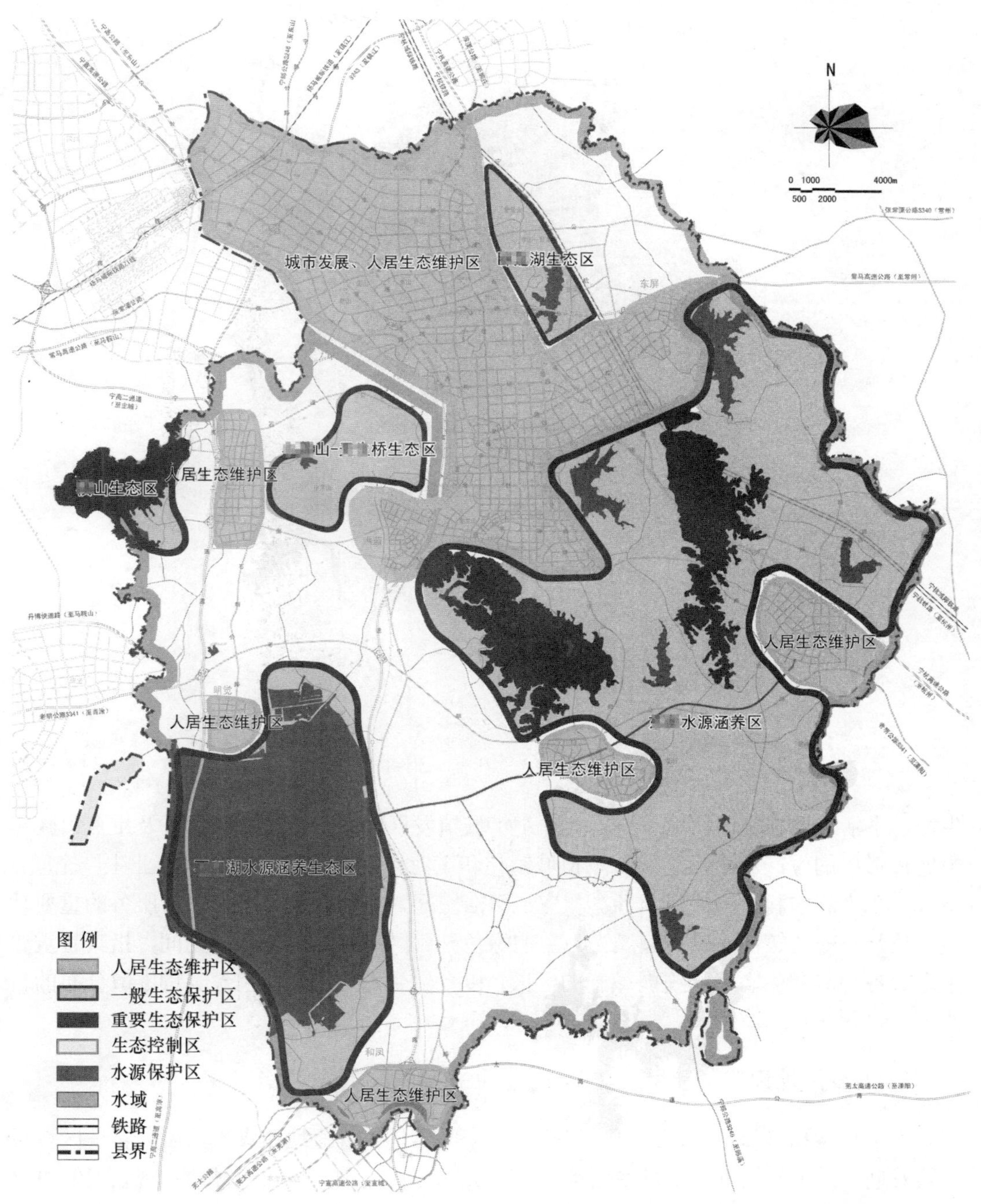

图 8.18　LS 县域生态区划图

2. 主体功能区划定

在自然维育、生态保护规划的基础之上，进一步分析城镇发展水平和潜力、农业生产重要性，强化镇村功能与空间资源的整合，划分城镇发展空间功能区、农业生产空间功能区、生态保护空间功能区（图 8.19）。严格保护农业生产用地和生态用地，统筹

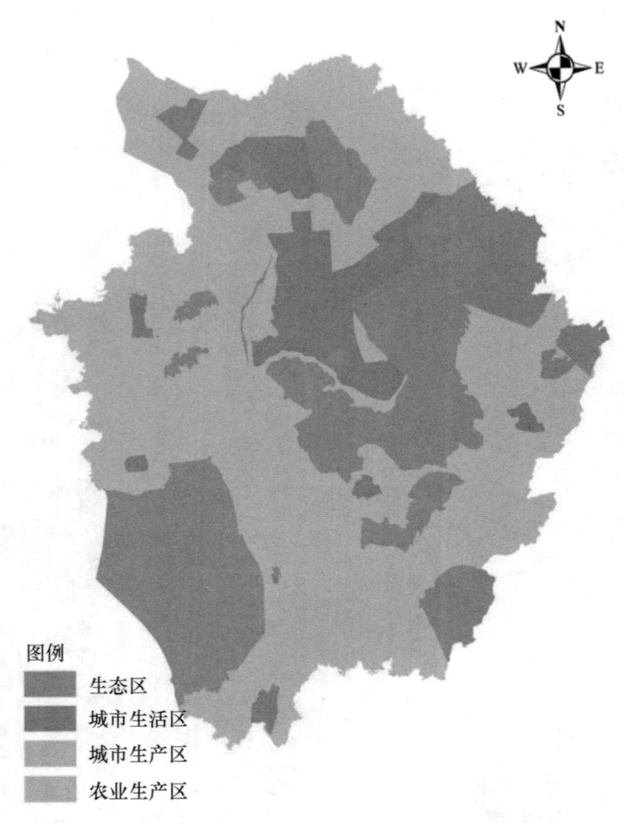

图 8.19 LS 生产、生活、生态空间划定

生产、生活、生态空间协调发展。其中：①城镇发展空间，指为中心城区及重点镇区集中连片形成的生产和生活空间，承担城镇化和工业化发展重要任务；②农业生产空间，指农业生产和农村（一般镇及各类村庄）生活空间，承担农业生产和农村服务的重要功能，是开发密度较低、以田园风光为主的绿色开敞区域；③生态保护空间，指具有重要生态服务功能和生态系统脆弱敏感的区域，以自然生态为主体，包含少量零散分布的自然生态村落。

3. 城乡用地评定图利用

为更科学指导城乡空间布局，优化城乡空间结构，规避地质灾害风险，实现区域可持续发展，国土部门进行了城乡用地评定分类和图件编制，县域镇村体系规划编制可以利用这一成果。其中：①城乡用地评定指标体系，城乡用地评定是指对具有重要或较重要影响并能体现土地区位差异的社会、经济和自然条件的城乡用地进行建设性适宜性评定。城乡用地评定指标体系包括 5 个一级指标，6 个二级指标（表 8.10）；②用地综合评定等级，县域城乡用地分为四类用地进行评定（图 8.20）。一类用地指地形、地质条件良好，不经改造就可以开展建设活动的地段，主要指山坡与平原过渡地带的山前冲积台地和岗地，地形坡度在 10%以下用地；二类用地指经过适当改造就可开展建设活动的地段；三类用地指由于生态的特殊性及重要作用不适合大量城市建设的用地；四类用地指规划范围内饮用水源、生态保护区列入不适宜建设用地。

表 8.10　城乡用地用地评价指标体系

序号	一级指标	二级指标	定量标准		
			（10 分）	（5 分）	（2 分）
1	地质	断裂	—	—	不活动断裂
		地震烈度	—	7 度	6 度
2	地形地貌	丘陵	＞30m	＞20m	—
3	水文	区域防洪	—	城市防洪工程（行洪区、泄洪区、蓄滞洪区）	—
4	自然生态	特殊生态系统	湿地	—	—
5	规划控制	规划保护区	水源地保护区	—	地下文物埋藏区
			国家、省级风景名胜区	市级风景名胜区	
			国家、省级森林公园	市级森林公园	机场净空区
			矿产资源极具开采价值	矿产资源较具开采价值	矿产资源具有潜在开采价值

8.2.2　建设空间管制区划定技术

结合国土部门划定基本农田保护区和环保部门划定基本生态控制线，结合用地适宜性评价、现状已建情况，划出禁止建设区永久不开发，划出限制开发区有条件地开发（表 8.11）。

1. 禁止建设区划定

禁止建设区为生态功能极重要、生态环境极敏感具有特殊保护价值的地区，包括重要的风景（名胜）区和森林公园的核心保护区、饮用水水源一级保护区、基本农田保护区及其他不适宜建设的区域；禁建区内非经特别许可严格禁止集中的城镇建设和与生态保护、修复无关的建设行为；基本农田的位置和范围依据国土部门规划按禁建区要求进行管制。

2. 限制建设区划定

限制建设区为生态服务功能重要或极重要、生态环境高度敏感或极敏感，对于维持区域乃至全省生态安全起到重要作用的地区。该区要求优先保护，限制开发建设，主要包括重要水源涵养区、水土保持区、风景（名胜）区和森林公园、生态农业区等对于维持生态安全起到重要作用的区域和绝大部分农业、林业用地，以及在城镇体系规划与工业布局规划中非重点进行工业开发和城镇建设的乡镇。限建区内除了依法和经批准的规划可以兼容的建设项目外，原则上禁止集中的城镇建设。

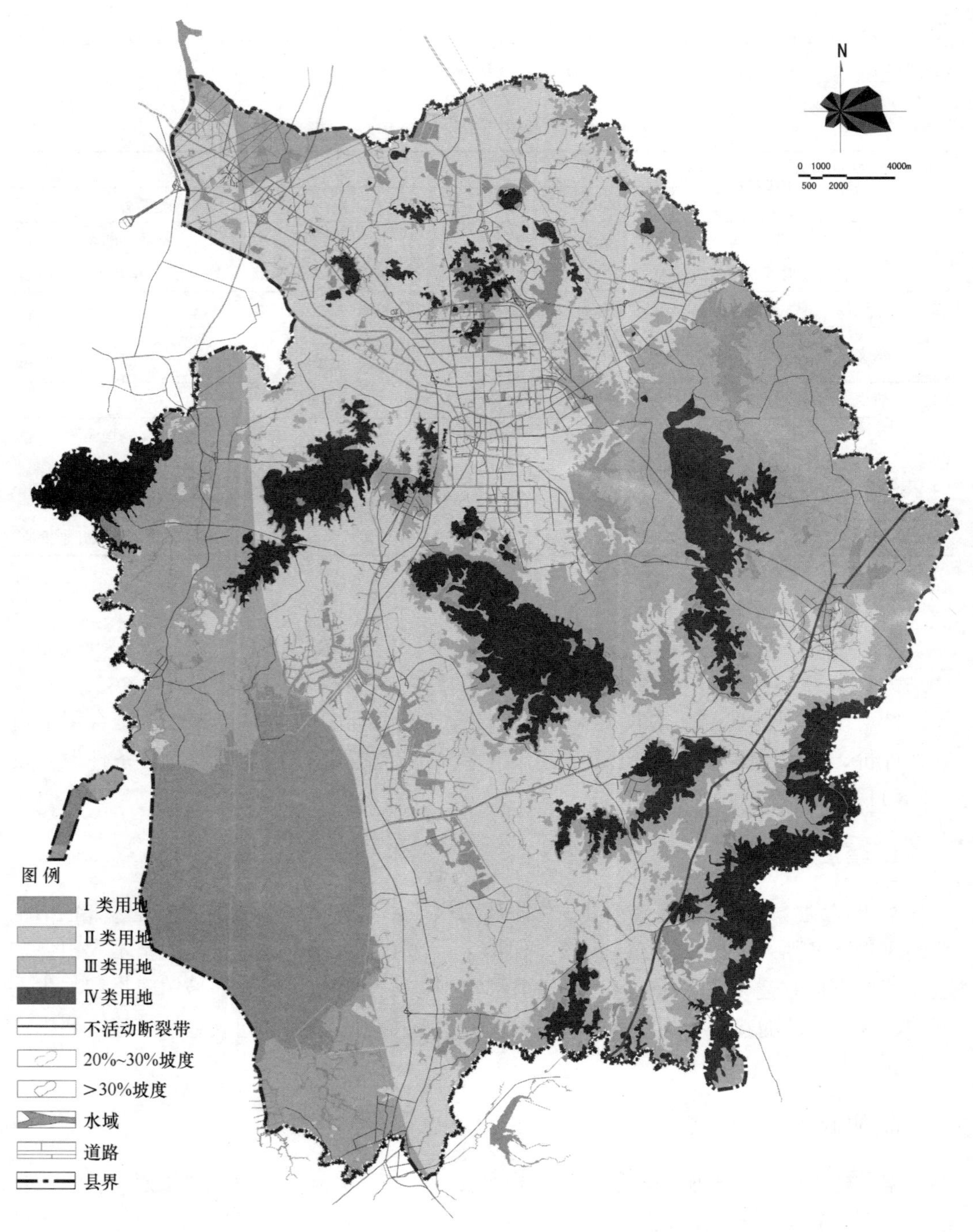

图 8.20 LS 城乡土地定级图

在东部沿海地区和高度城镇化地区，城镇发展快、土地资源紧缺，可以结合用地适宜性评价，将限制开发区进一步细分为严格限建区和一般限建区（图 8.21、图 8.22）。

表 8.11　县域禁建区和限建区划定参照表

序号	要素大类	具体要素	空间管制分区	
			禁建区	限建区
1	工程地质条件	工程地质条件较差地区	—	●
2	地震风险	活动断裂带	—	●
3	水土流失防治	25°以上陡坡地区	—	●
		泥石流危害沟谷	—	危害严重、较严重
		水土流失重点治理区	—	●
		山前生态保护区	—	●
4	地质灾害	泥石流、砂土液化等危险区	—	●
		地面沉降危害区	—	危害较大区、危害中等区
		地裂缝危害区	所在地	两侧 500m 范围内
		崩塌、滑坡、塌陷等危险区	●	—
5	地质遗迹与矿产保护	地质遗迹保护区、地质公园	—	●
		矿产资源保护	—	●
6	河湖湿地	河湖水体、水滨保护地带	—	●
		水利工程保护范围	—	●
7	水源保护	地表水源保护区	一级保护区	二级保护区、三级保护区
		地下水源保护区	核心区	防护区、补给区
8	地下水超采	地下水严重超采区	—	严重超采区
9	洪涝调蓄	超标洪水分洪口门	●	—
		超标洪水高风险区	—	●
		蓄滞洪区	●	—
10	绿化保护	自然保护区	核心区、缓冲区	实验区
		风景名胜区	特级保护区	一级保护区、二级保护区
		森林公园、名胜古迹区林地、纪念林地、绿色通道	—	●
		生态公益林地	重点生态公益林	一般生态公益林
		种子资源地、古树群及古树名木生长地	●	—
11	污染物集中处置设施防护	固体废弃物处理设施、垃圾填埋场防护区、危险废物处理设施防护区	—	●
		集中污水处理厂防护区	—	●
12	民用电磁辐射设施防护	变电站防护区	110kV 以上变电站	—
		广播电视发射设施保护区	保护区	控制发展区
		移动通信基站防护区、微波通道电磁辐射防护区	—	●
13	市政基础设施防护	高压走廊防护区	110kV 以上输电线路的防护区	—
		石油天然气管道设施安全防护区	安全防护一级区	安全防护二级区
14	噪声污染防护	高速公路环境噪声防护区	—	两侧各 100m 范围
		铁路环境噪声防护区	—	两侧各 350m 范围
		机场噪声防护区	—	沿跑道方向距跑道两端各 1～3km，垂直于跑道方向距离跑道两侧边缘各 0.5～1km 范围
15	文物保护	国家级、市级文物保护	文保单位	建设控制地带
		区县级文物保护单位、历史文化保护区	—	●
		地下文物埋藏区	—	●

注：“●”表示该项应列为禁建区或限建区；“—”表示空缺；文字说明表示该项相应内容应列为禁建区或限建区。

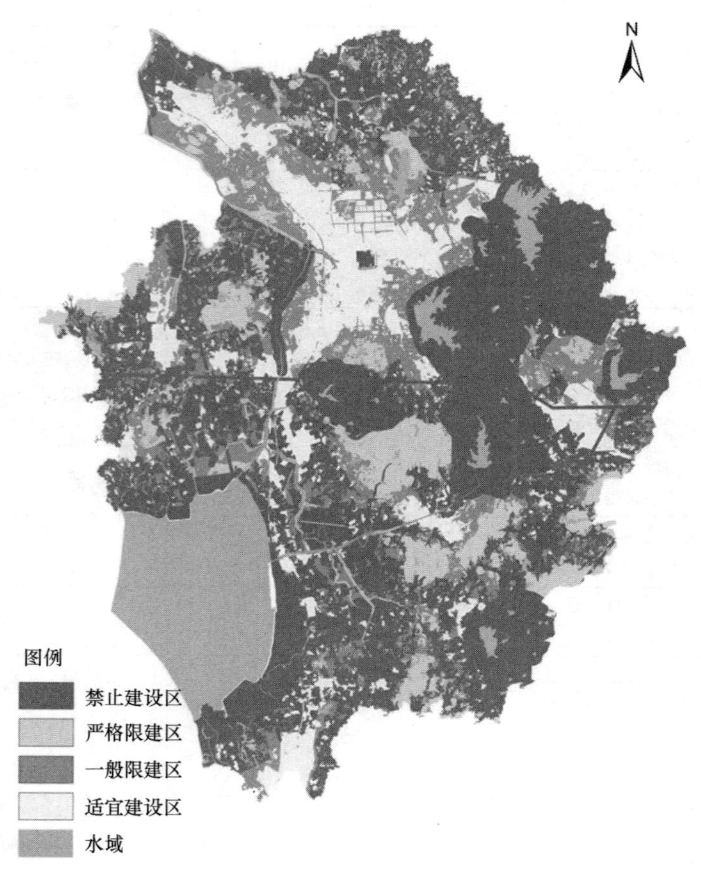

图 8.21 LS 禁限建区划定

（1）严格限建区。严格限建区一般为禁建区周边缓冲区范围内，包含土地利用适宜性评价中较不适宜建设的区域，高程值与坡度综合分析为 150～170m，坡度约为 30%。该区域生态环境较好，具备较高的保护价值。严格限建区应当坚持保护为主、严格控制的原则，除生态农业、观光林业、自然保护区、风景名胜区少量服务外，不得进行其他项目建设。该区域在维持生态服务功能的前提下，实施生态保护和修复，引导发展生态农业、生态林业。

（2）一般限建区。一般限建区是指处于禁止开发区周边第二层缓冲区范围内，包含土地利用适宜性评价中基本适宜建设用地的区域，高程与坡度综合分析基本满足建设要求。该区域生态环境较好、具备一定的保护价值，为一般控制区。一般限建区应当坚持保护为主、预留控制的原则，可以在一定限制下进行农业、旅游服务、博览会展等建设量较小，不会对生态格局造成影响的产业开发。在不违反限制建设原则的前提下，根据城镇土地利用总体规划和用地布局原则对重点项目开放选址，限制开采各类矿产，限制一切水面养殖，适当发展生态旅游业及资源节约型、环境友好型的区域特色产业，并做好规划前、规划中和规划后三次环境影响评价。

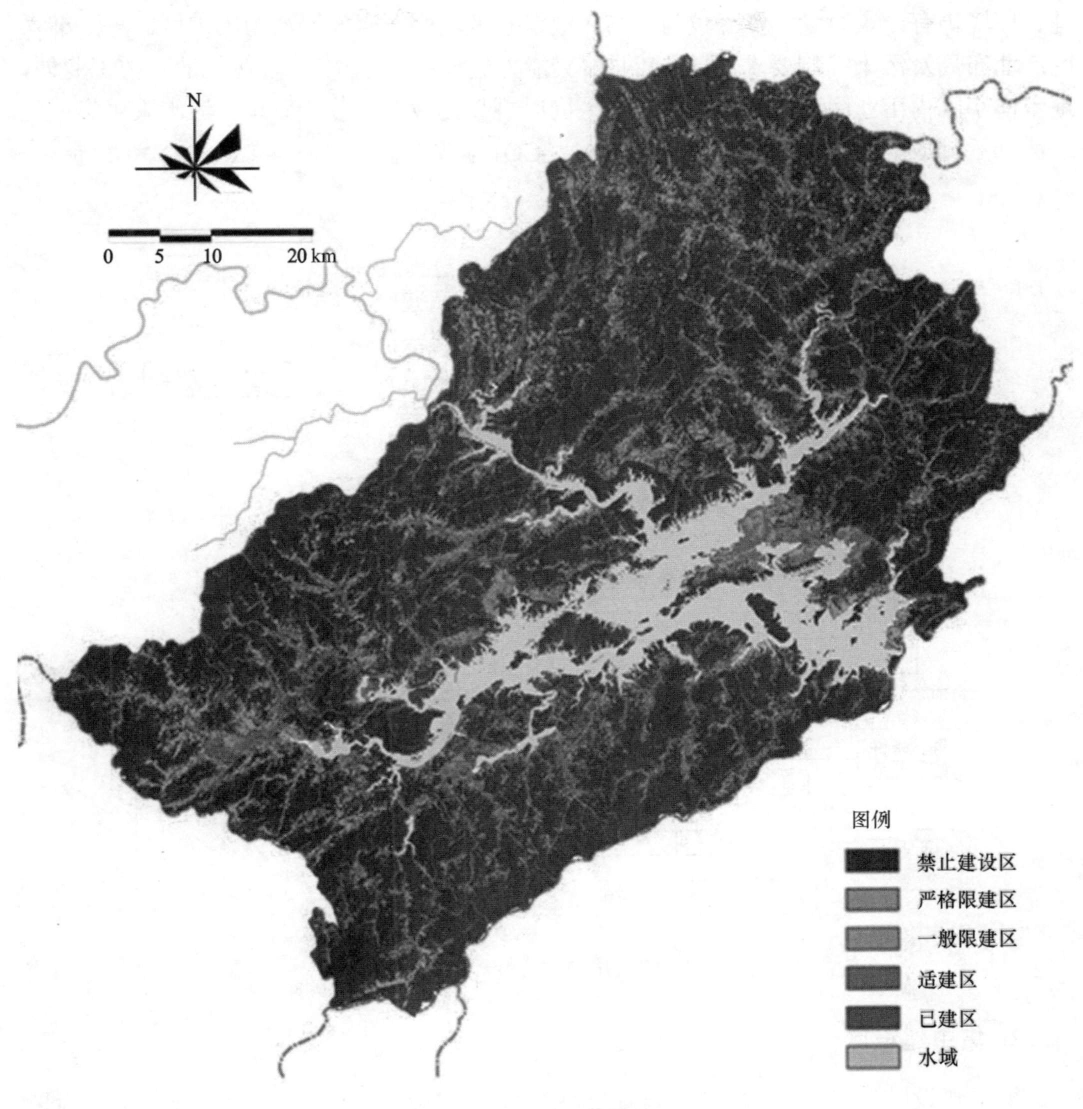

图 8.22　CA 禁建限建区划定

8.2.3　建设用地适宜性评价技术

根据县域资源条件、生态环境与风景区保护、农业发展、重大区域设施布局、生态环境功能区特征，对全县空间资源进行开发建设适宜性评价。建设用地适宜性评价的技术路线如图 8.23 所示。

1. 一般建设区

为生态环境敏感性为一般，生态服务功能中等或一般，主要为在城镇体系和工业布局规划中需要进行大规模工业开发和城镇建设（人口集聚），且产业结构与布局相对合理、环境仍有一定容量、资源较为丰富、经济功能较强、有发展潜力的地区。重点准入区产业布局及污染控制要求：加强产业配套能力建设；除无污染、轻污染的一类工业外，逐步向小区内工业区块集聚。工业集聚区同时规划建设污水收集管道，污水采用集中处理达标后排放。控制污染物、COD、氨氮、CO_2 排放总量。

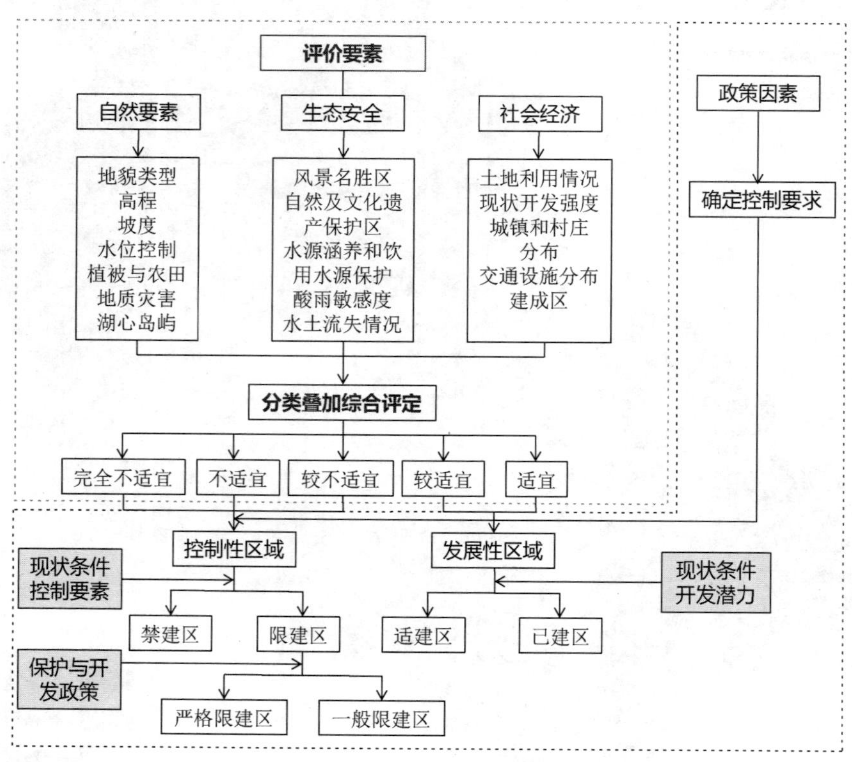

图 8.23 建设用地适宜性评价技术路线

2. 集中建设区

集中建设区生态环境敏感性为轻度或中等，生态服务功能中等或一般，主要为现状开发密度较高，开发活动对生态环境影响程度较深，产业结构与布局有待于优化，污染物排放量较大，生态环境承载力正在减弱，人均自然资源拥有率低的地区。保护与建设要求为调整结构，优化准入。加强环保基础设施建设和人居环境建设，一方面引导产业集聚发展，优化产业布局，通过产业结构调整，削减污染排放总量，为发展先进制造业提供承载空间，另一方面加快城市化进程，美化人居环境，提升服务业，进一步提高第三产业在国民经济中的比例。优化准入区产业发展要求：引导区域转移占地多、消耗高的加工业和劳动密集型产业，提升产业结构层次。对已有的属于限制类的生产能力，在达标排放和总量削减的前提下，逐步进入工业功能区，并落实改造提升的措施。削减污染物、COD、氨氮和 CO_2 排放总量。区内水环境质量要求确保达到功能区要求。

8.2.4　城乡用地分类管理技术

为推进“多规合一”，有效衔接土地利用规划、城乡规划等现有用地分类，县域城乡用地分类按土地使用的主要性质划分为建设用地、农业用地和生态用地三大类，共 12 中类、26 小类（表 8.12）。

表 8.12　县域城乡用地分类

<table>
<tr><th colspan="3">类别代码</th><th rowspan="2">类别名称</th><th rowspan="2">范围</th></tr>
<tr><th>大类</th><th>中类</th><th>小类</th></tr>
<tr><td rowspan="19">H</td><td></td><td></td><td>建设用地</td><td>包括城乡居民点建设用地、区域交通设施用地、区域公用设施用地、特殊用地、采矿用地等</td></tr>
<tr><td rowspan="6">H1</td><td></td><td>城乡居民点建设用地</td><td>县、镇、乡、村庄，以及独立的建设用地</td></tr>
<tr><td>H11</td><td>县城区建设用地</td><td>县城区内的居住用地、公共管理与公共服务用地、商业服务业设施用地、工业用地、物流仓储用地、交通设施用地、公用设施用地、绿地</td></tr>
<tr><td>H12</td><td>镇建设用地</td><td>非县人民政府所在地镇的建设用地</td></tr>
<tr><td>H13</td><td>乡建设用地</td><td>乡人民政府驻地的建设用地</td></tr>
<tr><td>H14</td><td>村庄建设用地</td><td>农村居民点的建设用地</td></tr>
<tr><td>H15</td><td>独立建设用地</td><td>独立于县城区、乡镇区、村庄以外的建设用地，包括居住、工业、物流仓储、商业服务业设施，以及风景名胜区、森林公园等的管理及服务设施用地</td></tr>
<tr><td rowspan="6">H2</td><td></td><td>县域交通设施用地</td><td>铁路、公路、港口、机场和管道运输等区域交通运输及其附属设施用地，不包括中心城区的铁路客货运站、公路长途客货运站及港口客运码头</td></tr>
<tr><td>H21</td><td>铁路用地</td><td>铁路编组站、线路等用地</td></tr>
<tr><td>H22</td><td>公路用地</td><td>高速公路、国道、省道、县道和乡道用地及附属设施用地</td></tr>
<tr><td>H23</td><td>港口用地</td><td>海港和河港的陆域部分，包括码头作业区、辅助生产区等用地</td></tr>
<tr><td>H24</td><td>机场用地</td><td>民用及军民合用的机场用地，包括飞行区、航站区等用地</td></tr>
<tr><td>H25</td><td>管道运输用地</td><td>运输煤炭、石油和天然气等地面管道运输用地</td></tr>
<tr><td>H3</td><td></td><td>县域公用设施用地</td><td>为区域服务的公用设施用地，包括区域性能源设施、水工设施、通信设施、殡葬设施、环卫设施、排水设施等用地</td></tr>
<tr><td rowspan="3">H4</td><td></td><td>特殊用地</td><td>特殊性质的用地</td></tr>
<tr><td>H41</td><td>军事用地</td><td>专门用于军事目的的设施用地，不包括部队家属生活区和军民共用设施等用地</td></tr>
<tr><td>H42</td><td>安保用地</td><td>监狱、拘留所、劳改场所和安全保卫设施等用地，不包括公安局用地</td></tr>
<tr><td>H5</td><td></td><td>独立工矿用地</td><td>采矿、采石、采沙、盐田、砖瓦窑等地面生产用地及尾矿堆放地</td></tr>
<tr><td></td><td></td><td></td><td></td></tr>
<tr><td rowspan="3">E</td><td></td><td></td><td>农业用地</td><td>主要承担农产品生产功能的用地</td></tr>
<tr><td rowspan="2">E1</td><td></td><td>种植用地</td><td>用于各种农业种植的用地</td></tr>
<tr><td>E11</td><td>基本农田</td><td>指按照一定时期人口和社会经济发展对农产品的需求，依法确定的不得占用的耕地</td></tr>
</table>

续表

类别代码			类别名称	范围
大类	中类	小类		
E	E1	E12	一般耕地	除基本农田之外的耕地
		E13	人工草地	人工种植牧草的区域，不包括绿化草地、退耕还草草地
		E14	其他种植用地	用于种植的其他农用地
	E2		养殖水面	专门用于水产养殖的坑塘水面及相应附属设施用地
	E3		农业配套用地	包括设施农用地、农田水利用地、坑塘水面及田坎
		E31	设施农用地	直接用于畜禽养殖、作物栽培、水产养殖、设施农业，以及晾晒场、粮食果品烘干、粮食和农资临时存放、大型农机具临时存放等农业生产活动所必需的配套设施用地
		E32	农田水利用地	人工修建用于引、排、灌的渠道及其相应附属设施用地
		E33	坑塘水面	主要用于农业生产、蓄水量＜10 万 m^3 坑塘常水位岸线所围成的水面，不含养殖水面
		E34	田坎	耕地中主要用于拦蓄水和护坡、南方宽度≥1.0m，北方宽度≥2.0m 的地坎
Z	Z1		生态用地	主要承担生态服务和生态系统维护等功能的用地
			湿地	指常年或者季节性积水地带和水域
		Z11	自然湿地	包括沼泽湿地、湖泊湿地、河流湿地、滨海湿地等自然湿地
		Z12	人工湿地	包括重点保护野生动物栖息地或者重点保护野生植物的原生地等人工湿地
	Z2		林地	指成片的天然林、次生林和人工林覆盖的土地
		Z21	生态公益林	以保护和改善人类生存环境、维持生态平衡、保存物种资源、科学实验、森林旅游、国土保安等需要为主要经营目的的森林、林木、林地。包括水源涵养林、水土保持林、防风固沙林、农田牧场防护林、护岸林、护路林等各类防护林和国防林、实验林、母树林、环境保护林、风景林、名胜古迹和革命纪念林、自然保护区林等特种用途林
		Z22	一般林地	公益林地之外的其他林地
	Z3		天然草原	包括纳入基本草原保护管理的基本草原和一般草原
		Z31	基本草原	依据国家基本草原保护制度，纳入基本草原保护管理的各类草地
		Z32	一般草原	纳入基本草原之外的其他草原
	Z4		其他生态用地	其他生态用地，包括冰川及永久积雪、盐碱地、沙漠、裸地、戈壁、苔等

8.2.5 县域产业空间布局技术

县域经济与产业发展应按照主体功能定位，准确分析把握未来发展环境和趋势，充分发挥市场配置资源的决定性作用，体现区域比较优势和本地发展实际，提出清晰合理的经济与产业发展总体思路。

1. 主导产业选择

产业规划主要是从地域空间的角度提出产业空间布局的总体结构形式和战略重点。县域产业结构的调整是乡村城市化和区域城镇化的基础，是推动县域经济发展的直接动力。产业结构的调整优化的主要内容是提出规划期内县域产业发展的总体目标，明确战略重点，并分近远期提出产业结构的调整优化目标，分别对第一、二、三的制定发展战略。在产业布局上，应重视第一产业发展，合理布局第二产业用地，适度发展第三产业，与城镇空间布局协调发展。在综合分析县域资金、人才、已有产业基础等资源条件的基础上，按照科学的方法，确定的重点产业，主要包括：一是确定符合目标定位的产业体系，明确产业体系内的层级，以及不同类型产业在产业体系内的职能作用；二是确定未来重点发展的主导产业；三是确定各主导产业的定位，即该行业在国家或区域同行业发展中的地位，或在规划区内承担的角色。

2. 产业空间布局

依据国土空间开发保护战略格局，结合三类空间和三条控制线管控要求，明确产业园区、产业走廊（组团）、产业片区等的空间布局。①产业新城建设，提出对接发达地区或中心城市，从产业配套、产业分流、产业分工、产业特色、产业转移等方面加强产业互动的发展策略，按照以产促城、以城带产、产城融合的原则，明确促进产业跨越式发展和城镇环境质量提升的产业新城建设指引；②特色小镇建设，基于地域特色、生态特色、文化特色等特色环境因素，提出强化特色产业发展的策略，并以打造具有明确产业定位、文化内涵、旅游特征和一定社区功能的产城乡一体化综合体为目标，明确开发建设指引；③田园综合体建设，选择有基础、有优势、有特色、有规模、有潜力的乡村和产业，按照农田田园化、产业融合化、城乡一体化的发展思路，提出以农民合作社为主要载体，以自然村落、特色片区为开发单元的田园综合体建设方案，并明确集循环农业、创意农业、农事体验于一体的农业综合开发策略（图 8.24）。

8.2.6　县域空间综合布局技术

从县域发展大空间入手，明确划定永久现代农村地区、城镇化地区（图 8.25），并构建对外联系的快速交通体系，综合考虑未来发展方向和影响空间发展的主要因素，结合现状空间形态和资源特点等实际情况，构建空间结构框架，划定城镇化地区、城乡过渡地区和永久现代农村地区。结合县域生态资源禀赋，通过前瞻性的三产融合发展模式创新，在区域上划分农产品生产区、农副产品加工业和三次产业融合发展区。在充分尊重农民意愿前提下，突出居民点、土地、生态环境、经济发展等各类空间要素，推进农民居住向中心村镇集中，耕地向规模经营集中，产业向园区集中（图 8.26）。

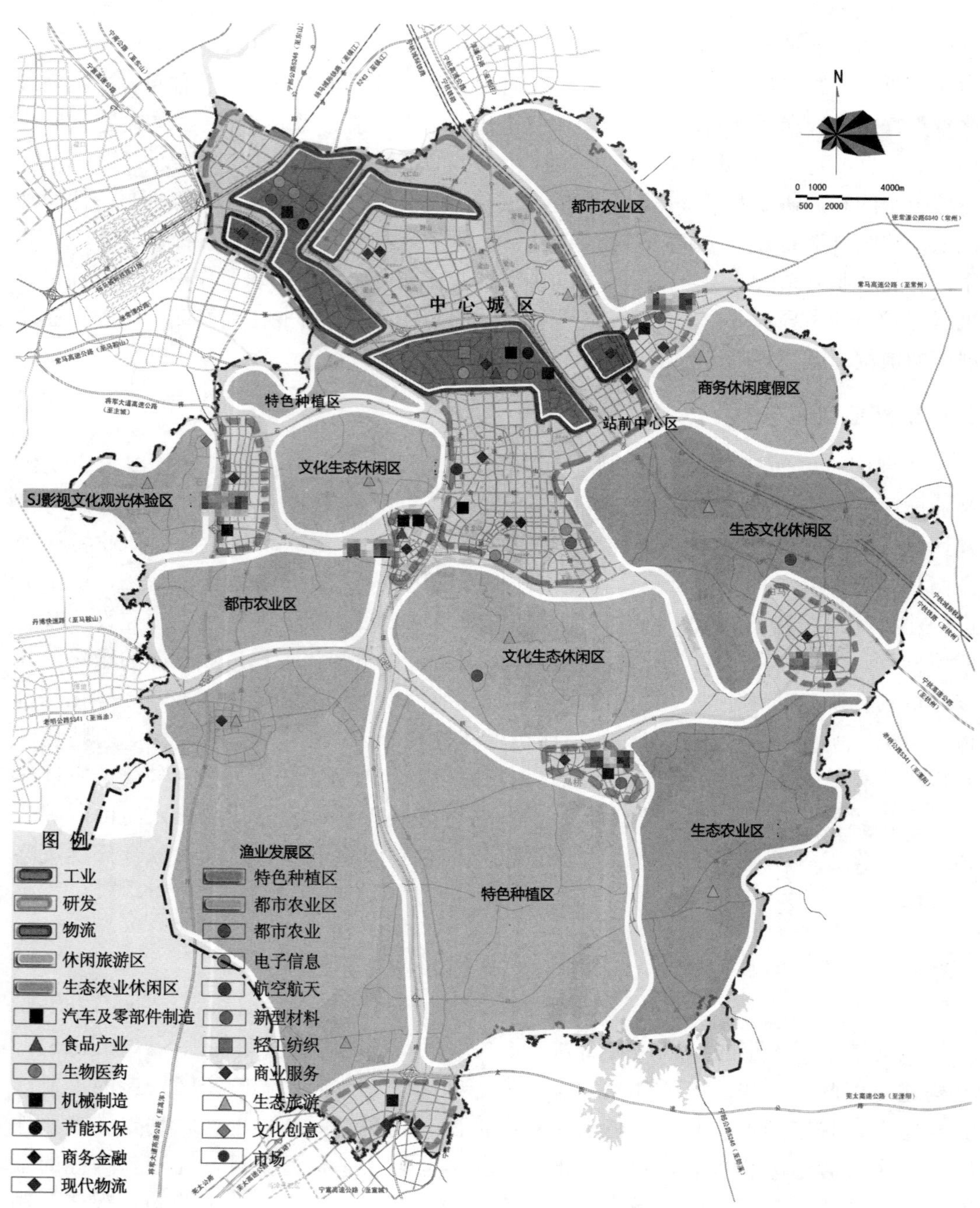

图 8.24　LS 产业空间布局规划

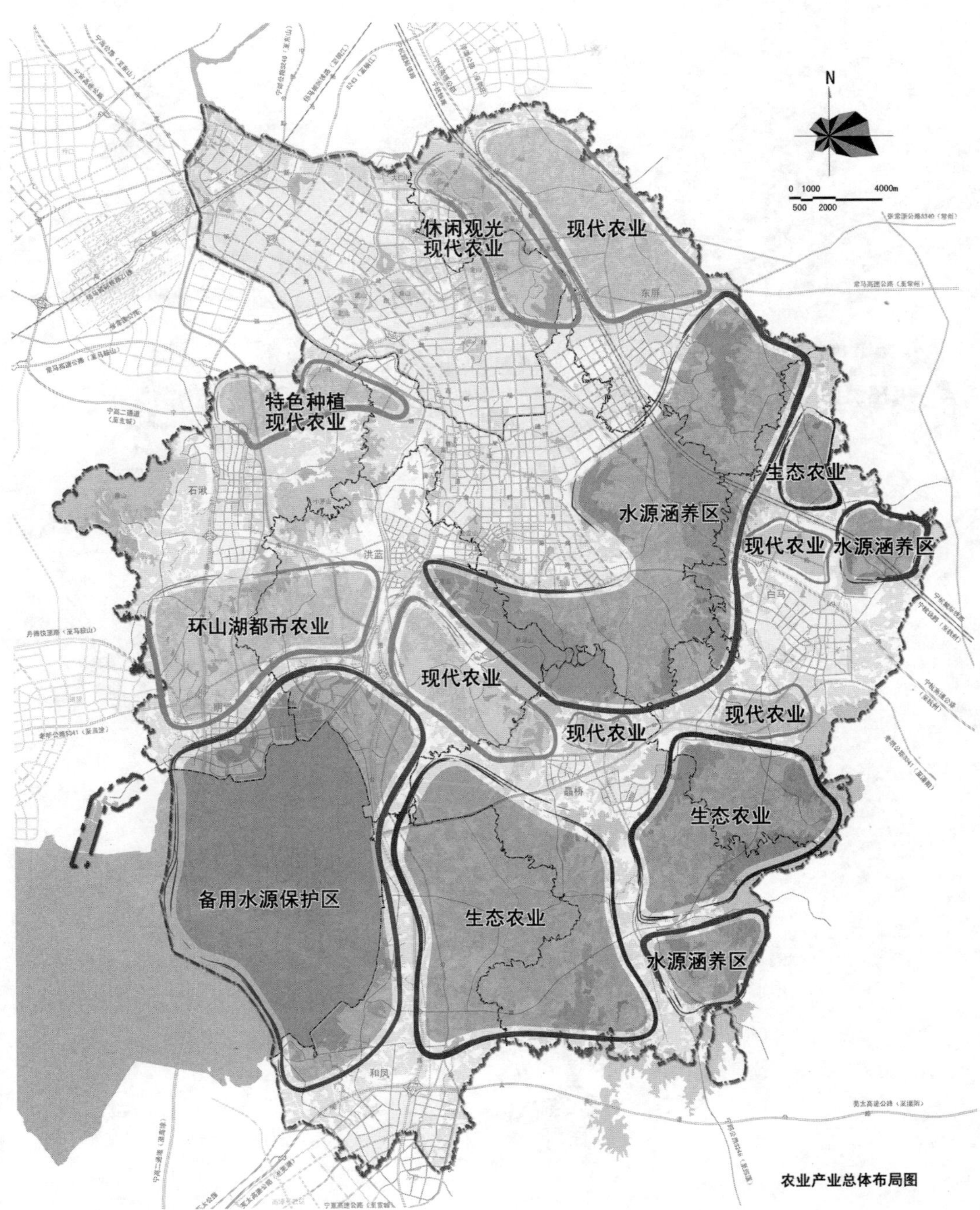

图 8.25　LS 农业产业布局规划

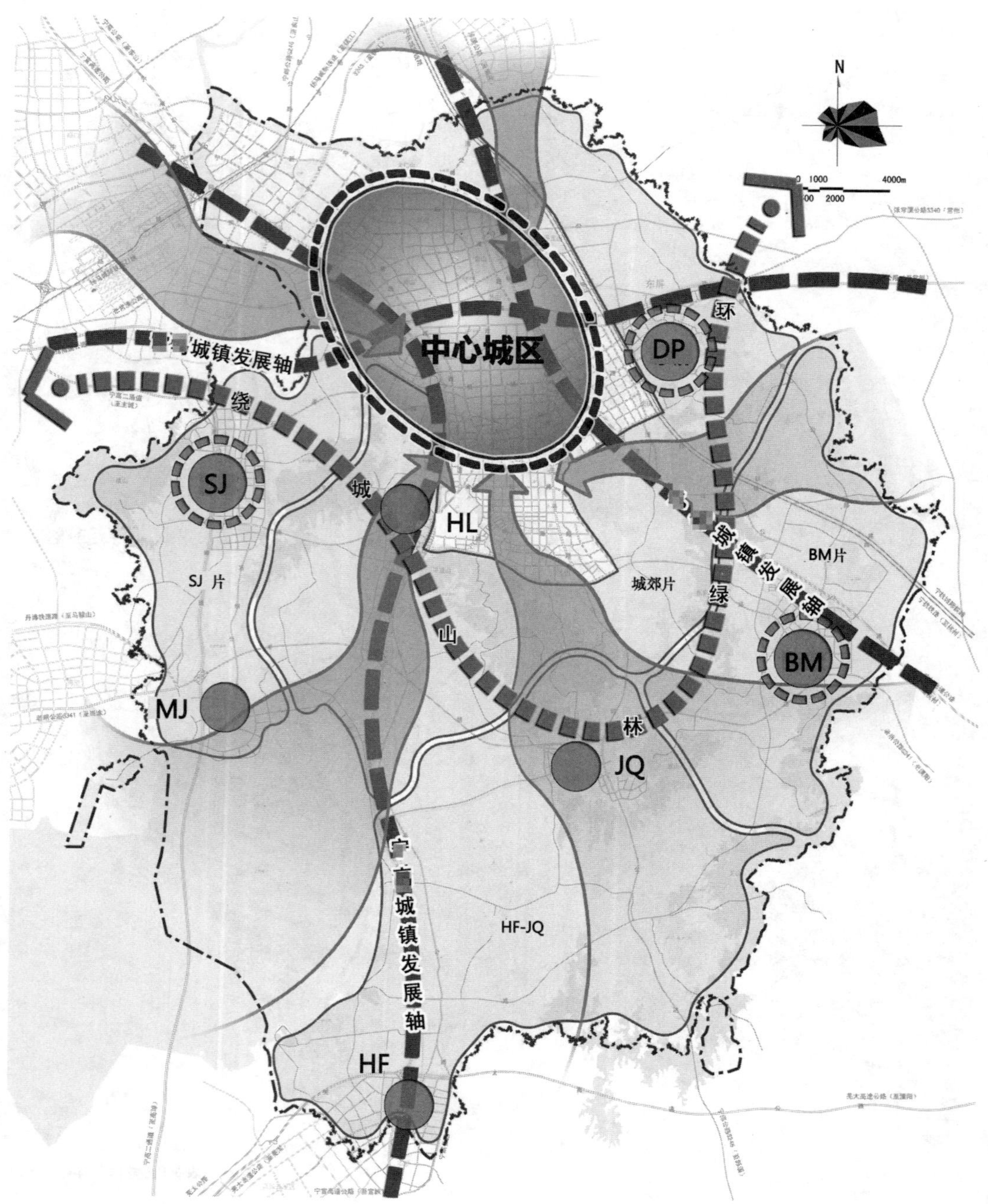

图 8.26 LS 空间布局结构图

8.3　县域镇村体系规划技术

8.3.1　村镇等级结构确定

1. 村镇等级确定原则

县域镇村体系遵循如下原则①以人为本、科学规划的原则，结合当地历史文化传统和风俗习惯，充分尊重农民意愿；②布局合理、规模适中的原则，一般在镇域范围内合理确定中心村，服务半径 3km 左右，有相应的集中条件，村庄有一定规模；③基础优先、辐射带动的原则，综合考虑现有乡镇、村庄的经济社会发展情况，确定经济实力较强、基础设施、公共服务设施较为完备的乡镇和村庄为中心镇和中心村；④分区分类指导、逐步实施的原则，根据地理位置、地形地貌等不同类型村庄的实际情况，确定不同层次、适合本地实际情况的标准，对各种类型村庄实行分类指导，注重实效。

2. 县域镇村体系结构

县域镇村体系结构通常由县城、县域副中心镇、重点镇、特色镇、一般镇、乡驻地和特色小镇等组成（表 8.13）。

表 8.13　县域城镇类型

等级	城镇类型	概念	规划编制指导思想
一级	县城	县域政治中心所在地	县域政治、经济、文化、教育、医疗、交通、物流中心
二级	县域副中心镇	在县域经济社会发展中承担片区中心的建制镇	规划建设成为县域经济、文化、教育、医疗、交通、物流、农技的地方中心，市政设施和社会设施配置达到县城标准，配套建设重点中学（高中）、地段医院
	重点镇	在县域内被国家部委、省市人民政府确定重点发展的建制镇	突出城镇优势提升城镇综合实力和竞争力，在镇域规划建设产业园和生态农业区，集聚人口、集聚产业，市政设施和社会服务设施达到或超过县城配置水平
	特色镇	指具备一种以上发展优势特色的建制镇	注重挖掘提炼镇域特色要素，划定特色空间，保护特色资源，集中发展特色产业
三级	一般镇	一般建制镇	合理引导集中、集聚、集约的经济产业发展，构建镇域生活圈，将市政基础设施与公共服务设施向镇域地区延伸覆盖
	乡驻地	乡政府所在地	

3. 县域村镇等级体系

在我国，一般将村镇体系等级化分成“县城—中心镇与重点镇—一般镇—中心村—基层村”五级或“县城—重点镇—中心镇—一般镇—中心村—基层村”六级。目前村镇体系规划中多以城市—中心镇—一般镇—中心村—基层村（自然村）来确定村镇规划的等级体系。随着农村人口流向中心村、小城镇、城市，基层村将会逐步萎缩或者演变为田间工作站点。未来村镇等级体系将形成县城区、重点镇、一般乡镇、中心村和基层村五个层次（图 8.27）。

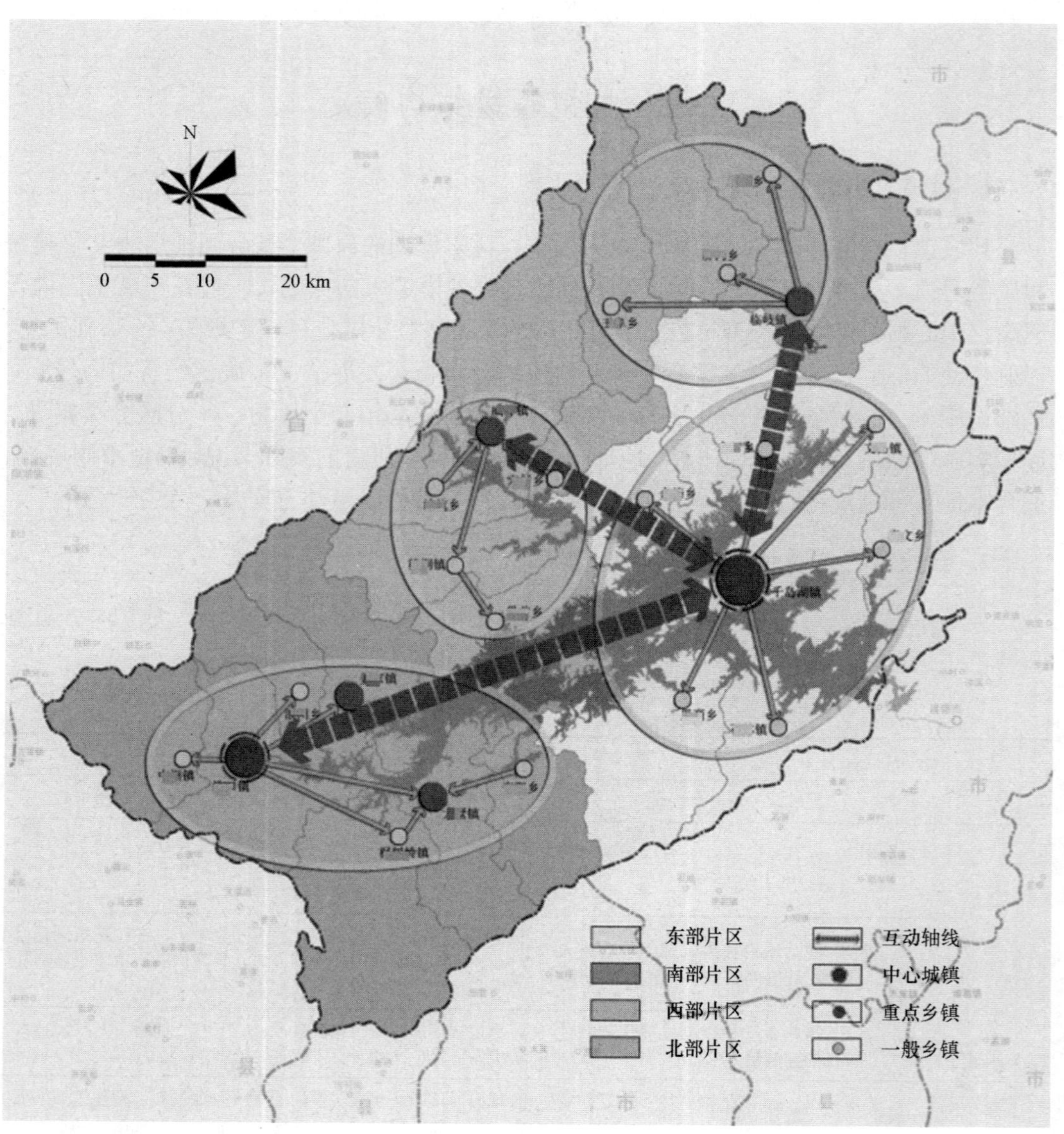

图 8.27　CA 村等级体系规划图

8.3.2　村镇类型划分

我国地域广阔，农业历史悠久，农村居民点类型多样。采取定量与定性分析相结合划分村镇类型。村镇类型主要依据其经济职能来划分，即现状职能（村镇历史形成的发展模式）和规划职能（村镇未来发展的动力机制），很大程度上影响了村镇性质的确定。规划中一般将村镇职能划分为综合型、工业贸易型、旅游型、农业贸易型、城郊农业型、多种经营型、种植型、牧业型、渔业型、交通节点型等常见类型（图 8.28）。

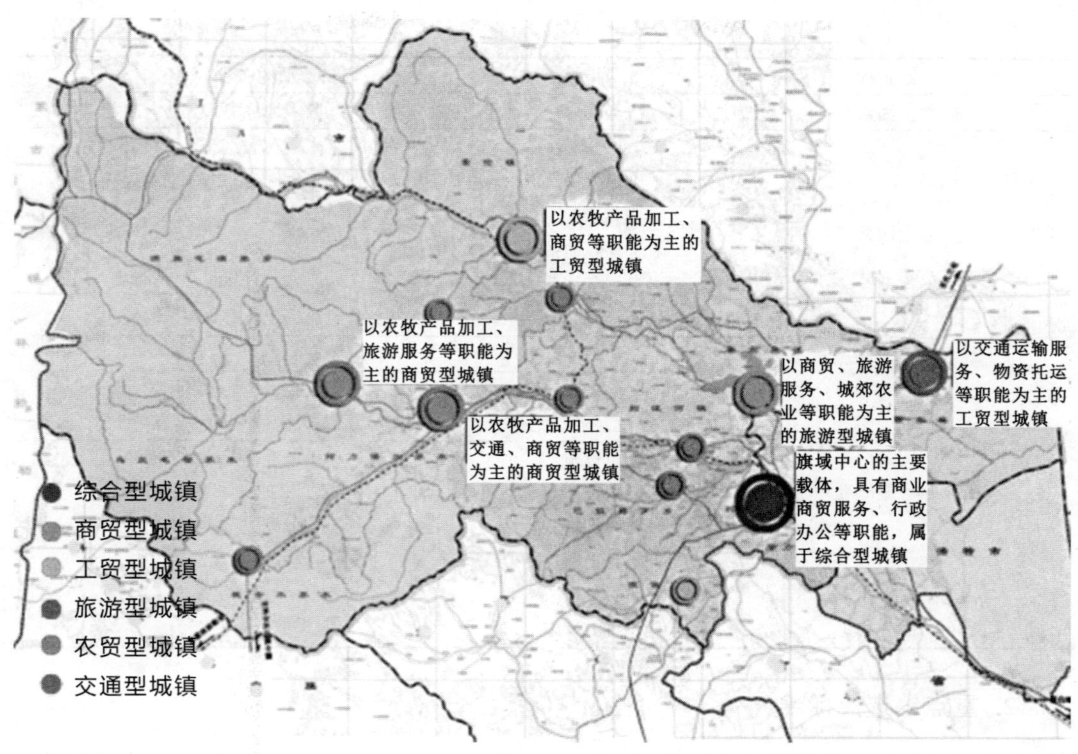

图 8.28　旗域城镇职能结构规划

8.3.3　重点镇选择

1. 重点镇评价体系

从各城镇的自然因素、经济因素、社会因素、基础设施因素 4 个方面 28 个指标进行定量分析（表 8.14）。

表 8.14　重点镇综合评价体系

一级指标	二级指标	评价依据
自然因素	水资源	河流、人均水资源
	土地资源	
	耕地	面积、人均面积
	其中　基本农田	面积、人均面积
	土地储备	可供开发建设用地
	矿产资源	矿产种类、开采储量
	旅游资源	自然保护区、文物古迹等级
	森林植被	覆盖率
	区位条件	与周边市镇关系及区位交通
经济因素	GDP	总量、人均 GDP、近年经济增长率
	农业生产	农牧副业发展、特色农业、名优产品
	乡镇企业	总量、数量、产值、名优产品

续表

一级指标	二级指标		评价依据
经济因素	人均收入		历年人均收入增长率、在县内排名
社会因素	劳动力资源		人数、文化程度
	非农人口		从事非农生产、外出务工人数
	教育水平		幼、小、中学数量，入学率
	社会保障体系		完善程度
	公共服务体系		完善程度
	医疗卫生		医疗设施、千人医务人员数量
基础设施因素	交通条件		
	其中	对外交通	铁路、公路、港口可达性
		对内交通	道路系统、人均道路面积、公交设施
	供电设施		供电量、人均数
	供水设施		供水量、自来水普及率
	排水设施		污水处理量、污水处理率
	电讯设施		容量
	供暖设施		供暖量、方式、供暖普及率
	防洪抗灾设施		重现期、完善程度

2. 重点镇选择标准

重点镇选择一般遵循如下标准：①区位条件好，交通便利；②镇区人口规模较大，从事非农产业的人口所占比例明显高于本地平均水平，或者镇区人口持续稳步增长；③经济实力较强，国内生产总值，财政收入，人均收入，二、三产业比例等主要经济指标均高于本地平均水平，或在产业、资源、旅游和历史文化方面有一定优势和特色；④非农产业特色鲜明，产业规模稳步增长，吸纳农村劳动力能力强，对周围地区有辐射能力，能带动周边地区经济和社会发展；⑤基础设施和公共服务设施水平比较完善。

8.3.4 中心村选择

根据县域经济、产业发展趋势和水平，确定中心村数量和空间分布。通过定性和定量分析选择中心村，一般具有如下条件：①区位条件好，交通便捷，具备良好的用地、供水、环境等自然条件；②辐射范围广，在经济流向、交通联系、社会联系、历史沿承、服务范围上具有一定的联系，体现较强的辐射力；③经济支撑强，产业基础较好，现有经济实力较强或发展潜力较大，有利于特色农业产业经济发展；④人口规模大，选择现状行政村人口在全县现状行政村平均人口规模之上的行政村；⑤设施配套全，基础设施配套较完善，公共服务设施较齐全；⑥位于基本农田保护区、地域文化特色明显的村庄。

8.3.5 镇村体系空间格局调整

镇村体系空间格局调整主要包括如下内容：①镇村体系调整，迁村并点后形成的村镇网络结构，将改变现有的自然村星罗棋布、分布零散的局面，有利于区域内的整体协调发展和区域性的管理；合理实现村落居民点的调整、合并，集中建设中心村也就成为必然的选择，即按照城乡一体化的要求，逐步形成“中心镇—一般镇—中心村”的三级乡村聚落体系，原先村庄的分散布局随城市化和农业产业化的发展而重新组合（图 8.29）；②中心村合理布局，与其他居民点结合形成网络结构，随着科技的进步，经济的发展，基层村一级将会更加弱化，演变为田间工作的工作站点；③村庄合并，优化选择确定适宜的中

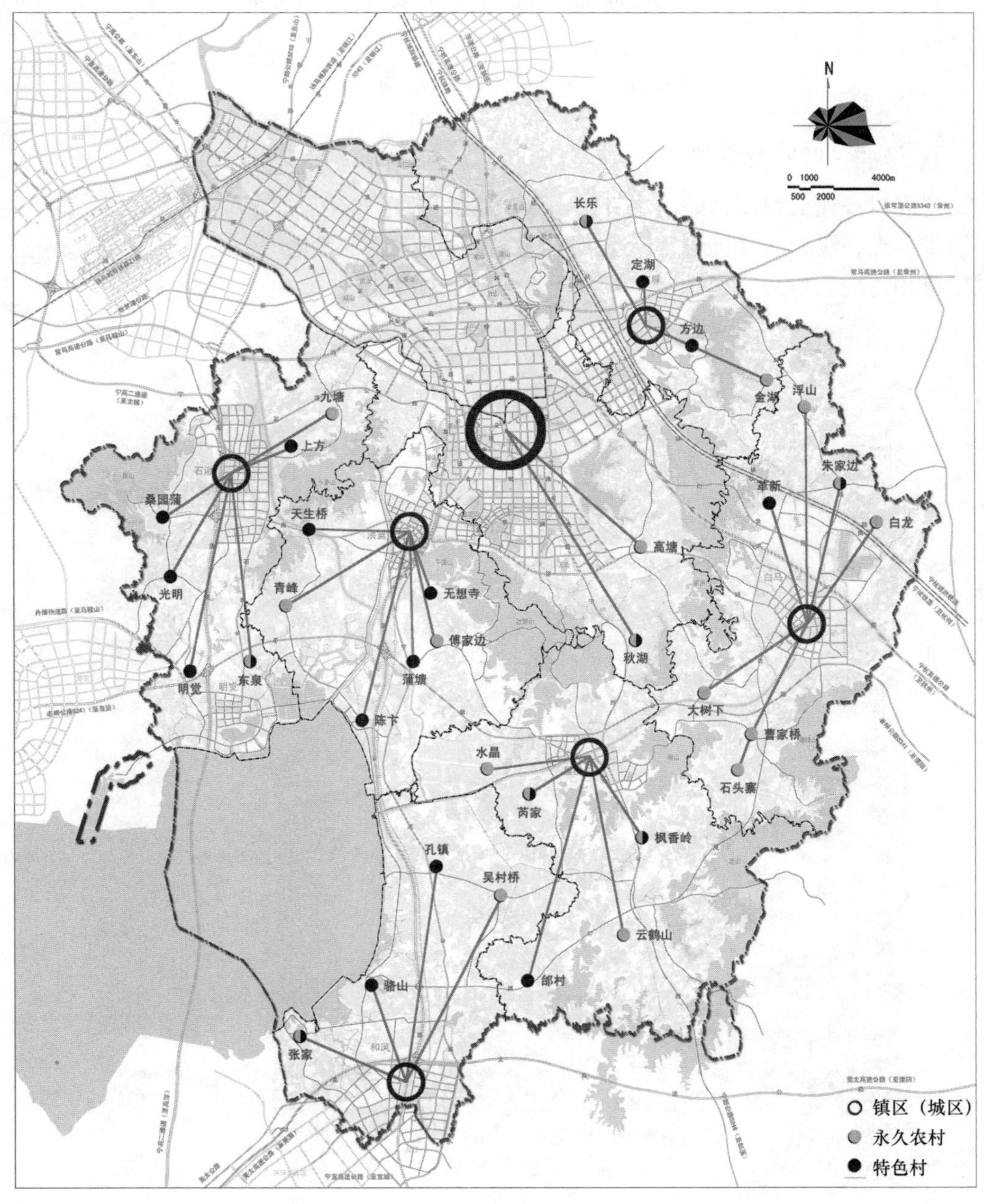

图 8.29　LS 镇村结构与布局整合规划

心村人口规模，作为村庄合并和布点优化的约束条件，需要确定合理的中心村人口规模，作为村庄合并的约束条件，需要根据本地区人口、村镇密度和生产、生活、出行方式所决定的合理半径；经济发展水平、产业结构的规模化程度，以及村庄的具体职能和村镇市政基础设施的建设、运营的适宜规模、镇区规划和乡镇域人口城镇化水平的预测来确定未来和现有的合并标准。

8.4 县域基础设施统筹规划技术

8.4.1 交通体系统筹规划

1. 高速交通体系规划

建立以高速公路和铁路为主骨架，以公路、铁路等枢纽为节点，干线公路、铁路为发展带，点、线和面有机结合，连接顺畅、换乘便捷的现代化综合交通网络，营造与县域定位相适应的对外交通运输体系（图 8.30）。

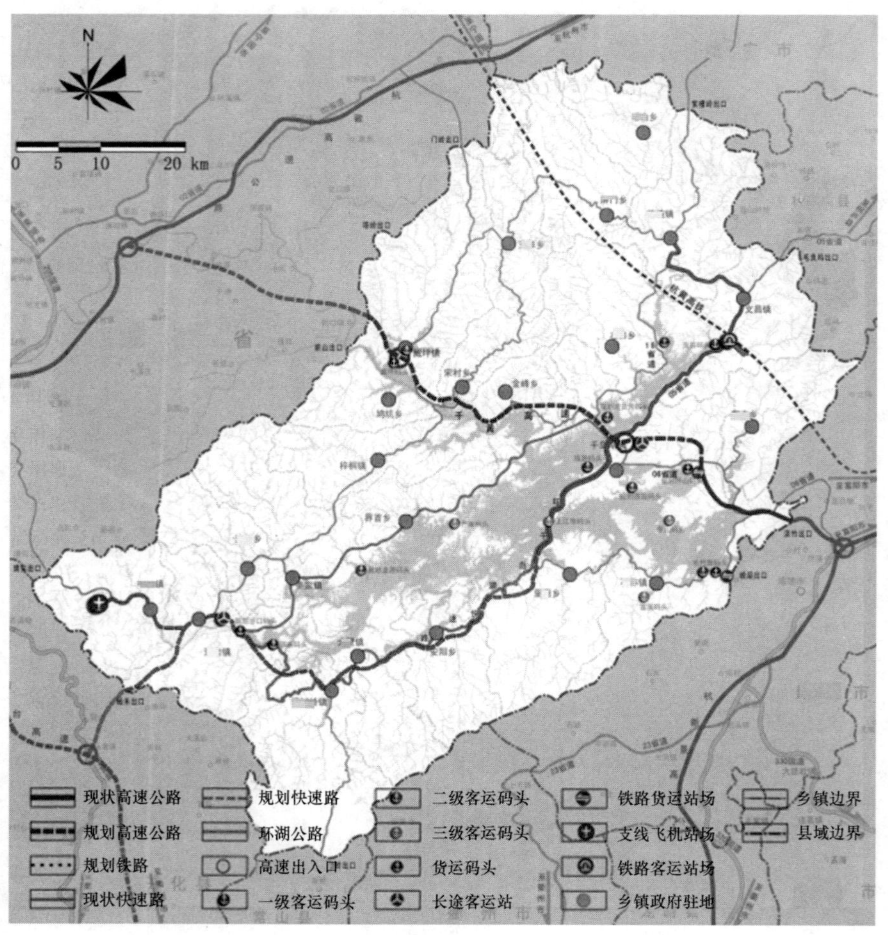

图 8.30 CA 对外交通联系规划示意图

2. 公路站场统筹规划

依托铁路、高速公路和干线公路，形成以中心城区为交通运输中心，以重点镇为交通节点，一般乡镇为客货运网点的三级枢纽节点层次。其中，交通运输中心指同时具有对外和城区内客流集散换乘两大功能的综合性枢纽；交通节点指以集散和换乘对外客流为主的客运枢纽；客货运网点主要服务于乡镇内部客流的集散换乘。地区性运输枢纽的建设，应当统筹考虑建设用地需求，确保交通与城镇协调发展。合理安排各级客运站、货运站、客货一体化站，加强各种交通方式之间的“无缝衔接”（图 8.31）。

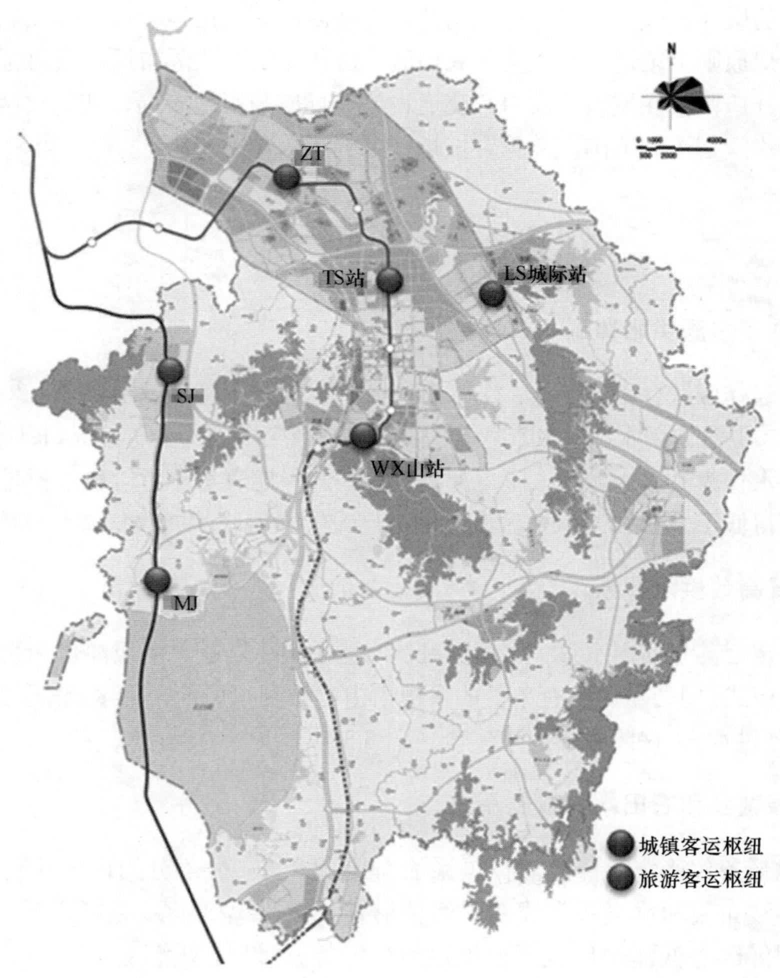

图 8.31　LS 客运枢纽规划示意图

3. 城乡公交一体化规划

在各乡镇设置中转换乘站，在途经各中心村或乘客集中点设置停靠站、候车站。一、二级公路和中间有双实线或隔离带的公路都必须建港湾式停靠站；中心村或乘客集中点，应根据客流需要设置港湾式停靠站；在城乡公交线路沿途合理设置简易停靠点，为城乡公交车提供临时停靠点。将慢行交通作为区内联系的辅助出行方式和公共交通的补充，优先在地理条件合适的城区或旅游区发展自行车旅行服务，为自行车出行提供设施和管理保障。

4. 交通设施空间统筹规划

应符合三类空间和三条控制线管控要求。①在生态空间内，交通设施布局原则上须避让生态保护红线区，可在一般生态区布局，道路线型和断面应单独设计，尽可能减少对生态环境的破坏；强调道路的通行功能，严格限制周边用地开口；②在农业空间内，交通设施布局原则上须避让永久基本农田区，可在一般农业区布局，强调通行功能，限制周边用地开口；③在城镇空间内，交通设施布局应与用地布局、其他设施布局协调，确定交通线路规划控制范围，并符合城市规划的相关技术要求。

8.4.2 水务设施统筹规划

1. 建立多水源供水体系

水源的选择应符合下列规定：①水量应充足，水质应符合使用要求；②应便于水源卫生防护；③生活饮用水、取水、净水、输配水设施应做到安全、经济和具备施工条件；④选择地下水作为给水水源时，不得超量开采；选择地表水作为给水水源时，其枯水期的保证率不得低于 90%；⑤水资源匮乏的镇应设置天然降水的收集储存设施。

2. 配置高效供水体系

统一确定全县生活用水量、水质标准、水源及卫生防护、水质净化和给水设施，以及管网布置模式。中心城区和有条件的乡镇由中心城区水厂统一供水，偏远乡镇采用“成片供水+单独供水”，保障生活用水安全（图 8.32）。

3. 完善城乡和农田水利设施系统

根据地形条件确定各灌区灌排渠系的布置形式，一般可分为山区丘陵型灌区（分干渠沿等高线布置和垂直等高线布置两种形式）、平原型灌区（包括山麓平原型灌区、冲积平原型灌区、低洼平原或平原坡地型灌区等）、圩垸型灌区（分为一圩一站或一圩多站），各有不同的灌排渠系布置形式；干渠规划需考虑到使灌区绝大部分能自流灌溉、工程安全稳定、工程量小，占地少、便于施工和管理等要求，做到“居高临下、合理穿绕、灌排分开、长藤结瓜、少占耕地、方便群众”。农田水利设施规划原则见表 8.15。

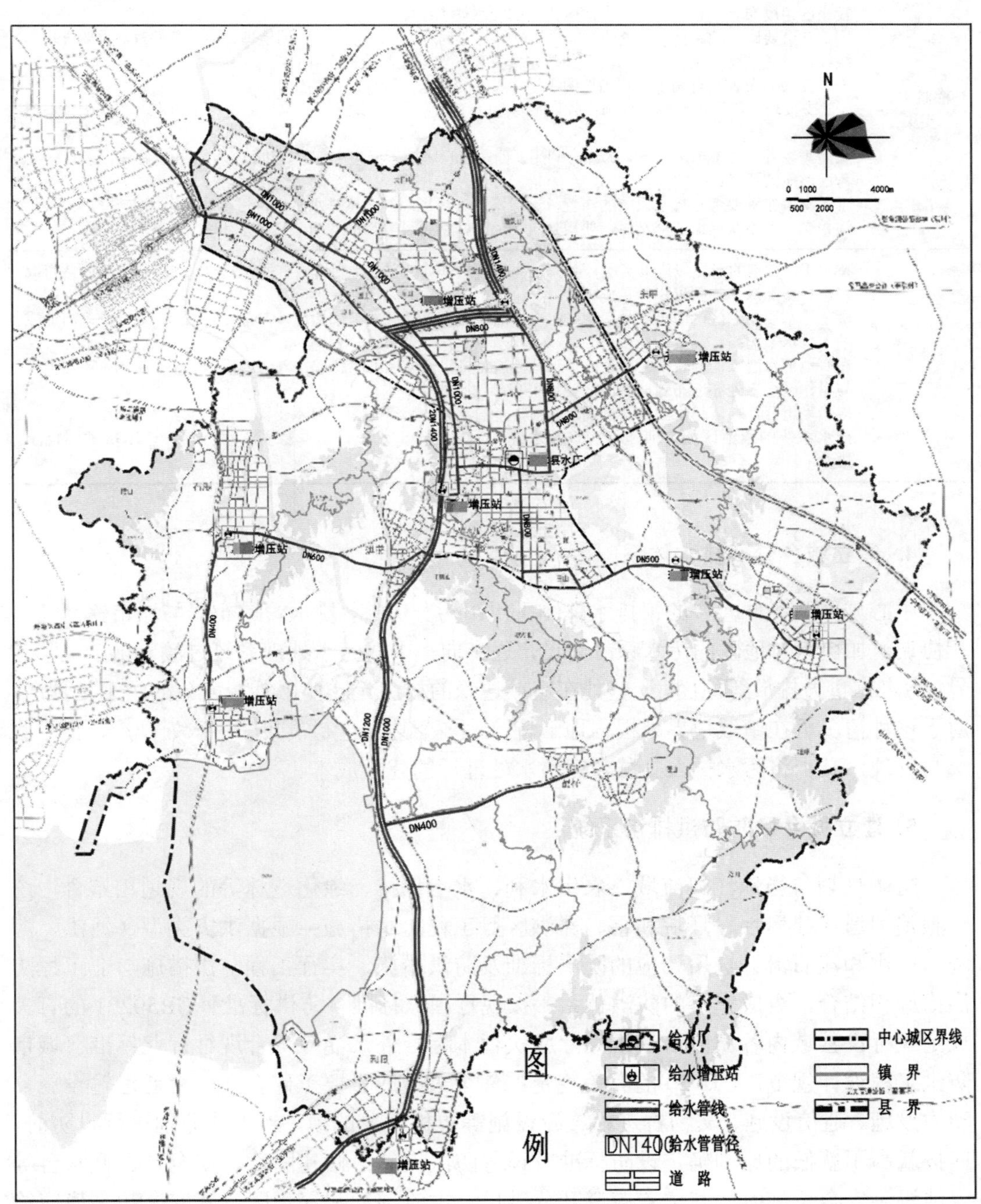

图 8.32　LS 给水工程规划图

表 8.15 县域水利设施规划

灌溉干、支渠	干、支渠应布置在灌区的较高位置，尽可能的扩大自流灌溉控制的面积。可以沿灌区上部边界与等高线成较小的角度布置，也可以布置在灌区内部的分水岭上； 干、支渠要比较顺、直，尽量使渠线最短，但是遇到难工、险工和不利的地理、地质条件时，也要合理的绕线，以达到既保证安全行水，又使基建投资和管理运行费最省的目的； 干、支渠的布置要有利于能将当地的小型塘库连接起来，以便统一调配水源； 干、支渠布置除了以地形条件为主外，还应考虑行政区划和土地边界，尽可能使一个用水单位在一条渠道上用水； 除灌溉以外，要考虑干、支渠的综合利用，如在山丘区要考虑集中落差，进行水力发电；在平原及圩区要考虑通航的要求； 干、支渠布置要考虑排水系统的布置，一般不能破坏当地的天然排水水系，尽量减少干、支渠与天然河、沟相交。万不得已需要交叉时，要用建筑物通过，切不可盲目的切断天然排水水系
排水干、支沟	排水干、支沟的布置应位于其所控制排水面积的最低处，应尽量利用原有的天然河沟，进行必要的截弯取直，扩宽加深，加固堤岸等措施； 灌区排水要与灌区的防洪统一考虑，在有坡面径流流入灌区的上部边缘，应布置截流沟，就近排入河道或纳入排水干沟； 在有地下水浸入的地带，应布置地下水截流沟，将拦截的地下水就近排入河道或纳入干、支沟。在水稻区与旱作区交界处亦应布置截流沟，防止抬高旱作区的地下水位； 应当采用分片自流排水的方法，高水高排，能直接排入近旁河沟的排水支沟，就不必纳入干沟； 排水系统的承泄区如为河流，应选河水位低于干沟出口水位，河岸稳固平直的河段，尽量做到自流排水

4. 建立城乡分离排水体系

中心城区及条件允许的镇排水体制采用雨污分流制，排水管道布局与城市路网建设相协调。加快镇村地区的污水系统建设，逐步向集中式污水处理系统过渡。由于地形差异、污水靠重力排放等原因，一些处在镇域边缘的村庄无法使用县城或镇的污水处理厂，对于这种情况可在镇域边界处根据地形特点，多个县、建制镇共享污水处理厂，便于收集与管理，减少将污水排入县城、镇污水处理厂的建设成本。

5. 建立城乡联防防洪排涝系统

防洪规划与当地江河流域、农田水利、水土保持、绿化造林等的规划相结合，统一整治河道修建堤坝、圩垸和蓄、滞洪区等工程防洪措施；根据洪灾类型（河洪、海潮、山洪和泥石流）选用相应的防洪标准及防洪措施，实行工程防洪措施与非工程防洪措施相结合，组成完整的防洪体系；按现行国家标准《防洪标准》GB50201 的有关规定执行；县域内各镇区防洪规划除应执行本标准外，尚应符合现行行业标准《城市防洪工程设计规范》CJJ 50 的有关规定；邻近大型或重要工矿企业、交通运输设施、动力设施、通信设施、文物古迹和旅游设施等防护对象的镇，当不能分别进行设防时，应按就高不就低的原则确定设防标准及设置防洪设施；修建围埝、安全台、避水台等就地避洪安全设施时，其位置应避开分洪口、主流顶冲和深水区，其安全超高值应符合表 8.16 的规定。

表 8.16 就地避洪安全设施标准

安全设施	安置人口/人	安全超高/m
围埝	地位重要、防护面大、人口≥10000 的密集区	＞2.0
	≥10000	2.0～1.5
	1000～＜10000	1.5～1.0
	＜1000	1.0
安全台、避水台	≥1000	1.5～1.0
	＜1000	1.0～0.5

8.4.3 信息设施统筹规划

1. 因地制宜敷设通信线路

通信线路宜采用埋地管道敷设：①应避开易受洪水淹没、河岸塌陷、土坡塌方，以及有严重污染的地区；②应便于架设、巡察和检修；③宜设在电力线走向的道路另一侧；④邮政局（所）址的选择应利于邮件运输、方便用户使用；⑤电信局所分为电信中心局、电信支局、电信所和电信服务点等 4 个等级；⑥广播、电视线路应与电信线路统筹规划。

2. 促进广播、电视与电信三网融合

合理布局互联网发展的基础空间，推进电信网、有线电视网、互联网等信息网络的互联互通、资源共享。按照统一规划、统一建设、统一管理的原则，推动“三网融合”。同时支持“三网融合”技术在应急管理、执法管理、教育科研、医疗卫生、交通运输、人力资源、社会保障和环境监测等领域的应用，推广应用地理信息公共服务平台，促进政务工作与地理信息技术有机结合，逐步实现行政服务高效化、便捷化。

8.4.4 能源设施统筹规划

1. 城乡电网统筹规划

供电负荷的计算应包括生产和公共设施用电、居民生活用电。用电负荷可采用现状年人均综合用电指标乘以增长率进行预测。 电网规划应符合下列规定：县域电网电压等级宜定为 220kV、110kV、66kV、35kV、10kV 和 380V/220V，采用其中 3～4 级和三个变压层次。科学布局变电站、变电所的选址应做到线路进出方便和接近负荷中心；利用公路、水系和绿带规划建设供电走廊。

2. 城乡能源统筹规划

城镇地区以管道燃气或管道天然气为主要气源；乡村地区以液化石油气为主要气源，条件成熟时推动农村地区的电气化。根据不同地区的燃料资源和能源结构的情况确定燃气种类。靠近石油或天然气产地、原油炼制地、输气管沿线，以及焦炭、煤炭产地

的镇，宜选用天然气、液化石油气、人工煤气等矿物质气。液化石油气供应基地的规模应根据供应用户类别、户数等用气量指标确定；每个瓶装供应站一般供应 5000～7000 户，不宜超过 10000 户。供应基地的站址应选择在地势平坦开阔和全年最小频率风向的上风侧，并应避开地震带和雷区等地段。

8.4.5 基础设施配置标准

县域基础设施的统筹规划配置标准和要求见表 8.17。

表 8.17 县域基础设施统筹规划配置标准与要求

序号	设置项目		配置弹性			配置要求
			一级服务圈（中心村）	基本服务圈（基层村）	配置标准	
1	交通设施	通村道路	★	★	全线应符合公路等级准四级及以上技术标准	路基宽度≥4.5m，路面宽度≥3.5m，条件允许路段宜采用 6.5m 路基宽度； 原则要求路面面层为沥青或水泥路面
		公交站点	★	☆		沿村庄主干道布置，位置选择以便于使用为宜
		校车接送点	★	☆	分散性村庄可灵活布置	沿交通干道布置，可适当与公交站点结合
2	供水设施	蓄水池	☆	☆	根据供水人口确定供水规模	因地形或其他原因未纳入城镇给水系统的村庄； 根据相关规范，乡村最高日用水量为 130～190（L/人·d），日变化系数为 3.5～2.0； 未预见水量及管网漏失水量可按最高日用水量的 15%～25%合并计算
3	供电设施	配电室/箱	★	—	配电变压器低压侧配电室或配电箱应靠近变压器，其距离不宜超过 10m	农村用地量约为 3～6kW·h/（人·d）； 室外配电箱应牢固地安装在支架或基础上，箱底距地面高度不低于 1.0m； 配电室一般可采用砖、石结构，屋顶应采用混凝土预制板，屋顶承重构件的耐火等级不应低于二级
4	供燃气设施	液化石油气瓶装供应站	☆	—	用地面积 500～600m²	燃气管线覆盖的地区之外的地区可为用户提供换瓶服务，可储存一定数量的空瓶与实瓶。可结合商业服务设施设置
5	通信设施	电信交接箱	★	—	结合电信网点布置	布置于道路沿线，注重平时的检修
6、	排水设施	生态污水处理设施	★	★	规模根据处理量确定	适用于生态保护区、未纳入城镇污水管网体系的村庄； 可采用人工湿地、生物过滤、污水处理池、氧化沟等方式对生活污水进行处理回用； 化粪池可布置于公厕附近
7	环卫设施	垃圾收集点	★	★	服务半径以不超过 0.8km	位置布局以适合使用需求为宜
		垃圾桶	★	★	服务半径约 100m，或者 1 个/5 户	垃圾桶的具体设置数量和放置地点可根据村庄实际确定，村庄主干道旁、村庄公共场所附近可重点配置
		公厕	★	★	建筑面积≥40m²	服务半径不宜大于 80m，结合乡村规划设
8	消防设施	消火栓	★	★	须与供水管网结合	室外消火栓间距≥120m，消火栓距路边≤2m，距房屋外墙≥5m

8.5　县域服务设施优化配置技术

8.5.1　生活圈划定

县域生活圈分为以下两个圈层：一是基本生活圈。以实现产城融合，就业有保障，生活较方便为目标，根据县域地形和河流水系特点，历史开发过程和地域文化特征，快速交通体系空间格局和周边地区经济社会发展水平，以县城和县域副中心确定县域基本生活圈的数量和范围。基本生活圈内基本满足生产和生活的一般均衡，是具有鲜明特色的生产地域综合体。基本生活圈以县城和县域副中心，配置对外快速交通、供水、能源、信息等基础设施和现代商贸、教育、医疗、文化等服务设施。二是日常生活圈。以县城为中心，将全县域作为一个日常生活圈，居民出行时间大致为城乡公共汽车 20～60 分钟。分析县域基础设施、公共服务设施配置与县域经济社会整体发展和镇村体系结构的相互影响机制，研究县域设施配置的体制、政策影响和作用机制，建立设施配置与县域镇村体系发展的系统关联模型。

8.5.2　服务设施优化配置

村镇规划中考虑中心村公共服务设施的服务半径是确定中心村公共服务设施配置的关键影响因素之一。在各类公共服务设施中，小学服务半径和行政管理服务半径是影响中心村服务能力的重要因素。

1. 小学服务半径配置服务设施

农村小学的服务半径不同地区略有不同，主要最大距离多控制在 1.5～3km，服务半径一般不超过 2km，服务人口规模 5000 人以上为宜，如苏州以服务半径 3km、服务人口 2 万人左右为标准，统筹规划农村小学教育的资源配置。河南省提出平原地区每所小学的服务半径一般不超过 2km，甘肃省提出按照服务半径 2.5km 的原则调整合并农村小学和教学点服务半径。山东按照服务半径 2km 调整农村小学的布局，服务人口一般不少于 6000 人。

2. 行政管理服务半径配置服务设施

不少村庄中合并过程中出现村委会服务半径过大，农民办事困难等问题，因此在村庄合并的过程中要保证行政村有合理的管理服务半径。专门针对行政村管理半径的研究并不多，储伶丽（2008）通过对研究区村干部问卷调查得出村干部，平均意愿办公最远距离 2.2km^2。

8.5.3 服务设施配置标准

村镇公共服务设施是为农村地区提供各种公共产品和服务的设施，主要包括行政管理、教育、文化体育、公共医疗卫生、商业服务等。其中，义务教育、公共卫生和基本医疗、最低生活保障，属于基本公共服务设施。从类型上看，有关公共服务设施的国家和地方建设规范、导则等文件均基于功能属性对公共服务设施的类型进行了划分。不同的服务设施有一定的规模服务门槛（表 8.18）。

表 8.18 县域公共服务设施规模服务门槛一览表

设施名称	合理半径/m	规模门槛/人
小型零售商店及便利店	300～500	800～1200
农贸批发市场	3000～5000	10000～15000
文化站或图书馆	500～1000	1000～1500
行政设施	500～2500	—
医疗站	500～2000	1000～1500

第 9 章　镇域规划编制技术

镇域规划编制以引导建成高标准的城镇化地区为目标，主要在于：①引导人口向城镇空间集中，以宜居镇区建设和城镇开发的弹性管控，提高镇域城镇化水平，镇域城镇化率水平宜达 70%以上；②引导产业向园区集中，大力发展二、三产业，促进镇域经济提升与就业增长；鼓励农村土地规模经营，推动农业现代化；③集约和节约利用土地，塑造和展现现代化美丽小城镇景观；④高标准统筹规划基础设施，支撑镇域生产发展和生活质量改善；⑤均等化公共服务设施，构造镇域生活圈。

9.1　引导人口向城镇空间集中

9.1.1　镇区建设空间划定技术

镇域是农村城镇化的主体空间，也是农村城镇化的稳定器，美丽乡村的现代化标杆区，城市空间的选址、规划和建设至关重要。在县域规划中，已经进行了县域空间类型、空间划定和空间组织安排，镇域城镇空间主要在于划定镇建设区增长的空间边界，选择镇区建设用地。

为了建设高标准的城镇化建成区，需要进行城镇建设用地评定。在规划过程中，根据可能作为城市发展用地的自然条件和社会条件，对其工程技术上的可能性和经济性作出综合评价（图 9.1），以确定用地的适用程度，为合理选择城市发展用地提供依据。用地评定至少包括地质地貌、生态敏感、坡度、地形、宜居性、基本农田保护等评价，最终形成综合的建设用地适宜性评价方案，供城镇空间引导人口移入和建设高标准城镇区参考应用。评定结果按建设适宜程度的大小，分为适宜建设用地、可建设用地、不适宜建设用地、不可建设用地四类（表 9.1）。

9.1.2　基于生活圈的镇村体系构建方法

县域镇村体系规划基于生活圈原理构建了初级生活圈、二级生活圈和镇域生活圈构成的三级生活圈层系统（孙德芳等，2012；罗震东，2010），镇域规划主要在于对镇域生活圈进行精细化、实用化设计。镇是我国城镇化的基层单元，由城镇化的镇区和少量都市化农业特色的城镇化农村组成，按照集聚经济原理形成的最基本生活单元。据此，镇域镇村体系应以集中布局服务设施为原则，以最小基本生活单元为门槛进行空间

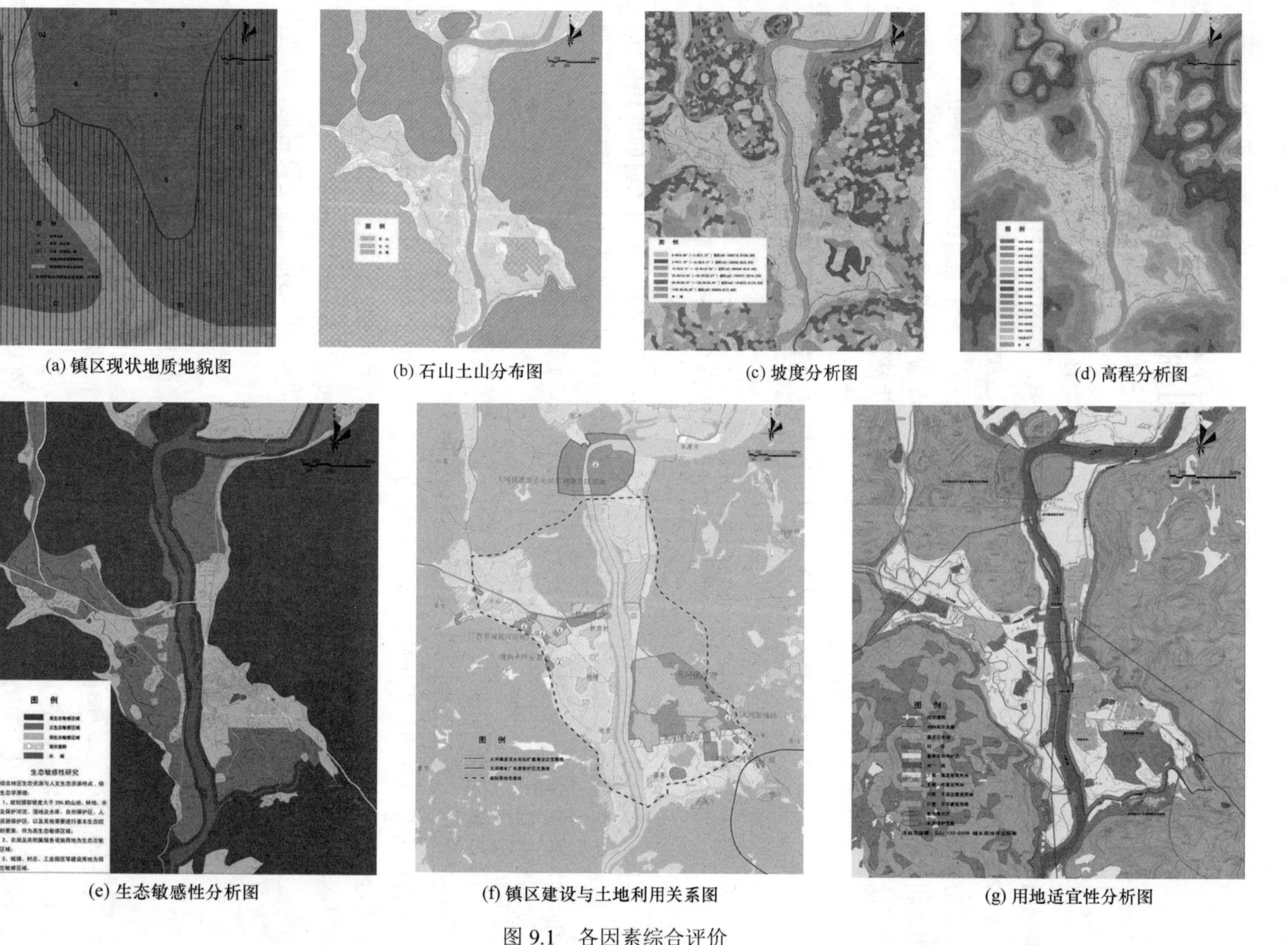

(a) 镇区现状地质地貌图

(b) 石山土山分布图

(c) 坡度分析图

(d) 高程分析图

(e) 生态敏感性分析图

(f) 镇区建设与土地利用关系图

(g) 用地适宜性分析图

图 9.1 各因素综合评价

表 9.1　TH 城镇建设空间用地评定表

序号	一级指标	二级指标	定量标准			
			不可建设用地	不宜建设用地	可建设用地	适宜建设用地
1	地质地貌	地质类型	软土、填土、饱和粉细砂	极软岩石、中密砂土、粉土	较软岩石、密实砂土、硬塑黏性土	较硬、坚硬岩石；卵、砾石
2		高程	473～560m，＞560m	384～473m	281～384m	158～281m
3		地面坡向	—	北、西北、东北	东、西	南、东南、西南
4		地面坡度	＞45%	14.04%～26.57%	5.71%～14.04%	＜5.71%
5	水文气象	水文	水电站洪水淹没区	一级水源保护区及二级水源保护区	—	—
6		污染风向区位	—	高污染可能区位	低污染可能区位	无污染可能区位
7	用地性质	规划土地用途	—	基本农田保护区	一般农地区	允许建设区

布局规划。镇域社会服务设施主要是小学、中学、医院等设施需要的基本服务人口。通常以镇、村居民点为中心，出行时间按公共汽车车程 15～20 分钟，步行 30 分钟约 3km 的地域范围内组织镇-村生活圈。可以就近划入镇区生活圈的，尽可能大地划进这些地域；无法划入镇区生活圈的，按行政村组织村民生活圈。例如。NC 镇规划，规划后的城区建设面积较大，占市域的 16%，紧邻城区的临近村庄纳入城市未来拓展区，城区可以为周边村庄提供就业岗位、日常生活生产所需要的公共基础设施、市政设施。相对较远村庄，日常公共服务设施主要依靠中心村（图 9.2）。这样，一方面，强化了城区的服务职能；另一方面，也方便了边远村庄的生活服务，形成一种新型的“面-点”关系。

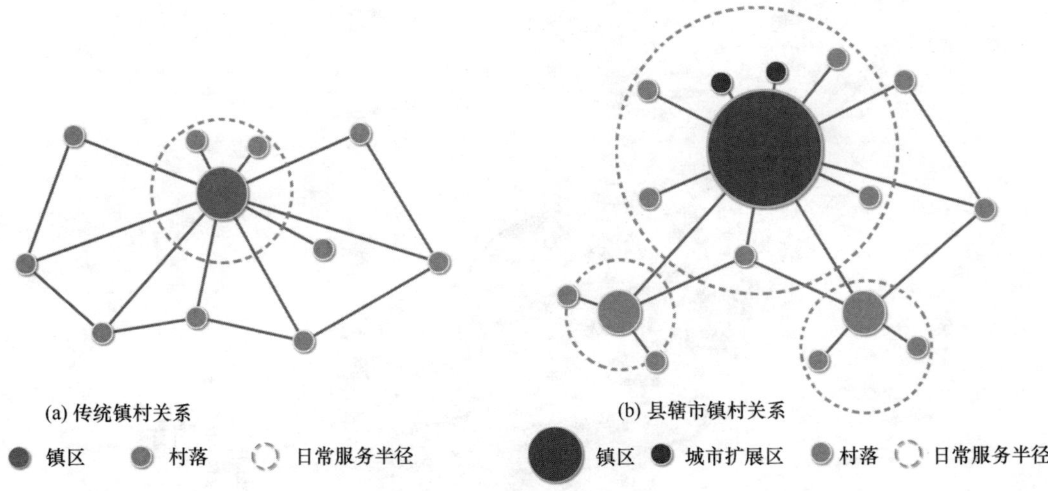

图 9.2　传统镇村关系与县辖市镇村关系对比

在 BLZ 镇规划时，也是按照上述镇区生活圈原理，构建“镇区-中心村-基层村”三级镇村体系（图 9.3）。

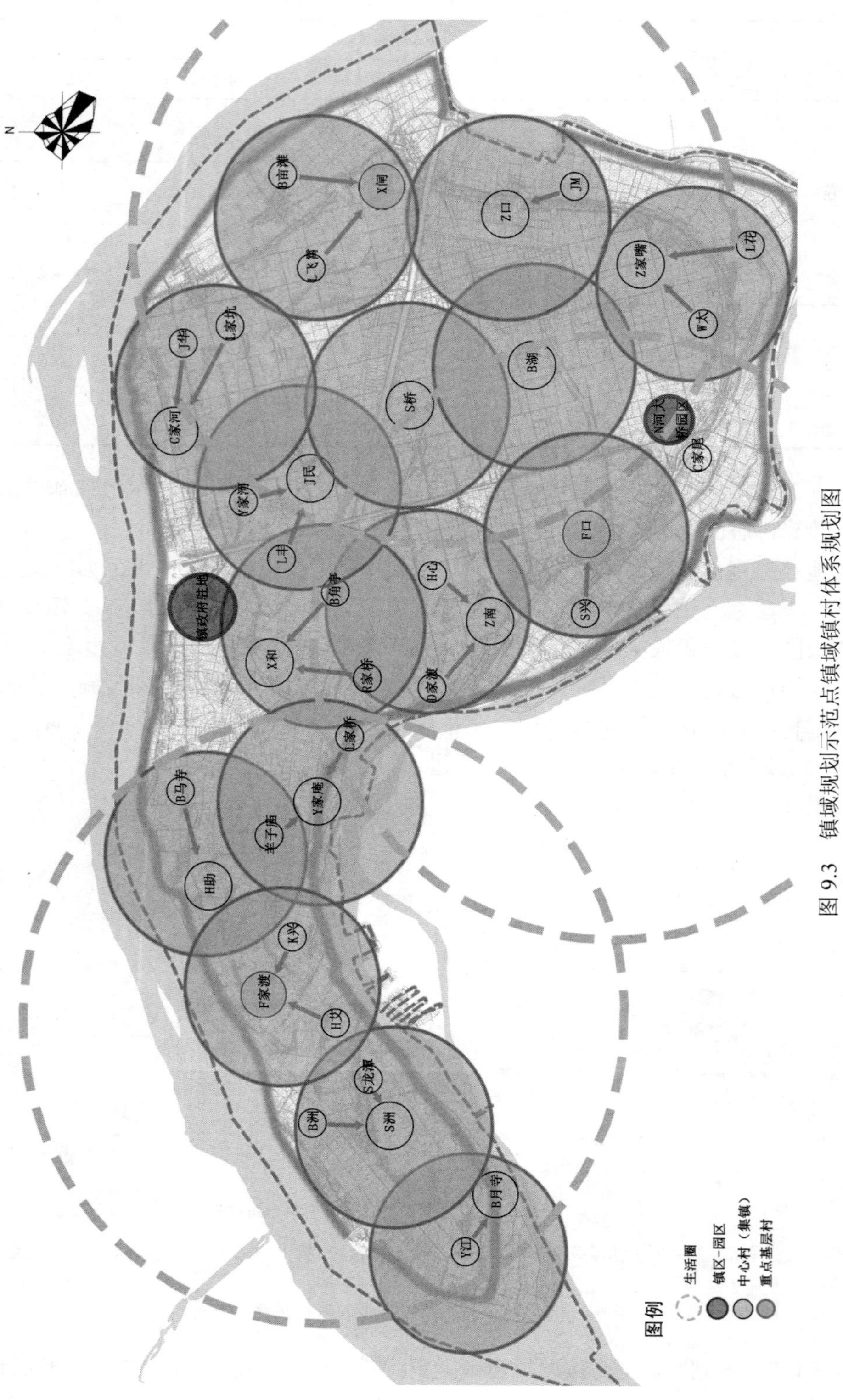

图 9.3　镇域规划示范点镇域镇村体系规划图

9.1.3　高标准镇区规划建设标准

在镇域镇村体系确定以后，在基于小城镇作为城镇化重要形态之一的前提下，引导人口向镇区集中。为了使城区更有吸引力，村民进城能够“住得下，稳得住”，展现社会主义新农村的风貌，提出《高标准镇区规划建设参考指标》（表 9.2）。

表 9.2　高标准镇区规划建设参考指标

分类	指标项	指标要求
绿色生态与节能环保	绿地系统	绿化覆盖率≥35%，人均公共绿地面积≥12m^2
		本地乡土植物使用率≥70%，且未使用有害入侵物种
	水环境	镇区内自然湖泊河流保持，自然水体总容积未有减少
		水体底部保留自然底泥和生态系统，保持自然透水性
	城镇减排	镇区人均碳排放量与所在市（县、区）平均值之比≤1
		单位 GDP 碳排放量与所在市（县、区）平均值之比≤1
	城镇节能	太阳能/地热/风能/生物质能等可再生能源占比≥15%
		新建执行国家节能标准；既有建筑改造有计划并实施
智慧安全与健康宜居	城镇智慧	固定宽带家庭普及率、移动宽带用户普及率≥100%
	公共安全	提升市政管网线智能化监测管理率、重点污染源检测
	住房保障	保障性住房建设量占申请量的保障覆盖率≥20%
		建成区危房比例≤5%
	环境质量	镇区空气质量优良天数比率≥80%
		镇区达到或好于III类水体比例≥100%
		镇区环境噪声平均值≤56dB（A）
		满足生活饮用水卫生标准，水源水质水量达标率 100%
	基础设施	污水管网覆盖率、污水处理率、处理达标排放率 100%
		垃圾收集率、无害化处理率 100%
	城镇形态	城镇建成区人均建设用地≤120m^2
	集约紧凑	城镇街道用地适宜，主干路红线宽度宜≤40m
城市设计与特色风貌	建筑长度	建筑连续长度超过 12m 时，宜分段进行颜色变化、材质变化、0.6m 以上凹凸变化
	高度变化	多层建筑宜从视觉上形成上层与下层之间的差别区分
	街道立面	沿街或沿人行道立面 70%以上长度上，宜设置出入口、门窗、阳台、廊架、庭院等开放通透的生活性要素
	饰面材质	外饰面材料尽量尊重当地传统、使用当地材料，宜避免大量使用金属、玻璃、塑料、陶瓷等工业化面材
	风貌设计与管理	街道和居住小区无私搭乱建，商业店铺无违规侵占，灯箱、广告、招牌、街灯等设置有序，交通停车规范

9.1.4　行政村撤并和调整

近年来，农村地区交通工具和道路系统改善明显，基层行政管理的范围从技术上有了扩大的可能。对镇域而言，为了加快引导人口向镇区集聚，行政村的撤并也变得经常和必要。行政村的撤并，根据镇域城镇化发展的需要，参考镇域生活圈的构建进行镇域镇村居民点的空间布局与调整，同时也需要尊重乡村格局，尊重村庄与生产资料，以及社会资源之间的依存关系。例如，NC 镇规划，以促进城镇化发展为总体目标，以发挥城区城镇化集聚发展作用和中心社区服务带动作用为手段，综合考虑镇域各居民点的区位条件、发展水平和设施基础，对各类居民点采取不同的调整思路。对于规划城区建设用地覆盖其大部分农用地和宅基地的居民点，通过职业教育、就业服务、社会保障等措施促进其中居民就业的非农化转移，实现人口城镇化，这部分居民点的安置可适当灵活安排；对于规划城区建设用地只覆盖其宅基地和部分农用地的居民点，一方面促进人口城镇化，另一方面适度保留其中的农业人口，保障城郊农业发展，这部分居民点的安置以就近为原则；对于撤并镇区周边的居民点，制定相应政策加快促进周边人口向镇区集聚，避免因行政职能迁移导致经济和社会发展衰退；对于镇域其他居民点，选择规模较大、经济实力较强、基础设施和公共服务设施较为完备、能够带动周围居民点建设和发展的居民点为基础，考虑空间距离、社会文化等因素，通过适度迁并建设农村社区。

行政村的设置具有政治性、也有历史和文化影响，调整过程不要一蹴而就，适宜采取逐步推进、分期实施的渐进式方法，分近、远期对农村居民点体系进行调整。近期重点推动建设用地连绵成片的村庄合并和社区中心建设，农村新型社区建设以中心村集聚型为主（图 9.4）。远期进一步完善农村新型社区的服务功能，重点加强公共服务能力和通达性，推动行政村合并，组成强村带动型农村新型社区（图 9.5）。

9.1.5 自然村-行政村的社区转型

自然村是农村聚落数百年乃至上千年的历史、文化和资源利用逐渐累积形成。因此，自然村的撤并，应该充分尊重当地农民的意愿，以不影响村民生产和生活为前提，并确保村庄整合后村民生产更方便，居住更安全，生活现代化。自然村的撤并，也要特别注重保护当地历史文化、宗教信仰、风俗习惯、特色风貌和生态环境等。为了加快农村地区城镇化进程，积极推动自然村-行政村向城镇社区的转型。根据农村城镇化过程，一般分为三种类型。

1. 撤并型村庄

在镇域范围内，逐渐遗弃的村庄，应尽快引导人口迁移。撤并型村庄分为三种：①纳入新城范围村庄，在城区范围内，因重大基础设施建设需要迁移的村庄，选择基础设施比较完善，经济发展较好，与城区紧密相连的村庄，作为纳入城区的村庄分类标准，受到新城区建设的直接影响，随着新城区的建设，这些村庄将纳入新城区的范围，农业人口及土地向非农业的城市转化；②规模偏小村庄，此类型主要包括村庄规模小，人口数量低于 300 人，村庄布局分散，无重要的发展资源的村庄，交通相对不便的村庄，改善人居环境质量和发展产业困难的村庄；③农村人口减少的村庄，在镇域范围内，主要

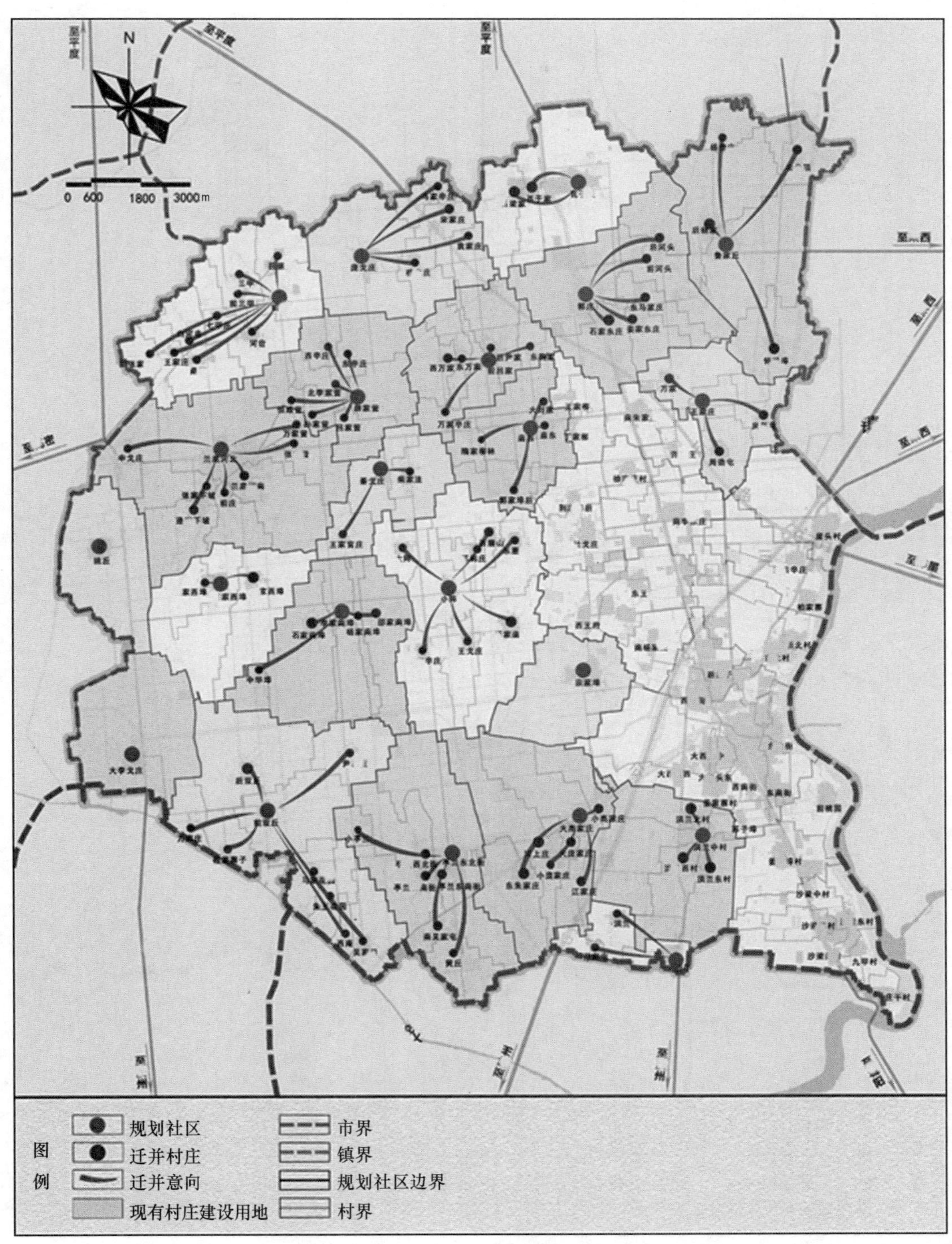

图 9.4　NC 镇域近期农村居民点调整规划图

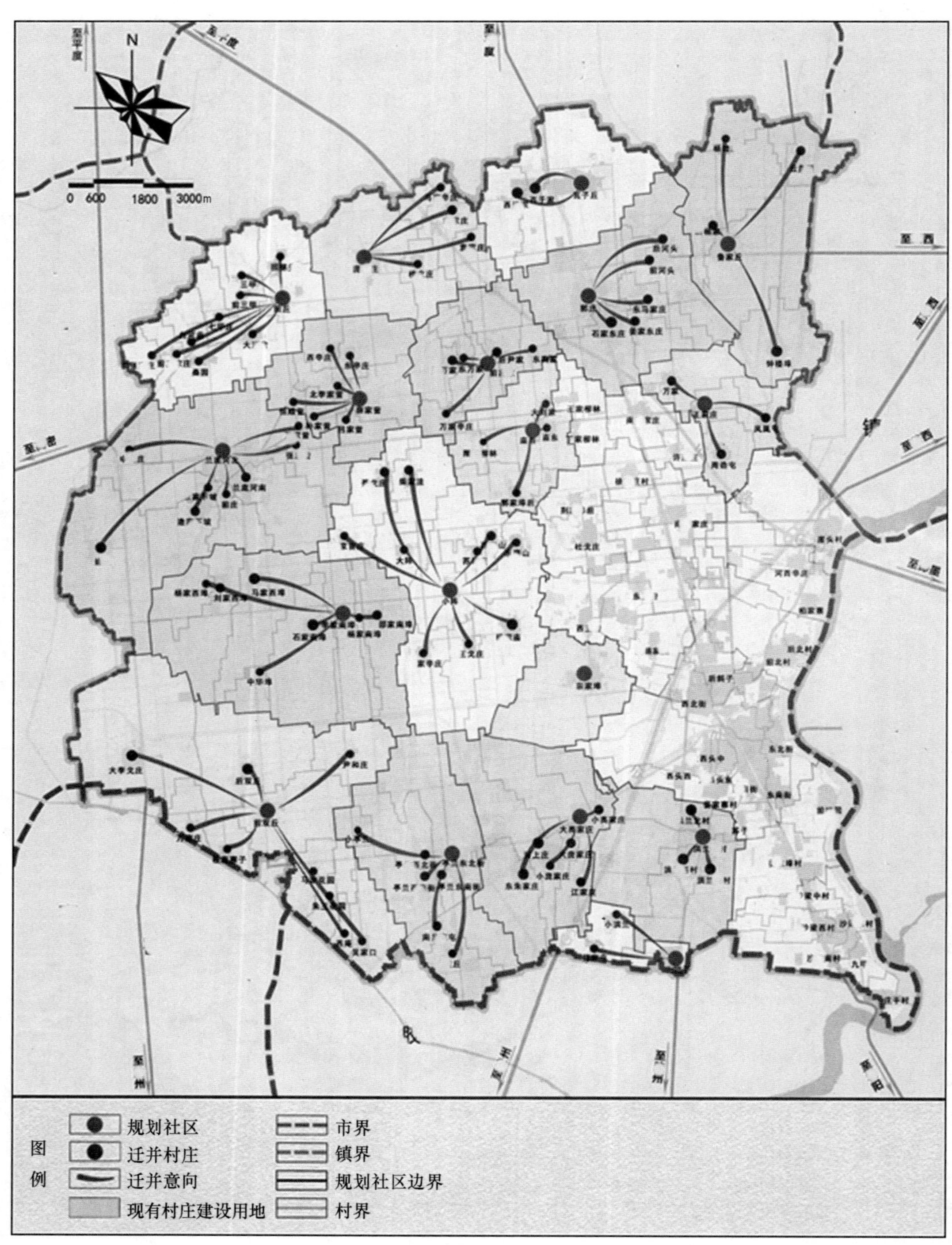

图 9.5 NC 镇域远期农村居民点调整规划图

农村人口转出村庄，包括人口规模和人均收入水平远远低于全镇村庄的平均水平，无发展潜力、位置偏远的村庄；供水、交通、电力、通信等基础设施严重匮乏且难以修建的村庄；现状常年外出务工人员、村庄空心房比例较高；已有 50%以上人口搬迁的村庄；④存在安全隐患村庄，因生态环境恶化、地质灾害和自然灾害易发生等存在严重自然灾害安全隐患且难以治理的村庄，如位于行洪区、蓄滞洪区、矿产采空区、压占矿产资源的村庄和受到泥石流、滑坡、崩岩和塌陷等地质灾害威胁且经评估难以治理的村庄；⑤不适合居住的村庄，地方病发病率高且短期内难以解决的村庄；现状及规划高压走廊防护区内、大型广播电视发射设施保护区、地表水源一级保护区、自然保护区核心区、风景名胜区特级保护区内的村庄；交通和工程管线保护区域及其他法律法规规定的保护范围用地内发展受到制约的村庄。

2. 限制发展型

限制发展型分为两种：①保留限制发展村庄，此类型主要包括位于河流、湖泊等水体及水滨保护地带；自然保护区的缓冲区、实验区；风景名胜一级、二级、三级保护区；西部牧区牧草地核心保护地带；矿产资源密集点地区的村庄；②保留适度发展村庄，此类型主要包括具备一定条件，可适度发展的村庄。

3. 保留发展型

保留发展型分为两种：①重点发展村庄，在镇域范围内，能承担日常商品、村务管理及综合服务的功能，交通区位优势明显的村庄、产业优势明显的村庄、基础设施及公共服务设施较完善的村庄；②传统特色村庄，在镇域范围内，具有历史文化、宗教信仰、风俗习惯特色，具有典型历史文化风格和建筑风貌，需纳入历史文化名村及传统村落的保护村庄。

在镇层面，本着“集约利用土地，提高居民生活品质，建设镇级小城市”的整体发展思路，结合镇域产业发展状况和资源优势，分步骤、积极稳妥地将分散的农村居民点迁往集中社区（表 9.3、图 9.6）。

表 9.3　XQ 镇行政村社区转型规划（2010～2030 年）

序列	等级	数量/个	社区	撤并行政村	撤并自然村数
I	XQ 城	1	XQ 镇区	振兴居委会、四墩子居委会、XQ 村、孝化村，以及礼士村、文东村和新合村的一部分	41
II	农村居民社区	3	礼圣社区	礼士居委会、礼士、礼圣、务本、新柏、水三、五星	42
			三兴社区	三兴、德胜、孝化、双龙、三太、新合	33
			太东社区	太东、滨江（部分）、益民、文东	23
III	工业社区	1	XQ 港区	滨江	5

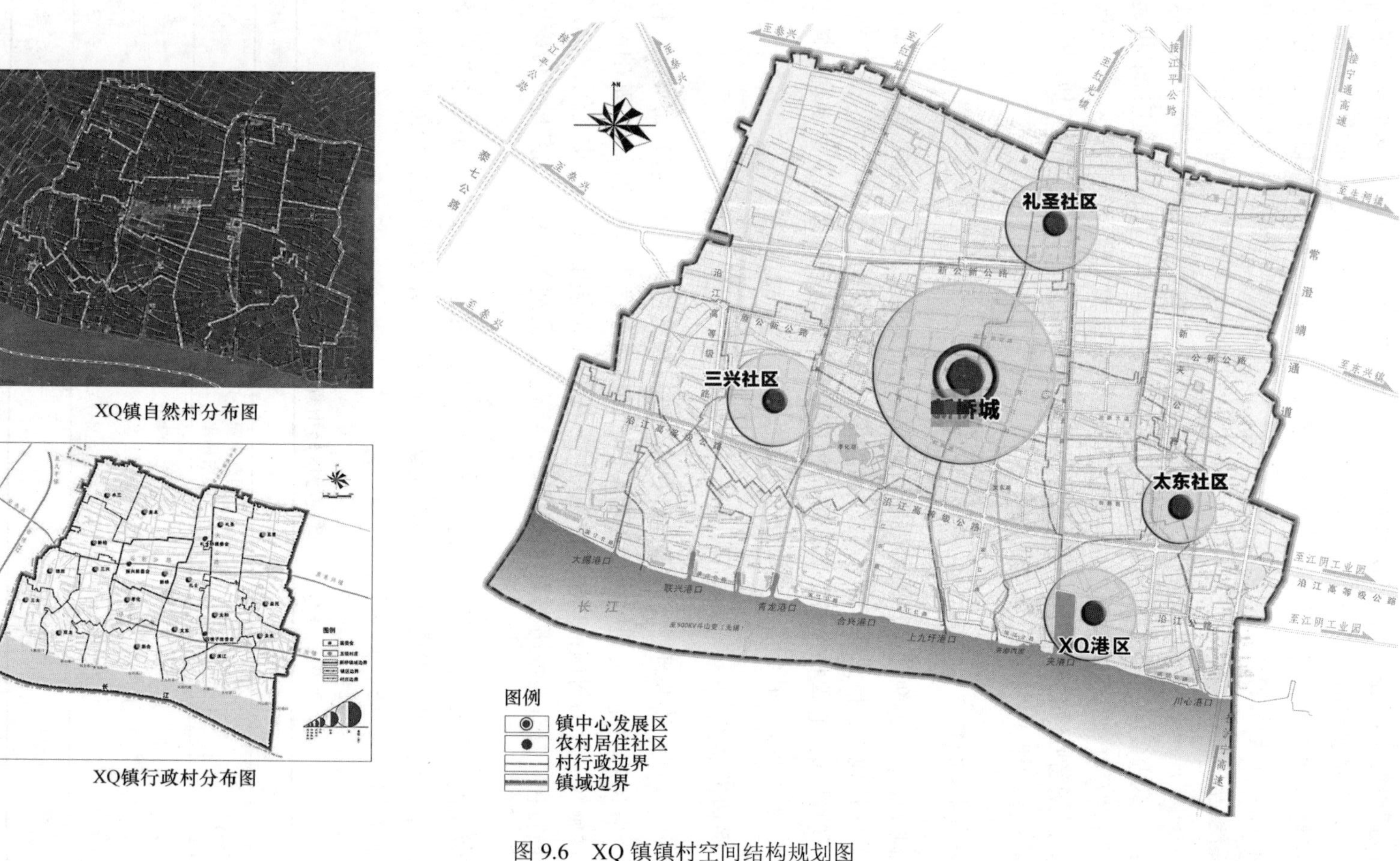

XQ镇自然村分布图

XQ镇行政村分布图

图 9.6 XQ 镇镇村空间结构规划图

9.2　引导产业向园区集中

城镇化的镇区，产业发展和产业园区规划建设是核心，也是城镇经济繁荣、社会稳定、可持续发展的根本所在。然而，经过最近 20 年的发展，县城的吸引力加大，原有镇区的好企业、好项目实际都已经向县城迁移落户。因此，镇域规划，需要做好产业发展定位和分类指导。

9.2.1　城区和园区产业定位

确定镇域产业发展定位，应了解镇域产业发展现状和社会经济发展基础，并对镇域内现有资源进行分析评价，分析镇域产业发展所受到的区域影响，包括分析镇所在县、市甚至更大范围内的相关产业发展，城市产业转移以及市场需求对该镇产业的影响，相邻乡镇产业发展现状与规划及其影响等。镇域城区或产业园区的产业类型，按照目前的产业发展水平，一般包括发达制造、商贸物流、旅游服务。

（1）发达制造业。承接大中城市的产业结构调整和转移，同时依托镇域农副产品以及自然资源优势，大力培育或引进其他具有竞争力的特色制造业。以制造业产业园区为平台，将园区企业发展与镇域产业发展协调统一。以工促镇，推动农民城镇化，增加当地居民就业，并向乡村“一村一品”产业发展进行延伸，培育具有镇域品牌特色的现代制造业产业聚群。

（2）商贸物流业。融入国家及所在区域的商贸物流网路布局与专业分工，同时根据镇域主要产品的优势与特色，加强镇域商贸物流业及其基础设施建设。以商贸物流园区为平台，提高商贸物流专业化、一体化服务水平，提高商贸物流科技创新和应用水平，完善应急运行机制，推进区域合作。通过商贸物流业发展，实现村镇产品的快速流通。

（3）旅游服务业。适应城乡居民日益增长的旅游与休闲体验需求，对镇域各类旅游资源进行价值挖掘与保护营造，确定全域旅游发展定位与目标，开展旅游产品策划、旅游空间布局规划、旅游服务系统及相关配套设施规划，以及其中重点项目的规划与建设。通过旅游服务业带动一、二、三产业联动发展。

9.2.2　镇域产业体系设计

镇域规划应以现有产业为基础，紧跟国家产业调整政策，规划和设计镇域战略产业体系、地方特色产业体系、城乡交通运输-物流-贸易产业体系、现代服务业产业乙烯、农业“六次产业化”体系和静脉循环产业体系等，实现“以产兴城”的小城镇发展目标。

1. 镇域地方特色产业体系

例如，XQ 镇，经济持续增长，以铸造业、高压容器业、泵阀制造业、厨卫民用产品、化工机械等为代表的特色工业生产，已经形成基地化、专业化生产经营模式，2009

年工业现价总产值 107.0 亿元，工业增加值 23.5 亿元。地方特色产业体系机械工业产业链如图 9.7 所示。

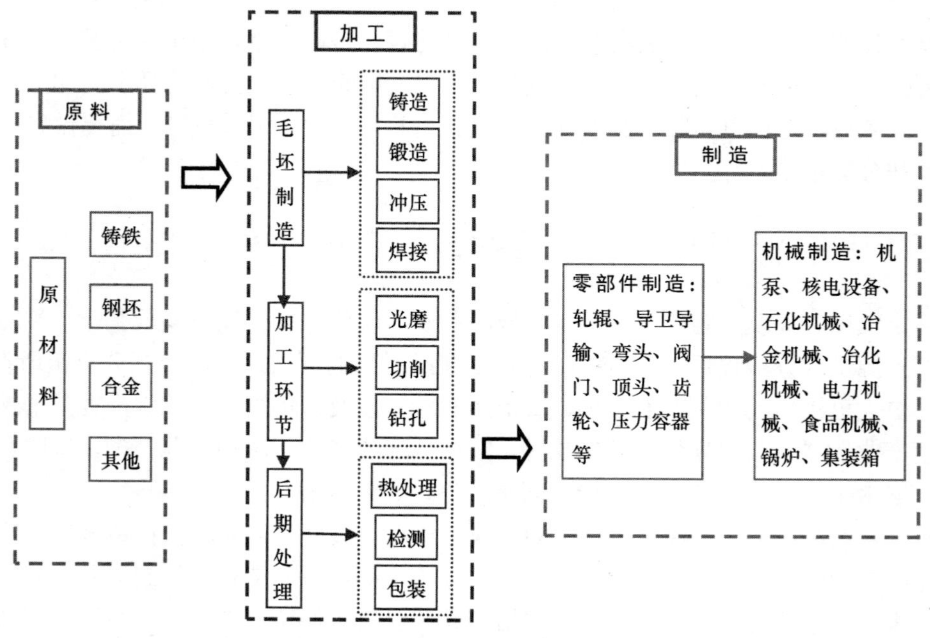

图 9.7　XQ 镇机械工业产业链图

2. 镇域产业体系设计

例如，NC 构建以家电电子、食品加工、机械制造、服装轻纺、生物科技为主体，以节能环保产业、新材料等高新技术产业为补充，以生产性服务业为配套，以生活性服务业为支撑的低碳生态产业体系（图 9.8）。其中，家电产业要以海信（山东）家电产业

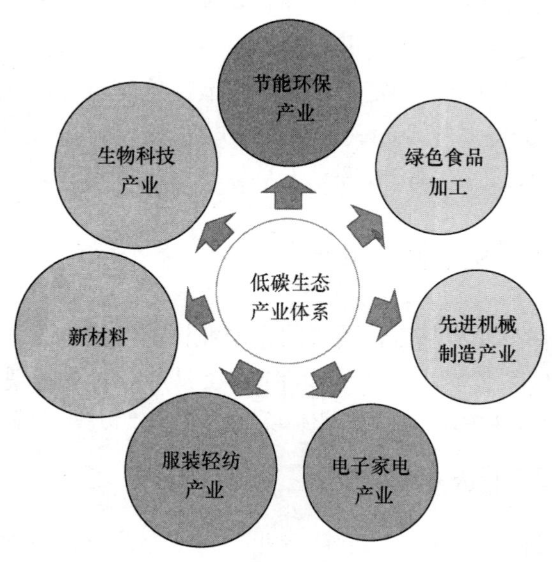

图 9.8　NC 低碳生态产业体系

园为载体，以海信空调、冰箱（柜）产品为依托，逐步形成集家电电子配套、生产、物流、销售及回收再制造为一体的较为完善的产业链和产业集群（图 9.9）。

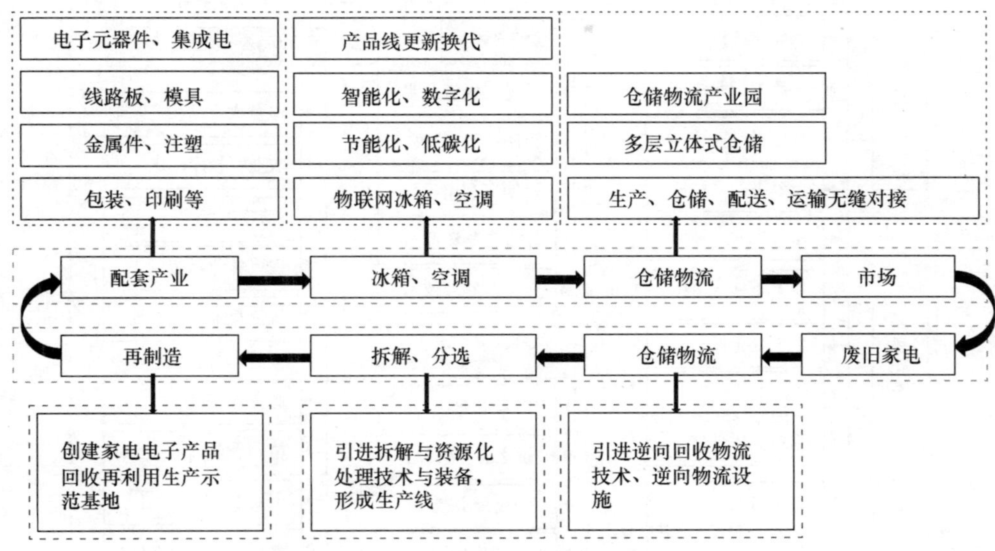

图 9.9　NC 家电电子产业链

3. 农业“六次产业化”体系

在农业特色化发展的基础上，转换农业经营思路，积极推行“在农业中创造六次产业”，推进农业“六次产业化①”，引导相关企业涉足农产品生产，将工商服务业与传统农业“结合”，丰富农业形态（图 9.10）。

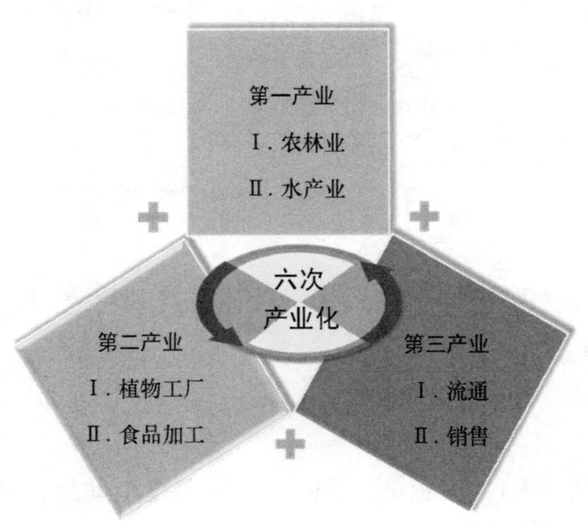

图 9.10a　农业“六次产业化”结构示意图

① “六次产业”是一个新创造词汇，即将第一、二、三产业加起来或者相乘，都正好是“六”。它是日本东京女子大学教授今村奈良臣在 1996 年最先提出的。“六次产业”不仅包括作为第一产业的农林水产产业，还包括食品加工等第二产业，以及流通、销售等第三产业。它的目的是通过由农业从业人员获得迄今为第二、三产业获得的加工和流通利润等附加价值，使农业获得活力。这种经营的多变化就是农业“六次产业化”。

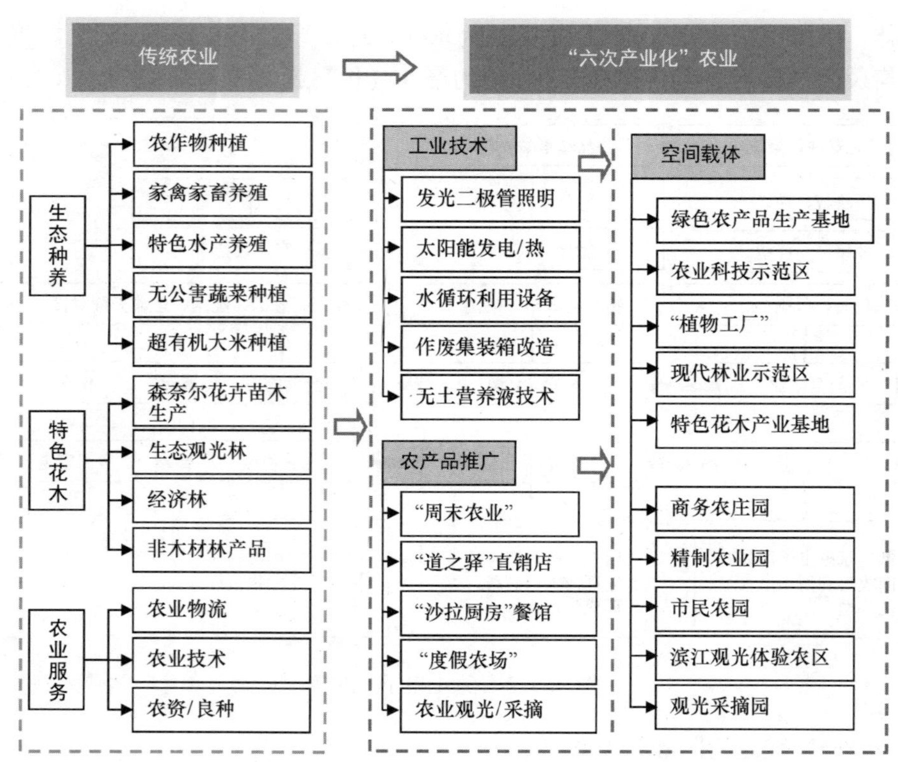

图 9.10b NC 镇域农业"六次产业化"规划图

4. 静脉循环产业体系

例如，XQ 镇，按照循环经济产业链设计。按照循环经济模式，形成自然生态系统、工业生态系统和农业生态系统三大系统的有机融合，构建动脉产业-静脉产业有效配合，形成各种资源循环利用的经济产业链（图 9.11）。

9.2.3 产业空间布局

镇域产业空间布局主要包括产业园区、现代农业、特色服务业和最近发展的特色小镇。

1. 产业园区

依据镇域发展定位、人口与经济发展目标、镇建设用地指标和比例情况，在镇城区内或外围地区规划布局镇产业园区。例如，NC 镇空间上形成"四大产业板块"的产业发展格局。①机电产业园区，位于同三高速公路东侧、青新高速公路南侧，以机械电子产业组团、旅游度假等为主；②临港产业园区，位于市域西侧，主要发展与机场功能联系的服务业和高端加工业（图 9.11）。

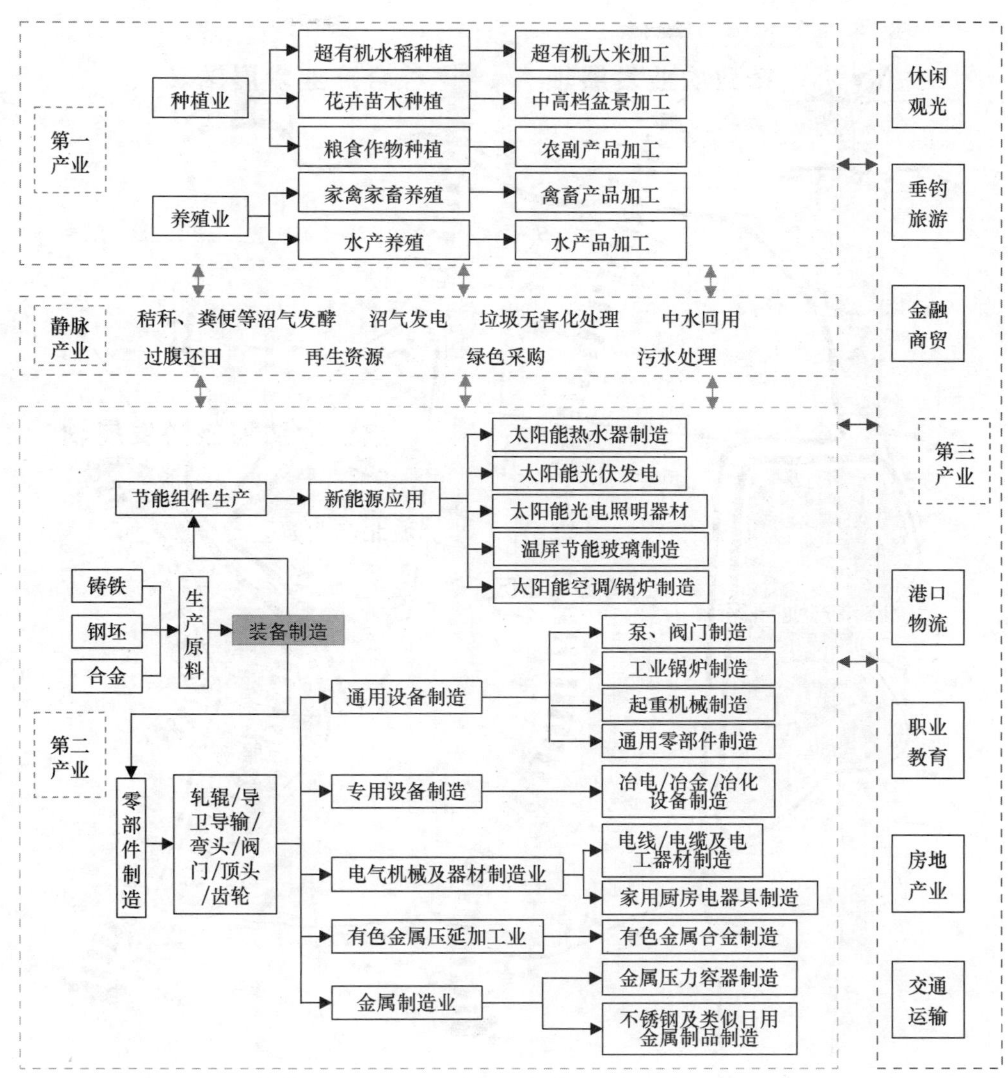

图 9.11　XQ 镇循环经济产业链设计图

2. 现代农业

农业、农村和农民是阻碍城镇化快速发展的“三农问题”，也是推进城镇化需要彻底解决的农村人口转移城区、农业社会转型城市社会、单纯农业转向现代农业的重要突破口。现代农业需要变农民为农工并减少农工数量，变传统农业为电气化、机械化、综合化、生态化农业，推动“一村一品” 产业基地建设，走“六次产业化”道路，是现代农业发展的必由之路。例如，在 NC 镇规划中，根据现有发展基础，扶持农村社区特色农产品发展，按照专业化、品牌化发展思路，规划“一村一品”农业产业布局（表 9.4、图 9.12）。再如 TH 镇各中心村产业发展也如表 9.5 所示。

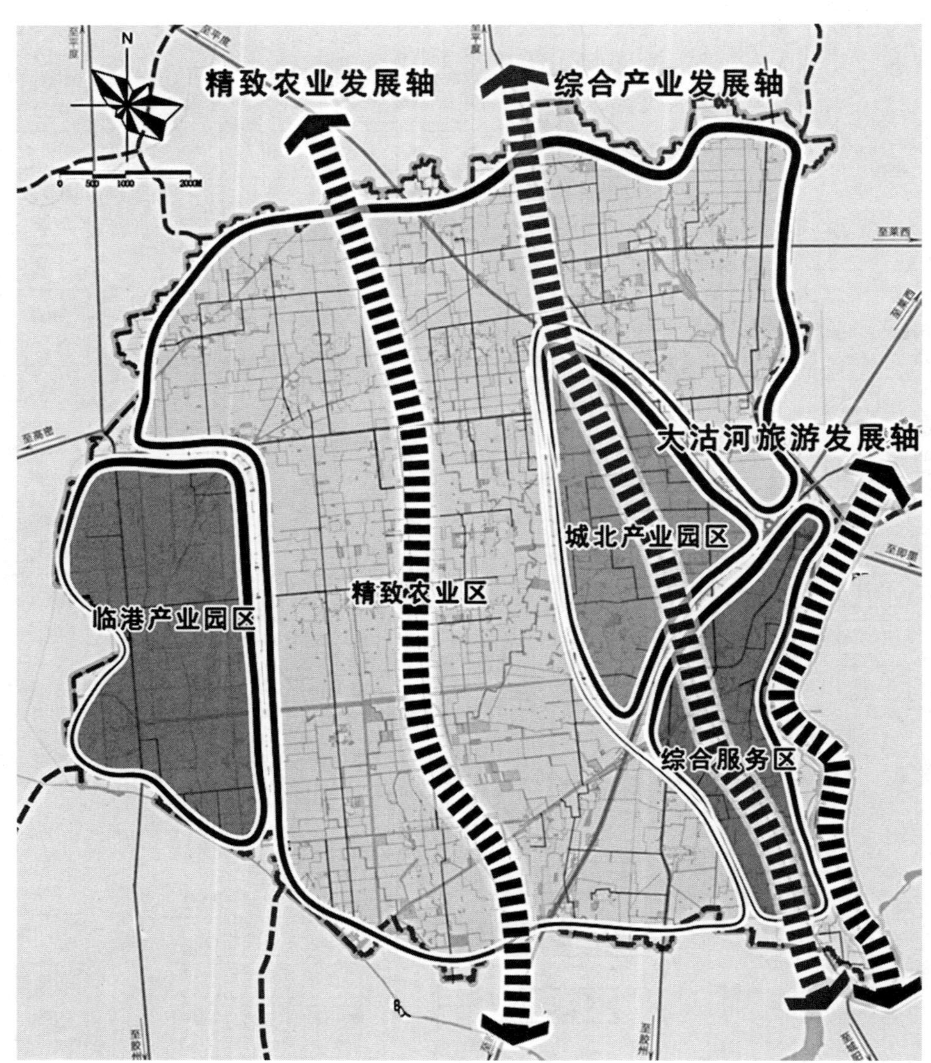

图 9.12　NC 镇域产业空间布局规划图

表 9.4　NC 镇域农村社区“一村一品”产业布局

农村社区	特色农产品
NC 城郊	五彩椒、黄瓜、西红柿、芸豆、大姜、牛肉、牛奶
兰底	玉米、小麦、农产品加工
郭庄	黄瓜、芹菜、西红柿、五彩椒、农产品加工
亭兰	小麦、玉米、花生
高家	小麦、玉米、花生
瓦子	冬暖棚蔬菜
柳林	卷心菜、白菜、胡萝卜、西瓜
万家庄	白菜、胡萝卜、西瓜
洪兰	菠菜、无公害鲜鸡蛋、肉鸡、大葱、马铃薯

续表

农村社区	特色农产品
北顶子	菠菜、马铃薯
王家庄	黄瓜、西红柿
宗家埠	瓜果、西红柿、花生
芙蓉	花生、土豆、芸豆
南埠	花生、黄瓜
清水	土豆、白菜、大葱
清河	土豆、山药、胡萝卜
庞戈庄	土豆、山药、白菜
福顺	芹菜、黄瓜、卷心菜
鲁家	花生、小麦、玉米、芋头

表 9.5　TH 镇“一村一品”产业发展规划

村名	所属经济片区	主要产业
佳泉村	北部	近期烤烟为主，远期发展特色农业和农副产品加工
白任村	北部	发展特色农业和特色养殖基地
屯相村	南部	近期烤烟为主，远期发展特色农业和观光农业
华张村	南部	发展特色农业和特色养殖基地
北安村	南部	发展特色农业和特色养殖基地
集城村	北部	发展特色农业和观光农业

3. 特色服务业

随着城镇化水平的提高，进入城市的人口越来越多，乡村地区反过来成为需要了解、探索和旅游的地方，挖掘地方特色资源，发展特色产业，可以收到事半功倍的效果。例如，在 TH 镇规划中，山水风光、传统农村住宅都可以是特色资源，通过它们发展乡村旅游、度假旅游、旅游地产等（图 9.13）。

4. 特色小镇

所谓特色小镇，实际上不是行政区概念的镇，也不是小城镇分类中的特色镇。它的起源和发展动力均是产业和资本拉动的小型产城融合园区。其中的产业可以是单一的制造业，如巧克力小镇；也可以是依附于地方特色资源产业化服务业，如根雕艺术小镇；还可以是政策落实型的园区，如归国学者产业园；林林总总，不一而足。然而，最重要的是，产业前景好，市场潜力大，有企业家投资，建设速度和投资回报快。浙江省基本都是在经济次发达地区，区位条件好但还未进入快速发展的县和镇，依托资源、土地和资本优势，快速引进技术和产业，投资 50 亿元建成 3km^2 的产城融合小园区。这些园区，可以镶嵌在县城或镇区，也可能独立成园成区。特色小镇的设置、规划、培育和建设指标可参考表 9.6。

(a) 城镇田园——农业休闲游农庄（度假酒店）示意图

(b) 山地旅游地产示意图1

(c) 山地旅游地产示意图2

图 9.13　特色服务业

表 9.6　特色小镇培育建设的参考指标

指标	内容
用地规模	项目用地通常规划面积约 $3km^2$，建设面积控制在约 $1km^2$
投资规模	以市场为主导，3 年内完成有效投资 20 亿～50 亿元，引进人才
产业鼓励	鼓励各具特色、富有活力、高度融合的现代制造、教育研发、商贸物流、休闲旅游、传统文化、美丽宜居等类型
建设标准	现代化城镇化地区

注：主要参考三部委发文，以及浙江等省的相关要求与经验制定。

9.2.4　镇级产业园区建设标准

提升集中型产业园的建设标准与准入标准，确定各类产业园区的产业选择、园区选址、规模、开发建设强度、投入产出强度，以及审批管理办法等。从园区布局选址、规模强度、节能环保、产城融合等方面，提出高标准建设要求（表 9.7）。

表 9.7　镇域产业园区规划建设的参考指标

分类	指标	单位	要求
经济发展	园区工业增加值 3 年年均增长率	%	≥15
	人均工业增加值	万元/人	≥15
资源节约	单位用地面积工业增加值三年年均增长率	%	≥6
	单位工业增加值综合能耗	吨标煤/万元	≤0.5
环境保护	污水、固废（含危险废物）处理率	%	100
	绿化覆盖率	%	≥15
产城融合	园区与城镇之间的公交或步行通勤时间	分钟	≤15
	园区职工在镇区购房率或落户率	%	≥50
	市政设施和公共服务设施共有率	%	≥50

9.2.5　产城融合规划编制技术

尽管镇域通常面积不大，但在实际发展过程中仍然存在舍近求远、产城分离的现象，主要由于土地价格、劳动力成本、人际关系和产业政策导致。据此，镇域规划也需要重视产城融合问题，尽量采取平行布局、相向布局手法，使得产业园区和居住社区相毗邻，减少通勤距离和通勤时间。例如，BLZ 镇规划，规模化养殖用地、旅游设施等对资源分布依赖度加高的产业用地，可就近布置在村庄；食品加工、制造业等机械化程度较高的产业，集中或依托镇级产业园区布局。以此为依据，引导镇域产业向目标城镇化地区或适宜建设区的产业园区集中，根据镇域产业分类与产业集群发展的空间需求，合理进行各类集中产业园区的选址，组织“园区”与“镇区”空间关系，考虑职住平衡与公共服务设施共享进行园区与邻近镇区的用地混合布局，集聚集约利用土地（图 9.14）。

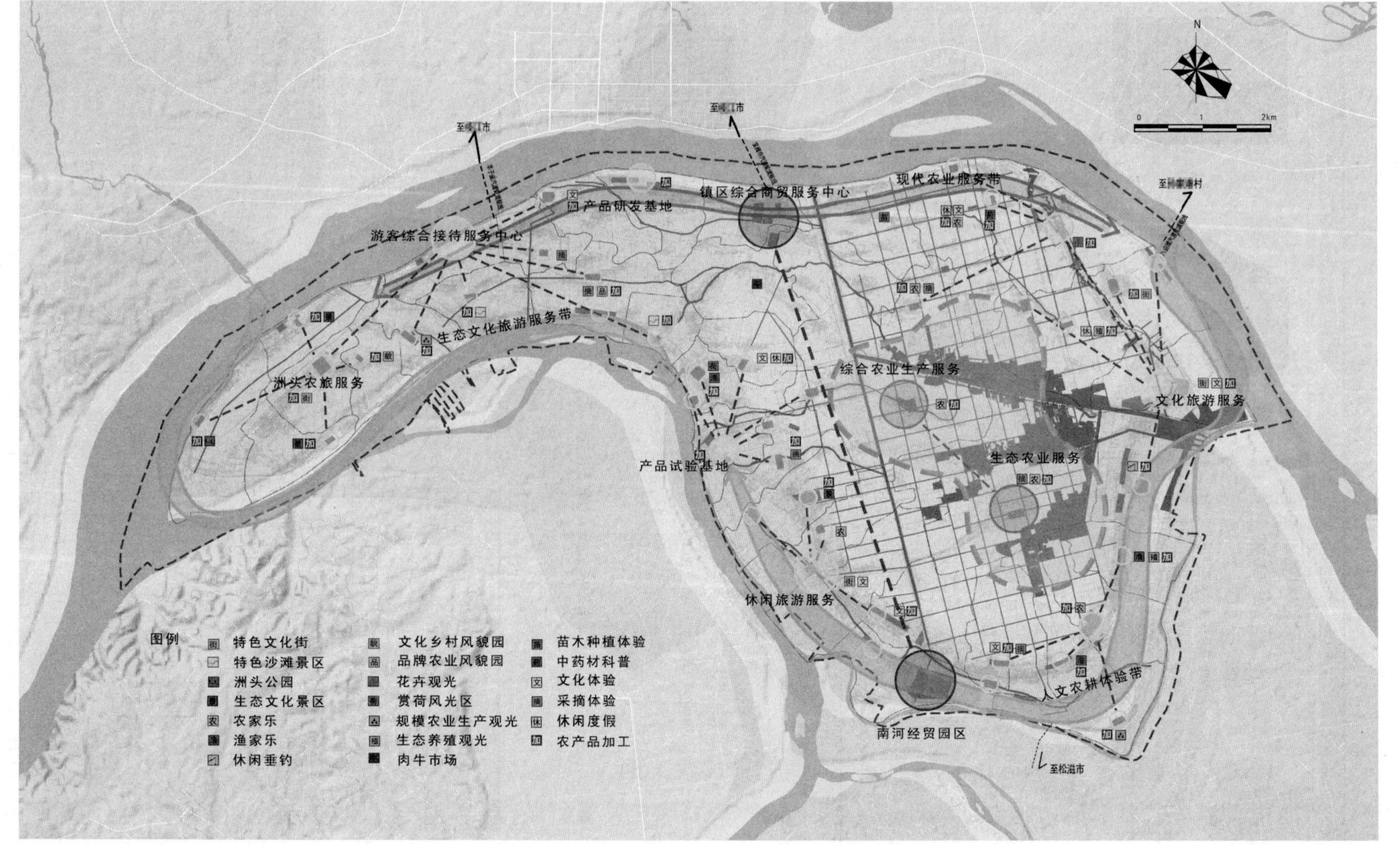

图 9.14 镇域规划示范点产业空间布局规划图

9.3　集约利用农村土地

9.3.1　保护基本农田区方法

基本农田保护区是指为满足国民经济发展和人口增长对主要农副产品的基本需求，以及对建设用地的预测而确定的长期不得占用的和规划期内不得占用的耕地区域。镇域规划，必须贯彻落实“十分珍惜、合理利用土地和切实保护耕地”的基本国策，在确保农民利益的前提下，坚持“在保护中开发、在开发中保护”的总原则，妥善处理经济发展与土地资源保护、当前与长远、局部与全局的关系，转变土地利用方式，促进土地集约利用和优化配置，提高土地资源对全乡经济社会可持续发展的保障能力，保障城镇各项职能的充分发挥。在 XQ 镇规划中，将农田区分为两类：基本农田区和一般农田区（图 9.15（a）、

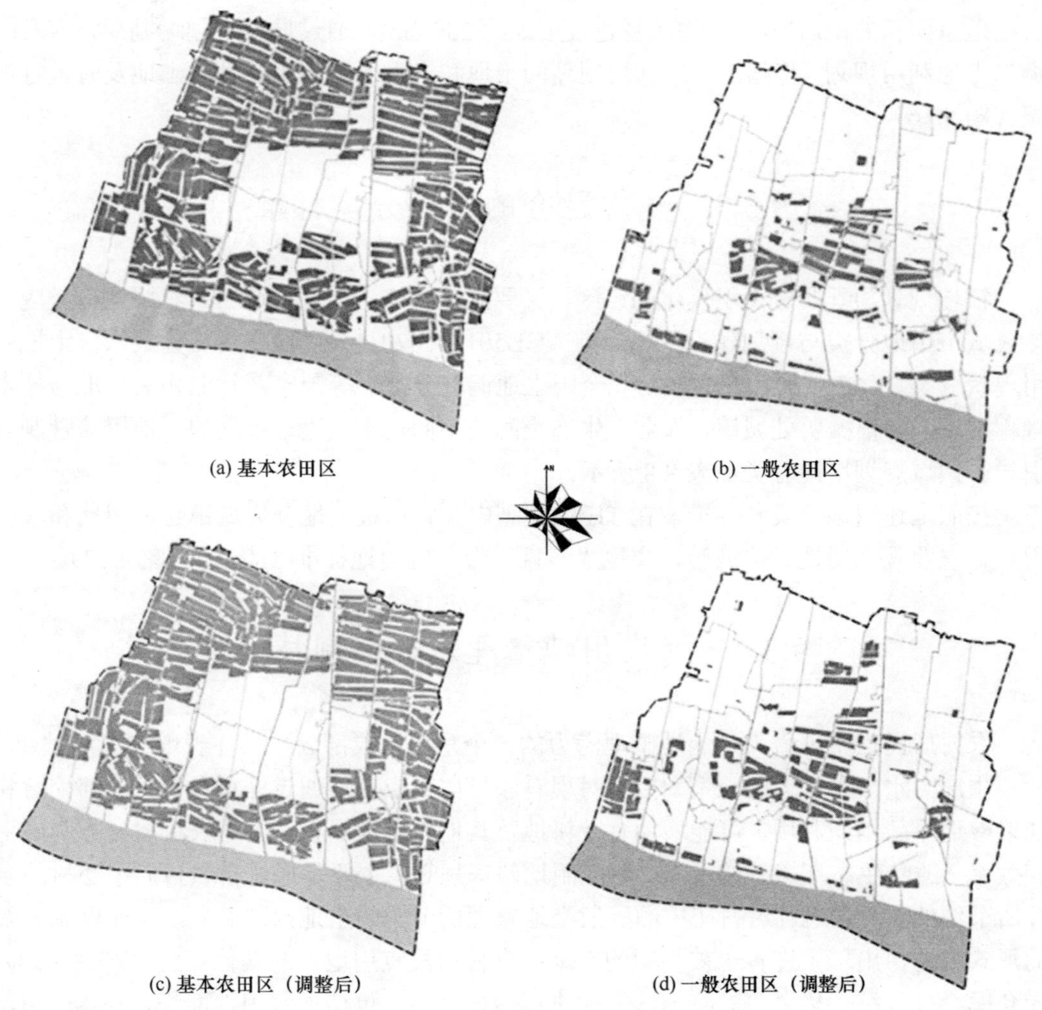

(a) 基本农田区　(b) 一般农田区

(c) 基本农田区（调整后）　(d) 一般农田区（调整后）

图 9.15　XQ 镇域基本农田保护规划示意

(b))。依据产业发展趋势和对长江深水岸线的开发利用，规划建议将镇域内农田在新一轮土地利用规划中进行部分调整，即把沿江高等级公路北侧一部分基本农田调整为一般农田（图 9.15（c）、（d））。对两类用地采取不同的空间管制措施，严格保护基本农田，建设开发一般农田。按照数量和质量并重原则，通过土地整理、复垦、开发等方式，促进土地整理的市场化、产业化，保证耕地的产量和质量。

9.3.2 “土规”和“城规”合一技术

镇域规划，城区和产业园区以城镇建设为主，遵守城镇规划的标准和要求；城区和产业园区以外的地区，主要是农业土地利用规划。在镇域规划过程中，应该严格做到“土规”和“城规”合一，包括用地范围、土地性质的一致。例如，NC 镇规划，市域各类建设用地总面积 4745.9hm^2，占土地总面积的 15.23%，其中城乡建设用地面积 3170.0hm^2，占土地总面积的 10.17%，人均城乡建设用地约 239.0m^2。通过城镇规划编制后，应及时调整土地利用规划，将超出土地利用规划的土地和未占土地利用规划的土地及时进行调整（图 9.16）。

9.3.3 多规融合的用地分类标准

镇域规划，既要建设现代化的镇区，又要满足国家土地利用政策，其用地分类应衔接《城市用地分类与规划建设用地标准（GB50137—2011)》“城乡用地分类”、《土地利用现状分类》（GB/T10102—2007）“全国土地调查分类”等国家及行业相关标准与技术规程要求，并根据所处城镇、农业、生态空间的不同需求，进行不同的土地用途管制与引导。镇域规划用地分类如表 9.8 所示。

按照上述用地分类及标准，在 TH 镇规划中，将镇域用地分为城镇建设用地和农林用地、农业观光用地、水域等，实现“多规”合一的用地标准（表 9.9、图 9.17）。

9.3.4 村庄用地整理规划编制技术

农村居民点整理潜力是土地整理潜力的一个重要组成部分，具体表现在一定时期、一定生产力水平下，采取一系列措施对现有农村居民点用地通过迁村并点、内部挖潜和加以改造重新组织利用，可能增加有效耕地及其他农用地面积、提高农村居民点利用率和效率、改善生态环境等的能力。村庄用地整理规划，主要是通过自然村向中心村的合并所节约的土地；通过对村庄中的闲散土地整理所节约的土地；许多乡镇企业以圈大院的形式占地，出现了许多未被利用的空地；农村居民点用地中的其他一些生产性用地，如仓库、打谷场、猪舍等。将这些土地进行治理整治，可增加农用地面积。在 NC 镇，规划针对利用不合理、不充分和废弃闲置的村庄建设用地进行调整利用，对农村宅基地进行整理复垦，对不能复垦或确实急需使用的土地，转换为集体经营性建设用地指标，用于居民点的集中安置、工业园区开发建设。将镇域农村居民点用地现状和规划相叠置，得到农村宅基地复垦范围（图 9.18），并计算各社区、农村居民点宅基地复垦规模（表 9.10）。

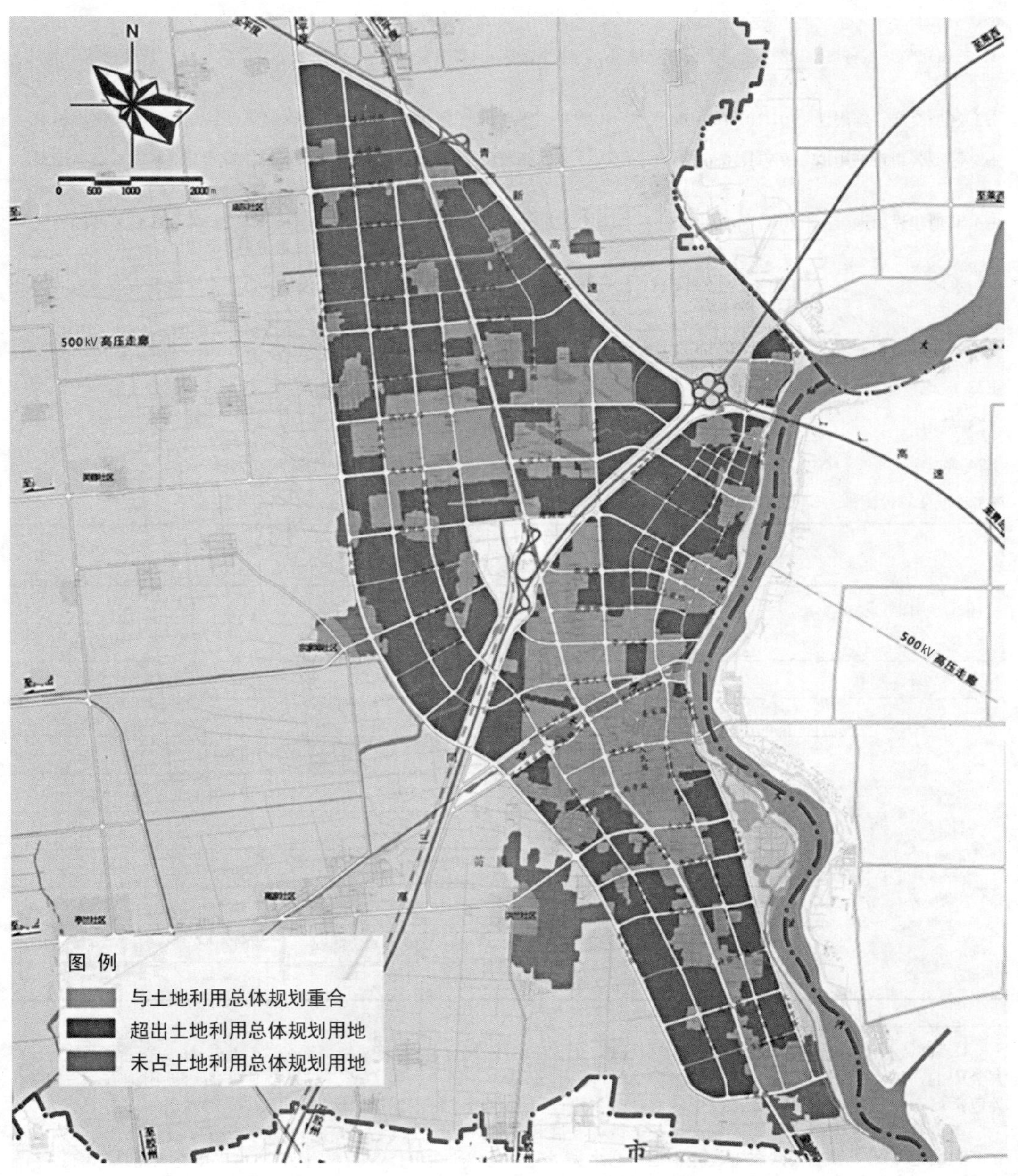

图 9.16　NC 城区规划建设用地与土地利用规划比较图

表 9.8 镇域用地分类

镇域“城乡用地分类”代码及名称	衔接“全国土地调查分类”编码	用地范围
H12 镇区建设用地[①]	202	非县人民政府所在地镇区建设用地
H14 村庄建设用地	203	农村居民点的建设用地
H15 独立产业用地	06/05（独立于居民点以外部分）	独立于镇区和村庄居民点之外的镇域工业用地、物流仓储用地，以及商业服务业设施用地
H16 独立公共服务设施用地	08（独立于居民点以外部分）	独立于镇区和村庄居民点之外的镇域公共服务与公共管理设施用地
H2 区域交通设施用地	101/102/105/106	铁路、公路、港口、机场和管道运输等区域交通运输及其附属设施用地
H3 区域公用设施用地	107/118/086/095	区域性能源设施、水工设施、通信设施、殡葬设施、环卫设施、排水设施等公用实施用地
H6 其他建设用地[②]	205/204/091/093	以上之外的建设用地，包括边境口岸和风景名胜区、森林公园等的管理及服务设施用地，军事用地与安保用地等特殊用地
E1 水域	111/112/113/114/115/116/117/119	河流、湖泊、水库、坑塘、沟渠、滩涂、冰川及永久积雪，不包括公园绿地及单位内的水域
E21 耕地	011/012/013/122/123/104	水田、水浇地、旱地，以及设施农用地，含田坎、村间田间道路
E22 园地	021/022/023	果园、茶园及其他园地
E23 林地	031/032/033	有林地、灌木林地及其他林地
E24 草地	041/042/043	天然牧草地、人工牧草地及其他草地
E3 其他非建设用地	124/125/126/127	空闲地、盐碱地、沼泽地、沙地、裸地等用地

表 9.9 TH 镇规划用地平衡表

序号	用地代号	用地名称		远期（人口 1.5 万人）		
				面积/hm^2	比例/%	人均/m^2
1	R	居住用地		28.58	21.06	19.05
2	C	公共设施用地		39.17	26.87	26.11
		其中	行政管理用地	2.66	1.82	1.77
			教育机构用地	10.24	7.03	6.83
			文体科技用地	3.11	2.13	2.07
			旅游设施用地	12.63	8.66	8.42
			医疗保健用地	1.98	1.36	1.32
			商业金融用地	6.71	4.61	4.47
			集贸市场用地	1.84	1.26	1.23

① 在《城市用地分类与规划建设用地标准（GB50137—2011）》的“城乡用地分类”中，对于“建设用地（H）”大类中的“城乡居民点建设用地（H1）”中类，将其定义为“城市、镇、乡、村庄及独立的建设用地”，其中的小类包括城市建设用地 H11、镇建设用地 H12、乡建设用地 H13、村庄建设用地 H14 等。

本导则依据上述国家标准的定义，基于镇域发展和镇域规划编制的特点，将以上“独立的建设用地”分为“独立产业用地”和“独立公共服务设施用地”两小类，分别设代码为 H15、H16。同时，将“镇建设用地”的名称改为“镇区建设用地”，使之更加符合国标中对于该类用地的定义表述。

② 本导则中“其他建设用地（H6）”根据镇域规划编制的工作简化需要，将包括《城市用地分类与规划建设用地标准（GB50137—2011）》的“城乡用地分类”中的“特殊用地（H4）”、“采矿用地（H5）”和“其他建设用地（H6）”。

续表

序号	用地代号	用地名称		远期（人口 1.5 万人）		
				面积/hm^2	比例/%	人均/m^2
3	M	生产设施用地		4.27	2.93	2.85
		其中	三类工业用地	4.27	2.93	2.85
4	W	仓储用地		8.54	5.86	5.69
5	T	对外交通用地		0.44	0.30	0.29
6	S	道路交通用地		37.93	26.01	25.29
		道路用地		37.51	25.73	25.01
		广场用地		0.42	0.28	0.28
7	U	工程设施用地		3.34	2.29	2.23
8	G	绿地		23.54	16.14	15.69
		其中	公园绿地	19.66	13.48	13.10
			防护绿地	3.88	2.66	2.59
合计		城镇建设用地		145.81	100	97.20
9	E	水域和其他用地		119.02		
		其中	水域	19.70		
			农业观光用地	28.75		
			农林用地	70.57		
合计		城镇总体规划用地		264.83		

9.3.5 农业土地利用规划技术

建立包括气候条件、水文条件、地形地势、土壤肥力等自然条件和农业发展历史、现有特色优势产品等社会经济条件，进行镇域农业发展空间布局。首先，大力发展生态农业和特色农业；其次，积极推行“在农业中创造六次产业”。在 XQ 镇，XQ 重点发展以花卉苗木、超有机水稻种植为特色的现代农业，建立节地、节水、节肥、节药的高效生态农业生产方式，发展种养结合、农林互动的农业循环经济，使有限的农业资源得到循环利用和多次增值，形成资源循环利用、产品优质安全的绿色生态农业模式（图 9.19）。

在 NC 镇，镇域规划分析研究居民点人口密度（图 9.20（a））、各级公路、乡村道路、机耕路的配置情况，按照大部分行政村的半小时步行可达范围（图 9.20（b）），本着有利农业规模化生产，进一步调整农业发展空间，即根据农田水利条件、交通区位因素和农业现状基础（图 9.20（c）），在城区近郊，结合城区发展需求，重点发展以观光农业、休闲农业、体验农业及农业博览等为主特色农业，使近郊农业发展兼具为城区提供生态服务的功能和农产品生产功能；在镇域远郊，以蔬菜、粮食和油料等农产品的生产为主要功能，以生态化、专业化、规模化为发展目标，打造重点不一、各具特色的农产品生产基地（图 9.20（d））。规划镇域农业布局划分为郭庄蔬菜生产区、兰底粮油生产区、兰底蔬菜-粮油混合生产区和亭兰蔬菜-粮油混合生产区 4 个区域（图 9.20（e））。

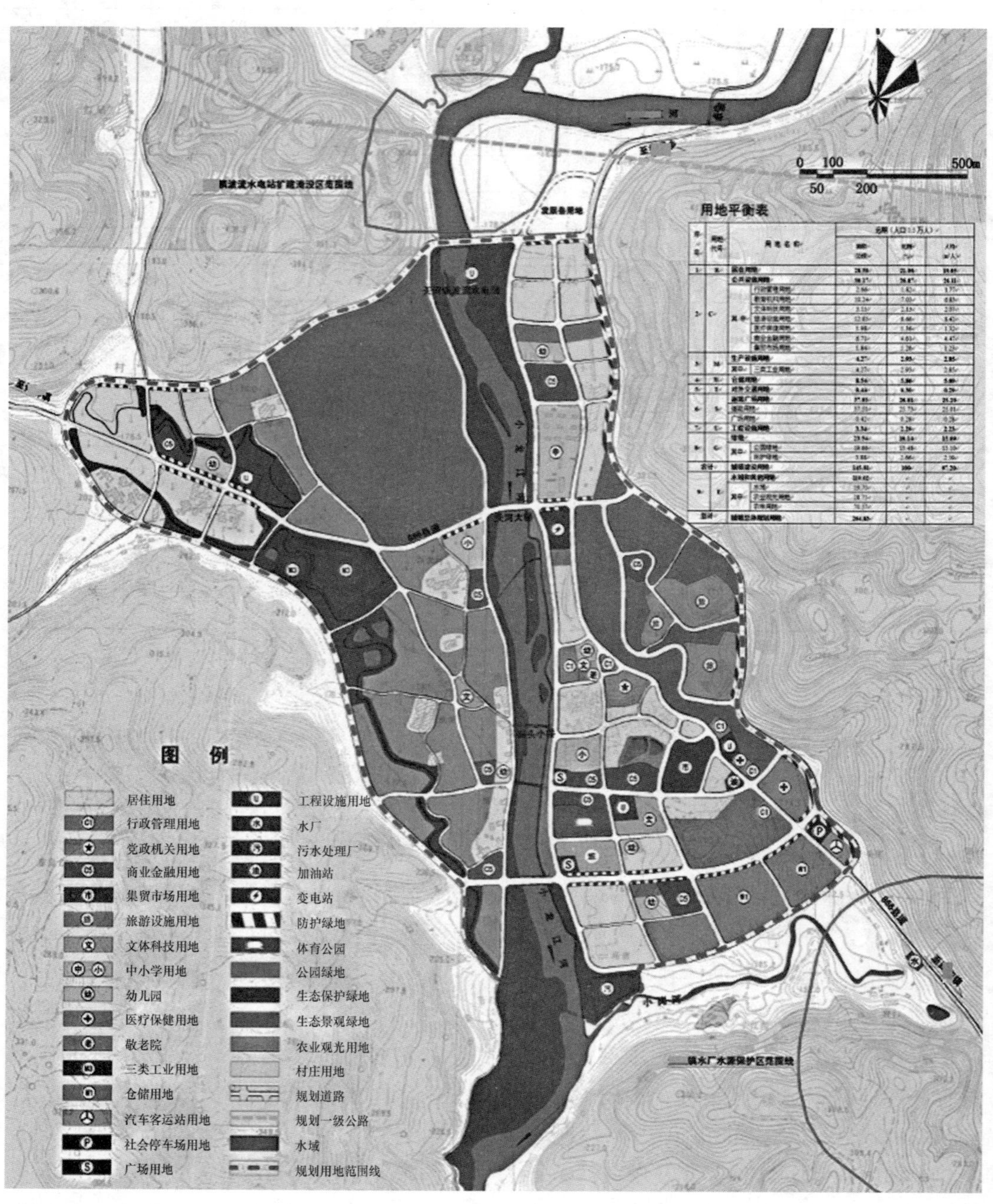

图 9.17 TH 镇用地规划总图

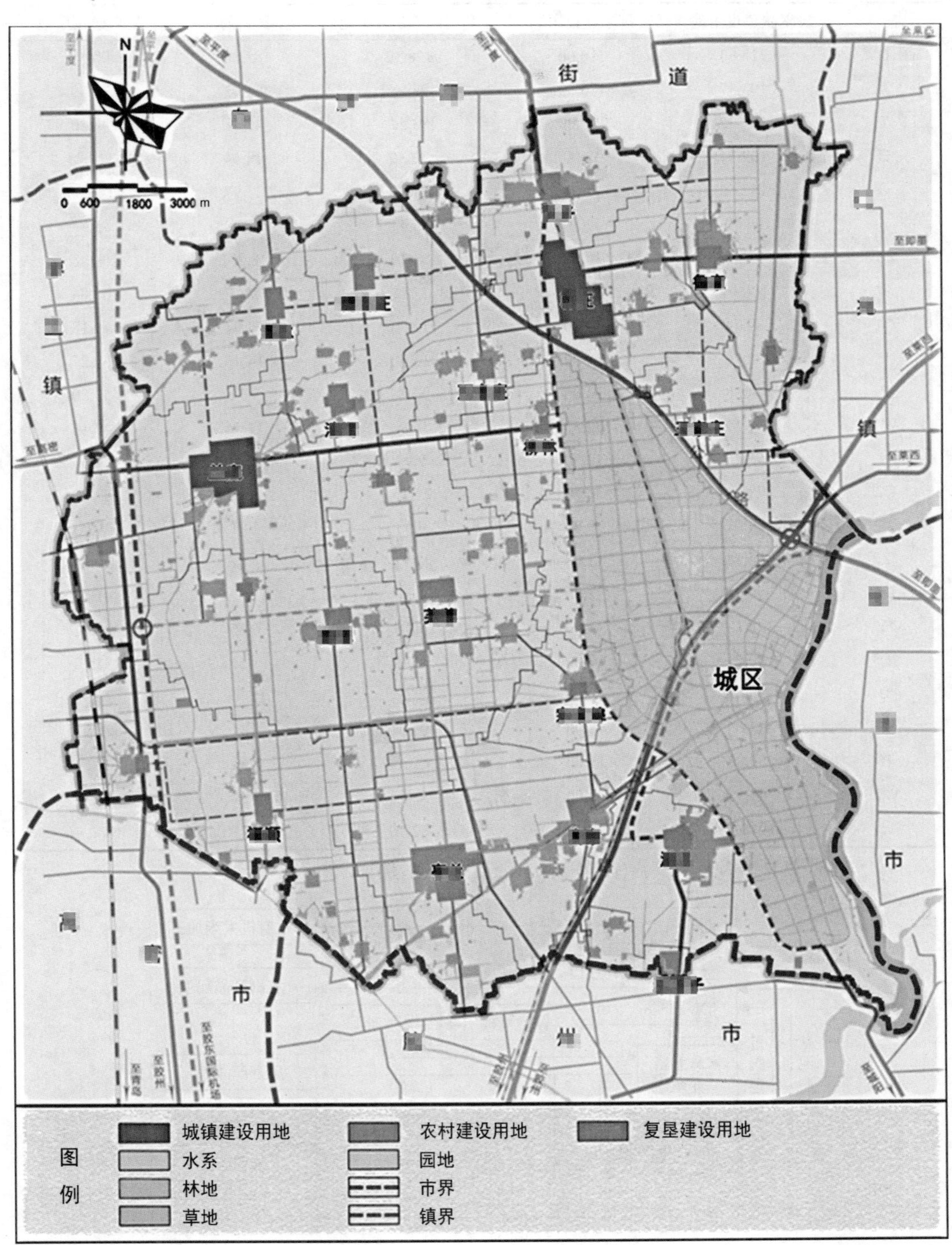

图 9.18　NC 镇域城乡建设用地规划图

表 9.10 NC 镇域农村宅基地复垦规模一览表 （单位：hm^2）

居民点	现状建设用地	规划建设用地	利用原有建设用地	新增建设用地	复垦建设用地
G	218.63	210.00	128.12	81.88	90.51
L	193.37	180.00	98.97	81.03	94.40
T	131.72	125.00	83.52	41.48	48.20
H	132.74	39.00	20.36	18.64	112.38
G	162.66	45.00	21.03	23.97	141.63
F	96.09	37.50	10.51	26.99	85.58
L1	91.18	30.00	21.20	8.80	69.98
W	108.01	30.00	27.17	2.83	80.84
Q1	89.24	30.00	10.06	19.94	79.18
F	83.79	30.00	15.52	14.48	68.27
P	74.08	30.00	20.28	9.72	53.80
W1	57.13	22.50	9.96	12.54	47.17
N	52.25	22.50	9.94	12.56	42.31
Q2	78.62	37.50	26.15	11.35	52.47
Z1	49.02	13.00	9.99	3.01	39.03
*Z2	22.14	13.00	11.98	1.02	10.16
L2	50.29	13.00	9.21	3.79	41.08
*Y	28.15	13.00	6.44	6.56	21.71
*L3	40.91	13.00	7.79	5.21	33.12
*J	33.60	13.00	7.70	5.30	25.90
*D	32.08	13.00	6.13	6.87	25.95
B	39.87	15.00	12.26	2.74	27.61
W2	49.57	13.00	8.41	4.59	41.16
总计	1915.16	988.00	582.70	405.30	1332.46

注：“*”表示该居民点为近期作为农村新型社区建设，远期将与邻近社区合并。

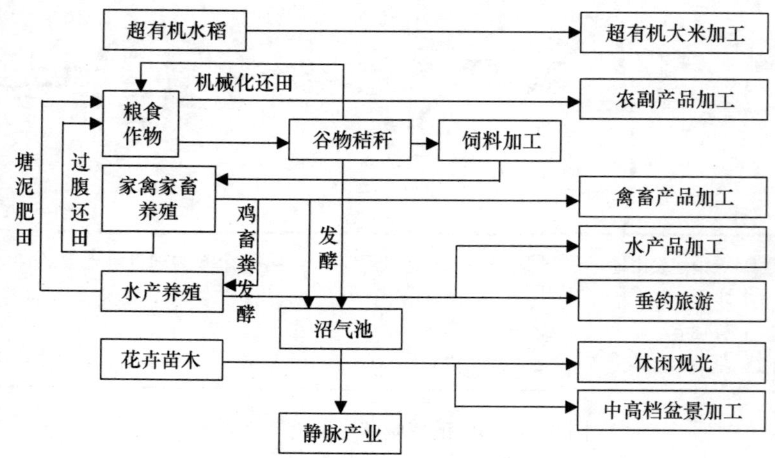

图 9.19 XQ 镇生态农业规划图

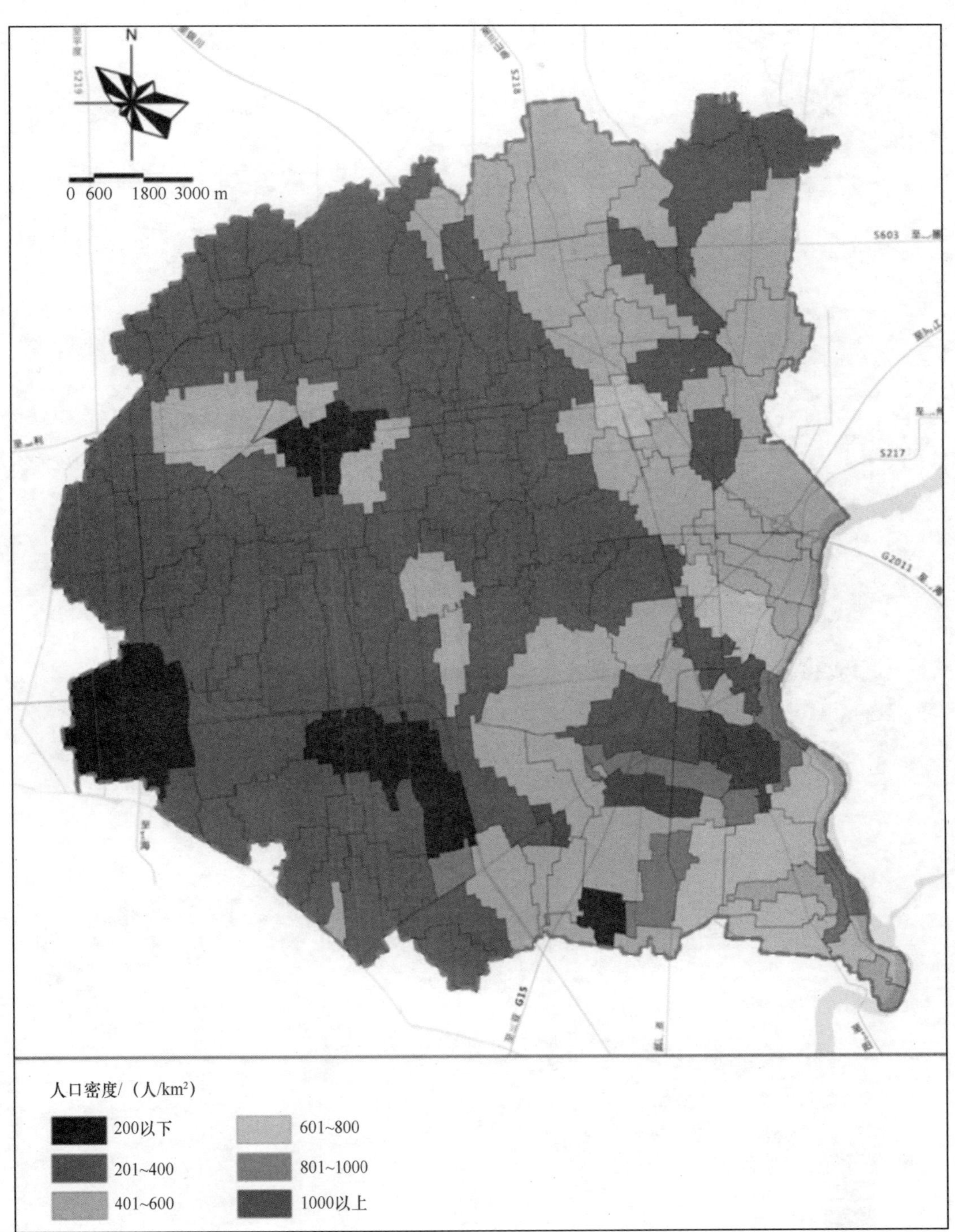

（a）NC 镇域人口密度分布图

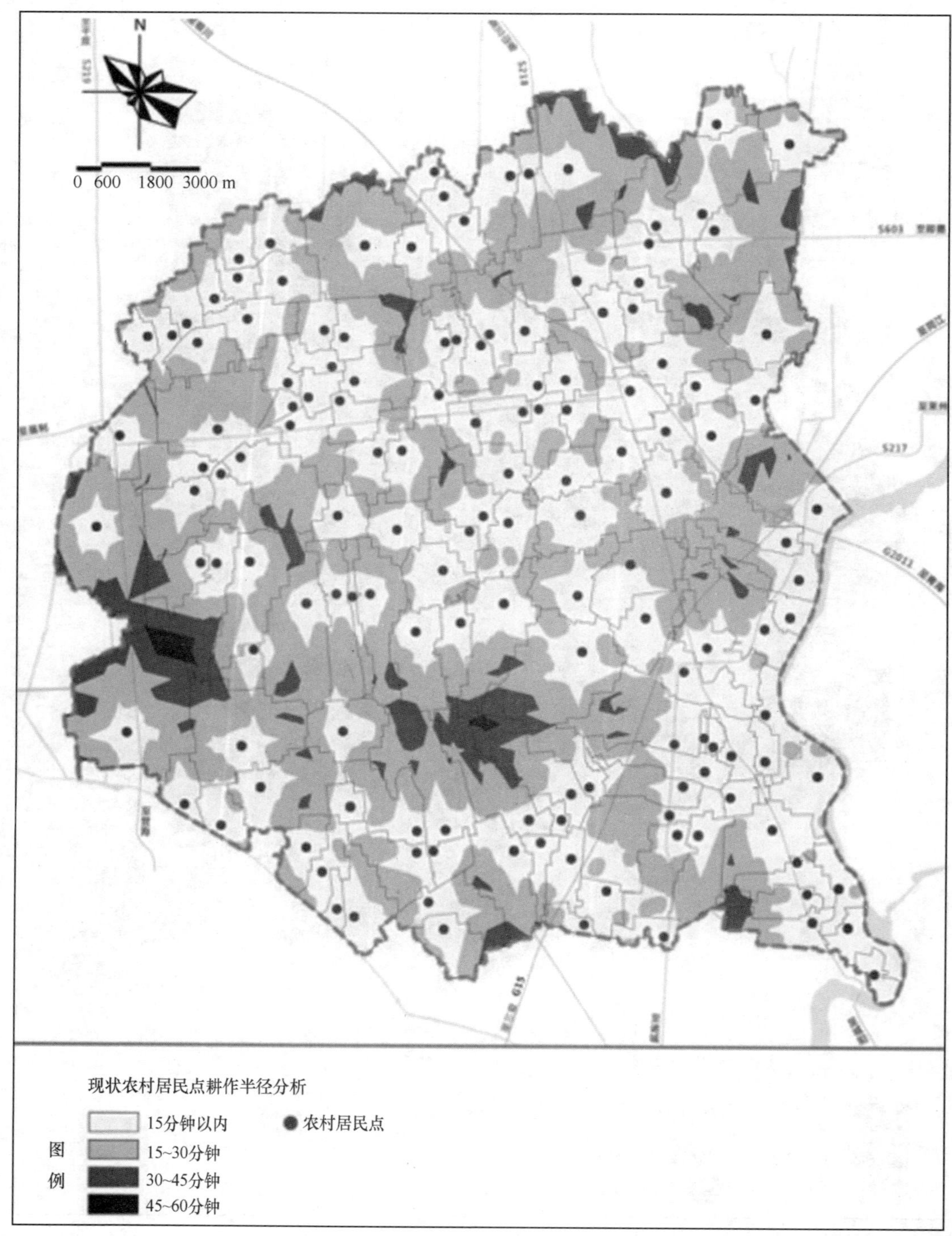

（b）NC 镇域居民点现状耕作半径分析图

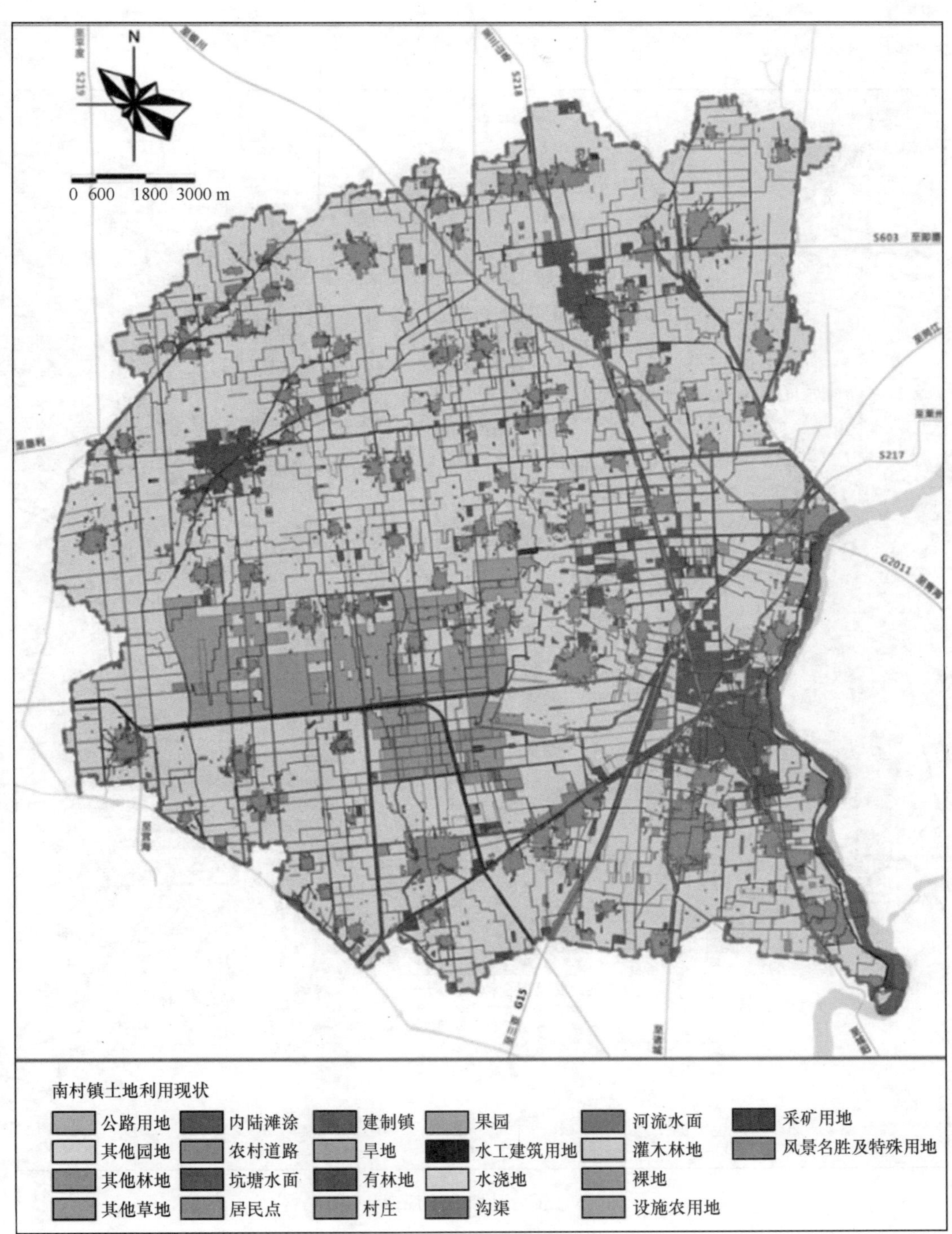

（c）NC 镇域土地利用现状图

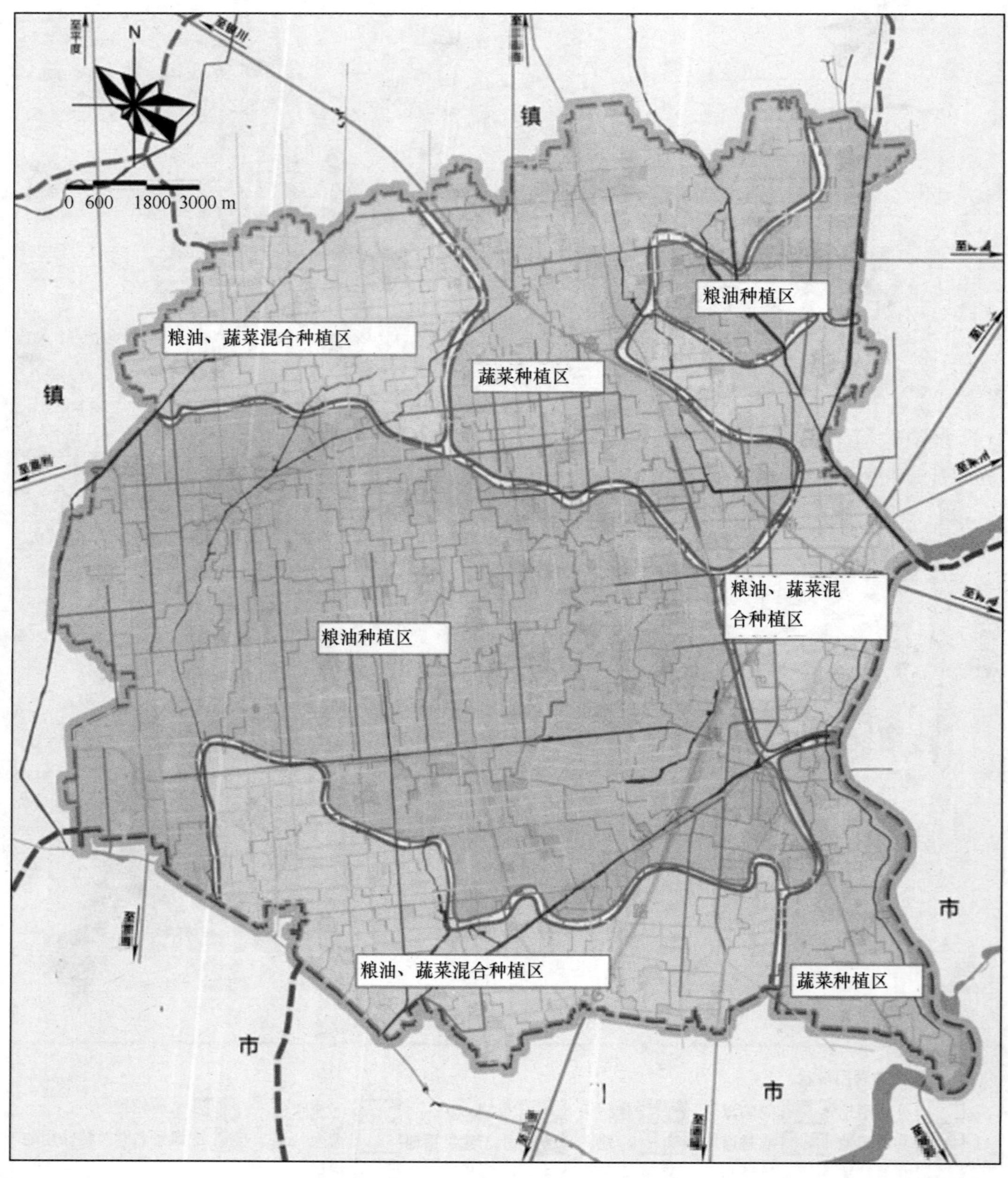

（d）NC镇域种植业布局现状图

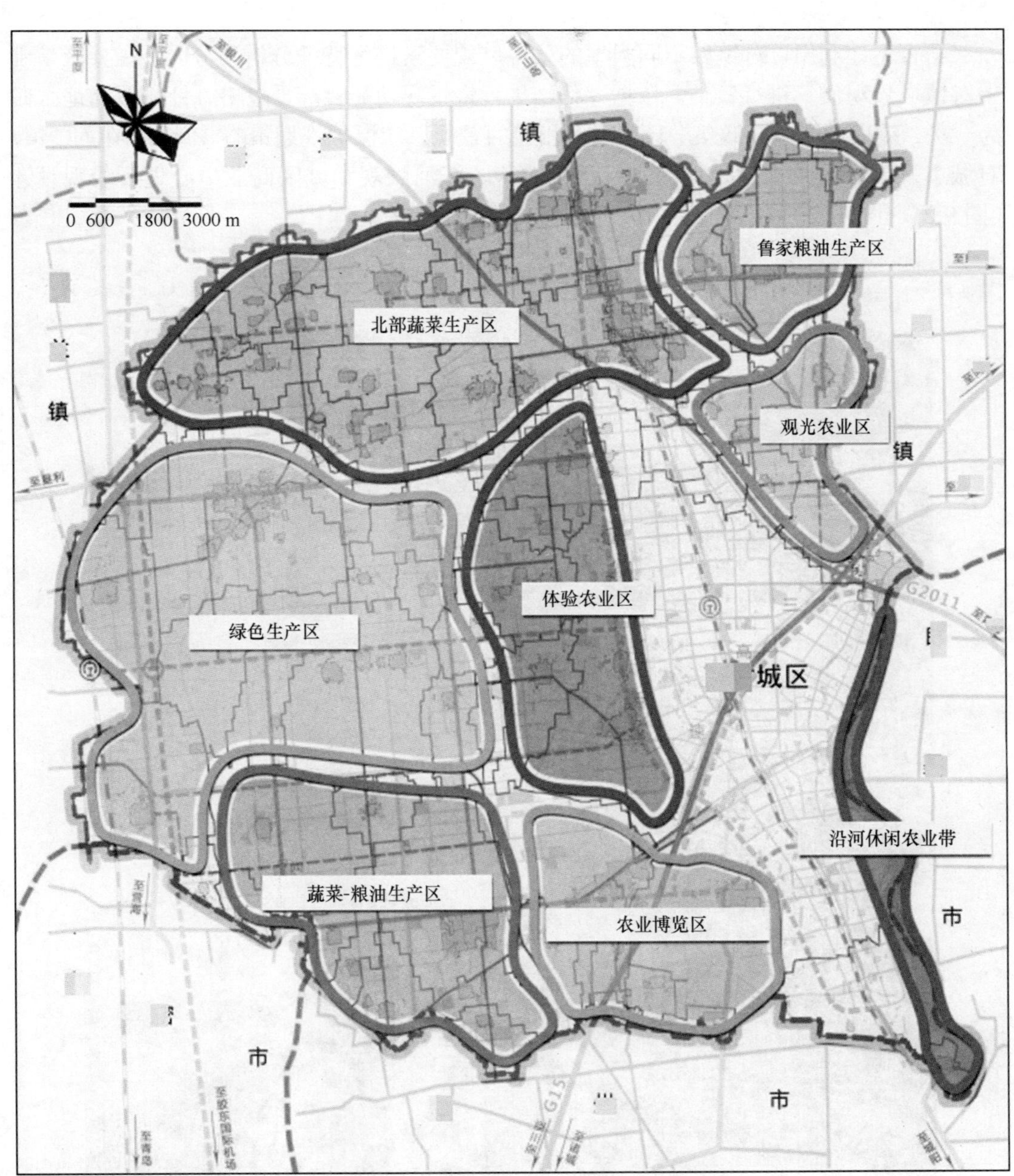

（e）NC 镇域农业总体布局规划图

图 9.20　NC 镇域农业总体布局规划

9.3.6 塑造和展现现代化美丽小城镇景观

结合土地利用，对镇域不同类型的景观风貌要素进行特征分析与分区，在分区基础上对镇域景观质量进行评估。依据评估结果，将景观功能目标、战略方针相似的地区归为一类，提出镇域景观政策分区，以及相应的景观风貌保护规划策略。例如，在NC镇，对城市及中心区景观门户地区进行景观改善，滨河景观和城区商业中心进行景观设计（图9.21～图9.23）。

图9.21　NC双泉路入口景观改善示意图

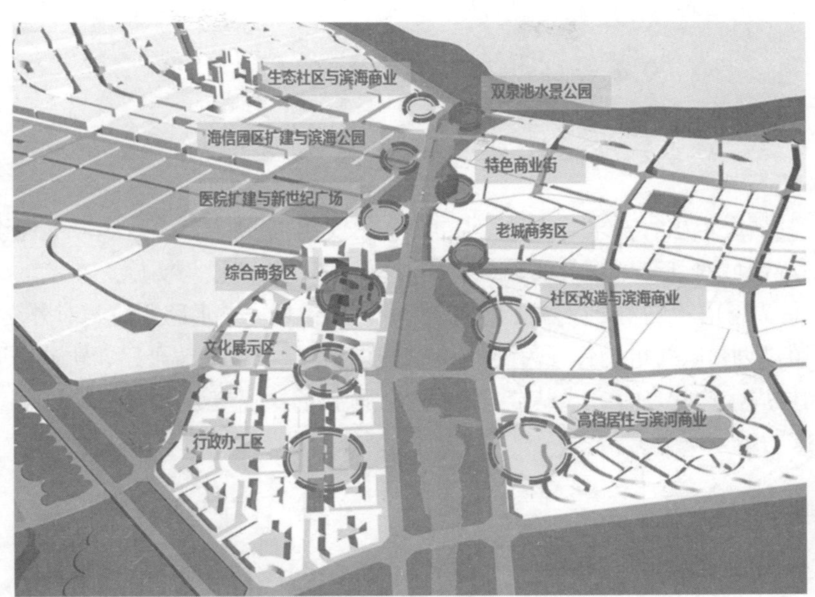

图 9.22　NC 城区助水河整体景观营造构想图

图 9.23　NC 城区城铁站点商业中心建筑景观意向图

9.4 高标准基础设施统筹规划

9.4.1 与周边区域交通统筹规划方法

基于农村居民点出行需求、出行习惯的镇域交通设施需求，采取镇域交通设施统筹规划技术，引导镇域对外交通系统的调整优化及相关工程的建设与实施。在镇域综合交通规划编制中，首先考虑镇的对外交通规划规划，并考虑镇域内部道路系统与对外交通的衔接。例如，NC 镇规划，以新机场建设为契机，通过建设镇域西侧高速公路、轨道交通线，优化既有公路网格局，构建多种方式结合、组织衔接顺畅的快速交通系统（图 9.24、图 9.25）。

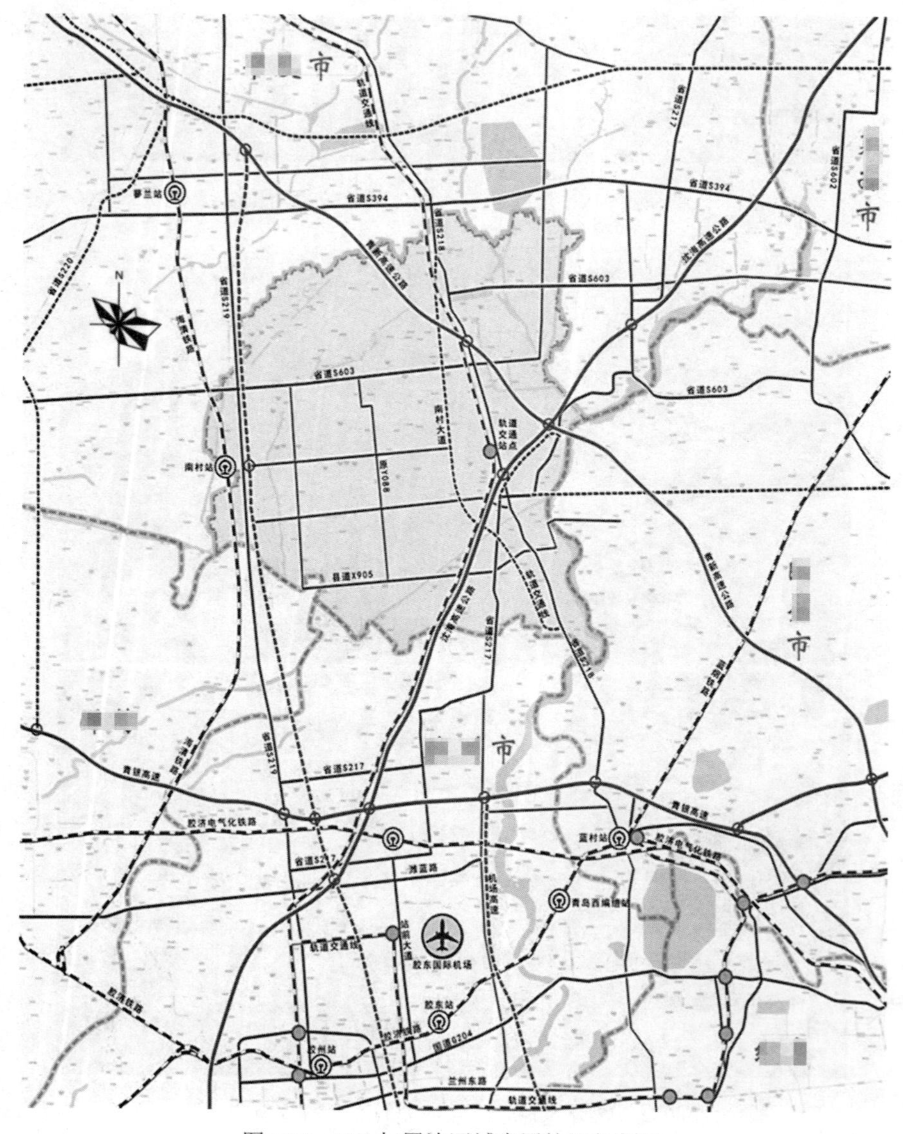

图 9.24 NC 与周边区域交通协调规划图

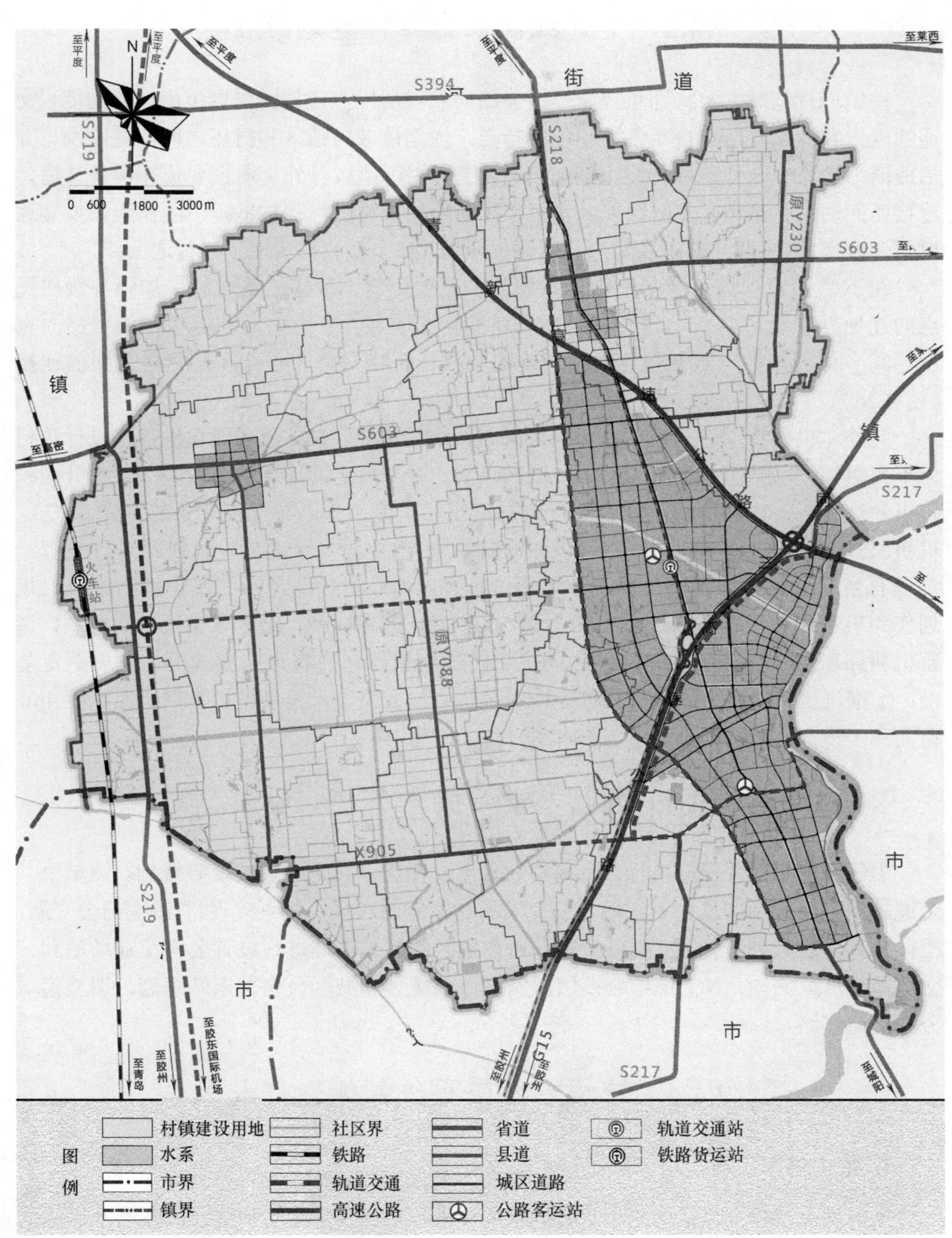

图 9.25　NC 对外交通规划图

9.4.2 交通线向农村延伸规划方法

在镇域规划时，要特别重视非等级公路向农村居民点延伸。根据镇用地的功能、交通的流向和流量，结合自然条件和现状特点，规划镇域内镇区和村庄之间的道路网，并形成清晰的城乡交通路网体系。例如，TH 镇规划，镇域对外交通主要依托两条县道，连接西面的镇往某市，北面经××乡至××山原始森林自然保护区，镇区作为主要交通枢纽，西南部、西北部由乡道进行联系，全镇 14 个行政村实现了村村通公路。

在 NC 镇，根据镇域居民点体系规划，通过新建、改建道路设施，加强各级居民点的连通性和可达性。①等级公路，规划提高省道、县乡道的道路等级，加宽路面宽度；②乡村公路，重点加强连通性较差的农村社区特别是中心社区与乡村公路的连接（图 9.26）。

此外，也要特别注意镇域道路与机耕路衔接。例如，NC 镇域现状机耕路以行政村为单元组织，以村庄居民点为中心向田间辐射，村与村之间连通的路段较少，部分面积较小的行政村、村界形状不规则的行政村机耕路长度较小，覆盖面积不够（图 9.27）。机耕路规划结合 NC 镇域居民点体系规划调整后的农村社区边界对机耕路进行整理：①现有乡村公路在居民点体系调整后不再具有连接农村社区之间交通功能的路段，规划作为机耕路使用；②以控制农田面积 500～800 亩为标准，结合农田渠（沟）系，调整机耕路密度；③加强农村社区之间机耕路的连通性，为将来农业规模化发展奠定基础；④推进机耕路路面硬化建设。除转用现状乡村公路外，其余机耕路按路面宽度 4m，路面高于地面 0.5～0.7m 设计（图 9.28）。

9.4.3 镇域公共交通统筹规划技术

为了方便生活，绿色出行，镇域规划也需要强化公共交通系统统筹规划。镇域公共交通规划主要包括客运公交线网、公交站场和站点的布局，规划建设村-镇区的公交网；根据公共交通车种车辆数、服务半径和所在地区的用地条件进行设置公共交通场站和公交车停靠点。例如，NC 镇结合镇域居民点体系规划和城区公交首末站规划，调整市域公共交通线路。

9.4.4 镇域市政工程统筹规划技术

1. 集中供水工程

集中供水工程：包括确定用水量、水质标准、水源及卫生防护区，以及给水设施的设置和给水干管网的布置。首先，以县（市）镇村体系规划为依据，布置水厂或配水厂。厂址的位置选择应按照地表水水厂和地下水水厂选址分别考虑。其次，布置给水干管网，包括输水干管渠、配水干管网布置，布置过程应考虑符合区域统筹规划、保护水质和

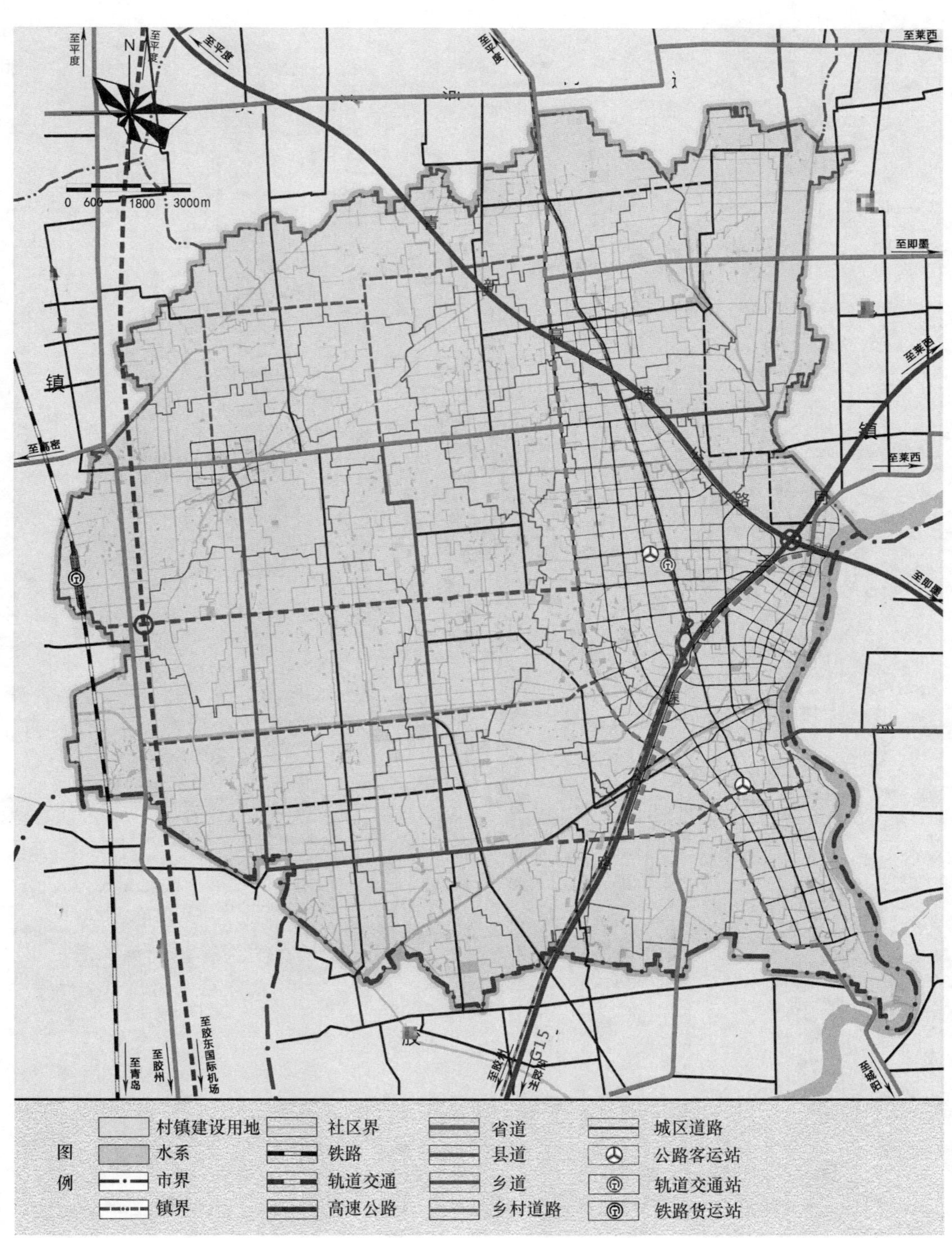

图 9.26　NC 镇域综合交通体系规划图

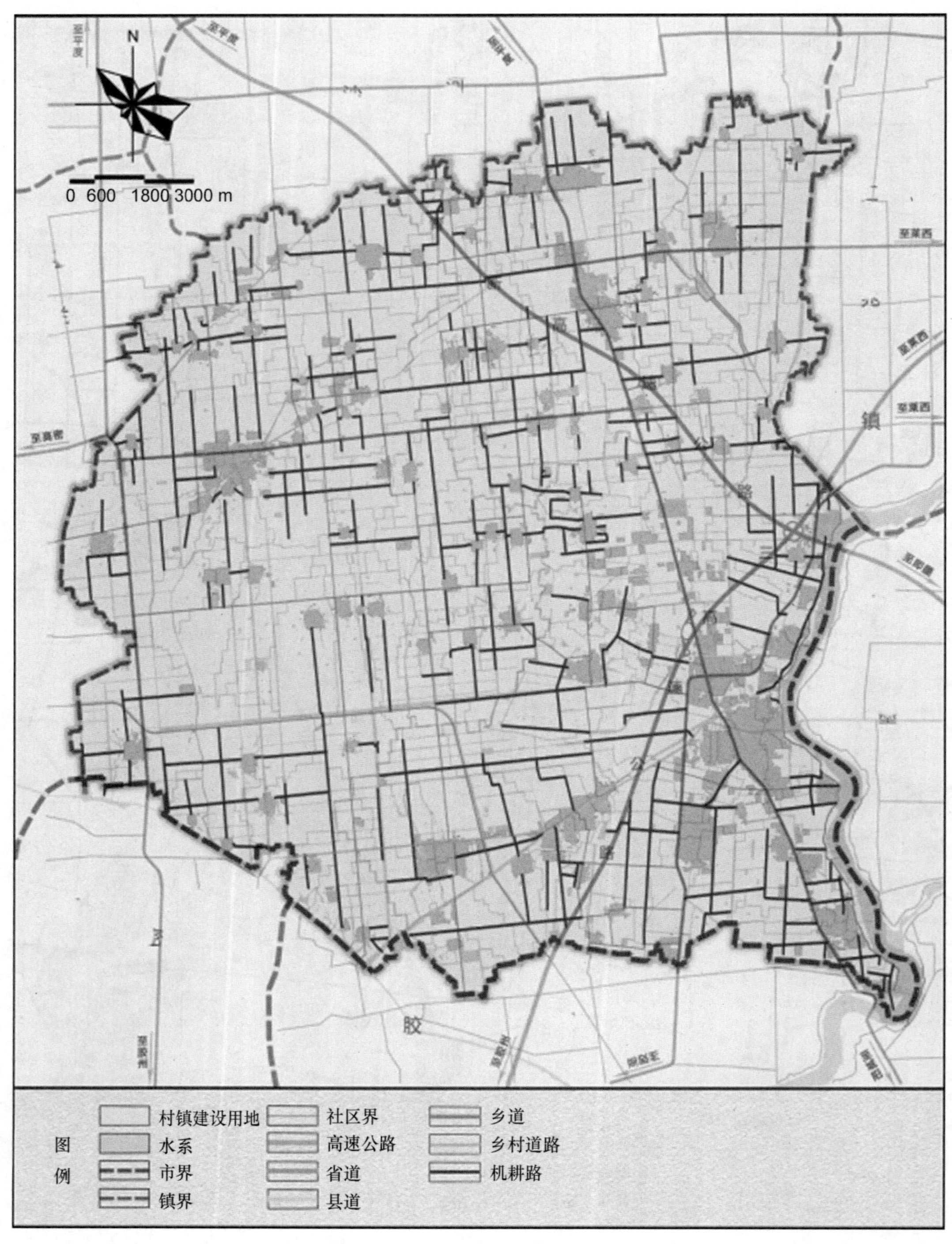

图 9.27 NC 镇域机耕路现状图

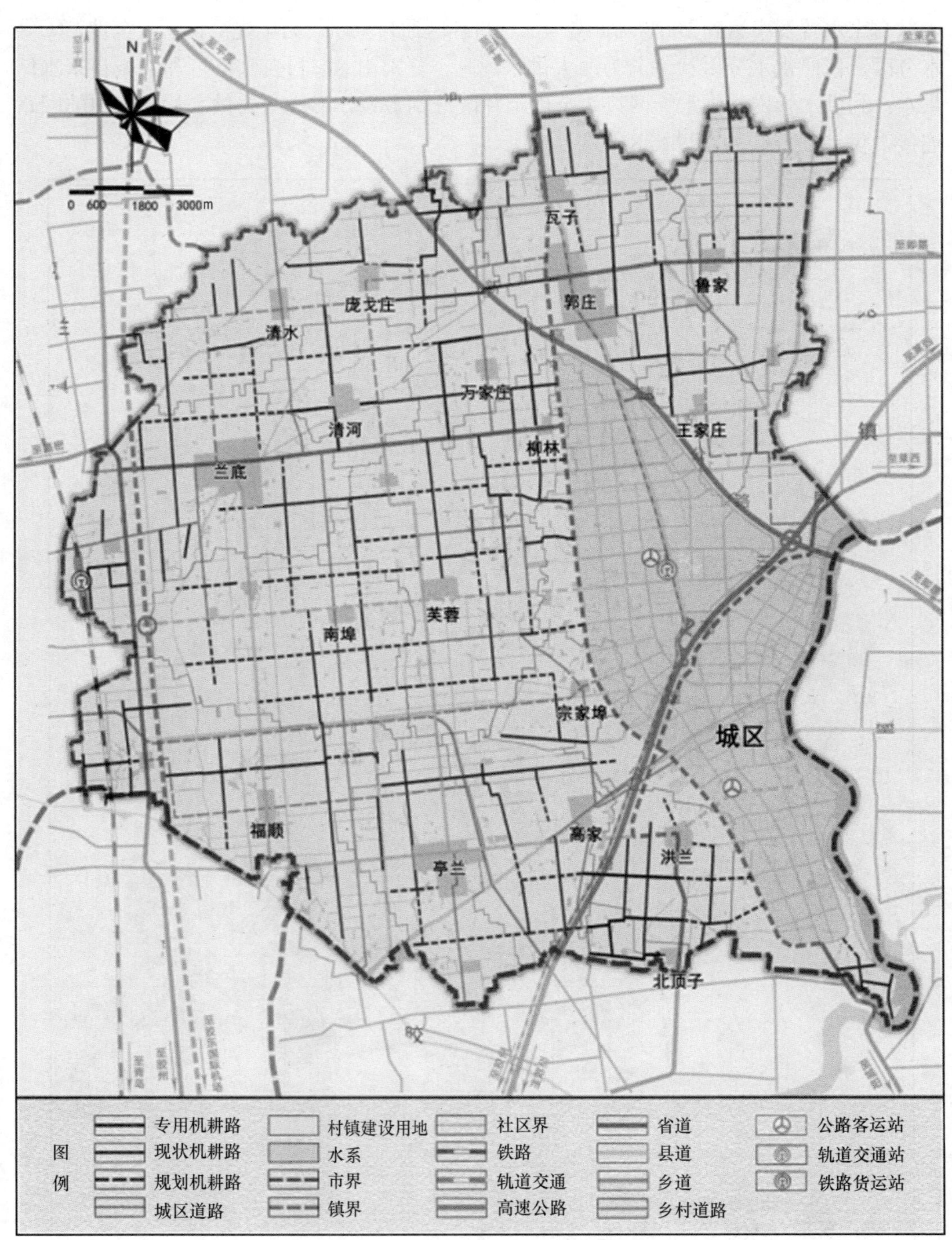

图 9.28　NC 镇域机耕路规划图

防止水土流失、控制造价等因素。例如，规划 NC 镇域生活饮用水水质达标率 100%，市域自来水普及率达到 100%，实现全部农村社区通自来水。为了提高供水安全性，①供水分区，依照供水分区计划分为两大供水片区，分别由 NC 村自来水厂和县城自来水厂供水；②供水管网，供水管网按两个供水片区分别敷设，形成两个供水片区管网的回路连接，供水干管接入农村社区（图 9.29）。

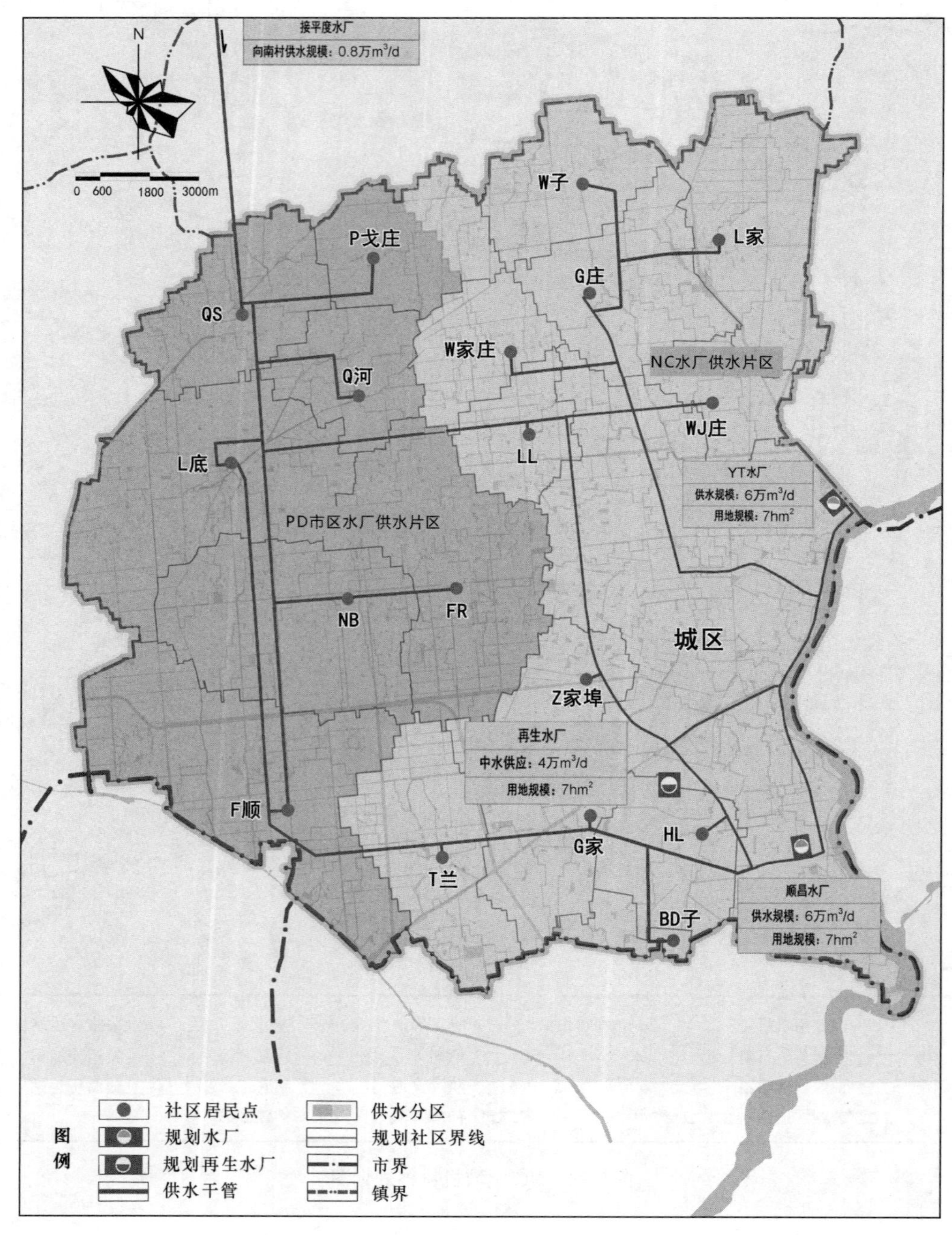

图 9.29 NC 镇域供水工程规划图

2. 农村灌排渠系工程

镇域现代化灌排渠系建设是镇规划的中心内容之一。一般而言，农村灌排渠系以堤沟、河道等水系为骨架（以排水功能为主），外接江河湖海淀水系，北方地区农田灌溉以地下水为主。近年来，广大农村地区的地表水系多数遭遇污染，地下水资源因超采导致枯井甚至地面沉降，农田田间排水沟渠也因缺乏疏浚而淤塞，部分沟系也因快速城镇和村庄建设被填埋，系统被割断。镇域灌排渠系规划，优化地区种植结构，修建引水干渠以及相配套的灌溉支渠；对现有中断、於塞的沟系进行疏通、开挖，提高排水干、支沟系的连通性和水系的景观生态功能；推行节水灌溉，提高水资源利用效率，减少地下水开采（图 9.30）。

3. 农村生活排水处理（非集中式）

农村地区生活排水的现状问题十分突出，未处理的农村生活污水不仅对饮用水水源构成潜在威胁，也直接影响到江河湖泊的自然生态。农村生活污水具有排放量小且分散、污染物浓度高，以及间歇性排放等特征，加之现状农村地区污水处理能力低下、设施不配套不完善，处理能力远滞后于新加污染量。根据国标 GB3838—88 地面水环境质量标准，排水执行 A 级标准（国家一级），污水应按二级处理达标后方可排放，明确划分非集中式排水区，保障镇域标准化粪池的配建及其后续兼性或好氧滤池的扩充建设，坚决杜绝农村生活污水直排，在有条件的地区引进土地处理技术、稳定塘处理技术、分散式污水处理技术、生物膜处理技术、生态厕所技术，以及活化器生态处理技术等，加快符合地方发展实际的污水处理技术引入与建设，增强农村居民环保意识，加大水资源循环利用。

4. 乡村电力工程

镇域主要以 220kV 为电源供电，35kV 变电站形成主干供电网。规划变电站址尽量选在建设用地中，一般农田可根据土地性质的调规同步实施，以保证建设工期，线路走廊应在规划中一并考虑。中心城区建设应考虑电缆线路路径和城市道路相结合，一并实施，以避免道路建设的重复施工，避免浪费。应充分考虑城区内电力线路的路径问题，特别是在规划建设道路的时候，要充分预留电缆路径，最好使用电缆隧道。镇域变电设施综合布局（表）、电力线路敷设方式、高压线走廊、地下电缆路由及敷设要求。需结合镇域三区三线划定内容协调高沿线走廊带的空间管控（图 9.31）。

5. 乡村电信工程

镇域电信工程规划应以现代化城镇建设目标为基础，注重现代信息化内容，以高标准配建镇域尤其是城镇化要素集聚地区的信息化工程设施系统。具体技术应以镇域内话机总数、宽带用户数量的预测，以及其他通信需求调研为基础，规划宜实现农村电话、20M 宽带户户通、4G 或 5G 网络全覆盖。镇域内各类通信线路应统筹管理、尽量做到同杆架设（图 9.32）。

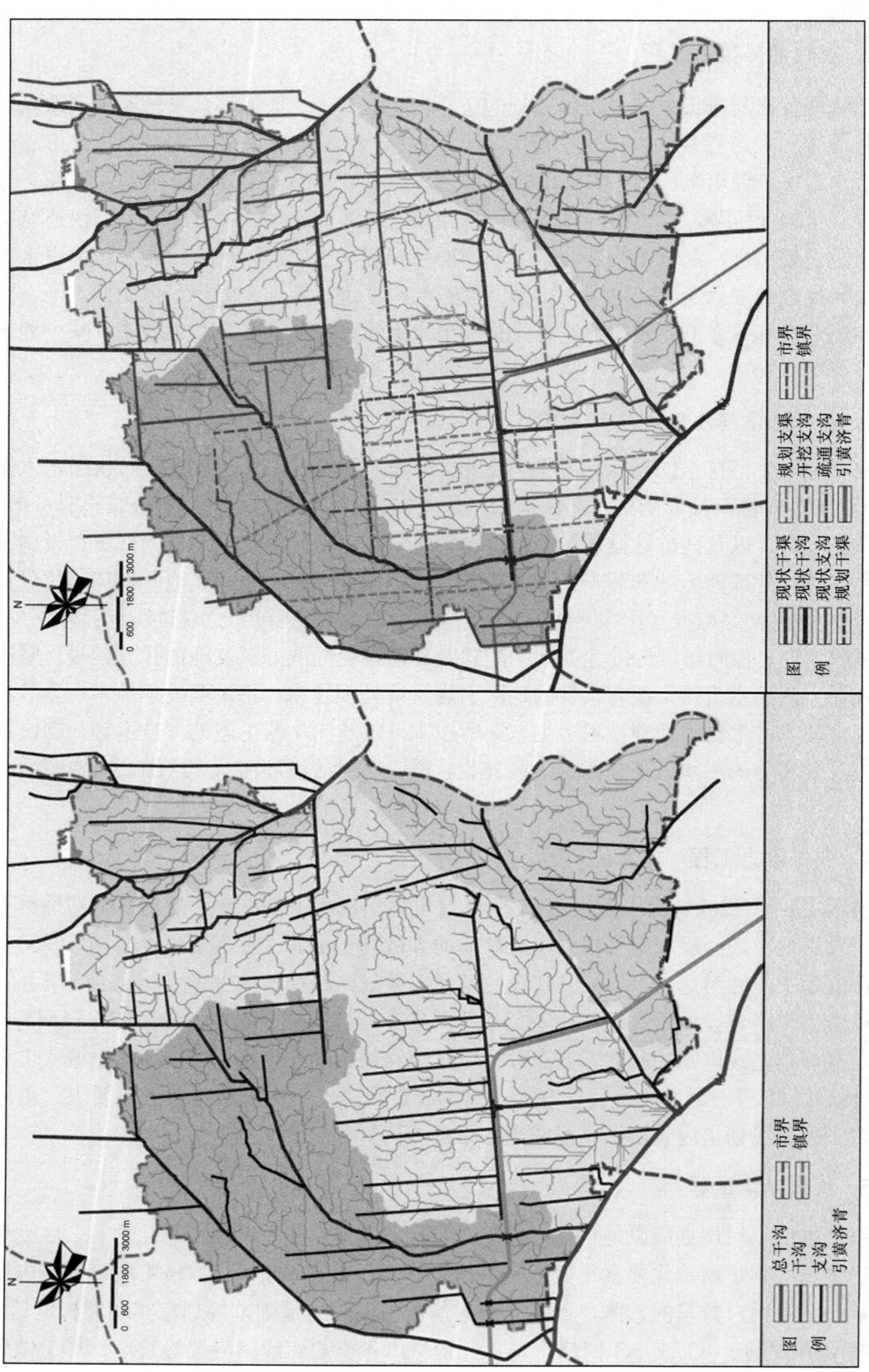

图 9.30 NC 镇域灌排渠系现状与规划图

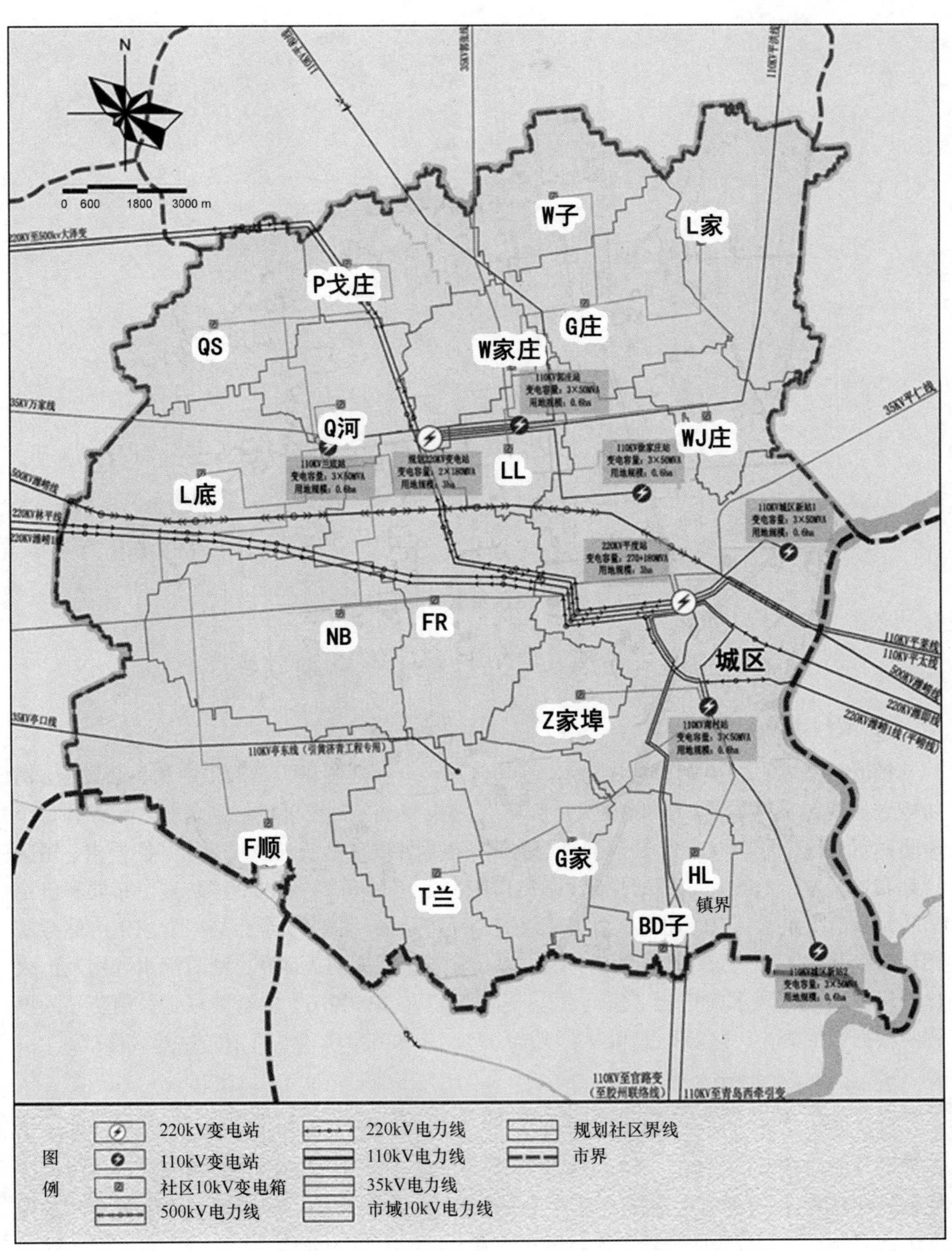

图 9.31　NC 镇域供电工程规划图

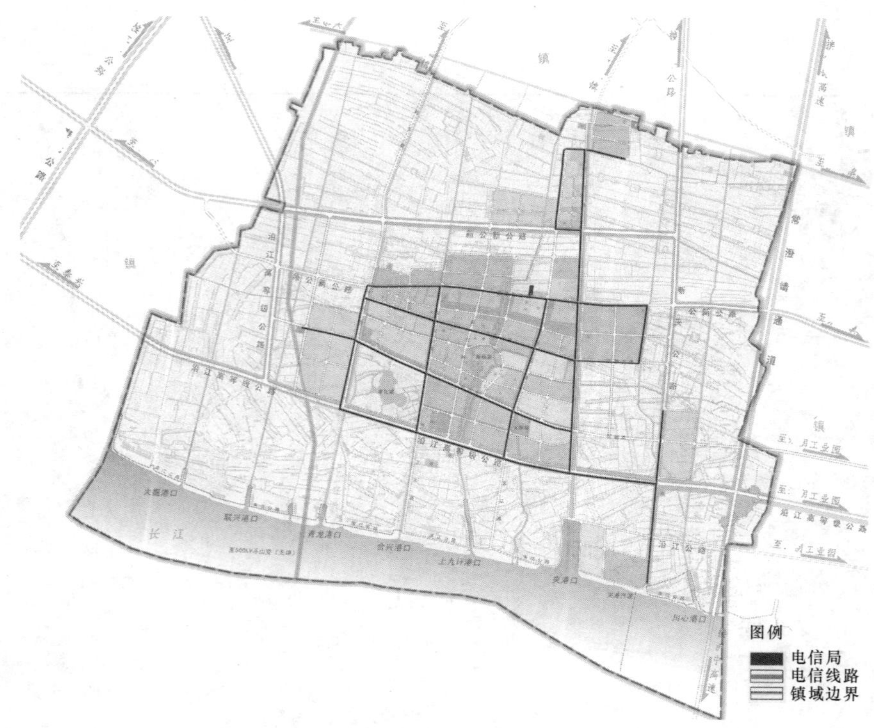

图 9.32 XQ 镇电信工程规划

9.4.5 镇域防灾设施统筹规划技术

1. 乡村消防

镇既然是农村城镇化的重要载体，在城区和产业园区累积大量的生产和生活设施，消防规划显得越来越重要。镇域消防规划，以接到报警 5 分钟内可以达到责任区边缘和每个消防站责任区面积 4～7km^2 的标准进行布置。根据《城市消防站建设标准》的要求，镇区规划布置一座二级普通消防站，配设防灾指挥中心。消防站主要包括消防安全布局和确定消防站、消防给水、消防通信、消防车通道及消防装备。消防安全布局应考虑生产储存易燃易爆物品的工厂、仓库等场所的位置，以及建筑之间的防火间距。消防给水管网及消火栓的设置及技术要求应符合《建筑设计防火规范》（GB50016）的有关规定。消防站的设置应根据镇的规模、区域位置和发展状况确定，具体可参考《城市消防站建设标准》。

2. 乡村抗震防灾

抗震防灾主要包括建设用地评估和工程抗震、生命线工程和重要设施、防止地震次生灾害以及避震疏散的措施。参考《中国地震动参数区划图》GB18306 和《建筑抗震设计规范》GB50011 等的有关规定，对于发生地震的次生灾害源，应根据其次生灾害严重程度进行限制、迁移或预防。避震疏散规划应考虑疏散人口的数量，并结合广场、绿地综合考虑。同时注意生命线工程，主要包括交通、通信、供水、供电、能源、消防、医疗和食品供应系统规划。此外，针对地方性农业生产灾害，进行农业生产防灾救灾规划（图 9.33）。

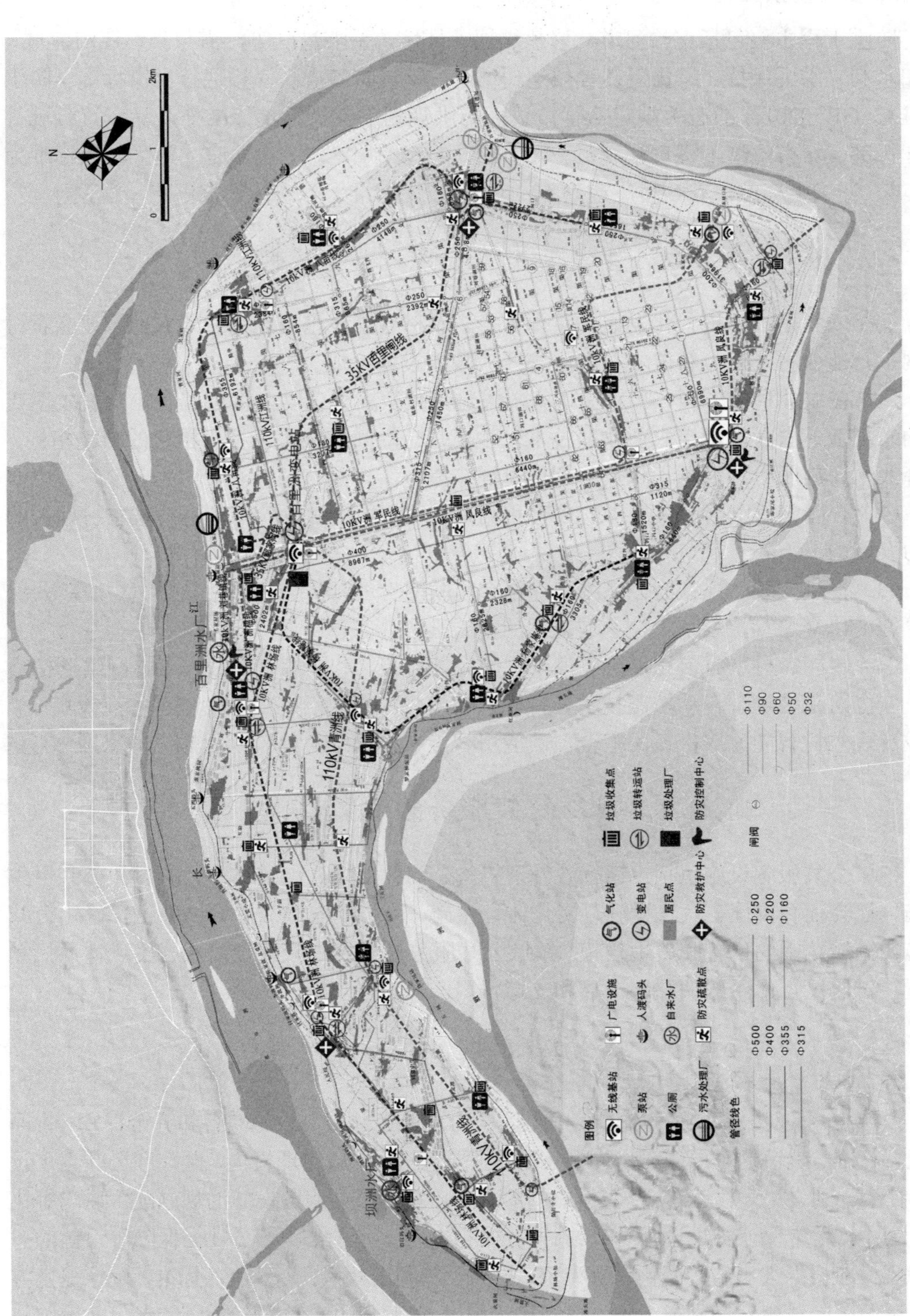

图 9.33　镇域规划示范点公用基础设施与防灾减灾设施规划图

3. 乡村防洪工程

防洪工程主要包括整治河道、修建堤坝、圩垸、蓄滞洪区等，需与当地江河流域、农田水利、水土保持、绿化造林等规划相结合。镇域防洪规划应按现行国家标准《防洪标准》（GB50201）的有关规定执行；镇区防洪规划除应执行本标准外，尚应符合现行行业标准《城市防洪工程设计规范》（CJJ50）的有关规定。一般而言，镇区防洪标准为 20 年一遇以上标准，其余村庄达到 10 年一遇以上标准。除涝标准按三年一遇设计。

9.4.6 智慧农村信息乡村规划技术

智慧农村是农村现代化发展的重要内容。农村智慧设施规划由智能农业、智能农村电网、智能农村交通、智能农村家居等四大规划设计组成。

（1）在农业种植方面，积极引进智能设施，减少人工劳动，将镇域农业发展成现代化的新型智慧农业，利用农业物联技术，主要是自动喷灌技术，根据推送的植物指标，选择胶水、施肥等，现场管理员收到信息同步操作。

（2）智能农村电网通过先进的传感和测量技术、先进的设备来满足镇域农村地区的电力发展。

（3）推进安装“视频监控系统”并结合“联网”，实现“资源共用、信息共享”，保证“智能化交通管控系统”在全域范围的实施推进。

（4）智能农村家居依托镇域电信工程的完善升级，利用综合布线技术、网络通信技术、安全防范技术、自动控制技术、音视频技术将家居生活有关的设施进行高效集成，形成现代农村智能家居，在民宿全覆盖应用智能家居系统，体验远程操纵的家居生活。

9.5 城乡公共服务设施均等化

镇域公共服务设施包括：镇行政管理机构、商业网络、市场体系、医疗和公共卫生设施、社会福利设施、教育设施、文化体育设施、科技和农产品中介网络等，确定公共设施在镇域范围的位置和占地规模。镇域公共服务设施规划应结合镇域居民点体系规划布置，对居民点体系的调整起引导和支撑作用。

9.5.1 基本公共服务设施配置技术

镇域规划，对公共服务设施规划而言，一方面是公共服务设施完备和齐全，另一方面是配置标准。就镇这个层面，公共服务设施主要包括：行政管理机构、医疗和公共卫生设施、社会福利设施、教育设施、文化体育设施等。基本公共服务设施的规划配置以均等化配置为主，尽量保证各类设施对镇域居民点的覆盖度。教育、医疗、社会保障等设施的布局和规模应根据人口结构变化进行调整，提高设施利用效率，提升服务标准。医疗卫生方面采用镇医院医生定期到村卫生站巡视接诊的模式提高医疗卫生服务水平。老年人设施与救助管理设施等，其中行政村宜设置养老服务站和老年人活动室，镇域范围内宜统筹布局养老院、儿童福利院、残疾人康复站、救助管理站等。在 NC 镇规划，镇域的城乡基本公共服务设施配置以均等化为目标，按“城区-中心社区-基层社区”三级配置（表 9.11）。

表 9.11　NC 镇域公共服务设施规划配置标准

类别	项目名称	城区	中心社区	基层社区
一、行政管理	1. 党、政府、人大、政协、团体	●	—	—
	2. 法庭	○	—	—
	3. 各专项管理机构	●	—	—
	4. 居委会、警务室	●	—	—
	5. 村委会	○	●	●
二、教育机构	6. 专科院校	○	—	—
	7. 职业学校、成人教育及培训机构	○	—	—
	8. 高级中学	○	—	—
	9. 初级中学	●	○	—
	10. 小学	●	●	○
	11. 幼儿园、托儿所	●	●	○
三、文体科技	12. 文化站（室）青少年及老年之家	●	●	○
	13. 体育场馆	●	—	—
	14. 科技站、农技站	●	○	—
	15. 图书馆、展览馆、博物馆	○	—	—
	16. 影剧院、游乐健身场所	●	○	○
	17. 广播电视台（站）	●	—	—
四、医疗卫生	18. 计划生育站（组）	●	○	—
	19. 防疫站、卫生监督站	●	—	—
	20. 医院、卫生院、保健站	●	●	●
	21. 休疗养院	○	—	—
	22. 专科诊所	○	○	—
五、商业金融	23. 生产资料、建材、日杂商品	●	○	○
	24. 粮油店	●	●	—
	25. 药店	●	○	—
	26. 燃料店（站）	●	—	—
	27. 理发馆、浴室、照相馆	●	○	—
	28. 综合服务站	●	○	○
	29. 物业管理	●	○	—
	30. 农产品销售中介	○	○	—
	31. 银行、信用社、保险机构	●	—	—
	32. 邮政局	●	○	—
六、社会福利	33. 残障人康复中心	●	—	—
	34. 敬老院	●	○	—
	35. 养老服务站	●	●	—
七、商贸设施	36. 蔬菜、果品、副食市场	●	○	—
	37. 粮油、土特产、市场畜禽、水产市场	●	○	—
	38. 燃料、建材家具、生产资料市场	○	—	—

注：“●”表示必须设置；“○”表示可以选择设置；“—”表示可以不设置。

资料来源：NC 镇总体规划。

在 BLZ 镇，根据镇域居民获取各类公共服务所适宜付出的时间和通勤成本，结合镇村体系规划内容，把整个镇域分为由“基层村-中心村-镇域”的三级生活圈层系统（表 9.12、图 9.34）。

表 9.12 基于镇域各生活圈层构建的公共设施配置

类别	服务设施	规划建设标准参考（按生活圈服务范围内服务人口共建共享来配置）	镇区配置	中心村配置	基层村配置
教育科技	职校与职业培训机构	规划用地 2.5～3.2m^2/人；提高多媒体普及率、网络学习空间数等	●	○	○
	初中+小学		●	◎	○
	幼儿园或托幼站		●	●	◎
文体娱乐	图书馆、博物馆、体育馆	文化娱乐设施规划用地 0.8～1.1m^2/人；体育设施规划用地 0.6～1.0m^2/人	◎	○	○
	影剧院、广播电视台（站）		●	◎	○
	社区综合文体活动站		●	●	●
医疗卫生	综合医院及主要专科医院	规划用地 0.6～0.7m^2/人；千人床位≥5；提高网络预约及诊疗、电子病历率	◎	○	○
	卫生院、急救站		●	◎	○
	社区综合医疗保健站		●	●	●
社会福利	社会福利院（孤儿、老人、残疾等）	规划用地 0.2～0.3m^2/人；设施满足国标《无障碍设计规范》要求	●	◎	○
	社区综合社会服务站		●	●	●
商业金融	百货商超、宾馆旅店	规划用地 3.3～4.4m^2/人；提高网上商品零售占比	●	◎	○
	银行、信用社、保险机构		●	◎	○
	集贸市场或综合商服站		●	●	●
行政	党政司法等公共管理机构	规划用地 0.8～1.3m^2/人	●	○	○
管理	社区居/村委会		●	●	●

注：●表示该设施必须配置；◎表示该设施根据所服务生活圈实际门槛人口及服务半径决定是否配置；○表示该项目可不必配置。

9.5.2 基本公共服务设施选址技术

1. 集中配置技术

商业服务设施、文体设施宜相对集中布置，并结合社区公共绿地等公共活动空间形成公共活动中心。考虑有条件的农村社区部分设施共享，宜布置于主要道路或道路交叉口处，如学校、邮局、加油站、果菜商店、便利店等。农业生产性服务设施。考虑建成农业服务综合体，包括信息站、培训中心、研究管理点、农机站、农村保险、法律服务、乡村物流配送中心、乡村物流集货点、农产品加工包装、旅游居住、旅游管理与服务等，如 TH 镇，在镇区内布置：变电站、医院、水厂、汽车站、公交车首末站、加油站、电信分局、邮政分局、文化中心、污水处理厂、垃圾转运站、体育馆。各行政村内布置：村委、蓄水池、文化室、篮球场、候车亭、垃圾池。

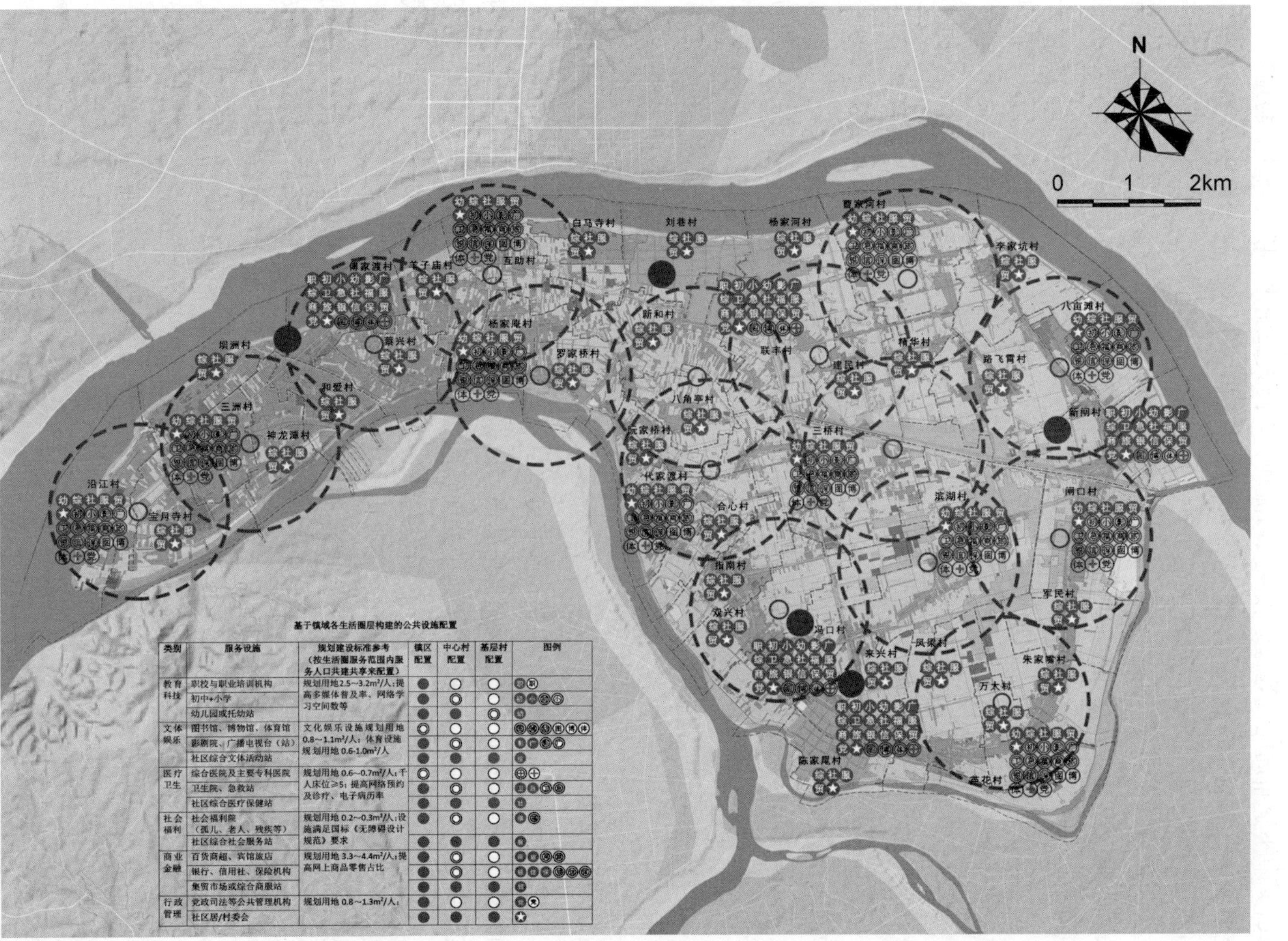

类别	服务设施	规划建设标准参考（按生活圈服务范围内服务人口共建共享来配置）	镇区配置	中心村配置	基层村配置	图例
教育科技	职校与职业培训机构	规划用地2.5~3.2m²/人；提高多媒体普及率、网络学习空间数等	●	○	○	
	初中+小学		●	◎	○	
	幼儿园或托幼站		●	●	◎	
文体娱乐	图书馆、博物馆、体育馆	文化娱乐设施规划用地0.8~1.1m²/人；体育设施规划用地0.6-1.0m²/人	◎	○	○	
	影剧院、广播电视台（站）		●	◎	○	
	社区综合文体活动站		●	●	●	
医疗卫生	综合医院及主要专科医院	规划用地0.6~0.7m²/人；千人床位≥5；提高网络预约及诊疗、电子病历率	◎	○	○	
	卫生院、急救站		●	◎	○	
	社区综合医疗保健站		●	●	●	
社会福利	社会福利院（孤儿、老人、残疾等）	规划用地0.2~0.3m²/人；设施满足国标《无障碍设计规范》要求	●	◎	○	
	社区综合社会服务站		●	●	●	
商业金融	百货商超、宾馆旅店	规划用地3.3~4.4m²/人；提高网上商品零售占比	●	◎	○	
	银行、信用社、保险机构		●	◎	○	
	集贸市场或综合商服站		●	●	●	
行政管理	党政司法等公共管理机构	规划用地0.8~1.3m²/人；	●	○	○	
	社区居/村委会		●	●	●	

图 9.34　镇域规划示范点公共服务设施规划图

2. 独立选址技术

（1）中小学布局应统筹考虑城乡人口流动、学龄人口变化，以及当地农村地理环境及交通状况、教育条件保障能力、学生家庭经济负担等因素，充分考虑学生的年龄特点和成长规律，处理好提高教育质量和方便学生就近上学的关系，努力满足农村适龄儿童少年就近接受良好义务教育需求；学校及托幼应设在阳光充足、环境安静、远离污染和不危及学生、儿童安全的地段，距离铁路干线应大于 300m，主要入口不应开向过境道路。

（2）医疗卫生设施。应方便使用、环境安静安全，避开人流车流大的地段，并应满足突发灾害事件的应急要求。

（3）群众性集会和体育活动设施。宜布局在方便、安全、对生活休息干扰小的地段。健身场所宜临近农村社区或结合风景区、其他公共服务设施及步行道路设置。

（4）疗养院等休疗设施。应结合环境优美区域设置，并完善其附属配建设施，如停车场等。

（5）殡葬场所。符合地方文化，满足乡民使用需求，区位偏僻但风景优美的地方选择。

9.5.3 公共卫生设施布局规划技术

1. 城乡垃圾处理

根据自然和社会经济条件，提出垃圾处理目标，划定垃圾集中处理和分散处理的区域和方式，实现镇域垃圾 100%无害化处理。根据“村庄收集、乡镇集中运输、县域内定点集中处理”的方式，规划垃圾集中处理设施和垃圾中转设施，确定其位置和占地规模。规划整体镇域范围内的垃圾收集转运线路，推进延伸城乡区间的垃圾运送-处理线路及服务。垃圾处理要满足无害化、资源化、减量化的要求，对垃圾实行分类收集、分类处置。城区近期采用卫生填埋方式；远期以卫生填埋为主，高温堆肥与垃圾焚烧为辅的综合处理方法。每个村设有垃圾收集点，镇区设垃圾中转站。村庄负责本村垃圾的收集，镇区负责对村庄垃圾进行打包、运输，送至垃圾填埋场、处理厂进行卫生填埋或无害化处理。规划镇区设中型垃圾转运站 1 座，中心村建设小型垃圾中转站，基层村设置垃圾收集点，方便居民倾倒垃圾及清运。垃圾收集实现密闭化、袋装化、分类化，垃圾中转运输基本实现集装化、密闭化、压缩式中转与运输，垃圾无害化处理率应达到 100%。同时，鼓励充分利用垃圾资源作为有机肥料。

2. 城乡公共厕所

在村镇公共场所应根据服务人数设置足够数量、足够面积和分布合理的无害化公共厕所，并与水源地、食堂、餐饮店、食品加工场之间保持不少于 25m 的距离。农村地区的公厕、户厕建设应满足地方标准，有条件地区应达到高水平小城镇建设标准。

根据建设部有关公共厕所设置标准的规定，常住人口 2500～3000 人的村镇设公厕 1 座，旅游性质村设公厕 1 座。公共厕所的服务半径一般为 300m。同时，根据旅游产业发展需要，配置满足《旅游厕所质量等级的划分与评定》（GB/T 18973—2016）要求的旅游厕所。

在 NC 规划时，建设了可再生能源体系，主要包括碳汇秸秆沼气化工程、垃圾和秸秆发电等；其次，建设雨水收集体系、中水回用系统，进行水资源集约利用；第三，积极推进城乡生活垃圾集中处理和资源化利用，推行“收集—转运—集中处置—资源化”的城乡生活垃圾处理模式（图 9.35）。

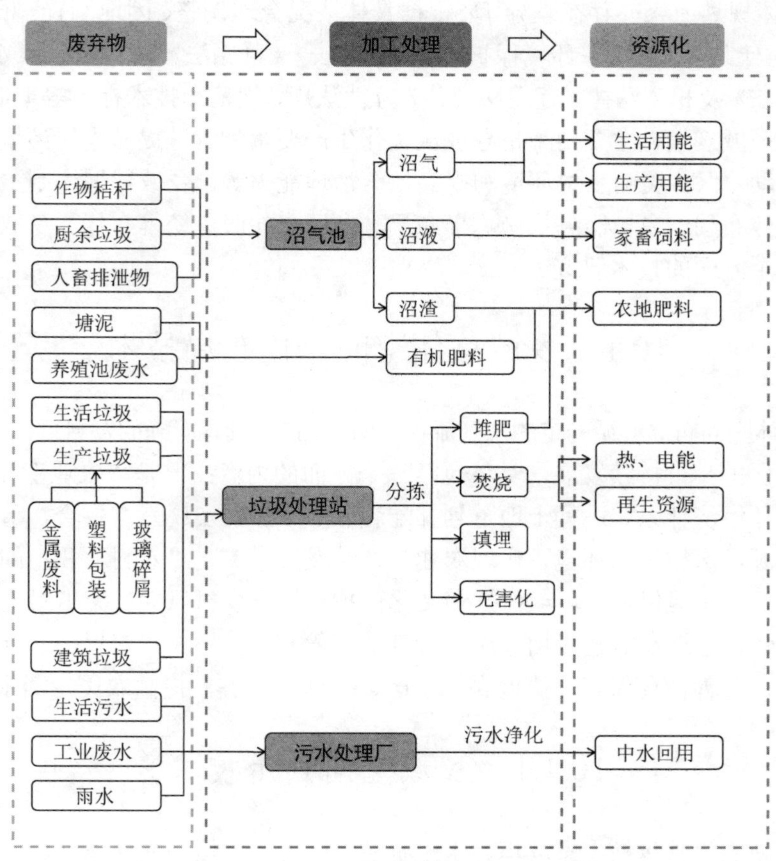

图 9.35　NC 镇域静脉产业体系示意图

第 10 章　乡域规划编制技术

我国作为历史悠久的农业大国，幅员辽阔、乡村众多，且不同地区乡村各具特色，差异极大。在遵循基本框架的前提下，不同类型乡村的乡域规划的侧重点和关注点应有所不同，具体规划内容亦存在差异，要根据具体情况合理调整、因地制宜。根据依据《城乡规划法》《土地管理法》《环境保护法》《农业法》《草原法》《林业法》《水法》《村民委员会自治法》及相关法律、行政法规、地方性法规、规范和技术标准等编制乡域规划。编制和实施乡域规划，主要用于指导乡域优化生产要素配置、提升人居环境水平、指导各类建设活动、保护美丽乡村环境和提高社会治理能力等。乡域规划编制主要侧重乡域总体空间总体布局、乡域服务设施均衡布局、乡域公共服务统筹布局、乡域发展空间综合布局等四个方面的技术研究。

10.1　乡域总体空间总体布局技术

乡域总体空间布局遵循一定的规划流程（图 10.1），具有明确的发展目标（图 10.2），有利于乡村保护和可持续发展，具体包括三个方面的内涵：一是“农业”和产业发展。发展乡村循环经济体系，进行土地重划并配置服务设施，实现三产融合，节约和集约利用资源和能源，保护生态环境，实现农业可持续发展；二是“农村”和空间发展。坚持全域统筹，严格耕地保护、环境保护和文化保护，传承乡村风貌，突出对全域空间发展的指导，对建设用地和非建设用地进行合理的统筹布局；三是“农民”和社会发展。尊重农民意愿，完善社会保障，协调农村生产、生活和生态，提高农民生活水平。

10.1.1　乡域空间划定技术

乡域规划应建立包括生态环境、水土资源、能源、自然与文化遗产、用地适宜性条件和生态敏感性等要素的乡域空间管制影响因素体系，通过乡域空间管制要素叠加技术、乡域空间管制分区及划定技术，依据省级主体功能区规划和县级“三区三线”空间规划管控要求，面向国家“粮食安全”和“生态安全”问题，将乡域划分为农业空间与生态空间，划定乡域永久基本农田保护红线和生态保护红线，实行必要的空间和用地用途管制措施。

1. 农业空间划定技术

乡域主要是农业空间，是承载农产品生产、开展土地整理复垦和基本农田建设，

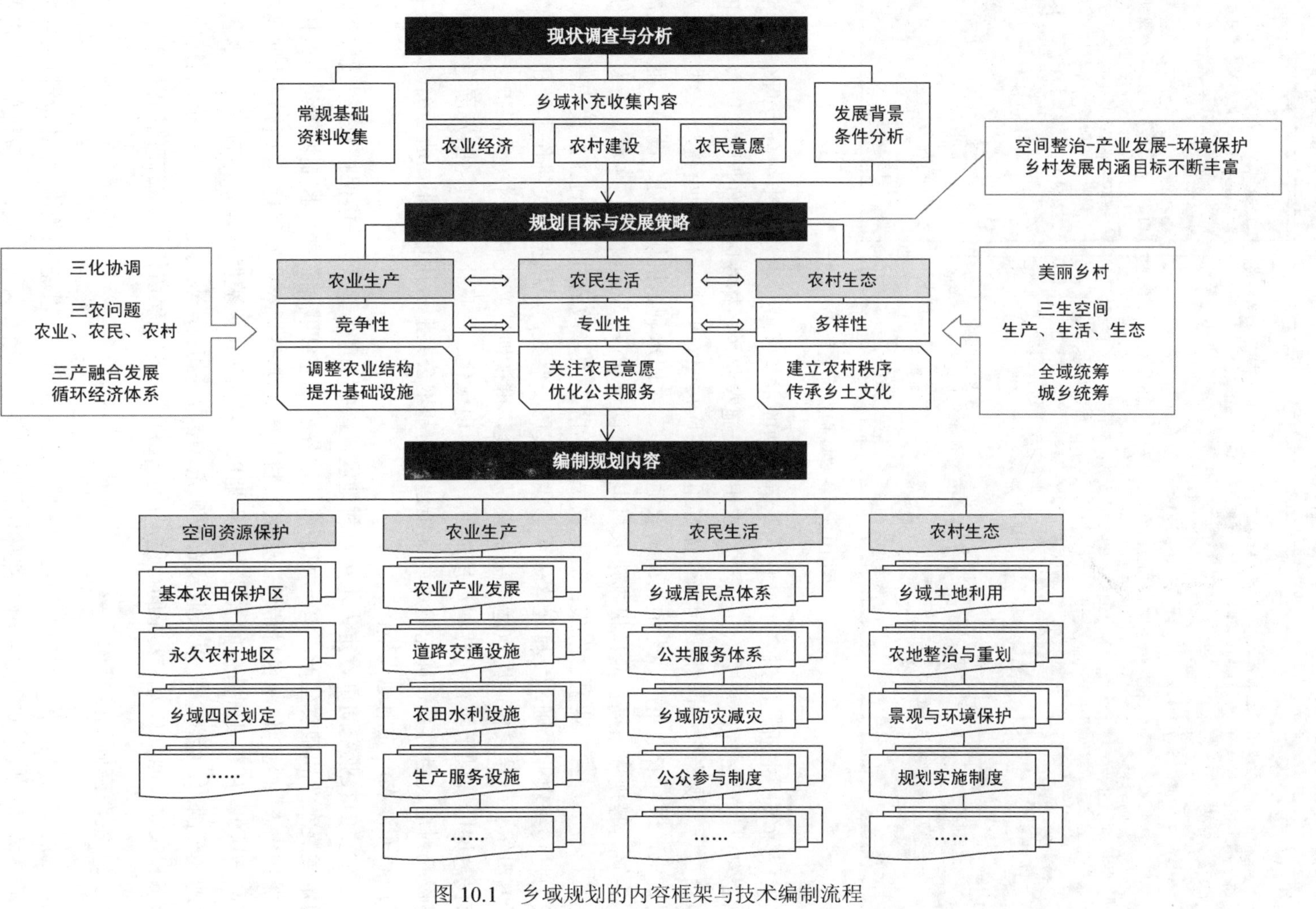

图 10.1　乡域规划的内容框架与技术编制流程

规划目标

- 产业发展。通过乡域规划编制，促进产业转型，并为扶贫投资提供引导方向和依据，使CD乡尽快摆脱贫困问题
- 社会发展。通过完善乡村基础设施和公共服务设施，提升农村经济发展条件和人民生活水平，在脱贫的基础上使农民、农村致富
- 空间发展。适应我国农村土地制度的政策调整，对集体经营性建设用地的规划引导、利用方式和管理控制进行探索

指导思想

- 解放思想，创新乡村规划新平台。从探索乡村规划新平台的高度认识本次CD乡乡域规划编制工作。在规划编制过程中以“健康城镇化”和“新农村建设”双轮驱动城镇化战略为中心，以破解“农业、农村、农民”三农问题为出发点，打破传统城市与区域规划框框，切实尊重农民利益和农村实际
- 保障粮食安全、生态安全和农村安全。强化国家基本农田保护、乡村地区生态环境保护和农村居民点历史文化传承和保护，加快农村地区社会经济发展，建设当代社会主义新农村
- 切合实际，突出规划的可操作性。根据CD乡的区位条件及经济基础，合理选择适合CD乡的经济发展模式和建设模式，促进社会经济健康发展。根据农村规划建设和管理工作需求，适当简化规划内容；结合农村工作特点，保护农民的切身利益，提高农民实施规划的积极性
- 弹性规划，强调规划引导和公众参与的作用。CD乡乡域规划作为远景规划，不设规划年限；强调规划的政策引导、空间引导、基础设施管治和公众参与的作用，激发农民“发展大农业、建设新农村”的热情

规划思路

- 农业问题。引导农业结构向大农业转变，采取多种经营方式、引入旅游观光作为农业发展的补充，实现“一村一品”经济模式
- 农民问题。大力发展养殖业和农副产品加工业，通过发展生产扩大非农产业就业，解决农民脱贫致富问题
- 农村问题。改革土地制度、林权制度、结合水库移民与生态移民实施迁点并村计划
- 土地问题。通过土地流转实现规模经营，发展养殖、市场、旅游等非农产业
- 设施问题。通过基础设施和社会设施投入，推进新农村建设，改善投资环境

图 10.2　乡域规划目标案例

以及保障农民生活、促进乡土文化传承等活动的主要区域，可进一步细分为两个分区：一是农业生产区。由基本农田、一般农田、设施农业区、林牧区、渔业区，以及郊区的体验农场、观光采摘园和田园综合体等组成。应按照农业生产和农业科技、农业机械发展要求，进行农业生产、土地利用、农地整理、农田水利、机耕路网、设施农业、农副产品储运等规划布局。应积极推进农村电商、创意农业、休闲农业、乡村旅游发展，促进第一、二、三产业融合发展；二是农民生活区。由乡政府驻地、村庄居民点等组成。我国是传统农业大国，乡村聚落体系形成发展历史悠久。应依据农民耕作半径和基层生活圈组织、引导农村居民点适度集中集聚发展，重视地域文化和乡村特色保护，在尊重农民意愿的基础上实行自然村适度撤并，按照现代化、信息化、城镇化的发展趋势规划建设农村居民点体系，优先满足乡集镇建设的基本公共服务用地需求，适当缩减农民宅基地和非涉农产业用地规模。

重要的农业空间可设定为永久农村地区，主要目的在于：①严格保护农业发展资源，稳定发展农业和粮食生产；②与城市增长边界、生态红线相衔接，控制城镇建设范围；③保护生态环境，传承乡村特色。永久农村地区主要包括农业发展地区（特别是重要农产品产区）、具有景观特色的农业生态用地以及乡村传统风貌保留较完好的村庄。永久农村地区范围内，经济产业以农业及农业观光、旅游等相关产业为主，物质空间以村庄空间形态和农业大地景观为主要空间特色，社会发展主要在于保留传统乡村文化（图 10.3）。

2. 生态空间划定技术

生态空间是指不承担生产功能，主要担负生态服务、生态系统维护，以及自然环境供给功能的地域空间，主要由天然林保护区、生态湿地、自然水域、非畜牧草场，以及空闲地、盐碱地、沼泽地、沙地、裸地等组成（图 10.4）。生态空间整体以保护为主，

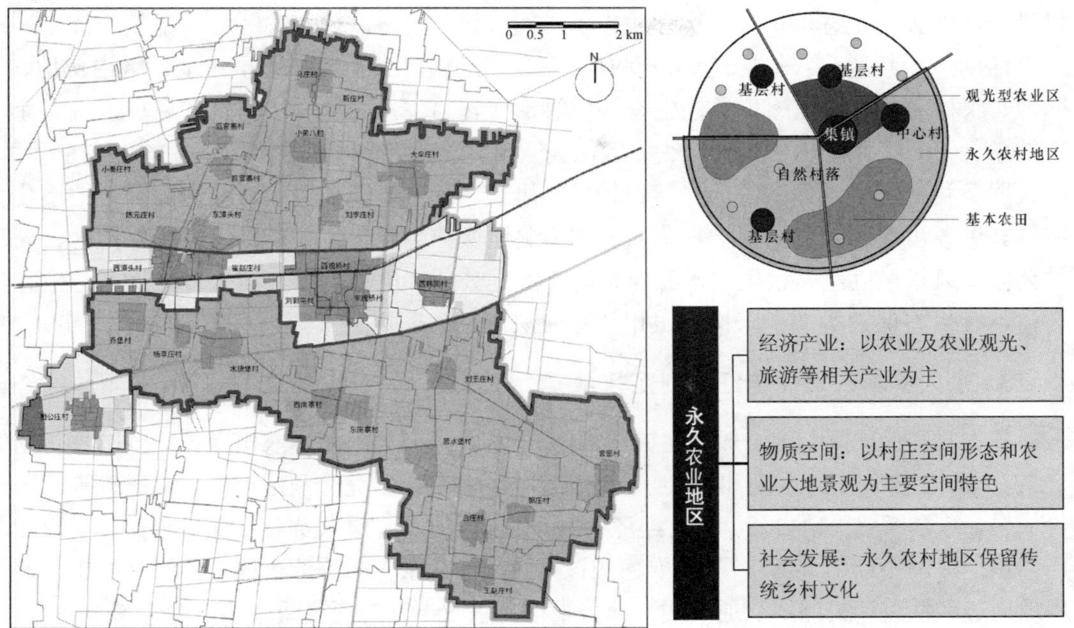

图 10.3　HQ 乡永久农村地区划定

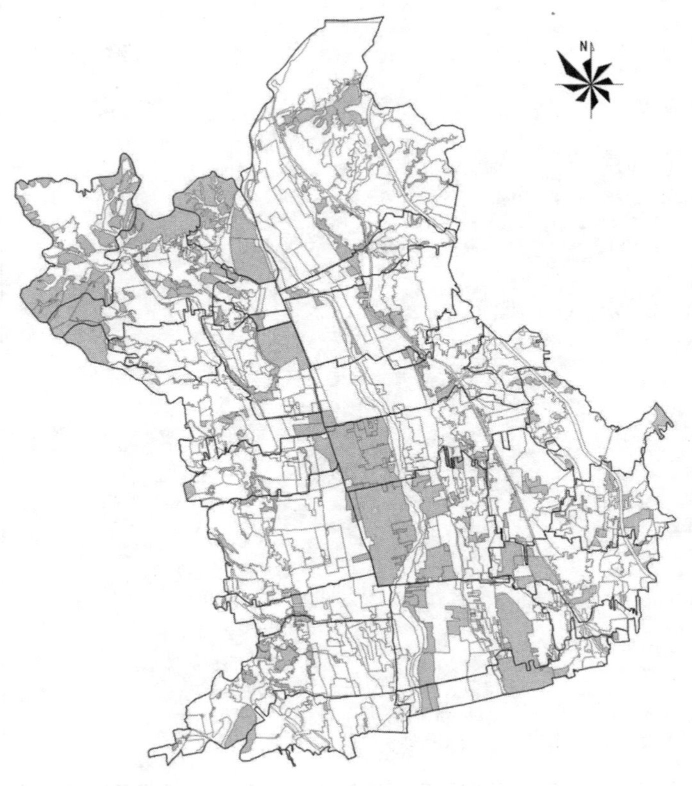

图 10.4　CD 乡生态空间分布图

可进一步细分为生态保护红线区和生态保护缓冲区。生态保护缓冲区应尽量减少该区内人类活动，严禁新建农村居民点，现有人口逐步迁出，禁止毁林开垦耕地，区内耕地、园地、农村居民点用地逐步通过生态补偿等形式转为生态公益林。在生态环境承载力允许的条件下，可合理开发利用自然环境优美、旅游资源集中、具备游览条件的生态空间，建设服务科考与公众休闲等的自然保护区、风景名胜区、森林公园、湿地公园与地质公园等。进一步完善天然林保护、草原保护、湿地保护制度，省级及以上自然保护区、森林公园、风景名胜区、饮用水水源保护区、湿地公园、地质公园、文化自然遗产、生态公益林等生态保护类型，严格按照相关法律法规及管理规定执行。

3. 永久基本农田保护红线划定技术

基本农田保护区划定一般采用国土部门成果，如果需要对基本农田保护区范围重新划定，应与国土部门进行沟通和衔接。在划定基本农田时，要充分利用已有耕地质量等级评价成果，综合考虑土地自然、社会经济条件及农业生产条件，优先保护集中连片、高稳高产的耕地（图 10.5）。同时，基本农田应该是区位综合条件较好的耕地，一般是村庄建设用地周边、铁路和公路等交通沿线、地势平坦且水肥丰富的河流两岸等耕地（图 10.6）。按照农产品生产要求和基本规律，在永久基本农田保护区和整备区开展高标准农田建设

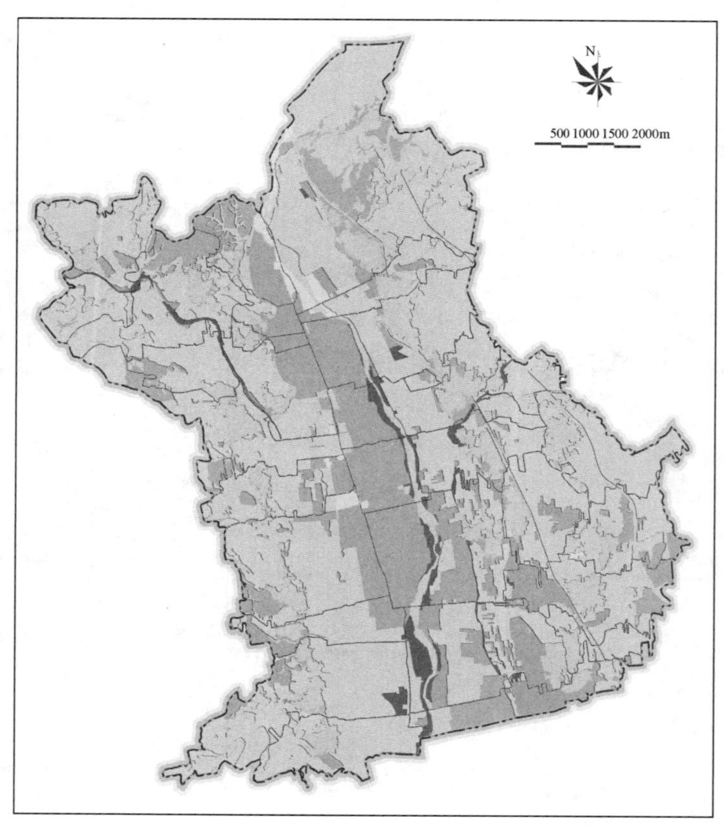

图 10.5 CD 乡基本农田保护区

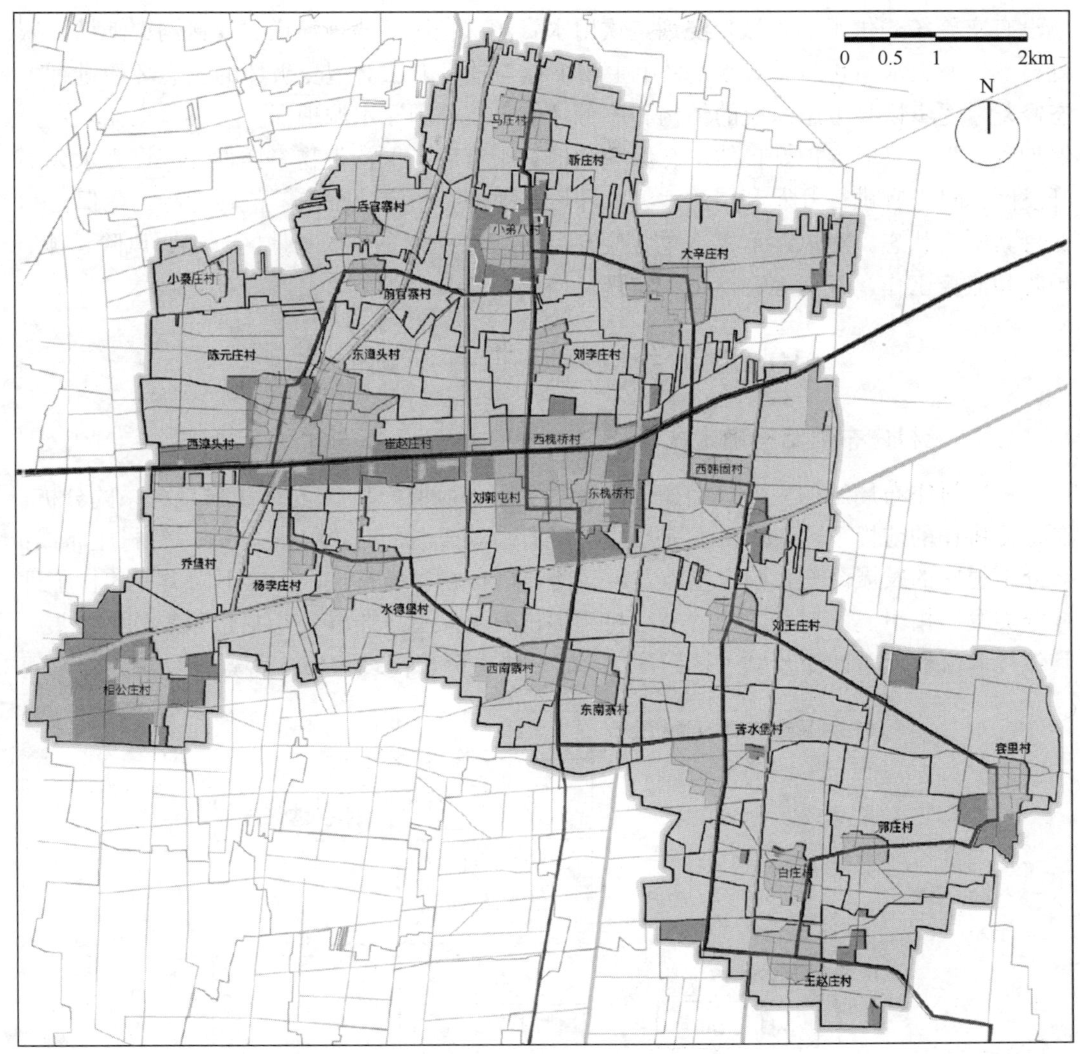

图 10.6　HQ 乡基本农田区

和土地整治，推进永久基本农田保护区内的电气化、机械化、信息化、管理精细化和农业现代化，满足农副产品生产、收获、储藏、初级加工和运输的各项要求。加大财政投入，整合涉农资金，吸引社会投资，对农村集体经济组织、农民管护、改良和建设永久基本农田进行补贴。

4. 生态保护红线划定技术

按照环境保护和林业部门基础数据，划定生态保护红线和饮用水资源保护区。按照生态学原理，生态保护红线区进一步细分为生态保护核心区、生态保护试验区和生态保护缓冲区。其中，生态保护核心区禁止一切人类活动；生态保护试验区少量布局保护生态要素的基础设施和服务设施；生态保护缓冲区实施保护与开发利用，任何开发建设活动不得破坏珍稀野生动植物的重要栖息地，不得阻碍野生动物的迁徙通道。在地广人稀或没有实施统一供水的乡域，要划定饮用水资源保护区，清理河道、连接沟渠池塘，恢复自然、人工水系和河湖湿地，采用生物工程与技术方法对遭受破坏的生态环境进行生态修复，逐步恢复生态系统的结构和服务功能。按照国家水源地保护标准，设立取水口保护区。为尽可能维护好自然生态原貌和植被丰富度，保持生物多样性，应设立永久不开发区。对不宜进行开发利用的沙漠、裸地、戈壁、沼泽、荒漠、盐碱地等，应保留和保持其原生状态。对风沙危害严重、废弃矿区与水土生态脆弱等地区，加强风险预测、预防和监控工作，开展综合治理，实现环境和生态整体恢复。

10.1.2 乡域村庄布局基础技术

1. 乡域村庄布局结构确定技术

乡域村庄布局结构主要包括如下内容：①通过对村庄现状、与周边农地关系的分析，在方便耕作的前提下，协调农地与居民点、居民点与居民点的关系，合理进行村庄布局；②分析村庄的发展演变，确定重点发展村落，培育农村增长点；③对不同类型的村庄进行分类发展指引，并对衰败的“空心村”提出发展意见，带动整个村落系统均衡发展。具体技术流程涵盖四个步骤（图 10.7）：第一步是分析区域城镇化背景下乡域人口空间

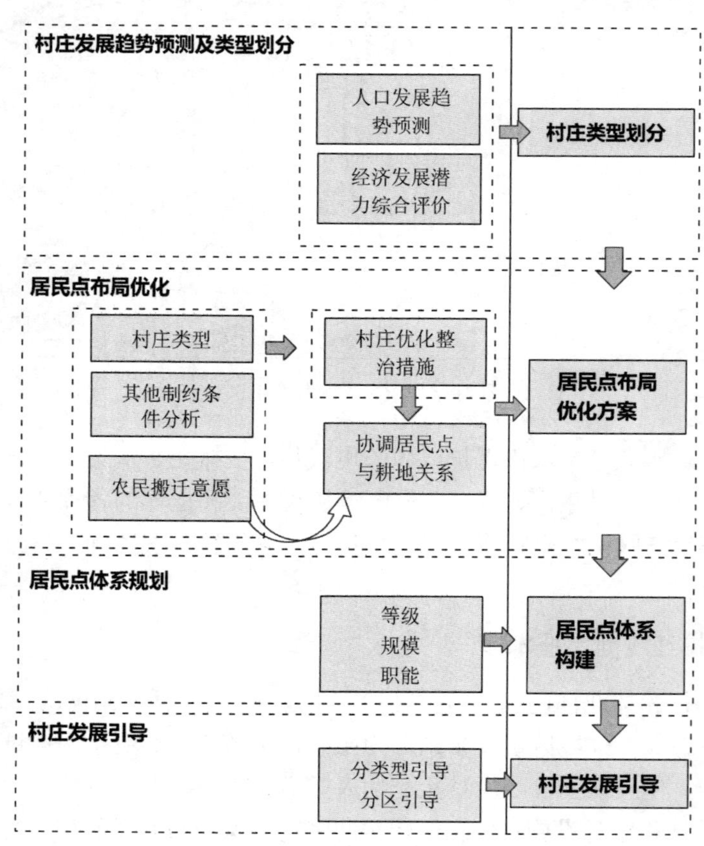

图 10.7 乡域村庄布局技术流程示意图

演变态势与镇村体系结构的影响机制，综合运用自下而上的农民意愿调查和自上而下的村庄发展趋势预测；第二步是在与村民反复讨论磋商情况下，结合生产圈完成村庄总体布局优化方案；第三步是构建居民点体系，确定乡域村庄等级、规模和空间结构；第四步是对村庄科学发展提出分类引导。

2. 村庄发展潜力综合评价技术

影响村庄发展的因素有自然环境、区位、规模、经济社会发展状况、资源条件、设施建设、空间形态等。村庄综合实力评价主要针对村委会所在地的村庄，其他自然村落可适当简化内容和程序。为村庄等级的确定和村庄布点优化打下基础，并为迁村并点合理配置土地资源的管理提供技术支持。通过深入细致的实地调查、定量手段对各村的发展潜力与中心性进行评价，制定村庄综合实力评价体系。HQ 乡在对农村宅基地的拆旧过程中，原则上宜鼓励已经脱离土地，以从事第二、三产业为主的当地村民，迁住县域或乡政府所在村；保证从事农业生产的当地村民，继续留住农村，并逐步改善其居住品质。尽量保留质量较好的建筑，可拆除质量较差的住宅，尽可能复垦为农田，对质量好、无人居住的建筑可加以整治改造用为其他用途。

3. 中心村村庄选择技术

中心村选择技术主要包括以下内容：①村庄发展类型划分。根据村庄发展潜力综合评价，结合村庄人口发展趋势，划分村庄类型。根据评价结果划分发展型村（人口增长、规模较大、基础较好的村庄）、稳定型村（发展潜力不大，但具有一定基础，虽无大规模发展，但也不便于撤并的村庄）、衰减有更新价值型（人口锐减，但耕地基础好，有更新价值）、衰减无更新价值型（人口锐减、规模小，耕地质量差、发展基础差的村庄）、特色村庄（在产业、文化、自然风貌等方面具有特色的村庄）等五种村庄类型；②中心村选择标准。为了确保粮食安全、农村生态及乡村文化延续，根据乡域农村现状基础、自然资源和地域文化特色的分布现状结合发展条件，选择位于永久农村地区和基本农田保护区村庄。中心村村庄指作为农村地域景观和农业产业为主要产业保留的村庄（图 10.8）；③基层村选择。在发展相对稳定，具有一定规模的村庄中，选择具备 30 分钟服务半径的村庄作为基层村，保证 30 分钟日常生活圈全覆盖；④特色村选择。具有特色产业、历史文化遗存和特色传统风貌的村庄可作为特色村重点培育培育。

4. 村庄最低人口规模预测技术

预测村庄最低人口需求，即预测维持耕地所需最少劳动力，包括乡域劳动力总人口预测和各村庄劳动力预测。村庄规模的确定要因地制宜，必须结合农村的实际，符合农民的生产、生活规律，作为村庄合并和布点优化的约束条件。村庄所处的自然条件、历史文化、产业布局，尤其是经济水平，都会影响到村庄规模，使得地区间的村庄规模相差很大，沿海发达地区的中心村人口规模甚至比内地的建制镇人口规模都要大。然而人口规模只是一个相对的概念，不能绝对化，制定某一地区统一的村庄合适的人口规模的模式是不切实际的。村庄最低人口规模预测参照以下方法：

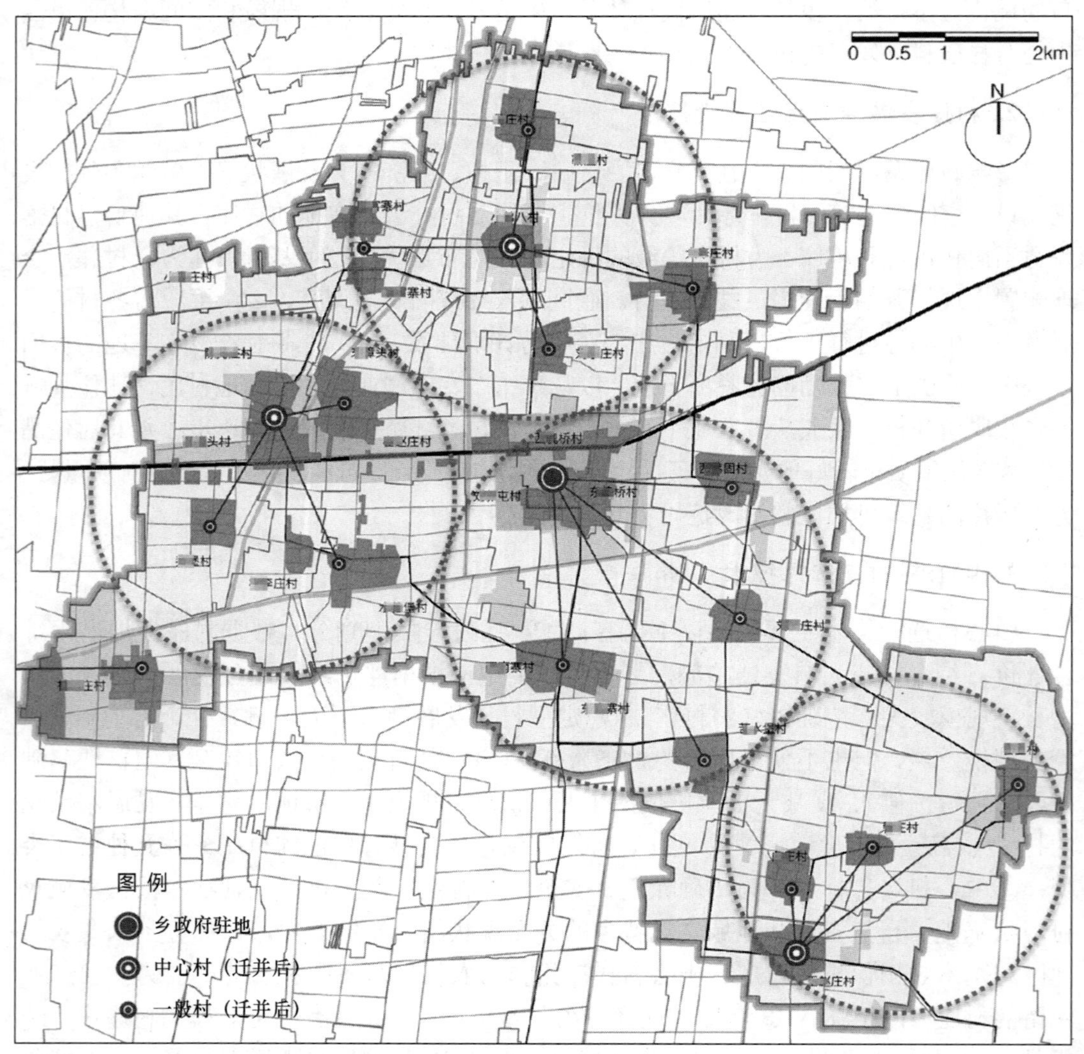

图 10.8　HQ 乡中心村布局示意图

方法一：耕地平均劳动力需求方法 N 劳=耕地数量/人均耕地；

方法二：耕地作物分项计算法 N_n=（S_1*n_1 人/亩+S_2*n_2 人/亩+S_n*n_n 人/亩）其中：S_n 为不同作物耕地面积；n_n 人/亩为不同作物耕地所需劳动力。

5. 农村居民点布局优化技术

农村居民点布局优化主要采取如下方法（图 10.9）：①划定生产圈。依据耕种半径，按照 30 分钟的出行时间，通过对当地实际耕种条件的调查，选择步行或摩托、机动车行，估计出行速度，划定理论生产圈范围，山地乡域需要根据地形对半径进行折算，

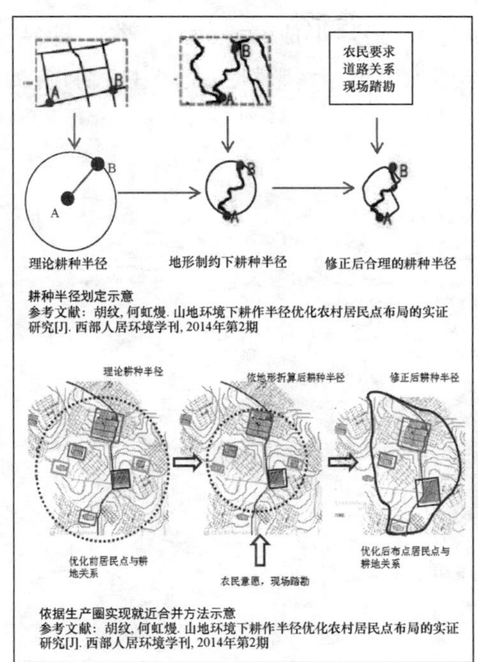

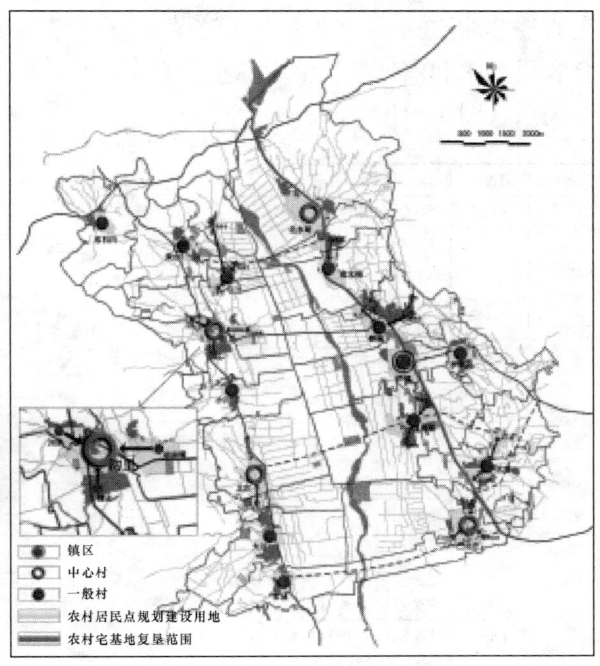

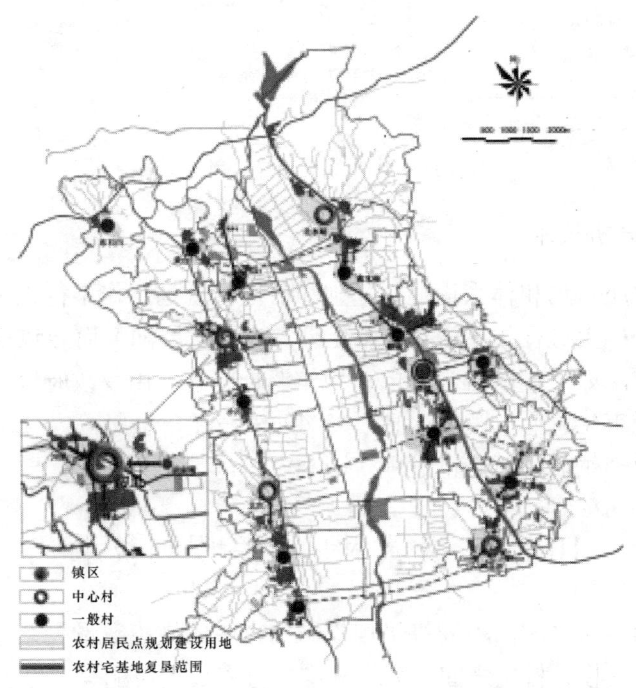

图 10.9　居民点布局优化逻辑示意图

计算实际耕种半径，再通过实地踏勘，对生产半径进行修正，最终划定生产圈范围；②计算耕种半径。首先计算理论耕种半径，计算公式为 $R=T*h$（式中，T 为农民耕作出行的时间；h 为出行的速度）。随后核算实际耕种半径，计算公式为 $r=R*\&$（针对山地村庄），&为折减系数（根据地形条件和实际踏勘确定）。最后形成修正耕种半径，即结合农民要求和农地集约情况修正后划定；③以生产圈为依据，调整耕地及居住，协调二者关系（图 10.10）。

名称	迁并后	迁并前
HQ	乡驻地	西槐桥村、东槐桥村、刘郭屯村
		东南寨村、西南寨村
		西韩固村
		刘李庄村
		刘王庄村
	中心村	王赵庄村
		郭庄村
		白庄村
		套里村
		苦水卜村
	中心村	小弟八村
		霍辛庄村
		马庄村、靳庄村
		前观寨村、后观寨村
	中心村	西漳头村、小秦庄村、陈元庄村
		东漳头村、崔赵庄村
		水德堡村、杨李庄村
		乔堡村
		相公庄村
小计	19	28

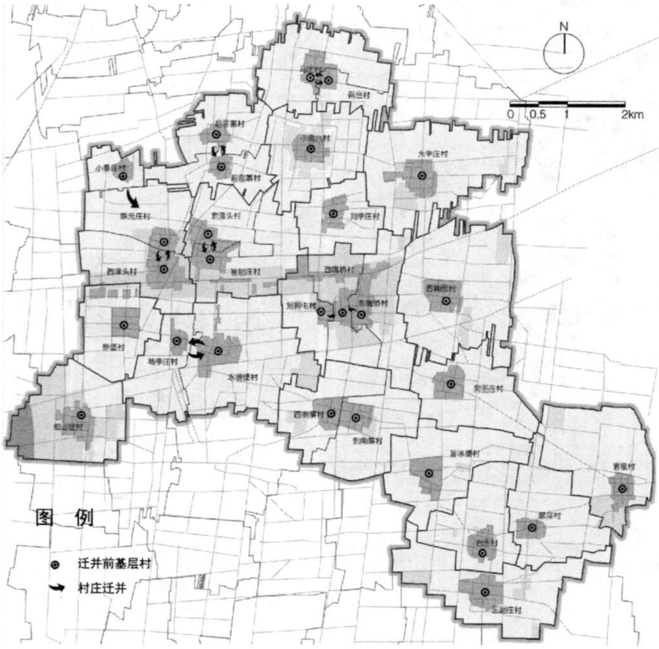

图 10.10　HQ 乡规划村庄迁并示意图

6. 农民意愿分析技术

农民意愿是村庄布局和体系构建的基础和前提，规划工作不得强行违背农民意愿，在尊重农民意愿基础上进行相关规划，避免因与农民意愿冲突而导致规划无法实施。农民意愿分析技术方法如下：以村为单位，制作调查问卷，由乡政府统一发放统一回收，主要分析农民的城市化意愿、搬迁意愿、接纳外来搬迁户意愿等内容，避免因规划内容与农民意愿冲突而产生的重新修正过程（图 10.11）。

10.1.3　乡域村庄体系规划技术

村庄体系规划是对乡域内不同等级规模结构村庄的规模数量关系的确定，包括各个村庄的人口与用地规模、村庄之间的分级标准、村庄数量级配等。村庄体系规划的目的是建立合理的乡村体系层次，确定合理的乡村规模结构，形成稳定的乡村体系，促进人口、产业和用地协调发展，实现公用设施的完善配套。村庄体系规划方法如下：在村庄优化布局的基础上，进一步预测乡域人口和各村庄人口规模，明确定村庄规模等级结构和村庄职能，完善村庄间的分工与协作，构建完善的村庄体系。

接受外来搬迁户意愿统计一览表

行政村	自然村	总户数	愿意接受外来户的户数	不愿意接受外来户的户数	无所谓的户数	备注
**村	**村					

城镇化意愿统计一览表

行政村	自然村	总户数	愿意城镇化的户数	城镇化方向		备注
				就地城镇化	周边城市	
**村	**村					
	**村					

图示范例：搬迁意愿分析图

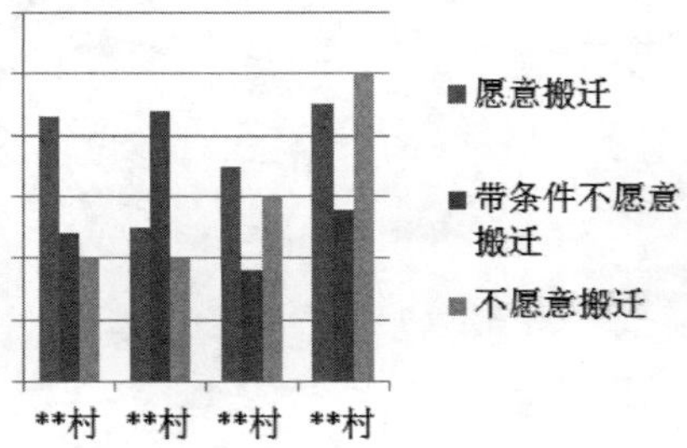

6
5
4
3
2
1
0
**村 **村 **村 **村
愿意搬迁
带条件不愿意搬迁
不愿意搬迁
各村搬迁意愿分析示意图

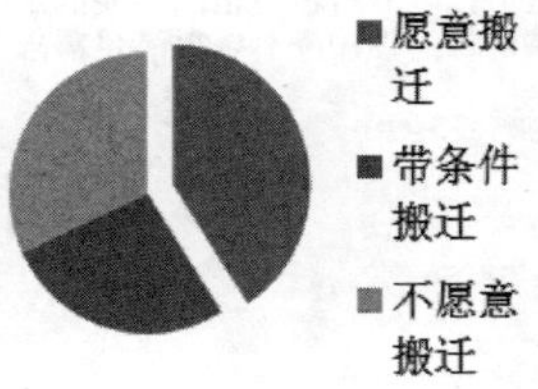

愿意搬迁
带条件搬迁
不愿意搬迁
乡域内搬迁意愿分析示意图

图 10.11　居民意愿分析技术示意图

1. 等级体系结构

乡域规划应建立适应农村生产生活的等级体系结构（图 10.12），通常为“中心村—基层村—自然村”三级结构模式，也可根据乡域实际情况，采取四级结构模式“中心村—特色村—基层村—自然村”或扁平结构“中心村—自然村（针对山区等小规模乡村）”。中心村应作为城镇基础设施向乡村延伸、公共服务向乡村覆盖的中心节点（图 10.13），着重加强基础设施、公共服务设施综合配套建设，培育建设乡村增长极，引导农民有序集聚。

2. 村庄类型导引

乡域规划按照村庄类型评价指标体系（表 10.1）确定村庄类型，实施分类指导：①中心村应作为城镇基础设施向乡村延伸、公共服务向乡村覆盖的中心节点，着重加强基础设施、公共服务设施综合配套建设，培育建设乡村增长极 ，引导农民向“重点村”“特色村”有序集聚；②特色村应在既有村庄特色基础上，着力发展壮大特色产业、保护历史文化遗存和传统风貌、协调村庄和自然山水融合关系、塑造建筑和空间形态特色等，并补充完善相关公共服务设施，引导建设“美丽村庄”；③基层村应鼓励相关适宜产业发展，推动一般村的集约化、机械化耕种，释放农村劳动力，并通过村庄环境整治行动，达到“整洁村庄”标准；④自然村应加强引导向重点村集聚；⑤空心村应对有保留价值的进行保护，处理好村庄内部的关系，加强对村庄内部改造，改善村庄的居住环境，提高土地的使用效率，最大程度地减小空心村的消极影响。对失去保留价值的进行撤并拆除。

■ 基层村选择示意

依据县域体系规划所确定的中心村及基层村选择原则，结合服务设施覆盖半径，最终确定中心村和基层村，基本保证中心村60分钟服务半径，基层村30分钟服务半径满覆盖，中心村覆盖范围不能满足的，可适当考虑增加基层村的设施配套，以满足需求

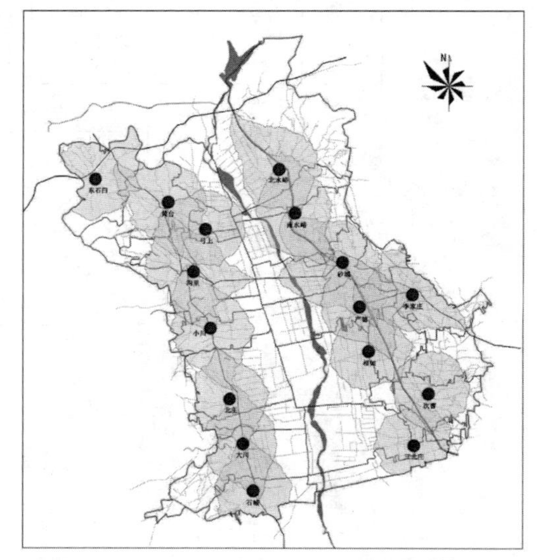

在稳定型村庄中，结合30分钟生活圈确定基层村，保证日常生活圈满覆盖

■ 中心村选择示意

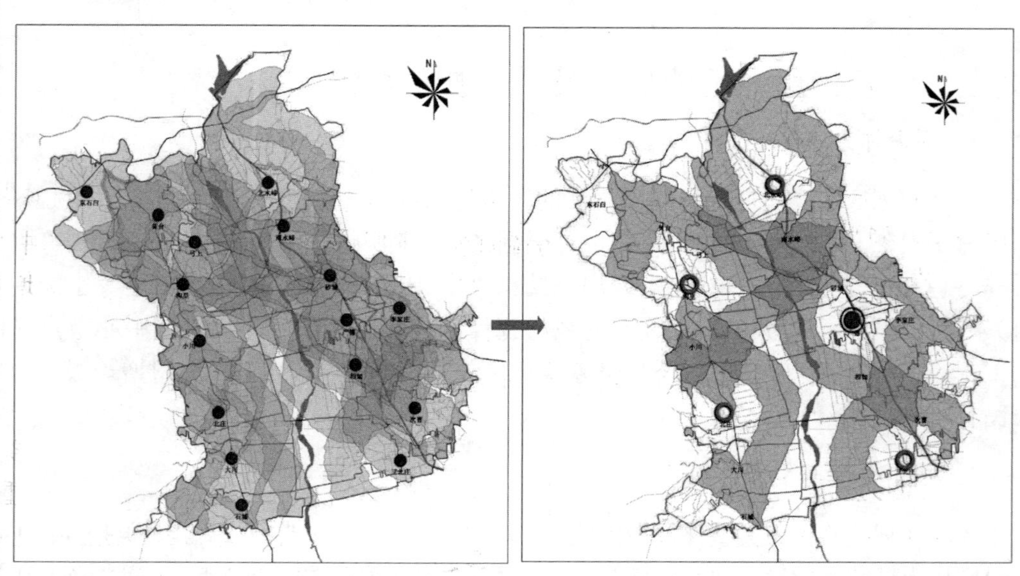

符合上位规划中心村选择原则的村庄，结合60分钟服务半径最终确定中心村选址，确保基本生活圈满覆盖

图 10.12　乡域村庄等级体系确定步骤示意图

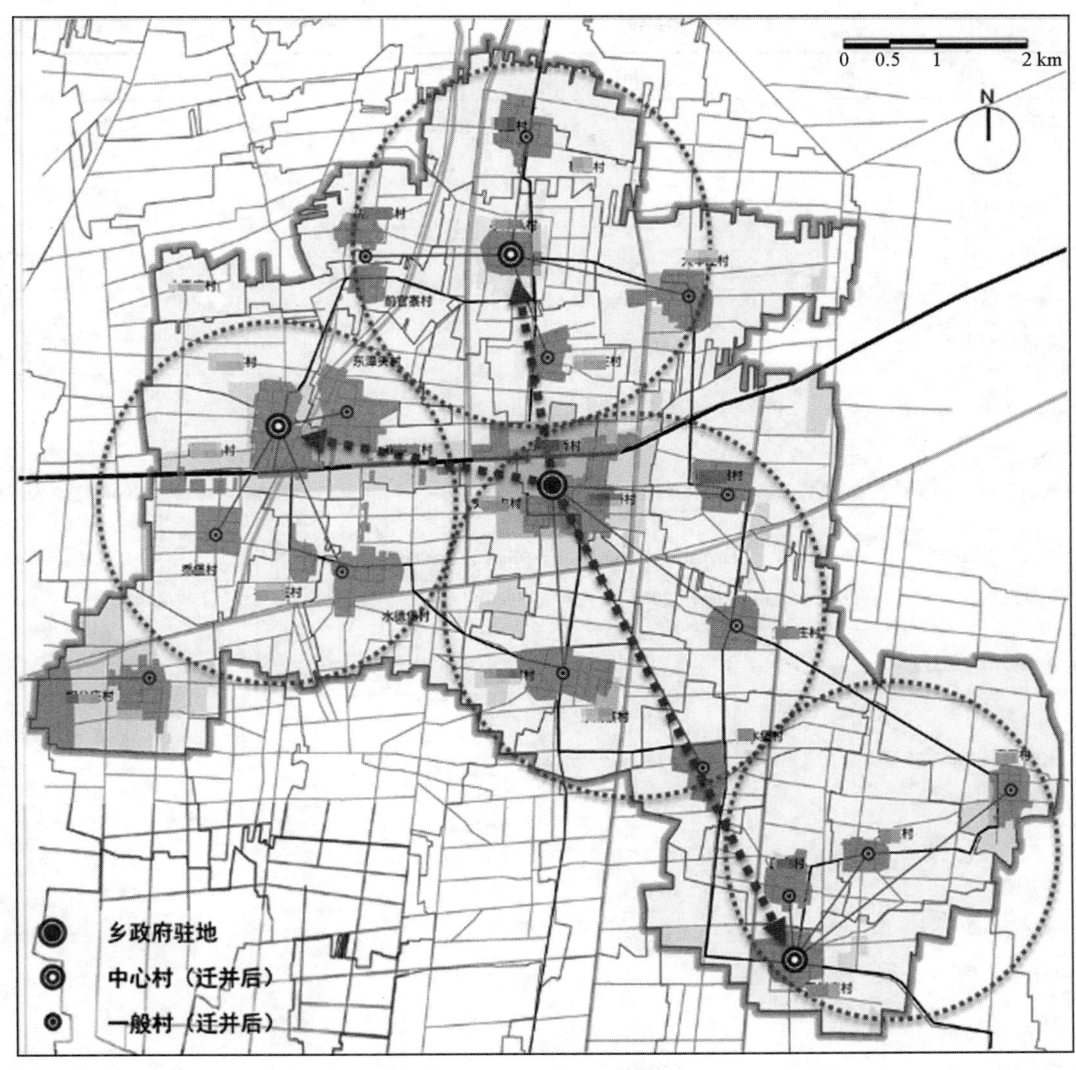

图 10.13　乡域村庄等级体系规划图

表 10.1　村庄类型评价指标体系

一级指标	二级指标	分类条件
区位环境因素	一级水源保护区	村庄是否在其内
森林公园	村庄是否在其内	
地质遗迹保护区	村庄是否在其内	
地质公园	村庄是否在其内	
风景名胜区	村庄是否在其内	
地质灾害区	村庄是否在其内	
地形位指数		

续表

一级指标	二级指标	分类条件
坡向		
水源影响		
交通可达因素	道路通达度	
镇中心可达性		
高速公路出入口	0～3km、3～6km、＞6km	
经济产业因子	人均年收入	0～6000 元、6000～10000 元、10000～15000 元、15000～20000 元、＞20000 元
加工企业	0 个、1～2 个、3～5 个、＞5 个	
农业合作社	0 个、1～2 个、3～5 个、＞5 个	
人口资源因子	农村总人口数	0～300 人、300～800 人、800～1500 人、1500～3000 人、3000 人以上
建设用地面积	0～10hm^2、10～20hm^2、20～30hm^2、30～50hm^2、＞50hm^2	
耕地面积	0～1000 亩、1000～2000 亩、2000～3000 亩、3000～5000 亩、＞5000 亩	
耕地园地可达性		
历史文化资源	有、无	
旅游资源	有、无	
基础设施因子	医院/卫生站	有、无
小学	有、无	
幼儿园	有、无	
养老服务站	有、无	
集市	有、无	
警务室	有、无	
给水设施	有、无	
硬化道路里程	0～2km、2～4km、4～7km、7～10km、＞10km	

3. 建设用地规模控制导引

建设用地规模控制应遵循以下基本原则：①控制乡域建设用地规模，对建设用地做存量或减量控制，原则上不新增建设用地，尽量“内部挖潜，增容不增量”；②针对发展型村庄，应考虑建设用地适度增长，对接纳撤并人口的村庄，可预留一部分建设用地，但在转移人口没进入之前，预留用地须严格控制，不得进行开发建设；③针对稳定型及控制发展型村庄，应维持原有用地规模，并逐渐减量，对废弃宅基地积极复垦；④针对衰减型村庄，应促进有价值的内部更新，无潜力的则顺其自然消亡（图 10.14）。

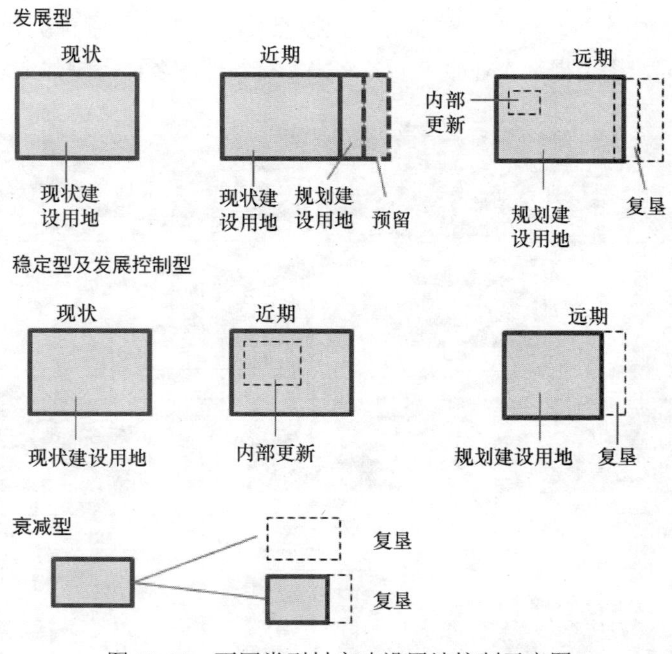

图 10.14　不同类型村庄建设用地控制示意图

10.2　乡域服务设施均衡布局技术

乡域服务设施包括农业生产服务设施和农民生活服务设施。其中农业生产服务设施包括大农业服务、农产品加工、乡村旅游与乡村物流等四类。农民生活服务设施包括行政办公、文体娱乐、基础教育、医疗卫生、社会福利、商业服务等六类。根据村民从事农业劳作和日常生活的适宜出行范围确定生产-生活圈，调整优化服务设施配置格局。乡域规划中中心村各类服务设施服务半径的确定可以采用区位配置模型（location-allocation model，LA 模型）来确定。区位配置模型是在特定的约束条件下，在空间中为某一设施选址寻求目标函数的最优状态，从而为一个或多个设施布局。不同的设施对应不同的约束和优化目标，需求根据设施本身的特点建立特定的模型，要针对具体问题，根据该类设施本身特性，通过研究需求分析，为此类设施的布局建立特定的模型。

10.2.1　农业生产性服务设施配置技术

1. 配置要求

农业生产性保障设施（图 10.15）主要包含大农业服务类（熏烤晾晒场地、储备库、农机修理站、种苗种木基地、防疫站、兽医站、植物医院、作物大棚、农业技术学校、农业科研基地、畜禽养殖场、管理用房）、农产品加工类（小型农产品加工厂、集中型农产品加工园区）、乡村旅游类（农业体验园、种养展示示范园、酒庄、庄园、乡村旅馆、专业诊所、休疗养院、旅游服务站）、乡村物流类（农资乡级配送中心及网点、农产品集货中心及网点、农产品专业市场、生产资料市场）等四类。应按照实际需求及配置标准和要求（具体见导则）进行规划布局，逐步提高农业生产服务水平，有条件的乡可考虑建成农业服务综合体。

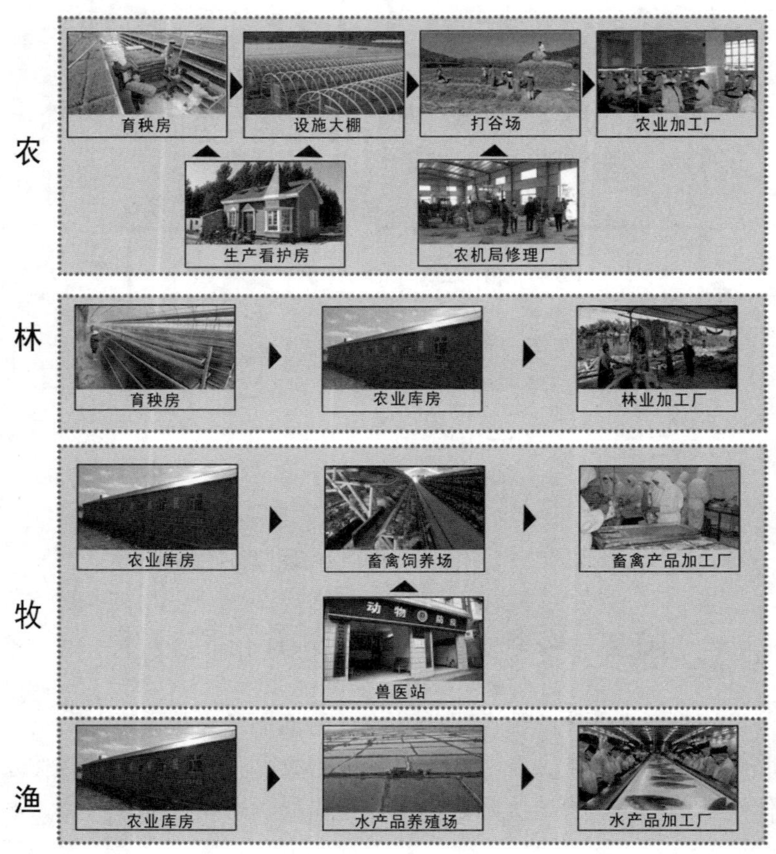

图 10.15　农业生产性保障实施示意图

2. 布局技术

农业生产性保障设施规划应遵循如下原则：①因地制宜原则。根据农、林、牧、渔产业类型的不同特征，因地制宜选择设置相应的农业建筑及配套设施；②遵循生态循环原则，将农、林、牧、渔综合考虑，利于形成农业生态循环经济类型；③农业生产建筑及配套设施选址应尽量接近生产基地，靠近水源、电源和交通运输线，不占或少占耕地，并防止对环境的污染。其中农业库房中的危险品库在选址时需要与村庄居民点、畜禽养殖区、水产养殖区等地区保持一定安全距离。

10.2.2　农民生活性服务设施配置技术

1. 配置要求

农民生活服务设施应尊重农村的生产生活规律，综合考虑农民的实际需求。一般包括行政办公、文体娱乐、基础教育、医疗卫生、社会福利、商业服务等六类（图 10.16）。不同的设施种类或交易中心的合理服务半径和服务人口门槛是不同的。按照配置标准（具体见导则）进行布局调整，逐步实现城乡公共服务均等化目标。

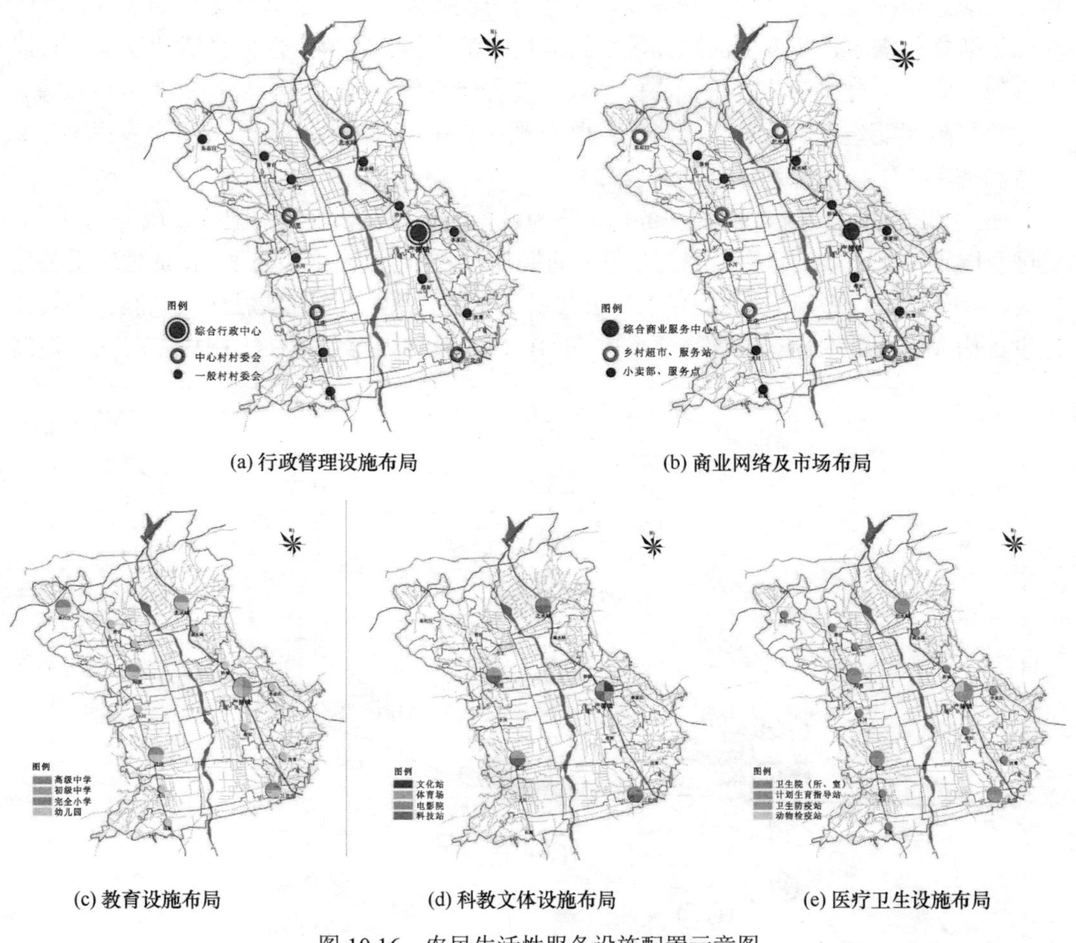

(a) 行政管理设施布局　(b) 商业网络及市场布局

(c) 教育设施布局　(d) 科教文体设施布局　(e) 医疗卫生设施布局

图 10.16　农民生活性服务设施配置示意图

2. 布局技术

乡域公共服务设施主要进行集中公共服务设施配置点布局和重要公共设施布局规划。

集中配置点布局。商业服务设施、文体设施宜相对集中布置，并结合社区公共绿地等公共活动空间形成公共活动中心。考虑有条件的农村社区部分设施共享，宜布置于主要道路或道路交叉口处，如学校、邮局、加油站、果菜商店、便利店等。部分功能接近或场地要求相同的设施可共用场地，如晒场和社区健身场地、文化站和老年之家等。

重要公共设施布局遵循如下原则：①教育设施应独立选址，中小学布局应统筹考虑城乡人口流动、学龄人口变化，以及当地农村地理环境及交通状况、教育条件保障能力、学生家庭经济负担等因素，充分考虑学生的年龄特点和成长规律，处理好提高教育质量和方便学生就近上学的关系，努力满足农村适龄儿童少年就近接受良好义务教育需求。

学校及托幼应设在阳光充足、环境安静、远离污染和不危及学生、儿童安全的地段，距离铁路干线应大于 300m，主要入口不应开向过境道路；②医疗卫生设施应独立选址，医疗卫生设施应方便使用、环境安静安全，避开人流车流大的地段，并应满足突发灾害事件的应急要求；③综合公共服务设施应结合居民点或生产区公共开敞空间设置，顺应乡民生活文化需求，配置生活晒场等乡村风情生活设施；④群众性体育活动设施应布局在方便、安全、对生活休息干扰小的地段；⑤养老院等设施应结合环境优美区域设置，并完善其附属配建设施，如停车场等；⑥墓地应集中统一安排用地，并符合乡民文化、宗教和使用需求，与绿地、林地结合布局。

HQ 乡以积极推进基本公共服务均等化为目标，按等级合理科学配置乡域公共设施，促进乡域农村地区承载能力和综合竞争力的提升，使农村居民更加公平、便捷地享受各项生活、生产服务。在乡域层面构建农村公共服务设施体系，结合村级社区公共服务的具体建设，构成全面的农村公共服务系统（图 10.17）具体内容如下：①在村庄居民点规划

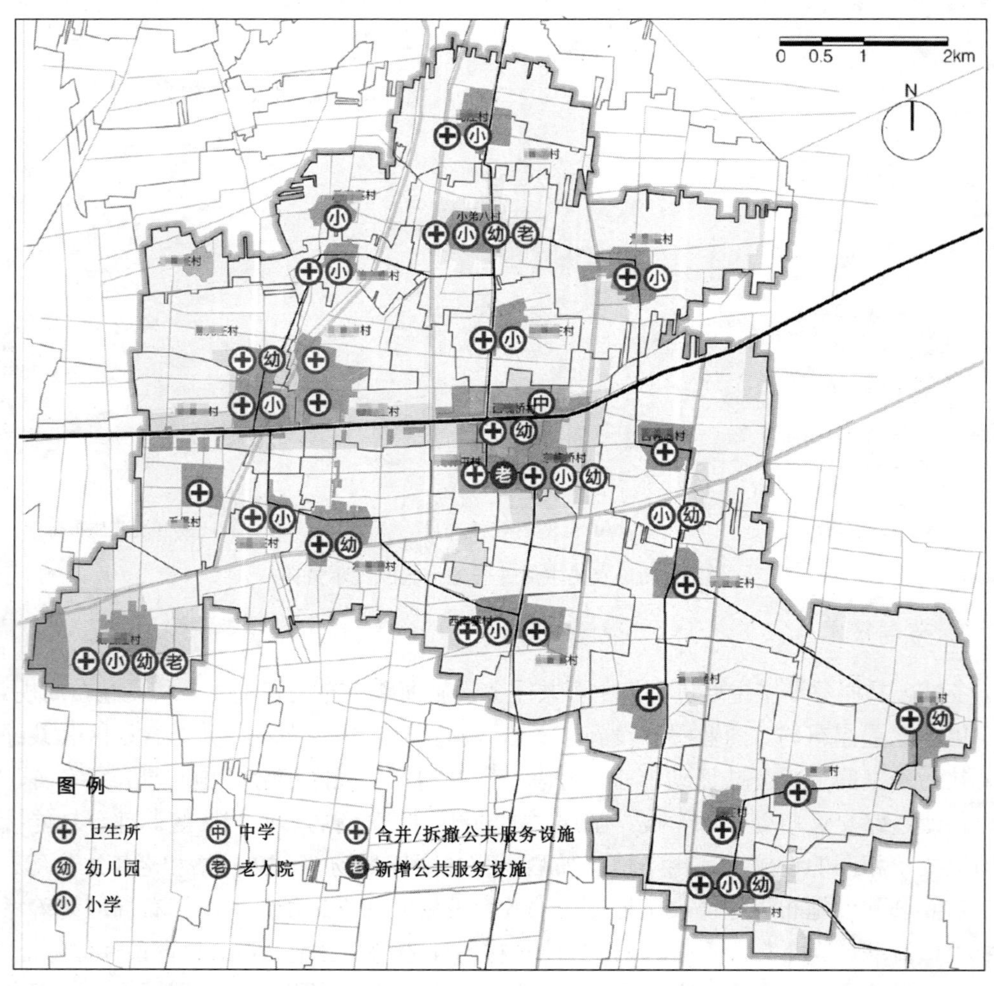

图 10.17 HQ 乡生活服务设施规划布局图

图片来源：HQ 乡规划

的基础上，合并部分迁并村庄的卫生所；②针对部分学生数量较少的基层村小学，合并至中心村/乡政府驻地小学；③根据人口发展情况，在乡政府驻地规划新增老人院。各村的商业服务设施、文体设施宜相对集中布置，并结合公共绿地等公共活动空间形成公共活动中心；④部分共享设施宜布置于主要道路或道路交叉口处。部分功能接近或场地要求相同的设施可共用场地，如晒场和社区健身场地、文化站和老年之家等。

10.3　乡域保障设施统筹布局技术

10.3.1　基础保障设施规划技术

乡域保障设施是保障农业生产、农民生活和农村正常运行的系统性基础设施，包括交通系统、电力与新能源系统、通信网络系统、生活饮用水系统、农田水利灌溉系统。乡域基础设施以交通、水、电、热、燃气、电信等的供给为重点，探索其中民生效益与经济效益的平衡机制、新型清洁能源与传统能源综合利用机制，研究乡域公用设施向农村延伸的统筹规划技术。

1. 交通系统规划配置技术

交通系统包括乡村道路、乡村客运公交运营和乡村停车三个子系统。交通系统规划应达到经济适用、通达安全，满足农民生产生活和乡域正常发展需求。应基于农村居民点出行需求、出行习惯的乡域交通设施需求进行分析，研究乡域交通设施规划，特别是非等级公路向农村居民点延伸统筹规划技术，主要考虑两个因素：①耕作半径。耕种半径是决定村庄布点与规模的重要因素，其大小受历史习惯与交通工具的影响。一般来说，人多地少地区，耕作精细，土地需要经常受到管理操作，因而耕作半径小，往往形成规模小而密度大的密集型村落。人少地多地区则相反。在以传统耕作方式生产的农业区，农民增加土地产出的主要途径是增加劳动强度和劳动时间。为保证足够的劳动时间，就必须有合理的耕作半径（表 10.2）。合理的耕作半径不仅是农民降低劳动强度的主要途径，也是提高单位面积产出的主要手段（孙婕，2006）。传统农业社会，某一地区的耕地数、人口规模、人均耕地和耕作半径有一定的关系。这一关系可以表示为：$N=KR2/K$，N 代表村庄合理的人口规模，M 为人均耕地数，K 为垦殖指数，R 为耕作半径（金其铭，1988）。随着经济的发展，农业机械化水平的提高，村庄务农人口比例不断减少，耕作半径也在增大，已不是制约村庄人口规模的主要因素。②通勤距离。一般来说，从村庄到最远田间进行生产的下地时间以不超过 30 分钟为宜，以步行计算，从村庄到田间的最大距离一般可在 2km 左右，最远不超过 2.5km（一般田间管理较费工的距离近些，如以蔬菜生产为主的村庄最远不超过 2km）。假若采用自行车或其他交通工具，耕作半径可略扩大些。同时，如果有地形影响或农业生产的实际需要，可作适当伸缩。交通工具的使用极大扩展了耕作出行的半径，通常个人步行速度在 50m/min，自行车为 300m/min，摩托车为 600m/min，据此估算出不同出行方式允许的耕作半径。村镇规划中，村庄逐步向中心村集聚，村庄集聚必然导致耕作半径的增加，即规划在改善农村居民日常经济中心可达性的同时，更大幅度地降低了农村居民的耕作可达性。村庄耕作半径影响村中心村选择的数量和位置，也是目前村庄合并中需要重点考虑的问题之一。

表 10.2　不同出行方式的耕作半径　（单位：m）

出行时间	出行方式		
	步行	自行车	摩托车
10 分钟	500	3000	6000
20 分钟	1000	6000	12000
30 分钟	1500	9000	18000

乡村道路应针对农村地区道路交通使用需求及建设条件，着重进行农业生产、农村生活的道路规划，形成通达、通畅的乡村道路网络系统。应根据全乡发展需求确定，满足居民通勤、通学等基本的生产和生活需求，并根据用地地形和道路现状进行布置（图 10.18），具体包括三个方面的内容：①乡路向上通达。以向县城、重点镇通达

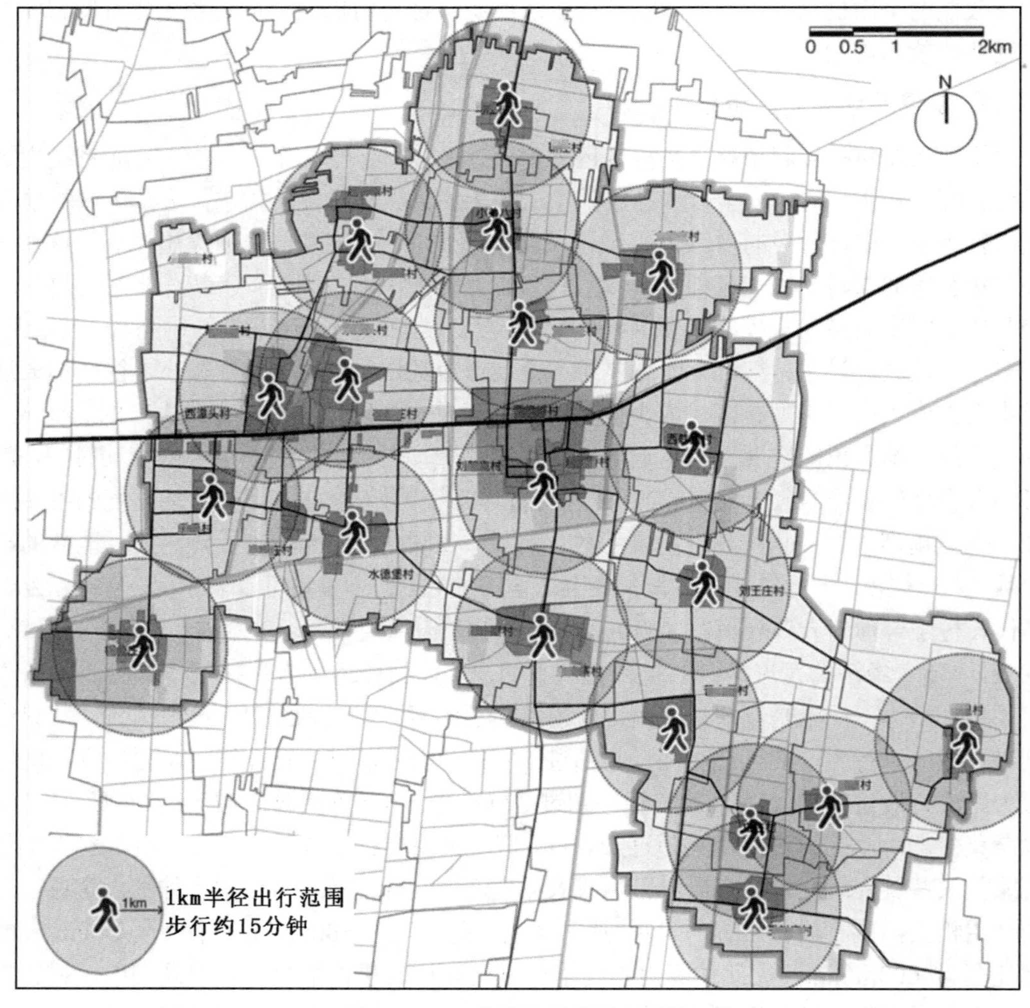

图 10.18　5 分钟步行范围全覆盖

为重点，实现村村通公路目标，规划建设快速通达的国道、省道和县道的连接公路；②田间路向下通达。以自然村为基点，以中心村或行政村为中心，按农户 15 分钟左右出行到达生产区建设生产圈田间路网，以机耕路和水渠堤埂路为主（图 10.18、图 10.19）；③村路内部联通。建设连接行政村、自然村、农牧基地、资源点（矿石、旅游等）、产业园、重要社会设施等重要节点之间的内部联通乡村路网，尽量连接成环，减少尽端路（图 10.20）。

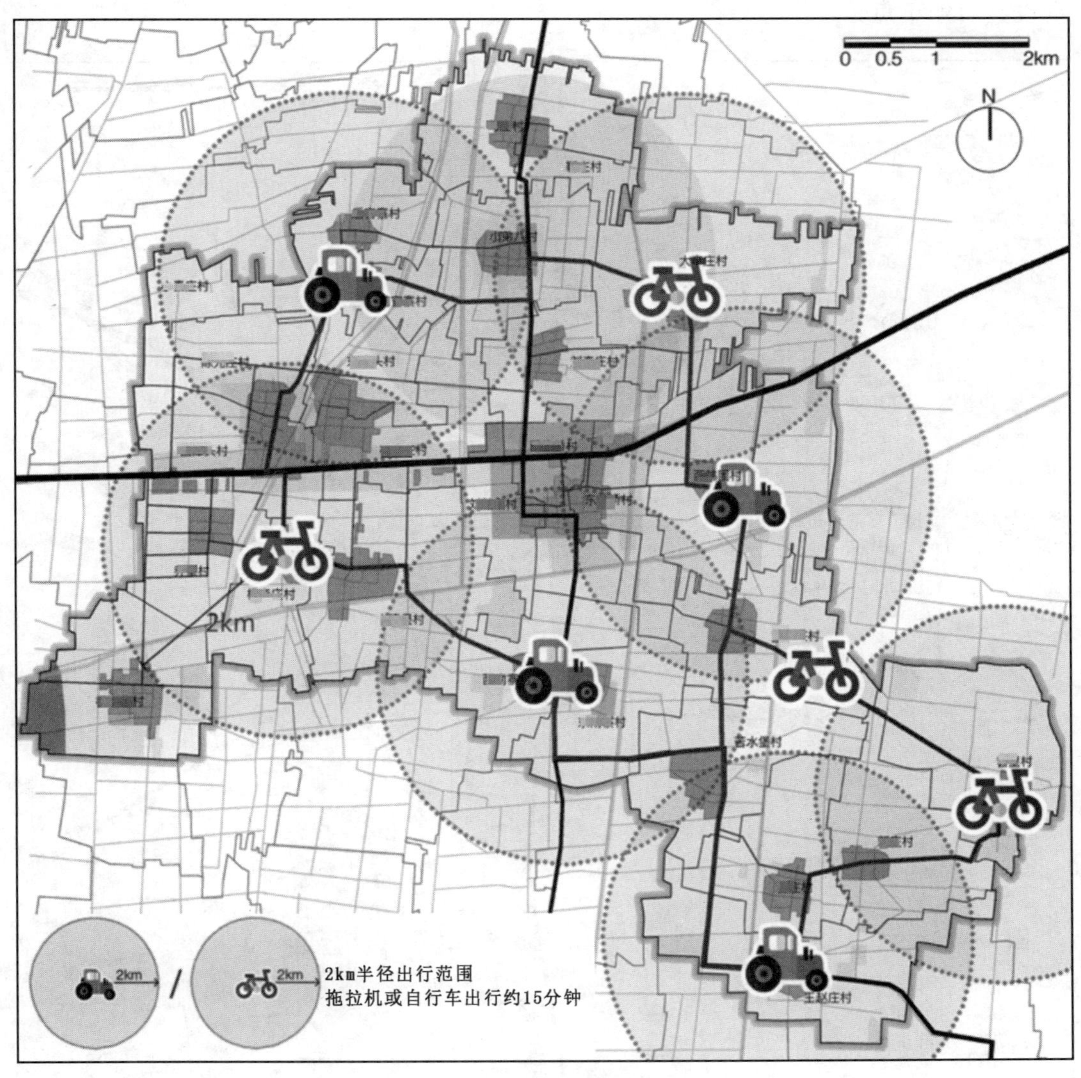

图 10.19　自行车/拖拉机出行路径示意

乡村客运公交规划应与乡总体规划相结合，与产业布局、道路状况、人口密度、远期规划等因素相适应，应逐步开通向农村村庄延伸的公共交通线路；公共交通应有效扩大中小学服务覆盖范围。乡村客运公交规划具体包括三个方面的内容：①对外接口及公交转换点。设置连接中心乡镇进城线路以及乡镇之间直达公交线路的农村客运站或农村公路综合服务站等农村公交转换点，配置公交站场；②农村公交延伸线路。连接农村公交转换点与村庄，主要为农村居民服务，是农村居民进行外部沟通的基础通道，由村庄主要道路承担；③客运公交站场及站点设置建议。乡域客运公交车辆保养场用地面积不应小于 220m^2，出租车营业站用地面积不应小于 250m^2。非机动车存车换乘应单独计算面积。有条件乡村公交站点服务距离宜小于 500m；客运汽车站、火车站、客运码头出入口 50m 范围内宜设置公交站点；乡域村庄集中居民点出入口附近宜设灵活停车点。

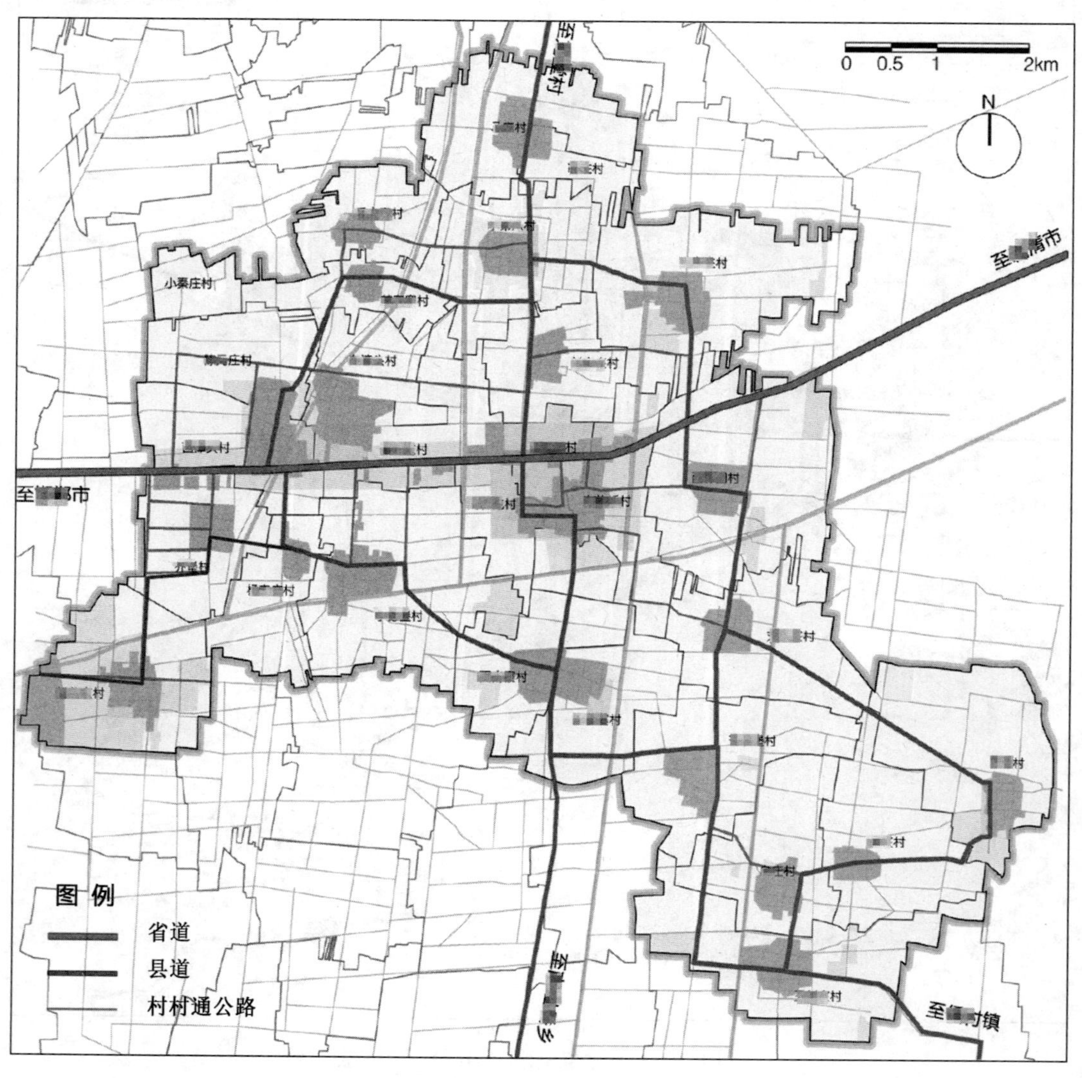

图 10.20 乡域道路规划示意图

乡域停车系统规划应结合乡村产业发展和生活需求按照集中与分散相结合的方式设置生态停车场，将村内空地、废弃地等适宜停车的场地合理改造利用为停车场，划定停车位，开展规范化管理。

2. 电力与新能源系统配置技术

电力与新能源系统配置应充分考虑农村家庭的经济承受能力和乡村管理水平，综合开发地方能源资源，确定村庄能源利用的合理结构，合理配置农业生产和农民生活等电力设施。在符合通信自动化、防雷及接地、电能质量等要求下进行灌溉电气工程规划。根据平原网区、丘岗冲垅区、丘陵山地区的农田建设类型，因地制宜合理确定建设方案，做到安全可靠、经济适用。一般使用 10kV 以下电压等级。所有已投运的农田输配电设备应安装规范、清晰、可靠的标志牌和标识牌。合理布设变电站，确定主变容量和电压等级，确定馈线分布、负荷分配及保护方式，保证经济、有效、安全供电。

3. 通信网络系统配置技术

通信网络系统配置技术主要技术指标是电信信号覆盖率和服务强度、互联网普及率及电话普及率。尽可能结合乡村居民点选址和布局邮政网点和电信设施。山地地区尽可能采用无线通信技术，平原地区若采用有线通信技术。电信主线路路由尽可能沿道路布局，支线可与低压电力线路可同杆架设。风景区、传统村落等需要视觉保护的区域，通信线路应尽可能采取地埋方式敷设，减少架空线路穿越生态保护区。

4. 生活饮用水系统配置技术

生活饮用水系统规划一般遵循如下原则：①从乡域实际情况出发，因地制宜，经济合理；②依据乡域发展规划、经济状况和水量需求，统筹规划，分期实施，合理利用、优化配置水资源；③给水处理工艺规划应力求安全可靠，操作管理方便。

生活饮用水系统规划应包括以下内容：①供水模式选择。应根据当地水源条件选择适宜的供水方式，具体包括单村集中式供水、多村集中式供水、分散式供水、接入市政管网等四种形式；②给水水源选择。乡域给水水源分为地下水源和地表水源。水源的选择必须进行水资源的勘查。所选水源应水质良好，水量充沛，易于保护；③供水量预测。村民生活用水定额应根据当地国民经济和社会发展、水资源充沛程度、用水习惯，结合村规划和给水专业规划，本着节约用水的原则，综合分析确定。在缺乏实际用水资料的情况下，参照城市《室外给水设计规范》对全国区域的划分，分别对划定的三个区域给出了村生活用水定额。水厂规模可参考《城市给水工程项目建设标准》；④供水管网规划。按照现有经济条件建议采用树状管网，发达地区可选择环状官网。供水管道沿现有田间路或规划田间路以最短距离引向乡村居民点和农业建筑设施。HQ 乡原有供水基础较好，仅乔堡村为自供水，规划自杨李庄村延长供水线路，在乔堡村新增供水点，实现各基层村供水设施全覆盖（图 10.21）。

5. 农田水利灌溉系统规划技术

农田水利设施规划基础是灌溉水源选择。根据当地自然地理、水文气候、地质条件、农业生产情况、社会经济和技术情况，因地制宜地选择上述水源作为灌溉水源，具体包括以下三种类型：①选取地下水作为灌溉水源。根据水文地质条件和技术经济条件、计划开采涵水层的位置和埋深来确定井型。依据便于自留灌溉，减少井群抽水干扰，结合渠、沟、路、林、点的综合规划等原则，合理选定井位与井网布置，配置变频泵并保障电力供应（具体见灌溉电气工程设计）；②选取地表水作为灌溉水源。主要需要对利用水库中水资源灌溉的方式进行规划。依据集雨面积、库区地形、灌区位置、溢洪道和输水涵管位置等做出坝址选择；③选取雨水集蓄水作为灌溉水源。根据当地自然条件和社会经济情况，地形、作物种植和集雨材料等情况合理布置集雨场、蓄水设施和输配水网系统。可以结合雨水集蓄在附近位置配设水质净化设施。

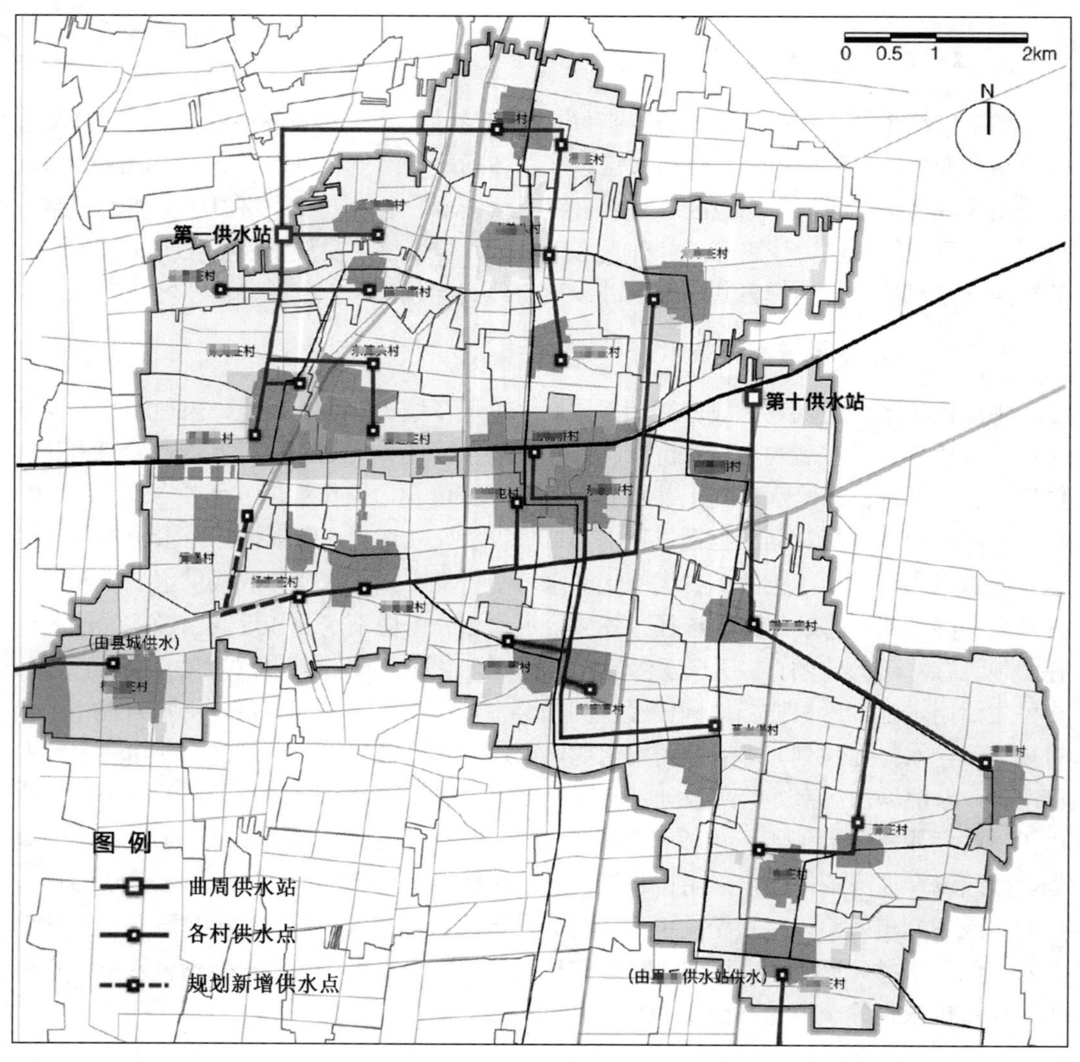

图 10.21 HQ 乡供水规划图

图片来源：HQ 乡规划

农田水利灌溉系统分为三类：①地上排灌系统。干渠应布置在灌区最高地带，以便控制灌溉面积。管道线路避开渗漏较大、山坡易坍塌地段。斗、农渠布置要满足机耕要求，灌渠规划与排水系统规划相结合；②滴管系统。为压力系统，干渠应布置在灌区中部，需考虑供电线路引入，应注意毛管、灌水器在地下的埋深和布局；③地上喷灌系统。为压力系统，干渠应布置在灌区中部，需考虑供电线路引入，应注意毛渠、畦、多孔阀管、喷灌支管和喷头的布局。

10.3.2 污染防治设施布局技术

乡域污染主要来源于畜禽养殖、水产养殖、农村生活（生活垃圾、环境污水和人粪尿）等点源污染和农田种植面源污染（化肥使用和秸秆遗弃），点状污染主要是乡村居民集中生活造成的，面状污染主要是乡村产业面状生产造成的，因此污染防治包括点状污染防治和面源污染防治。

1. 点状污染控制设施布局技术

点状污染防治设施主要包括污水处理和垃圾处理等环保设施建设。

污水处理设施布局。主要包括两个方面（图 10.22）：①合理设置公共卫生间。结合公共空间、公共场所、农业生产设施等的布局因地制宜地设置公共卫生间，明确公共卫生间建设标准和粪便收集运输方式；②建设污水处理系统。主要包括排水量预测、排水方式及体制选择。生活污水应根据卫生设备而定，采用生活用水量乘以排放系数计算方法。工业废水应根据乡镇企业的设备和生产工艺程度确定。降水可根据降水强度、汇水面积、径流系数计算而得。根据乡村发展情况按照污水处理方式分为集中污水处理（多村集中和单村集中）、污水分散处理两种。选择集中排水方式时应结合雨水排放选择适当的排水体制：完全分流、不完全分流、截留式合流制；制定污水排放与污水场选址方案。污水收纳水体应满足其水域功能的环境保护要求，有足够的环境容量，雨水收纳水体应有足够的排泄能力或容量；收纳土地应具有环境容量，符合环境保护和农业生产的要求。污水处理厂（站）的选址应结合污水处理方式的选择综合确定，应位于村庄下游；排水沟渠规划。排水系统通常采用明渠、暗渠、排水管道三种形式，结合当地经济条件、地形地势，综合考虑，恰当选取。雨、污水均应尽量考虑自流排水，选择经济合理路线，尽量沿道路铺设。排水管渠的布置，可采用贯穿式、低边式或截流式。雨水应充分利用地面径流和沟渠排除，就近排放。污水通过管道或暗渠排放，排水管道埋设应符合《城市工程管线综合规划规范》（GB50289）的规定。

垃圾处理设施布局。乡域垃圾按照产生来源分为农业生产垃圾、居民生活垃圾。根据实际情况可采用“户分类、村收集、乡转运、县处理”的模式，实现生活垃圾收运处理全覆盖（图 10.23）。乡集中设置废旧物质收集站。条件不允许的可利用废弃地建设简易填埋场。垃圾处理设施布局应遵循以下规划原则：最大限度实现生活垃圾就

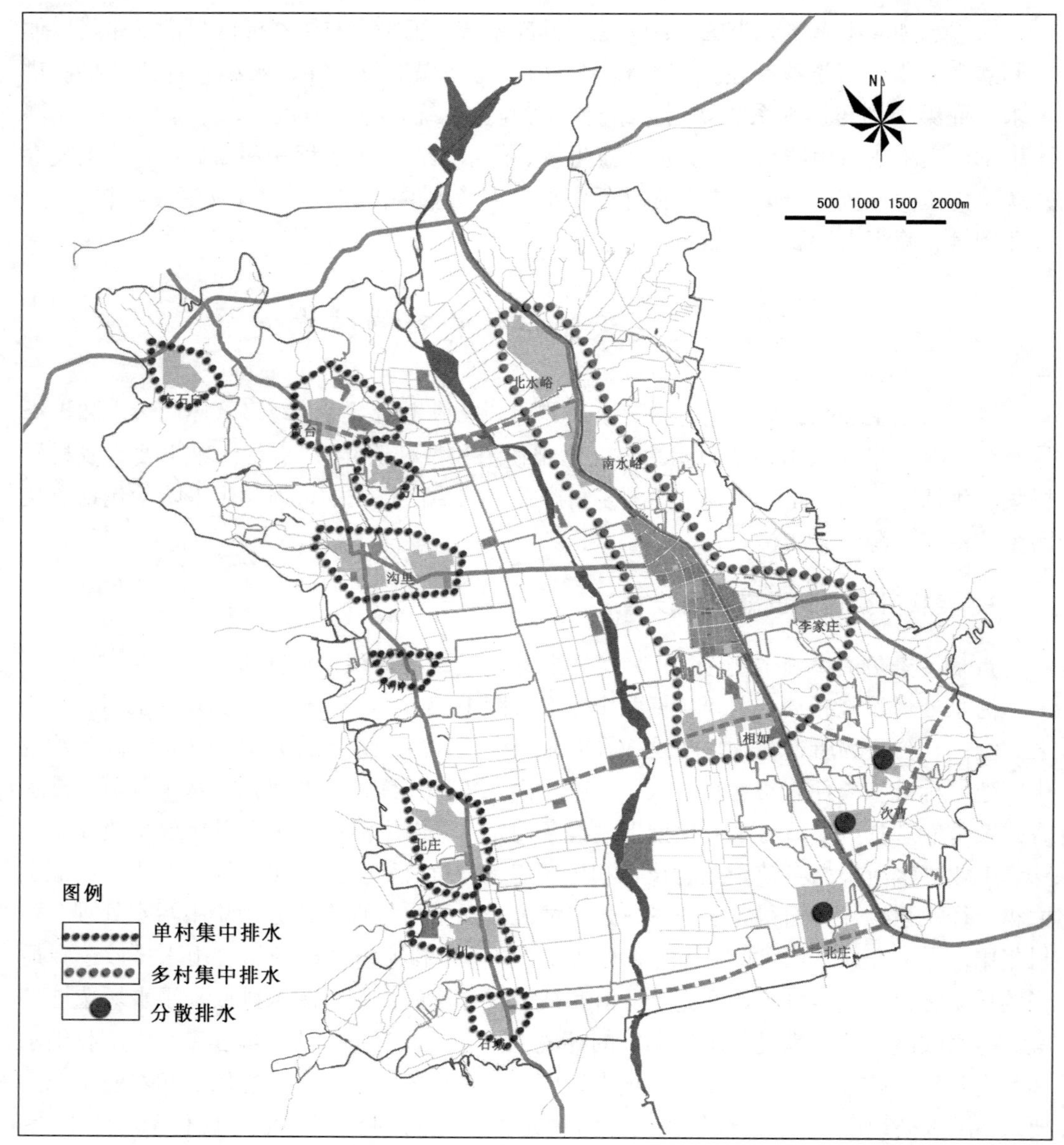

图 10.22　CD 乡居民点排水工程规划图

图片来源：CD 乡规划

地循环利用，集中处理能源利用。发展循环经济型农业，对农村土、水、种、肥、药、电、油、柴、粮等各种生产要素进行统筹考虑，深度利用农村种植养殖业产生的废弃物，减少垃圾的产生。实现垃圾分类，建立低成本垃圾收运处理系统。垃圾处理设施规划应按照以下三类垃圾进行分类、收集和处理：①可回收垃圾收集。可在每个自然村设置可回收垃圾收集点，实现资源再利用；②不可回收生产生活垃圾收集和处理。集中收集以包装垃圾为主的生活垃圾和农业生产过程中的废弃塑料和农用膜；③有机垃圾收集和处理。粪便、农作物废弃物等有机垃圾实现就地处理，采用堆肥处理或厌氧消化两种方式。将可燃物加工为燃料，进行能源利用。垃圾处理设施布局主要是完善居民点垃圾清运体系，按照垃圾转运距离合理确定垃圾处理方式，垃圾产生量大的可设置焚烧厂，并尽可能并网发电。转运距离超过 10km 或运输条件复杂的地区应近距离选址建设规范化的填埋场。建立种养业废弃物资源化利用制度，实现种养业有机结合、循环发展。制定再生资源回收目录，对复合包装物、电池、农膜等低值废弃物实行强制回收。

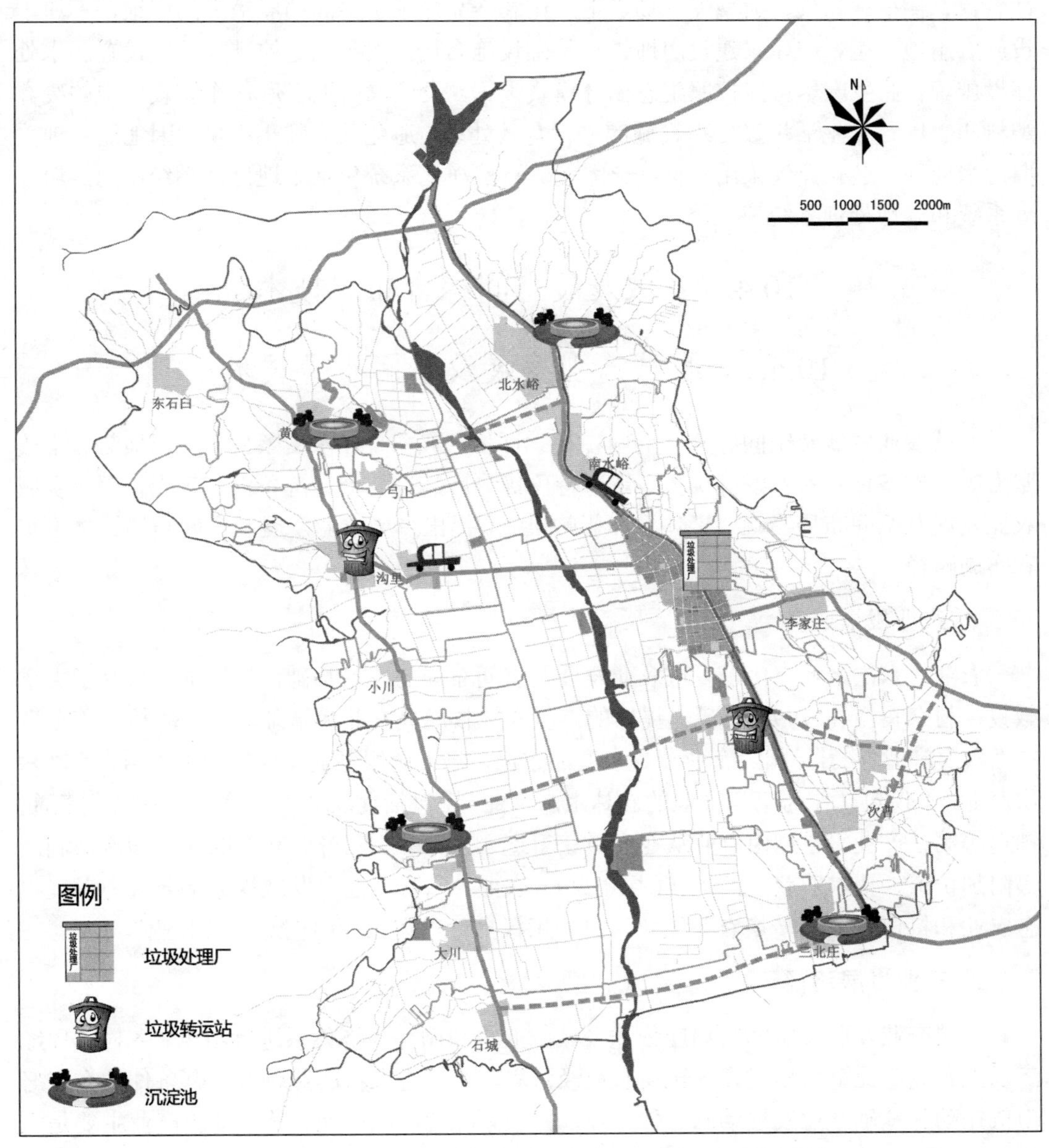

图 10.23　CD 乡污染防治和环卫系统规划图

图片来源：CD 乡规划

2. 面源污染控制设施布局技术

乡域规划控制面源污染应采取以下措施：①减少农药、化肥大量使用产生的土壤污染；确定畜禽规模化养殖场有机物处置标准和处置设施布局，确定水产养殖池塘、工厂化养殖污水处理标准和设施布局；②育种育苗场所、简易生产看护房用地采用分散式污水和垃圾处理手段和方法；③以农业为依托的休闲观光项目及各类农业园区，建设永久性餐饮、住宿、会议、大型停车场、工厂化农产品加工、中高档展销等的用地，不属于设施农用地范围，按非农建设用地进行基础设施布局，按照规定的排放标准设置污水处理设施。农业生产尽可能按照生态循环模式设置，设施农用地工厂化作物栽培中的废弃塑料和农用结合生活垃圾处理设施应进行有效处理，避免残存在于土壤。因地制宜地采取污水处理工艺，建议采用自然净化系统。自然净化系统包括土地处理系统、稳定塘处理系统和湿地处理系统三大类。

10.4 乡域发展空间综合布局技术

10.4.1 乡域产业发展及空间布局技术

乡域农业发展及空间综合布局应在科学评价气候条件、水文条件、地形地势、土壤肥力等自然条件和农业发展历史、现有特色优势产品等社会经济条件基础上，探究乡域农业发展及空间布局影响要素体系和影响机制，提出乡域农业发展及空间布局具体方案和实施路径。

1. 产业发展趋势

农业“六次产业”化是乡域农业发展及空间布局的理论基础，是日本东京女子大学教授今村奈良臣在 1996 年最先提出的。以农林牧渔大农业为基础，发展“接二连三”的“六次产业”，引导相关企业涉足农产品生产，将工商服务业与传统农业“结合”。“六次产业”不仅包括作为第一产业的农林水产产业，还包括食品加工等第二产业以及流通、销售等第三产业。通过由农业从业人员获得迄今为第二、三产业获得的加工和流通利润等附加价值，使农业获得活力（图 10.24）。农业“六次产业”发展规划主要大力发展生态农业和特色农业，转换农业经营思路，积极推行“在农业中创造六次产业”。

2. 产业发展路径

乡域产业发展及空间布局应依托乡域产业链和循环经济体系进行组织。乡村循环经济以大农业产业链为出发点，转换农业经营思路，促进农村产业融合。有条件的乡应努力依托动脉基础产业发展动脉延伸产业，并规划配置静脉产业。其中动脉产业主要是大农业各项生产；动脉延伸产业主要是农产品加工业及依托农业发展的服务业，如交易市场、度假休闲等。静脉产业是一种资源再生利用的产业，以节约资源、保护环境为目的，将生产和消费过程中产生的废物转化为可重新利用的资源和产品，实现各类废弃物的再利用和资源化，以农业资源开发为主的乡村产业发展，为静脉产业的发展提供了良好的自然基础和深厚的发展空间。

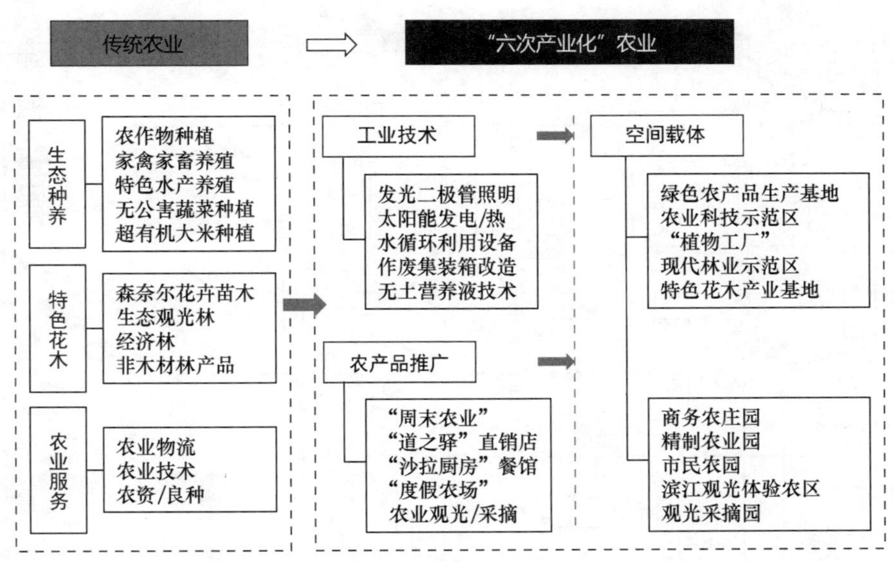

图 10.24　HQ 乡农业六次产业化布局规划图

根据 CD 乡的现状基础和资源条件进行循环经济产业体系组织（图 10.25），乡域产业链和循环经济体系组织为：①依托土地资源发展花生、玉米、小麦等粮食作物种植，以及烤烟、辣椒、红薯等特色经济作物种植；②利用丰富劳动力资源和粮食秸秆资源，发展牛、羊、驴、猪养殖；③以初级农产品为原料发展农作物和畜产品加工业；④利用 C 河水质优良以及地下水位高的优点，发展以鲟鱼、甲鱼、草鱼等为主体的水产养殖业；⑤利用 C 河丰富水资源发展速生林木种植，并积极拓展木材加工产业；⑥在水产养殖和林木种植的带动下，发展农家乐体验游、新鲜水产品特色餐饮和乡村风景游等餐饮旅游业；⑦结合 CD 乡地理位置资源和当地牲畜饲养和水产品养殖优势，发展专业性农贸流通市场；⑧推广绿色、环保、低碳的农村沼气池，推动乡村废弃物的资源化。

3. 产业空间布局

乡域产业应以“发展现代化大农业”为核心，综合考虑乡域水土资源环境和景观生态格局，结合气候条件、水文条件和地形状况等自然条件，以及现状建设情况及产业特色的建设要求，科学判断乡域产业空间发展趋势，在整体区域内组织乡域总体产业空间的发展结构与布局，提出各类用地空间的开发利用、设施建设和生态保育措施，如 HQ 乡在全域范围内保护乡村景观和耕地、林地、园地等农用地资源，采取适度集中的发展原则，以利于生态环境保护、提升土地资源利用效率，形成产业发展分区（图 10.26）：沿邯临路（省道），以乡政府驻地为核心，形成主要的第二、三产业发展带；北部以小弟八村为核心，发展生态农业；东南部以传统农业发展为主；西南邻近县城，受县城辐射发展。在此基础上，明确具体的产业发展空间引导方案（图 10.27）：以 HQ 乡乡政府

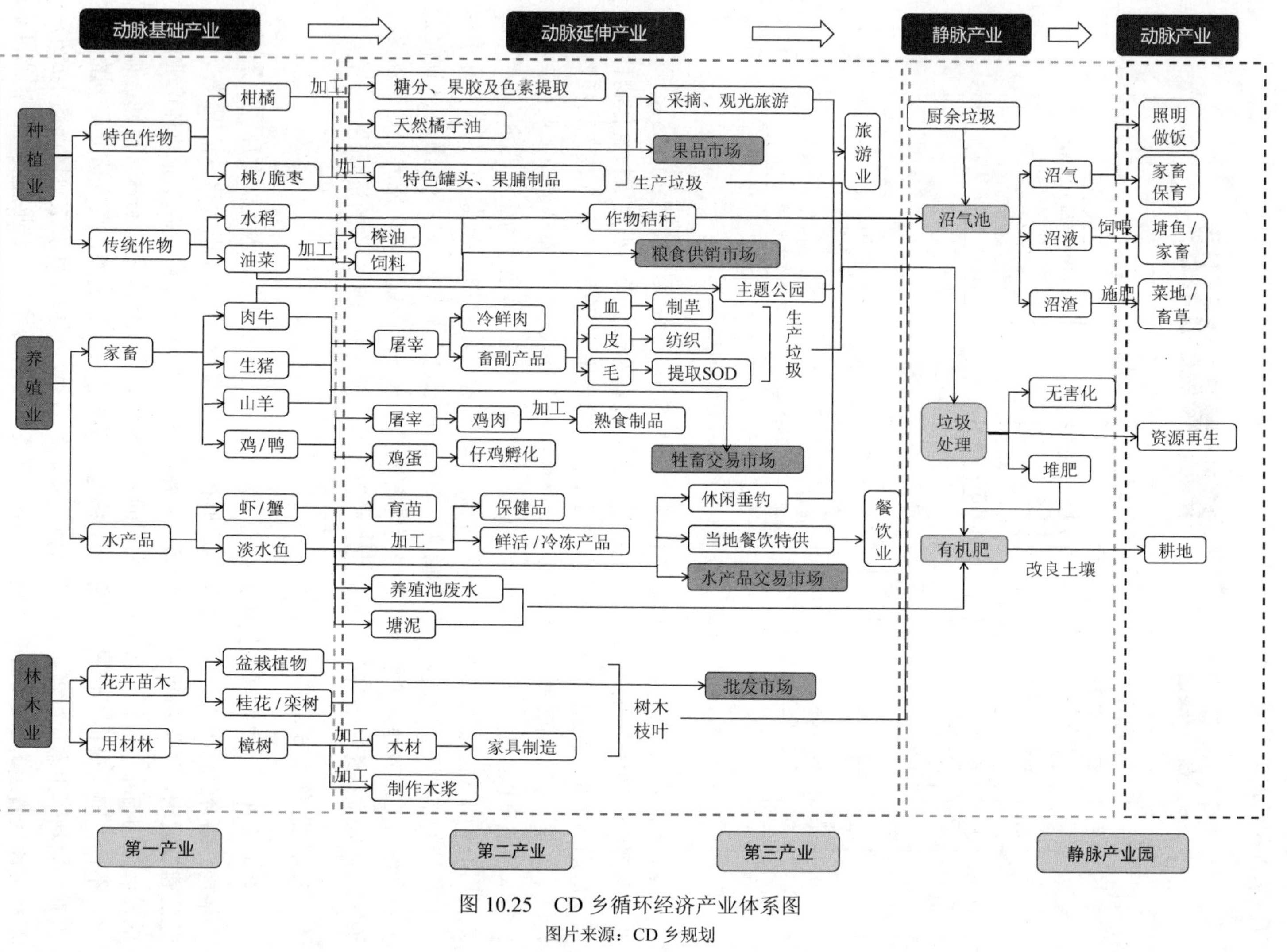

图 10.25 CD乡循环经济产业体系图

图片来源：CD乡规划

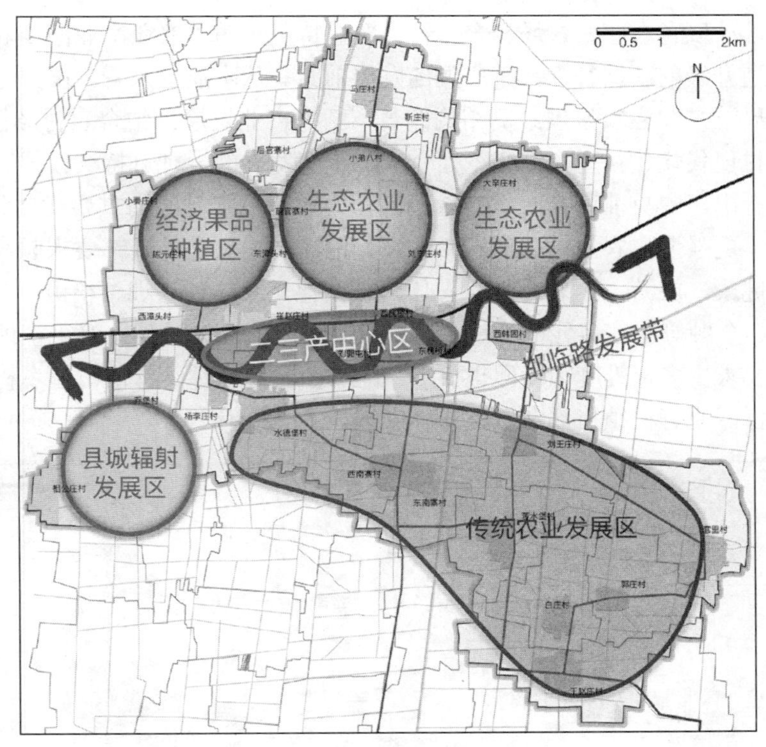

图 10.26　HQ 乡空间布局结构图

驻地为发展核心，以过境省道邯临路为农产品运输主动脉；整合利用农业设施，建设乡道环路，推广农业机械化生产；后官寨村建设冷库及仓库，相公庄村依托曲周县城辐射，促进农产品集散、交易，促进晚秋黄梨等特色农产品产业发展。小弟八村、相公庄村、东西南寨村（桑园会）等有一定景观/人文基础的村庄，建设美丽乡村。

乡域规划应以地方独特资源优势，发展具有地方特色的农业优势产品。结合当前乡村的产业发展基础、农业合作社等经营情况，进一步提升一村一品的特色农产品产业发展品质，主要分为粮食、水果、养殖、林木四大类，如 HQ 乡结合一村一品发展基础较好的农产品和地区，包括后官寨村的晚秋黄梨、相公庄村的苹果和小弟八村的林木等，加强品牌意识，加大品种改良，促进特色农产品的高效生态生产，建立一村一品发展格局（图 10.28）。打造农产品生态观光园，建设农产品配套服务中心，形成由农产品种植区、加工区、现代农业观光区及农业技术发展区等组成的现代农业示范区。在 HL 路沿线结合专业化生产区的服务中心等设置特色农产路边站点，进行特色农产销售宣传，促进特色农业的发展。

田园综合体是乡域农业发展的空间载体。2017 年中央“一号文件”首次提出了“田园综合体”这一新概念，“支持有条件的乡村建设以农民合作社为主要载体、让农民充分参与和受益，集循环农业、创意农业、农事体验于一体的田园综合体，通过农业综合开发、农村综合改革转移支付等渠道开展试点示范”。这是加快推进农业供给侧结构性改革，实现乡村现代化和新型城镇化联动发展的一种新模式，是培育和转换农业农村发展新动能，推动现有农庄、农场、合作社、农业特色小镇、农业产业园及农旅产业、乡村地产等转型升级的新路径，具有广阔的发展前景。从本质上来看，田园综合体是在城乡一体化格局下，顺应农村供给侧结构改革、新型产业发展，结合农村产权制度改革，实现中国乡村现代化、新型城镇化、社会经济全面发展的一种可持续模式。从中央一号文件中可以看出，中央前所未有将产业园区作为农业发展升级的重要载体和强力抓手。“农业+园区”更强调将农业链条做深做透，无论是内涵还是外延都要求颇高，未来会囊括进科技、健康、旅游、养老、创意、休闲、文化、会展、培训、检测、加工、电商、贸易、物流、金融等丰富多元的维度，非常具有想象空间，当然，对于土地和模式的创新也比以往要求更多，难度和障碍也更大。随着田园综合体、特色田园乡村等国家和地方政策的推行，原有村镇格局和脉络必然会发生重大变化。

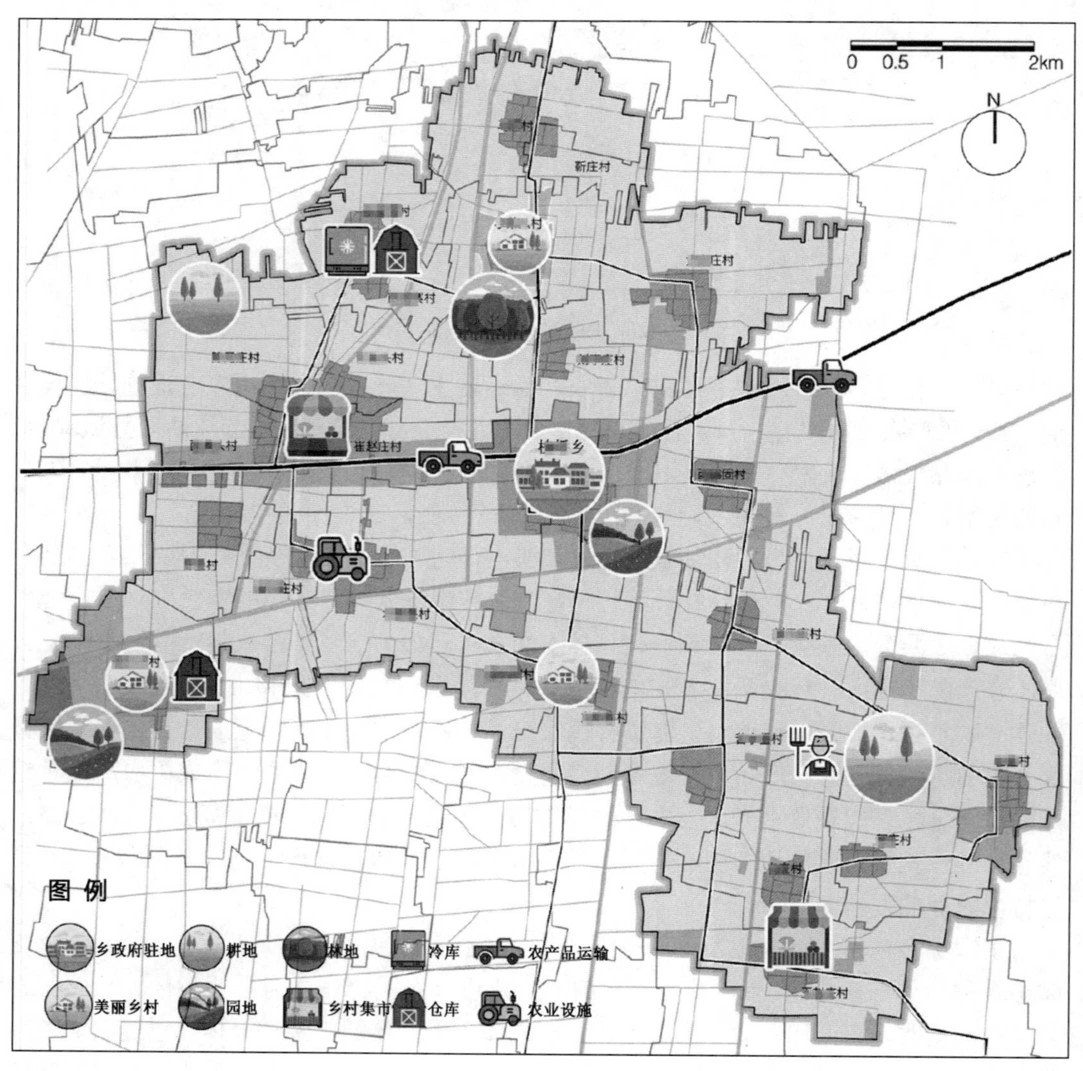

图 10.27　HQ 乡空间布局与发展引导示意图

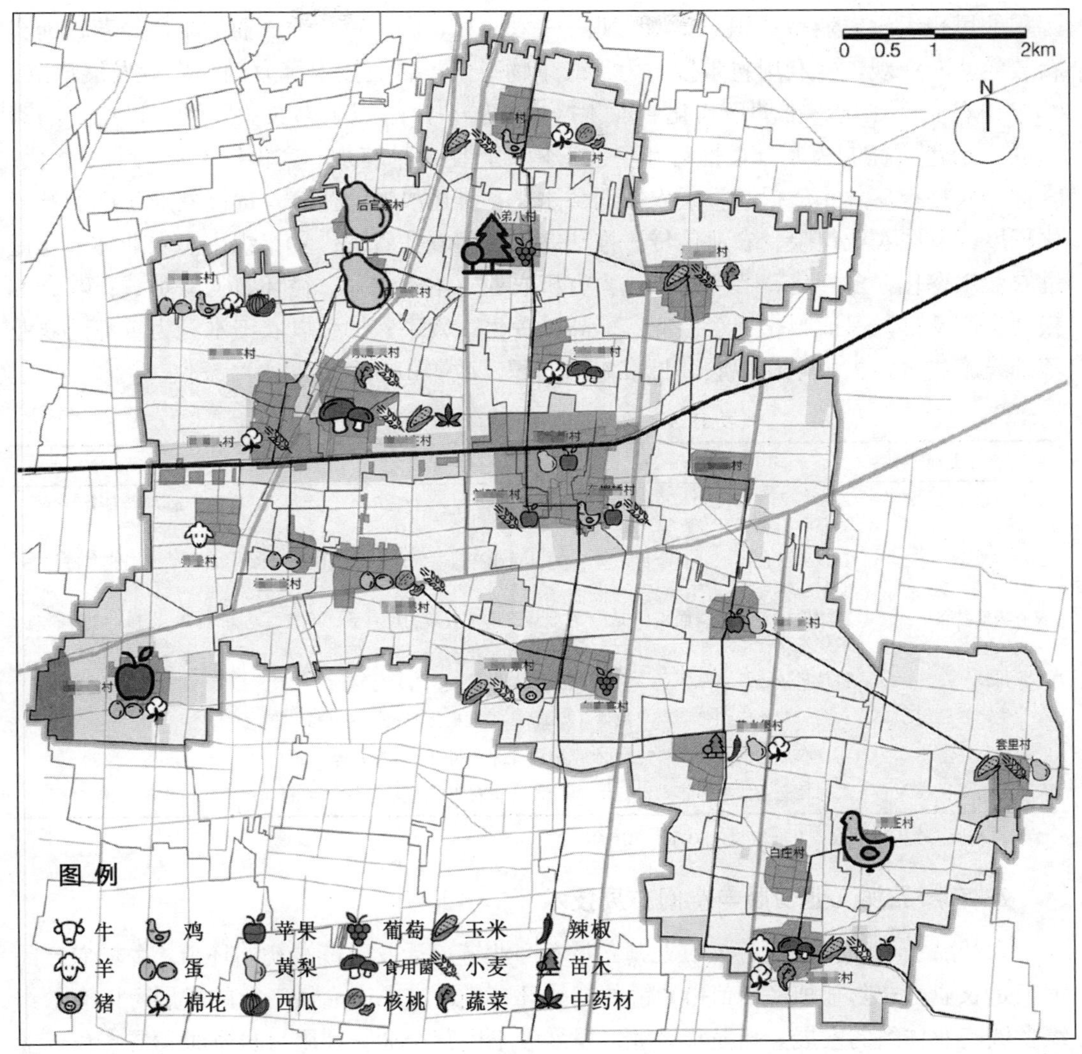

图 10.28　HQ 乡一村一品发展布局图

10.4.2　乡域农业发展和空间布局技术

由于乡域空间布局与土地利用受自然地理条件影响较大，因此不同性质地块划定应结合乡域的山区、水面、林地、农地、草地、居民点建设、基础设施等自然边界灵活确定。综合考虑农业发展和布局、生态环境保护要求等因素，提出镇乡域农田、林地、水面、草地等农用地资源统筹规划技术，重点研究其开发利用、设施建设和生态保育规划技术。

1. 大农业发展与空间布局技术

大农业发展与空间布局（表 10.3）主要有以下规划内容：①构建大农业观。用系统工程的思想组织农业型知识密集型产业——农、林、海、草、沙产业的生产经营，摒弃粗放经营农业观，并利用科学技术力量（生物科学、农业技术等）创新农业发展道路；②推进农业产业化。推动现代化农业生产方式转型，组织生态农业体系。以稳定的家庭联产承包责任制为基础，推动新型经营模式，促进种养加、产供销、农工贸一体化；③健全农技推广体系、提高基层农技服务水平，推进机械化生产。提高农业生产的社会化程度，发展农业保险、农业信贷。推动完善现代农业管理；④组织生态农业体系，促进农业生态化、多样化、特色化，包含有机农业、生态农业、循环农业等形式；⑤夯实粮食生产基础，保证国家粮食供应。提高粮食生产效率，加强以农田水利为重点的农业基础设施建设，扩大旱涝保收高标准农田面积，改善山丘区农业生产条件。

表 10.3 现代农业评价指标体系一览表

评价类别	指标项
农产品供给	粮食综合生产能力（t）、粮食播种面积（亩）、各特色农产总产量（t）、农产品质量安全例行监测总体合格率（%）等
农业结构	畜牧业产值占农业总产值比例（%）、渔业产值占农业总产值比例（%）、农产品加工业产值与农业总产值比等
农业物质装备	新增农田有效灌溉面积（亩）、农业灌溉用水有效利用系数、农机总动力（kW）、耕种收综合机械化水平（%）等
农业科技	科技科技进步贡献率（%）、农村实用人才总量（人）等
农业生产经营组织	农业产业化组织带动农户数量（户）、各类规模化养殖比例（%）等
农业生态环境	适宜农户沼气普及率（%）、农作物秸秆综合利用率（%）等
农业产值农民收入	农林牧渔业增加值年均增长率（%）、转移农业劳动力（人）、农村居民人均纯收入（元）等

资料来源：全国现代农业发展规划（2011～2015 年）。

2. 农产品加工业发展与空间布局技术

农产品加工业主要服务大农业，立足农产业链灵活发展链端初始环节。乡域农产品加工是农业产业附加值（增值链）链的初始环节，通过农产品加工业的发展可以有效组织乡域产业体系的发展。抓龙头企业，发展中小民营企业。利用自身资源发展特色农业加工业体系。乡域农产品加工业的发展应立足区域农业，结合区域农业经济市场进行合理规模布局（图 10.29）。农产品加工业应转变传统发展方式，推进信息化、现代化发展，提高创新能力，实现可持续发展。有条件的乡可发展结合农业生产的规模加工产业园，或面向精深加工，提升产品附加值。

促进乡域农产品加工业的发展可以有效组织乡域产业体系的发展，如 HQ 乡利用自身资源发展特色农业加工业体系，在乡政府驻地集中发展第二产业，依托 HL 路，建设 HQ 产业园，并以 QB 村、DXZ 村为代表，其他村适度发展农产品加工，不再安排除农产品加工以外的第二产业，依托晚秋黄梨等优势品种农产品生产，发展特色农产品专业化生产区及农产品加工等农业产业集群，形成第一、二产业联动。XDB 村依托现有的生态资源和发展基础，建设生态农业示范园，大力发展生态观光农业，HGZ 村依托冷库、XGZ 依托县城辐射，配合进行农产品储存、交易和集散，总体形成第一、三产业联动（图 10.30）。

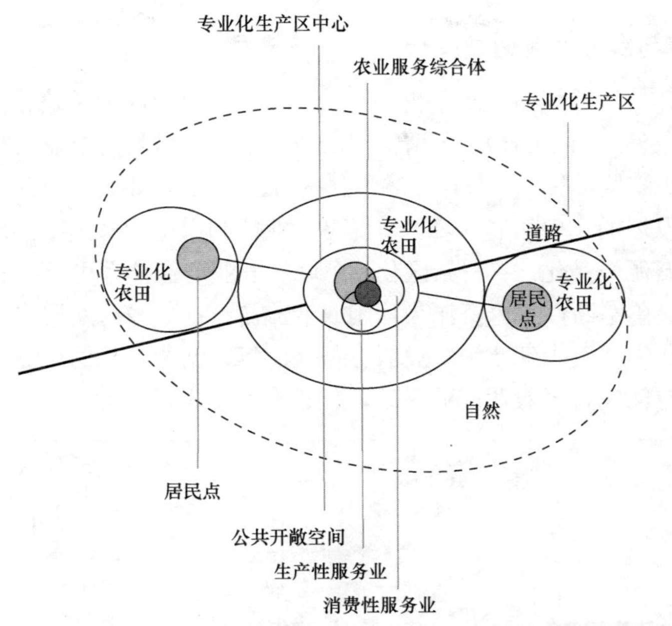

图 10.29　农产品专业化生产空间规划布局概念示意图

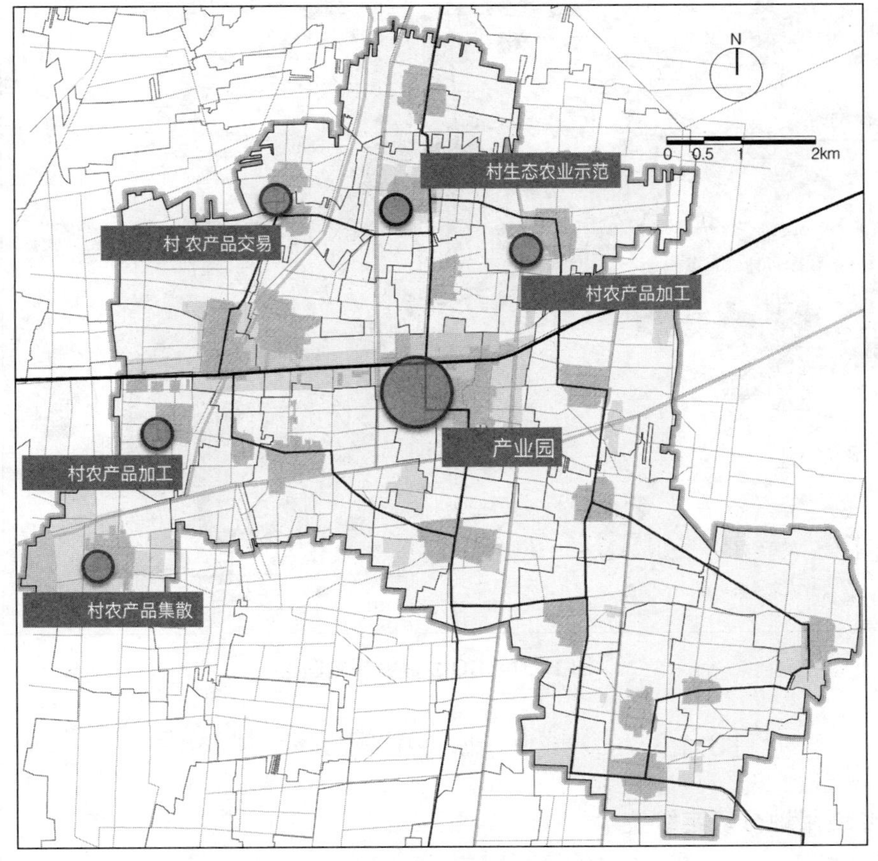

图 10.30　HQ 乡产业园区规划

3. 乡村旅游与乡村大流通发展与空间布局技术

乡村旅游应在持续的城镇化水平提高的情况下，乡村将成为稀缺旅游资源，也为发展乡村旅游创造条件（图 10.31）。所谓休闲农业旅游，就是利用农业景观和农村空间吸引游客前来观赏、游览、品尝、劳作、体验、参与、购物、休闲、度假的新型农业业态，是现代化大农业发展的重要拓展内容，是提高农业的利用率和产出率的新型途径。乡村发展应实现农村资源产品化、农村景区化，乡域大农业产业体系可以将农业旅游纳入总体发展战略，变绿色垄断性特色资源为休闲农业旅游产品。乡村发展农业多产化、农民多业化，将大农业生产直接延伸到农业服务与旅游等，创造更长的产业链空间。并在交通、公共服务等方面完善大农业产业系统，促进农民多渠道就业。

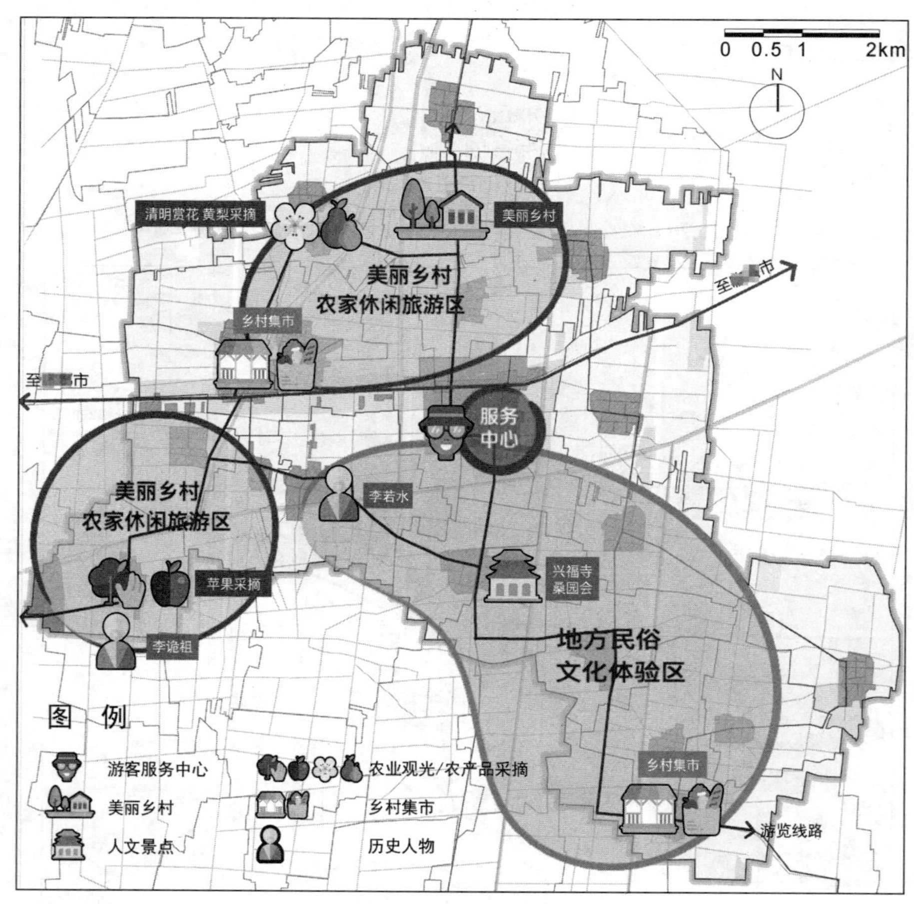

图 10.31 HQ 乡旅游规划图

10.4.3 乡域土地利用规划编制技术

1. 乡域用地分等定级技术

耕地保护是乡域规划，尤其是乡域用地规划的重要目标和原则。通过农用地分等定级，能够科学评价农用地质量，从而进一步提高农用地生产能力、合理开发整理农用地后备资源，为农用地规划和乡域土地利用规划提供基础依据。

编制城市规划时，规划者往往对城市土地的价值规律比较了解。相较于城市土地清晰的定价和评估系统，不同农用地的价值评估对于大部分规划师来说还是一个封闭的黑箱。但是农地价值评估的意义重大，既是认识和梳理农地优劣空间布局规律和进退调整策略与机制的前提，也为农地流转过程中交易价格的达成提供了谈判基础和标准参照。

农用地的分等、定级、估价能够为农用地规划和乡域土地利用规划提供重要的决策依据（图 10.32）。目前，这项工作主要由土地管理部门进行，并已形成一般性程序，2012 年国土部门颁布的《农用地质量分等规程》、《农用地定级规程》和《农用地估价规程》等国家标准为该项工作提供了重要依据。但是由于部门分割与技术壁垒，规划界对此了解有限，导致农用地的价值评估与乡村规划编制相脱节，乡域规划在决策与实施中失去了本可依托的重要技术支撑。因此，乡域规划的农用地规划应当衔接与关注农用地分等定级的国土部门标准；具备条件时可在乡域农用地规划中直接沿用国土部门的分等定级成果。

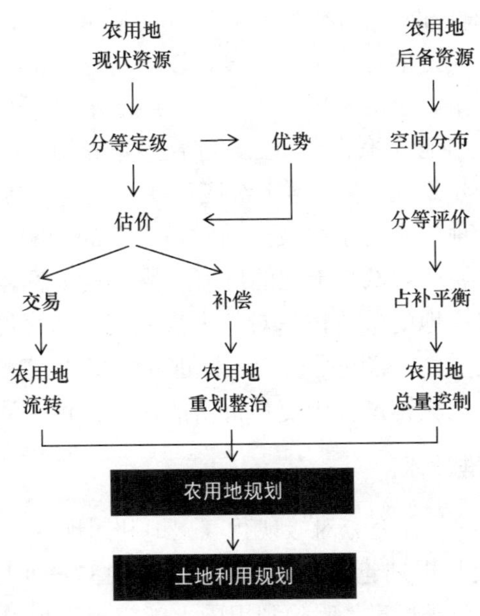

图 10.32　土地分等定级估价与农用地规划

农用地“分等”是按照标准耕作制度，根据农用地的自然条件、平均土地利用条件和平均土地经济条件，对农用地的质量优劣进行综合、定量评定并划分质量等别《农用地质量分等规程》（GBT28407—2012），这种土地的自然质量等别、农用地利用等别和经济等别在全国范围内具有可比性。“定级”是依据自然因素和社会经济因素，在较小空间范围反映农用地现实的利用情况带来的生产力差异《农用地定级规程》（GBT28407—2012），在县域范围内具有可比性。

农用地分等定级能够反映土地自然质量条件、土地利用水平、社会经济水平的差异对土地生产力水平及土地收益水平的影响。在农用地分等定级的基础上，考虑地价修正因素及权重，进行农用地估价，用货币形式反映农用地质量、供求状况和空间差异等，可以作为农用地流转的价格参照。农用地的分等、定级、估价等有效定量的反映了农用地利用的现状和潜力，能为乡域规划提供关键决策支撑。借助农用地的分等定级工作，可以科学评价农用地质量，以提高农用地生产能力，并合理开发整理农用地后备资源。通过这项工作，耕地后备资源及其粮食生产潜力的分布及等别得以明确，能直观看出开发潜力大、适宜优先开发整理的地块，从而为土地利用优化、农用地流转、耕地占补平衡及土地重划等起到重要的决策参考，也能为市场配置土地资源提供配套技术保障。

农用地分等定级技术主要包括以下三个方面的内容：①农用地生产能力核算。对农用地质量评价和农用地生产能力核算是实现区域内农用地总量动态平衡和提高农用地质量的重要基础，也是实现土地合理规划和提高农用地集约利用水平的前提条件；②农用地分等定级。农用地分等定级与国土部门相衔接，在乡域农用地规划中可参照国土部门行业标准《农用地分等规程》《农用地定级规程》《农用地估价规程》执行。具备条件时可在乡域农用地规划中直接参考国土部门分等定级成果。农用地分等是在全国范围内，根据农用地的自然属性和经济属性，对农用地的质量优劣进行综合、定量评定，并划分等别。依据全国统一制定的标准耕作制度，以指定作物的光温（气候）生产潜力为基础，通过对土地自然质量、土地利用水平、土地经济水平逐级订正，综合评定农用地等别。农用地定级是在农用地分等的基础上，综合鉴定农用地级别，是在较小空间范围对农用地分等成果的进一步细化。农用地定级应反映土地自然质量条件、土地利用水平、社会经济水平的差异对土地生产力水平及土地收益水平的影响；③农用地的价值评估。编制城市规划时，规划者往往对城市土地的价值规律比较了解。相较于城市土地清晰的定价和评估系统，不同农用地的价值评估对于大部分规划师来说还是一个封闭的黑箱。但是农地价值评估的意义重大，这既是认识和梳理农地优劣空间布局规律和进退调整策略与机制的前提，也为农地流转过程中交易价格的达成提供了谈判基础和标准参照。

2. 乡域用地分类标准技术

乡域用地分类标准技术是在充分对接现行《土地利用现状分类标准》（GB/T21010—2017）和《城市用地分类与规划建设用地标准（GB50137—2011）》的基础上，提出城乡统筹基础上的乡域用地分类标准。明确利用国土部门土地利用现状调查成果和地理国情普查、遥感监测数据、地形图等空间数据，结合现场踏勘与实地调研，划定乡域内各类用地性质和边界的具体做法。

在仍以土地用途管制为工作核心的城乡规划领域，离开规范化的土地用途分类标准，乡规划无疑会陷入技术上的“失语”状态。2012 年施行的《城市用地分类与规划建设用地标准（GB50137—2011）》是现行的国家标准，其中提供了市、镇、乡、村相一致的“城乡用地分类”，即将土地划分为建设用地和非建设用地两大部分，各类再进行细分。然而，受传统城市规划的影响，该分类仍然以建设用地为核心，非建设用地这部分既不全面也不细致，远远无法满足乡域规划中制定以农业为核心的发展策略和以农用地为主体的空间规划治理的实践需要。

用地分类是乡域用地规划的基础。乡域用地规划需要坚持城乡统筹、全域统筹的原则，通过用地规划实现乡域空间的规划管控全覆盖。在管理的法律适用性上，《城乡规划法》适用于规划区内的建设活动，《土地管理法》适用于涉及规划区以外农用地等的建设活动，二者对农村地区的用地审批做出了一般规定。因此，乡域规划是对上述两类活动在全域内的综合统筹。乡域用地分类在标准上要与现行城乡规划用地标准、土地利用规划用地标准实现技术衔接，填补两者之间的鸿沟，进行合理且有侧重的用地分类技术整合。中共中央国务院"关于进一步加强城市规划建设管理工作的若干意见"（2016 年 2 月）提出要"加强城市总体规划和土地利用总体规划的衔接，推进两图合一"，这对于乡域规划来说同样具有指导意义。

为了避免对现有各部门规划造成冲击，比较适宜可行的策略是：①"建设用地"分类与《城市用地分类与规划建设用地标准》（GB50137—2011）相衔接，局部参照《乡规划标准》（CECS366：2014）加以修订，并适当简化；②"农业与自然用地"分类中的农林用地分类则主要与《土地利用分类》（GB/T21010—2007）相衔接，即在思路上，建设用地主要对接城市规划用地标准，非建设用地侧重对接土地利用规划用地标准。据此，建议将乡域用地分为"农业与自然用地（非建设用地）"和"建设用地"两大类，其下再细分为中类和小类。在中类上，"建设用地"包括乡村居民建设用地、设施建设用地、其他建设用地；"农业与自然用地"包括水域、农林用地及其他农业与自然用地等。

在用地标准的具体使用过程中，建议乡域规划的建设用地主要采用中类，设施建设用地、农业与自然用地可采用小类乃至细类（图 10.33）。这是因为，在乡域中进行交通

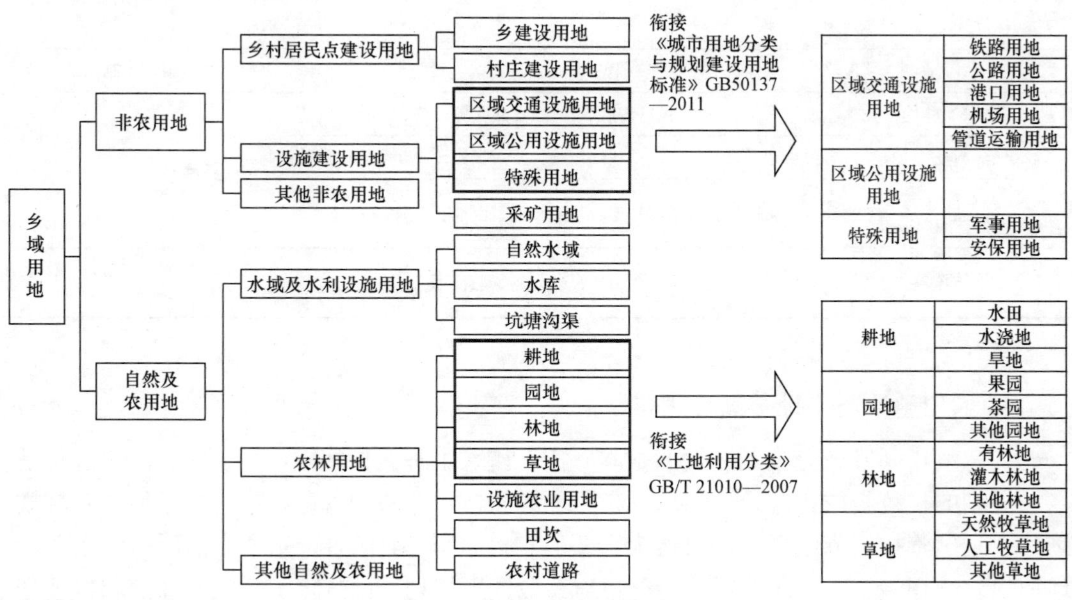

图 10.33　乡域用地分类解析

和主要公用设施的布局规划可能涉及更加细致和具体的用地内容，如机场用地、港口用地等，而“乡村居民点建设用地”在专门针对集镇和村庄开展的规划中会对其进行细分；农业和自然用地只有通过更加适当的细分，才便于乡域规划根据不同的农业生产用途，对土地进行分类摸底和整治优化（包括耕地、园地、林地、草地、田坎、农村道路等）。

乡域空间布局与土地利用受自然地理条件影响较大，因此不同性质地块划定应结合乡域的山区、水面、林地、农地、草地、居民点建设、基础设施等自然边界灵活确定。乡域规划划定这些不同用地类型的目的是要根据各类用地的特殊性给予合理的发展引导（表 10.4），并开展农用地专项规划，而非像城市规划那样通过设立一定的土地类型配比关系，依此计算和确认各类用地的面积规模和空间落位等。但乡域规划仍需要明确乡域建设用地的规模和布局，结合空间资源保护的各种要求确定村镇居民点的空间发展体系。

表 10.4　乡域用地中“农业与自然用地”的规划引导示意

分类		开发利用	设施建设	生态保育
林地	园地	林果种植、茶叶种植、其他经济林种植（橡胶、可可、咖啡等）、采摘旅游	林业管理设施、林区作业路、旅游服务设施、防（火）灾设施	依据生态功能评估，实行较严格保护，园地与林地之间、林地与农田之间可进行一定的转用
	林地	用材林木、竹林、苗圃、观光旅游	林业管理设施、林区作业路、旅游服务设施、防（火）灾设施	
农地	水田	水生农作物种植、观光农业	排涝设施、节水灌溉设施、机耕路、旅游服务设施	严格保护田地范围，保育水土条件，进行土地整理
	水浇地	旱生农作物种植、采摘农业	灌溉渠网、灌溉设施、大棚等农业设施、机耕路、旅游服务设施	严格保护田地范围，保育水土条件，进行土地整理
	旱地	旱生农作物种植、采摘农业	节水灌溉设施、防旱应急设施、大棚等农业设施、机耕路	较严格保护，符合规划的条件下可转用为建设用地，进行土地整理
草地	牧草地	牲畜养殖、旅游开发	生产设施、防灾抗灾设施	实行以草定畜，控制超载过牧
村镇	乡政府驻地	城镇建设	基础设施、公共服务设施、经营设施等	村镇绿化建设及矿区复垦等
	村庄	农村居民点建设	基础设施、公共服务设施、经营设施等	
	产业园区与独立工矿区	工业开发、矿产采掘	工矿基础设施、配套生活服务设施	
山区	植被覆盖	农林产品种植、旅游开发	山林管理设施、旅游服务设施	依据生态敏感度评价，实行分级保护

资料来源：住建部，镇（乡）域规划导则（试行）。

3. 农田整治与土地重划技术

划定禁止开发或有限制开发的基本农田范围、生态保护范围、禁建区、限建区等是乡域规划的传统组成内容，对此已有诸多现成的技术方法和规范标准可循。但是乡域规划除了划出管控边界线之外，对最为重要的支撑全国 14 亿人口基本生活所需的农业用地如何进行规划引导，即农用地的整备与有效使用规划，目前除了在农业经济和特色产业层面的考量外，理论和实践上都尚未有充分涉及。

农用地整理主要是指通过调整耕地形态及结构，将原来狭小、分散的土地根据农作物种类、种植面积等加以整合，便于田间农事管理及实施机械化操作；在原有田埂及机耕道的基础上加以贯通整理，方便农民耕作及农具、作物、肥料的运输。农用地整理的主要目的在于提高土地利用效率，在德国、日本、中国台湾等地都经历了长期的发展，并积累了成功的经验。从国际经验来看，农用地整备主要涉及两方面：①土地重划、农田水利和基础设施建设等技术问题（图 10.34）；②土地确权、农用地流转等政策措施保障。农用地整理需要调整耕地形态、改善基础设施、优化土地利用方式、实现规模化生产等，具体工作内容主要包括：①通过土地流转、承包、重划，将农用地整合成便于农业耕作、田间管理和机械化操作的标准地块；②改善农田水利设施，便于农田灌溉和排水；③建立机耕道路，便于田间农事、生产资料运输和农业机械的使用。

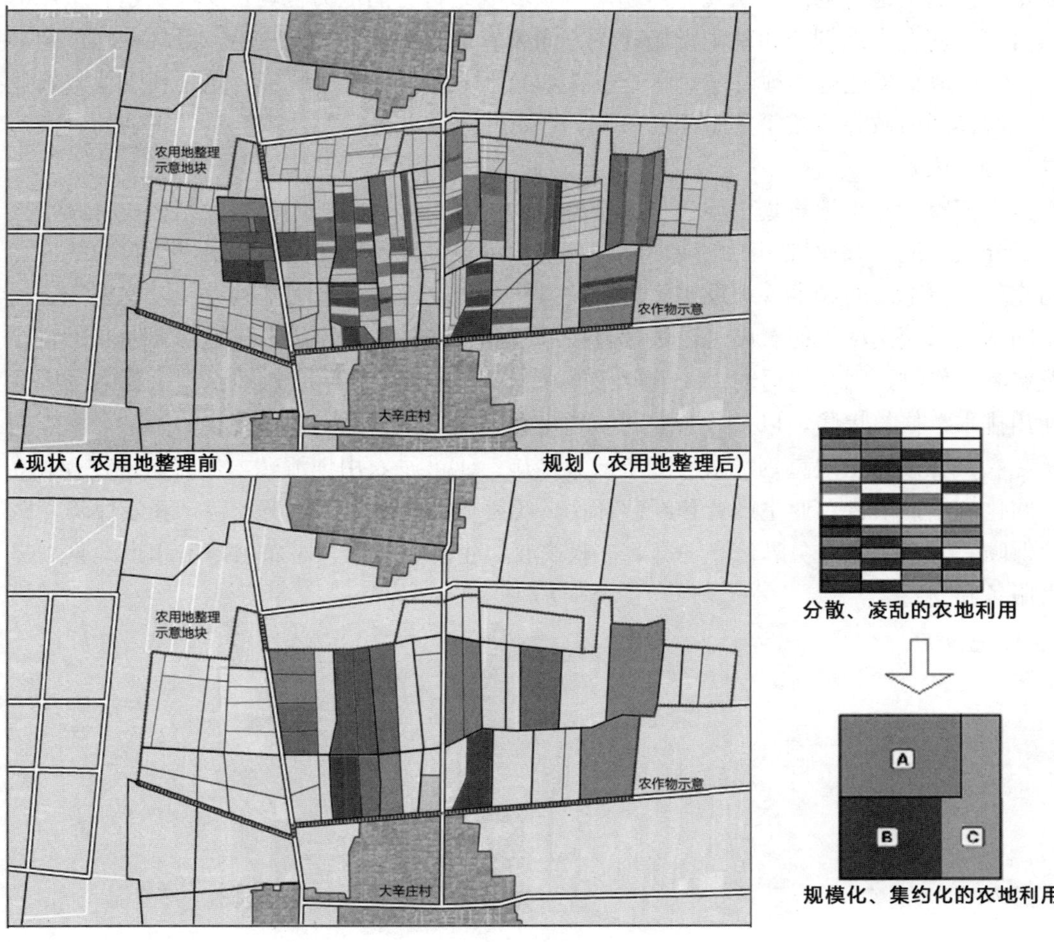

图 10.34　农用地整理局部示意图

在政策措施保障方面，需要在产权交易、金融服务、信息公开、资金筹措、纠纷解决等领域为农田整理和土地重划提供服务和支持，以鼓励农用地流转、培育农业生产者和经营体，促进农地规模化和集约化利用。中国台湾地方政府 1980 年制定了《农地重划条例》，此后多次修订，现行 2011 年修订版中，对农地规划的主管机关、机构设置、费用分担、范围划定、工程标准、利益补偿、管理维护和纠纷处理等作出具体规定。德国的《土地重划法》也明确了土地重划的利益相关者、当事人权利、机构组织、土地估值方法、补偿原则、整理计划制定和实施、重划中的土地流转、上诉流程等方面的内容。这表明，通过法律法规建设为土地重划提供实施依据和基本政策保障十分必要。此外，财政政策也对土地整理的成败产生着重要影响，基本做法是农民负担土地重划和整理成本的一小部分，政府负担其余部分，并在此过程中政府获得一定的土地作为补偿。另有一些新的制度尝试值得借鉴，如日本的农地集聚银行在土地流转和重划过程中提供中介和借贷服务，法国的基层农业合作社与信贷银行及行业协会合作等。借鉴国际国内经验，制定类似的土地重划法律法规显然超出了乡域规划自身的能力范畴，乡域规划的重点仍然落在如何在土地划分和基础设施建设方面为农地整备提供技术支持。但从实施角度来看，农用地整备过程必须要配套和结合基本的土地管理和流转政策，充分利用地方农业协作团体和财政补偿政策等组织和机制，考虑并尊重农民意愿，才能提升规划的可操作性与运作成效。

农田整治与土地重划主要包括三个方面的内容：①调整耕地形态及结构，将原来狭小、分散不适于农业耕作的土地，通过土地承包与流转，建立标准丘块，使农场结构趋向完整，便于田间农事管理及实施机械化操作；②改善农业水利基础设施，建设完善的田间水利系统，尽量使农田可以进行直接灌溉和直接排水，建设机耕道，方便农民耕作及农具、作物、肥料的运输；③进行相关水利及交通建设，配合农地整理，整治区域性河川排水，修筑堤防，以及改善农村交通道路，发挥整体效益。

农田整治与土地重划应采取如下政策措施：①鼓励农用地流转，促进农地规模化、集约化利用，培育农业生产者和经营体；②统筹城乡社会保障服务，包括养老保障和医疗保障；③在金融服务、信息中介、产权交易、生产设施上，对农田整治和土地重划提供服务和支持。

第 11 章　村域规划编制技术

村是我国农村最基层社会组织，其中行政村是国家行政体系的最基层行政单元，自然村是农村地区居民点体系的最基层单元。村域规划主要是行政村地域的空间规划。按照我国宪法规定，在广大农村地区，实行村民自治管理。正是这两个原因，村域规划既是基层行政单元的空间规划，也是在农民自愿基础上的规划；村域规划既要满足上位规划的要求，让自上而下的资本、技术、社会服务和基础设施延伸到基层农村社区，又要充分反映农民意愿，让自下而上的劳动力、土地成为乡村繁荣的激发因素。此外，我国行政村和自然村面广量大，类型多样，规划编制技术人员缺乏，规划编制任务也相当繁重。基于这些乡村特点，村域规划编制技术将涉及农村社会调查、部门统筹发展、设施最优布局和信息技术开发 4 个方面。

11.1　农村社会调查

11.1.1　农村居民家庭调查

构成中国农村社会的基本单元是每一个农村家庭，编制科学实用的村域规划必须建立在翔实的农村家庭调查的基础之上。

调查方法通常包括通过村集体或村民小组发放村民问卷调查表、抽样入户访谈调查、全面入户访谈调查等，其中：①问卷调查，宜在村庄概况分析和个别村民预填写的基础上进行设计与调试，问卷的问题和界面设计应当简明易懂、篇幅适当、仅筛选最基本数据信息以易于村民理解和作答，并与村集体商议有效可行的问卷发放和回收方法；②抽样入户访谈调查，须保证一定的样本数量，以及样本应尽可能覆盖不同区位、不同人口数量和家庭结构、不同就业方式和收入水平、不同宅基地规模和年代等的不同类型；③全面入户调查，应合理进行调研团队的组织与分工，统一调查开展流程和调查记录标准，以便准确高效汇总调查成果。

农村居民家庭调查的具体内容及其技术方法通常包括以下几个方面。

1. 人口与家庭结构调查

调查的基本信息为每户家庭户籍人口数量和常住人口数量，其中：常住人口通常包含户籍统计中的人户同在、学龄儿童和婚嫁来村等人在户不在的情况，不包含已在城市就业置业的户在人不在的情况。进一步深入调查的内容还可包含：①每一个家庭成员的性别、年龄、受教育程度、农户非农户情况等；②该家庭与本村邻里、所在乡镇、所在县市的社会关联情况等内容（表 11.1）。

表 11.1 WH 村村庄调查报告农村居民家庭调查记录表

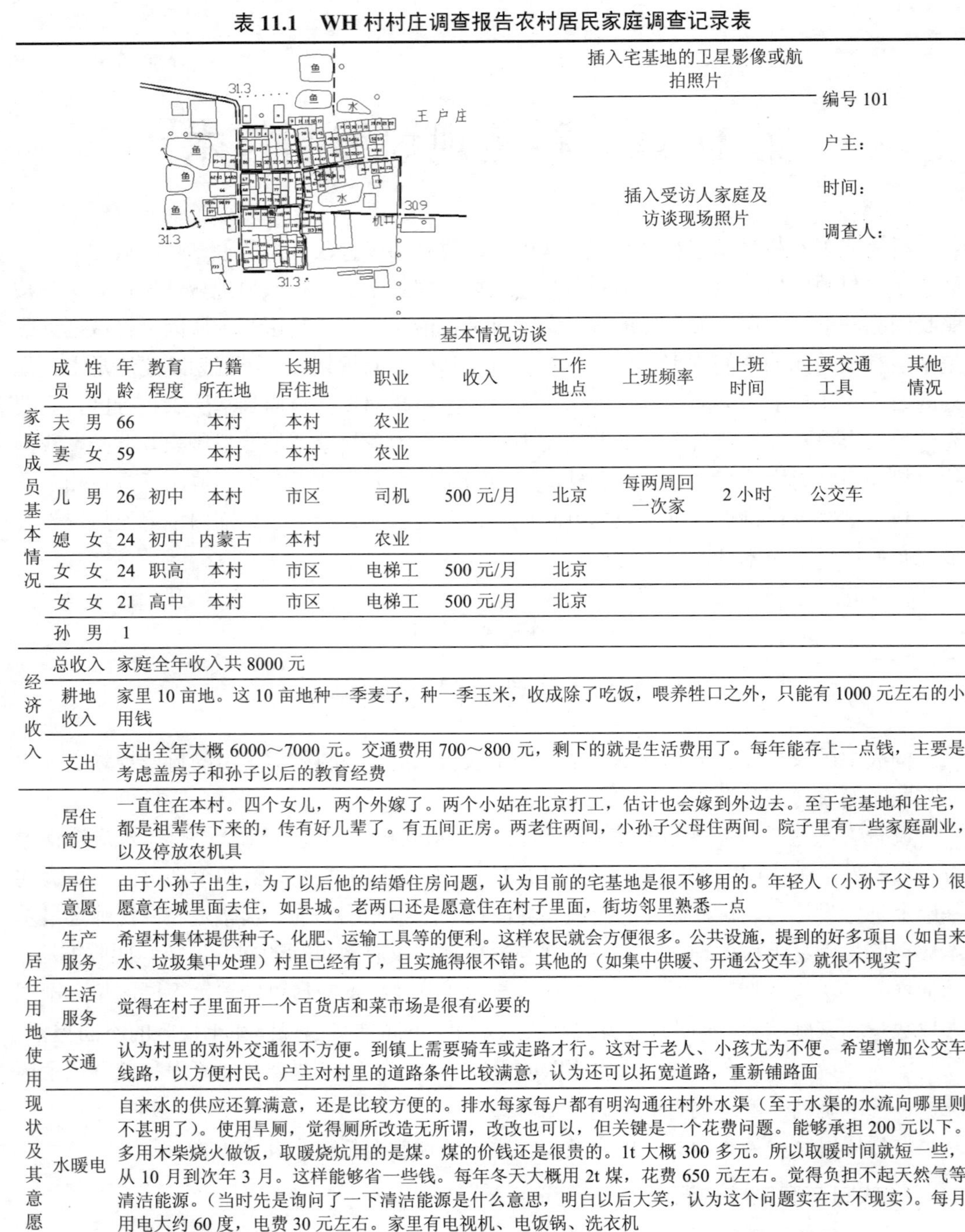

插入宅基地的卫星影像或航拍照片

编号 101

户主：

时间：

调查人：

插入受访人家庭及访谈现场照片

基本情况访谈

	成员	性别	年龄	教育程度	户籍所在地	长期居住地	职业	收入	工作地点	上班频率	上班时间	主要交通工具	其他情况
家庭成员基本情况	夫	男	66		本村	本村	农业						
	妻	女	59		本村	本村	农业						
	儿	男	26	初中	本村	市区	司机	500 元/月	北京	每两周回一次家	2 小时	公交车	
	媳	女	24	初中	内蒙古	本村	农业						
	女	女	24	职高	本村	市区	电梯工	500 元/月	北京				
	女	女	21	高中	本村	市区	电梯工	500 元/月	北京				
	孙	男	1										

经济收入	总收入	家庭全年收入共 8000 元
	耕地收入	家里 10 亩地。这 10 亩地种一季麦子，种一季玉米，收成除了吃饭，喂养牲口之外，只能有 1000 元左右的小用钱
	支出	支出全年大概 6000～7000 元。交通费用 700～800 元，剩下的就是生活费用了。每年能存上一点钱，主要是考虑盖房子和孙子以后的教育经费
居住用地使用现状及其意愿	居住简史	一直住在本村。四个女儿，两个外嫁了。两个小姑在北京打工，估计也会嫁到外边去。至于宅基地和住宅，都是祖辈传下来的，传有好几辈了。有五间正房。两老住两间，小孙子父母住两间。院子里有一些家庭副业，以及停放农机具
	居住意愿	由于小孙子出生，为了以后他的结婚住房问题，认为目前的宅基地是很不够用的。年轻人（小孙子父母）很愿意在城里面去住，如县城。老两口还是愿意住在村子里面，街坊邻里熟悉一点
	生产服务	希望村集体提供种子、化肥、运输工具等的便利。这样农民就会方便很多。公共设施，提到的好多项目（如自来水、垃圾集中处理）村里已经有了，且实施得很不错。其他的（如集中供暖、开通公交车）就很不现实了
	生活服务	觉得在村子里面开一个百货店和菜市场是很有必要的
	交通	认为村里的对外交通很不方便。到镇上需要骑车或走路才行。这对于老人、小孩尤为不便。希望增加公交车线路，以方便村民。户主对村里的道路条件比较满意，认为还可以拓宽道路，重新铺路面
	水暖电	自来水的供应还算满意，还是比较方便的。排水每家每户都有明沟通往村外水渠（至于水渠的水流向哪里则不甚明了）。使用旱厕，觉得厕所改造无所谓，改改也可以，但关键是一个花费问题。能够承担 200 元以下。多用木柴烧火做饭，取暖烧炕用的是煤。煤的价钱还是很贵的。1t 大概 300 多元。所以取暖时间就短一些，从 10 月到次年 3 月。这样能够省一些钱。每年冬天大概用 2t 煤，花费 650 元左右。觉得负担不起天然气等清洁能源。（当时先是询问了一下清洁能源是什么意思，明白以后大笑，认为这个问题实在太不现实）。每月用电大约 60 度，电费 30 元左右。家里有电视机、电饭锅、洗衣机
	教育医疗卫生安全	提到教育问题，老太太也是大笑了一阵，然后说小孙子太小，还没有考虑这些。村里也没有什么医疗点，邻村有。但仍然不是很方便。需要走 20 来分钟。希望村子里面能设一个医疗点，一般的小病镇上就可以解决。但大病就难说了，就像孩子他爷爷，现在就去北京进大医院去了，贵也没有办法，镇上、县里的水平还是不够
	其他	公共设施，提到的好多项目（如自来水、垃圾集中处理）村里已经有了，且实施得很不错。其他的（如集中供暖、开通公交车）就很不现实了

续表

宅基地建设使用情况记录

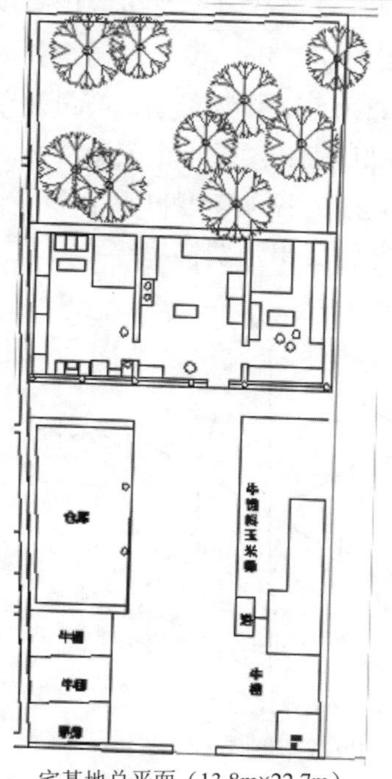

宅基地总平面（13.8m×22.7m）

院落与正房

宅基地沿街立面与入口

庭院及其使用情况

房屋建筑建设情况

正房平面

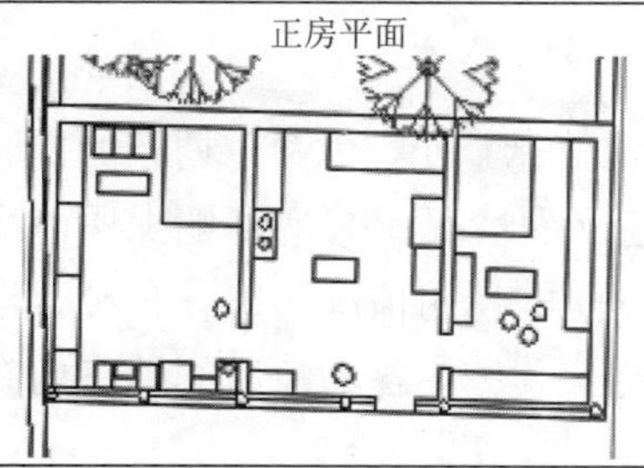

5 间 3 室正房；
3 间厢房作为开敞储存，目前闲置；
一进院子，院内有堆放，堆放较为杂乱；
厕所在西南角，旱厕；
浴室在东南，汽油桶简易太阳能热水；
院子入口在南侧，宽大滚轮铁门

西屋

东屋

中屋

牛棚

浴室、厕所

厢房

土暖气

2. 就业与家庭收支调查

调查的最基本信息为家庭年人均收入数量，该数据通常较难从问卷及访谈调查中准确获取，但可以从如下的各项深入调查及多户数据比较中得出。进一步深入调查的内容包括：①农户经过土地确权后所经营承包的土地面积、经营方式、作物类型、产量及获得收入；②农户加入各类农村合作经济组织的投入方式及所获收益；③每一个家庭成员其他非农就业的方式、地点、就业企业或单位及所获得收入；④家庭各项年度日常生产、生活的支出消费情况；④农户婚丧嫁娶、建房购车等大宗非日常性支出消费情况等（图 11.1）。

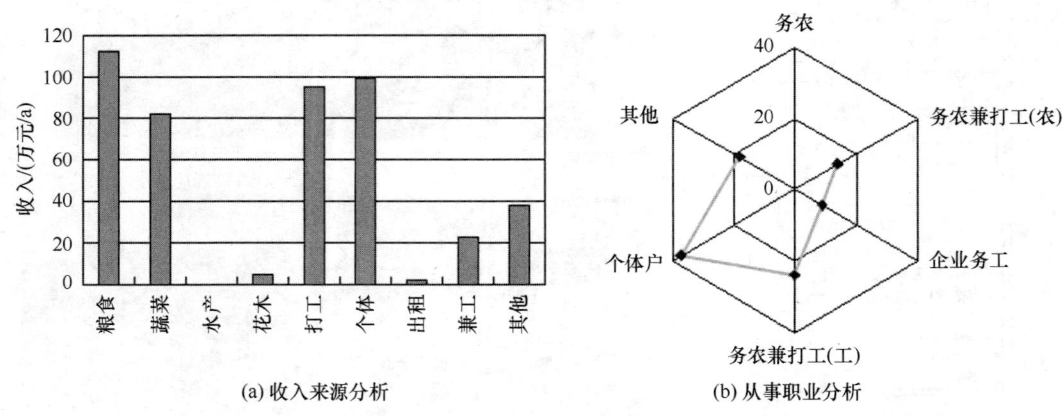

(a) 收入来源分析　　(b) 从事职业分析

图 11.1　DZ 村村庄规划农村居民人群特征与就业收入情况分析

3. 宅基地建设使用状况调查

调查的基本信息为宅基地面积等集体土地使用证登记信息。进一步深入调查的内容包括：① 宅基地的入户通达、四至周边、入口及沿街巷立面情况；②宅基地上所建房屋的年代、布局、面积、质量、风貌等情况；③宅基地庭院的使用情况与绿化种植、地面铺装情况；④宅基地各项基础设施接入或设置的方式与位置；⑤各功能房间的室内布局、家具电器购置、使用行为情况等（图 11.2）。

4. 对人居质量提升与环境改善的意愿调查

调查的基本信息为农村居民对于生产生活改善的核心诉求 。进一步深入调查的内容包括：①对于改善生产、提高收入的意愿与诉求，包括产业转型升级、职业培训等；②对于改善居住条件的意愿与诉求，包括居住地转移、房屋改造或搬迁等；③对于提高村庄公共服务质量和基础设施水平的意愿与诉求，包括基本教育、医疗、养老、商业服务，以及厕浴、能源、电信设施等。

11.1.2　村委会、村集体经济组织及村企业调查

村委会是由村民选举产生的群众性自治组织，在基层农村的自我管理和自我服务中发挥着重要作用；而村集体经济组织和在村企业，则通过盈利分红、创造就业、租赁土

地、返还税收等方式支撑村民增收与村庄发展。因此对村委会、村集体经济组织及村企业的调查是农村社会调查的重要组成部分。

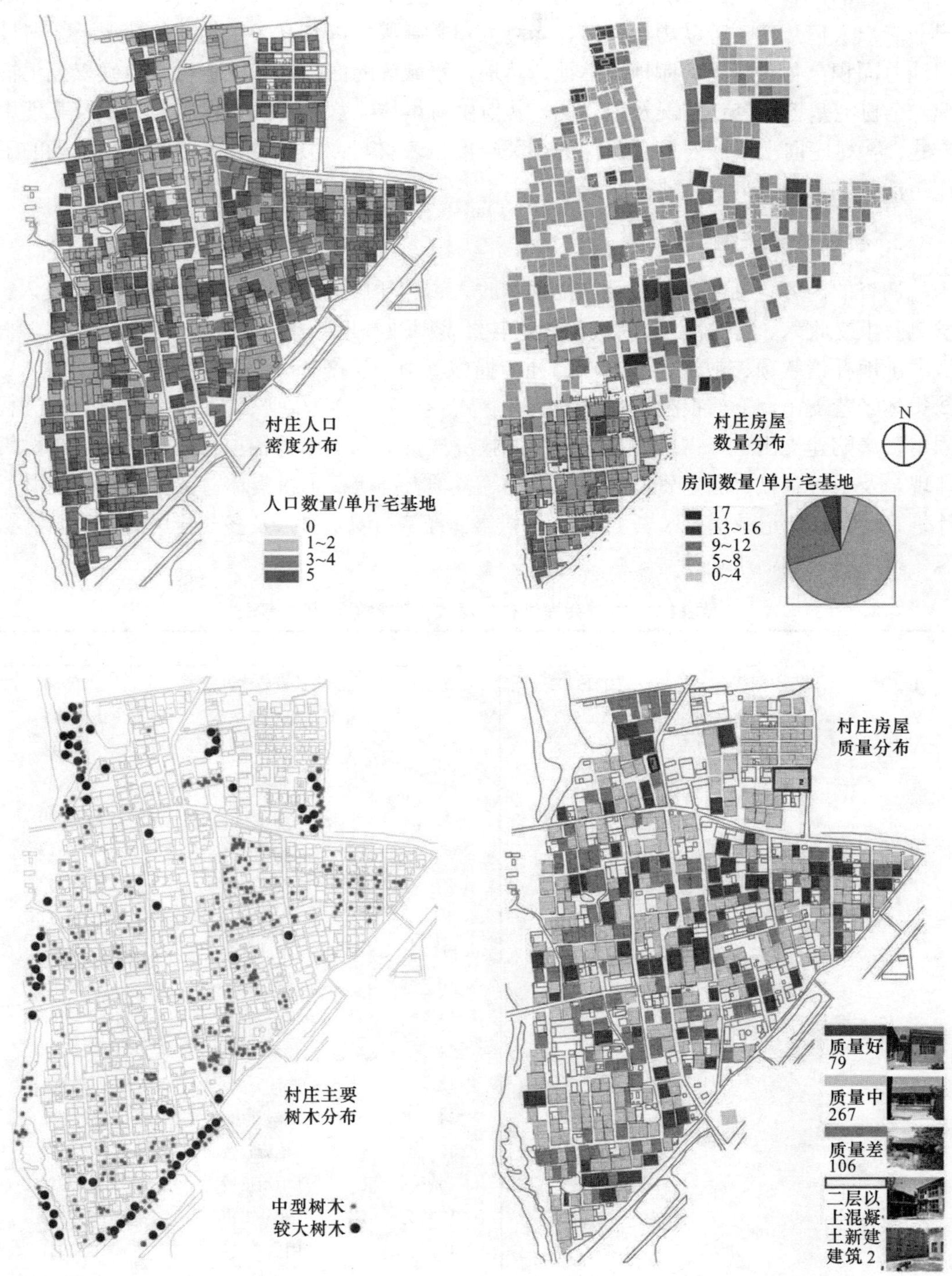

图 11.2　基于宅基地建设使用情况调查的村庄空间信息数据库构建

1. 村委会调查

调查的内容包括：①村庄总体的户籍人口数量、常住人口数量、暂住人口数量、农户非农户人口数量、劳动力及学龄、老龄人口数量等，以及其多年的变化情况；②村域用地总面积，各类耕地、园地、林地、草地、水域等的面积台账，全村土地确权登记情况，全村宅基地证登记情况及地籍图，其他由村集体经营使用的建设用地面积及其使用方式；③村庄向上级政府及各部门的相关年度报表材料；④村委会干部及村民代表的工作生活状态以及其问题需求访谈等。

2. 村集体经济组织调查

调查的内容包括：①村集体产品销售收入、租赁收入、服务收入等集体经营收入，发包及上交收入、投资收入、村级组织运转经费财政补助款项、上级各类专项补助款项、征占土地补偿款项、救济扶贫款项、社会捐赠款项、资产处置收入等各项村集体收入；②集体经营支出，干部报酬、办公费、差旅费、会议费、卫生费、治安费等管理费支出，固定资产购建支出、征占土地补偿支出、救济扶贫专项支出等各项村集体支出；③村集体现金及银行存款、固定资产、对外投资等各项资产等；④村集体财务公开的其他财务计划、收益分配记录信息（表 11.2）；⑤村集体经济组织负责人及参与村民的工作生活状态，以及其问题需求访谈等。

表 11.2 村委会提供村年度收支的财务公开信息表

	收入	金额/元		支出	金额/元
1	营业外收入	2213292	1	公益设施建设费	19960
2	其他业务收入	102962	2	公益设施维护费（污水站）	13445
3	承包收入	897498	3	社会管理费	59898
4	电费	150271	4	社会事业费	51000
			5	村务人员工资	142000
			6	其他人员工资	185817
			7	电费	136387
			8	招待费	3633
			9	福利费	71030
			10	交通支出	18056
			11	通信支出	5218
			12	文体活动支出	21934
			13	妇联计生支出	21445
			14	汽站支出	22390
			15	土地流转费	979579
			16	环境治理费	107016
			17	营业外支出	312322
			18	固定资产	833951
	合计	3364023		合计	3005081
收支差额			358942		

3. 村企业调查

调查的内容包括：①企业性质、经营范围、成立时间、注册资金等基本信息；②企业投资规模、主要产品生产规模能力、年产值、年利润、年纳税等经营状况信息；③企业使用或租用村集体土地的面积、年限及租用土地情况下所交租金情况，企业厂区、厂房、办公楼、宿舍、室外场地等的建设与使用情况（表 11.3）；④企业员工总人数及其性别比例、年龄构成、受教育程度等信息，本村本乡镇员工人数、在厂区或本村居住员工人数；⑤村企业负责人及代表性员工的工作生活状态，以及其问题需求访谈等。

表 11.3　村委会提供村企业租用土地面积、年限及租金信息台账

编号	企业名称		租用土地面积/亩	租金/（万元/a）	合同期限
	第一产业		456（49%）	46.74（42.3%）	
1	北京 F 有限公司（设施大棚）		79	17	2010.7.1—2029.6.30
2	M 责任有限公司		217	15.19	2010.10.1—2029.9.30
	M 责任有限公司	农产品物流	60	6.55	2010.10.1—2029.9.30
		设施大棚	100	8	2010.7.1—2029.6.30
	第二产业		289（31%）	39.96（36.2%）	
3	北京 L 新型建材有限公司		34	5.1	2010.7.1—2029.6.30
4	北京 B 门窗有限公司		55	5.3	2010.11.1—2029.10.31
5	西安 L 农业机械制造有限公司		18	2.7	2010.7.1—2029.6.30
6	北京 J 轻钢彩板有限公司		20	3	2010.1.10—2029.1.9
7	三河市 H 机械厂		28	3.8	2010.1.10—2029.1.9
8	北京 L 新源汽车销售有限公司		43	6.45	2010.10.1—2029.9.30
9	北京 Y 钢结构有限公司		91	13.65	2010.11.18—2029.11.17
	第三产业		183（20%）	23.7（21.5%）	
10	北京 O 酒庄有限公司		123	14.7	2010.1.10—2029.1.9
11	Y 墨汁有限公司（书院、画院）		60	9	2010.8.1—2029.7.31

11.1.3　村域人居环境调查

1. 村域土地利用调查

调查的内容包括：①村域的范围边界、村域内不同类别土地的现状使用情况的踏勘记录；②村主要出入口、对外联系道路、内部各居民点及关键场所之间联系道路，以及村域内通过的区域性交通线路及其两侧连通情况的踏勘记录；③村域内的主要生产用水的水源水井、主要灌溉排水沟渠、主要供电线路及变配电设施等公用基础设施位置的踏勘记录等。

2. 村庄居民点建设调查

调查的内容包括：①村庄道路交通系统，记录村庄出入口及停车场公交站位置、主次道路线路及断面、各宅基地入户情况等；②村庄供水排水系统，记录作为生活用水水源的取水点或水井房位置、供水管线位置、排水沟渠位置及排向、村内易发积水内涝位置、污水处理设施场站位置；③村庄环卫垃圾处理系统，记录垃圾收集点、处理场站或转运线路的位置；④公共管理和服务设施，记录村庄公共管理和基本教育医疗、文体科技、商业金融等服务设施站点的位置，了解上述设施的使用或经营情况；⑤绿化与广场公共空间系统，记录村庄广场、公园、绿化及公共休闲运动空间的位置及其使用情况。

11.2 统筹规划技术

11.2.1 村域生产转型发展规划技术

1. 农业转型升级技术

主要技术内容包括：①在尊重农民意愿和保护农民权益的前提下，发挥村集体统筹协调作用，引导农民依法自愿有序流转土地经营权，解决土地碎片化问题、促进农业规模经营；②规划与农业科技创新相适应，适应农业机械化水平提升和相应农机装备应用的需求，适应基层农技推广培训与服务的设施配置需求；③规划与“互联网+”现代农业实施相适应，适应农业物联网与智能装备的推广应用需求，适应农村互联网与智能手机应用普及的设施配置需求；④探索建设基础设施完备化、技术应用集成化、生产经营集约化、生产方式绿色化、支持保护系统化的现代农业综合示范区等（图 11.3）。

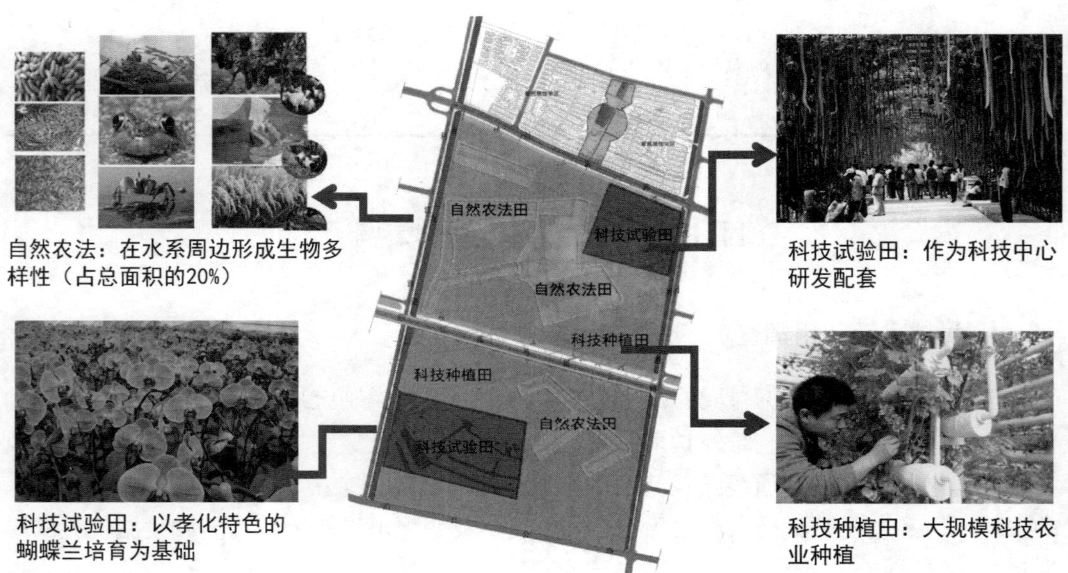

图 11.3 XH 村村庄规划农业转型升级规划策略

2. 第一、二、三产业融合发展技术

主要技术内容包括：①规划统筹村集体经营性建设用地及村集体建设用地，引导土地经营权的流转和集约利用，进行农村第一、二、三产业融合发展的空间安排；②规划农产品生产、加工、产后商品化及副产品综合利用等的设施和用地布局；③规划农产品批发市场、田头市场、冷链物流配送站点、运输通道、商贸流通供销系统服务网络等的设施和用地布局；④规划生态休闲农业和乡村旅游的特色产品、景观、道路、停车、公厕、垃圾污水处理等的设施和用地布局；⑤以产城融合为依托，引导第二、三产业向县域产业用地及产业园区集中等（图 11.4）。

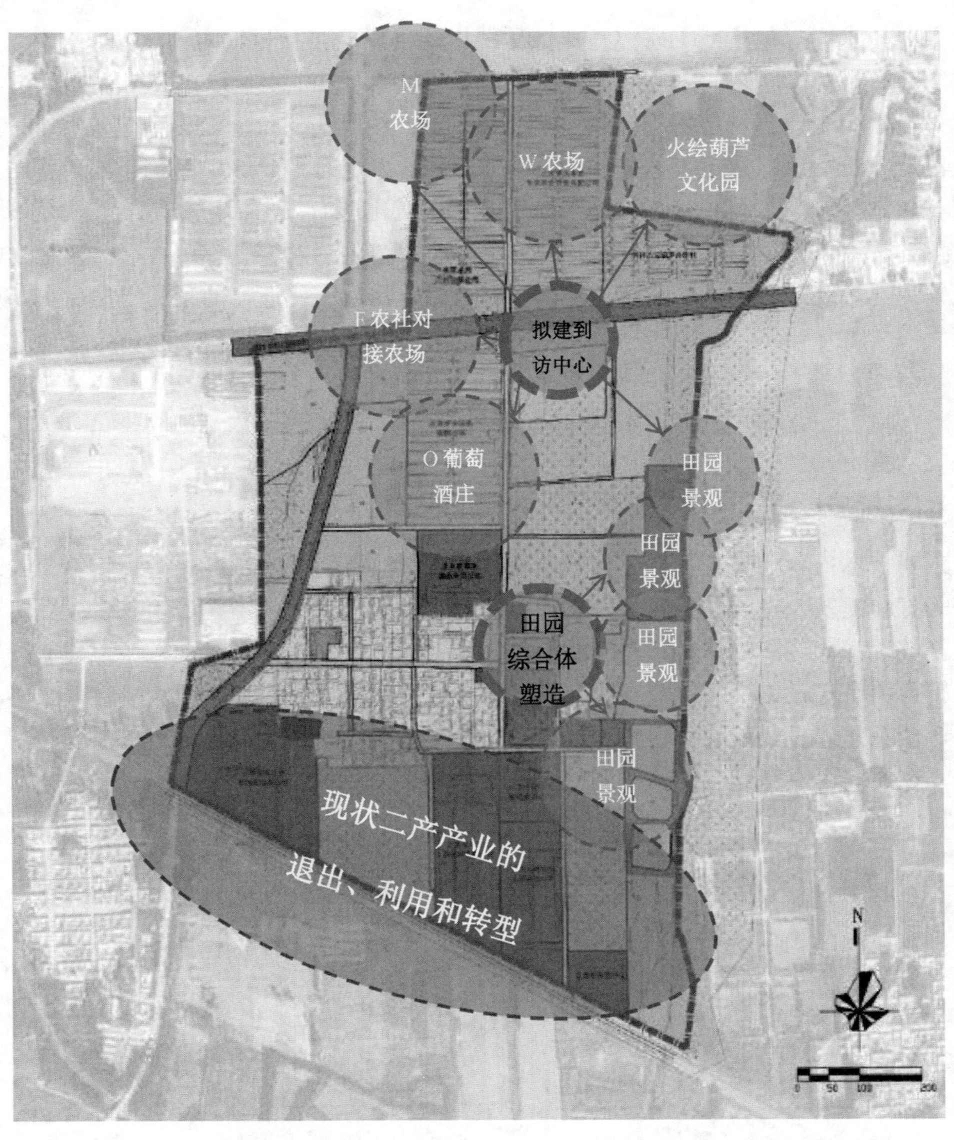

图 11.4　LZH 村村庄规划村域第一、二、三产业融合发展的空间策略

3.“一村一品”特色产业培育技术

主要技术内容包括：①分析归纳村域资源禀赋和现状特色产业，包括产业或产品收入占全村各业总收入的比例较大的，以及从业人数占全村总人口数比例较大的产业等；②分析和比较该特色产业在更大区域范围内的特色定位、竞争优势、市场需求与潜力等；③明确该特色产业或产品的目标定位、产业体系层级与发展策略等；④确定其他产业的定位与发展策略，及其与重点发展产业的协作或上下游关系，形成围绕“一村一品”发展的乡村特色产业聚群。

4. 村落文化价值挖掘传承技术

主要技术内容包括：①研究与保护传统村落格局，包括村域内的山、水、林、田、道路街巷、村庄民居之间的空间关系，对以上各要素提出整体保护与整治措施；②研究与保护村庄历史建筑与历史构筑物，挖掘和总结传统民居的价值及各项建筑特征，提出传统民居建筑特色与建筑工艺的保护与传承措施，划定对重要历史建筑与构筑物的保护范围与建设控制地带；③普查和梳理村庄非物质文化遗产，包括口头传统、传统表现艺术、民俗活动、礼仪、节庆、有关自然界和宇宙的民间传统知识和实践、传统手工技能，以及与上述表现形式相关的文化空间等，对承载非物质文化遗产的空间提出保护与建设措施。

11.2.2 村域生活空间统筹规划技术

1. 村域居民点布局优化整理技术

主要技术内容包括：①从建设用地适宜性评价、各居民点发展综合评价、村民意愿征询等方面出发，将居民点分为转制式、建制式和改造式等类型，逐步对居民点布局进行优化整理；②转制式整理，是指通过土地产权和建制转变，直接纳入城市建制，用地性质转为国有建设用地；③建制式整理，是指保持农村居民点集体所有制性质，将自然村搬迁至新建居民点或中心村；④改造式整理，是指居民点不进行用地权属或建制上的调整，在原居民点基础上整治挖潜，提高土地利用的集约程度（图 11.5、图 11.6）。

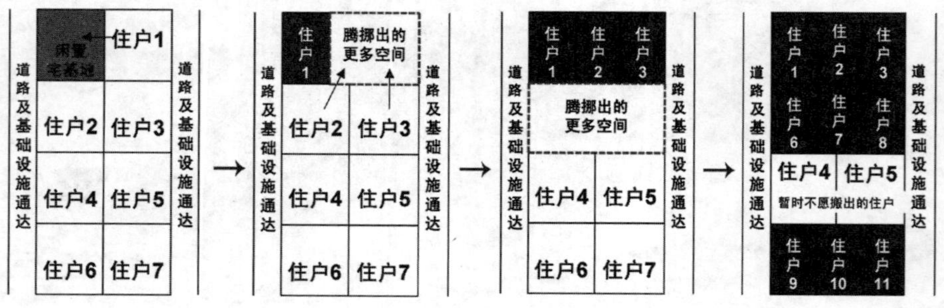

图 11.5　以节地农宅的微循环滚动更新为带动的村庄居民点整理探索

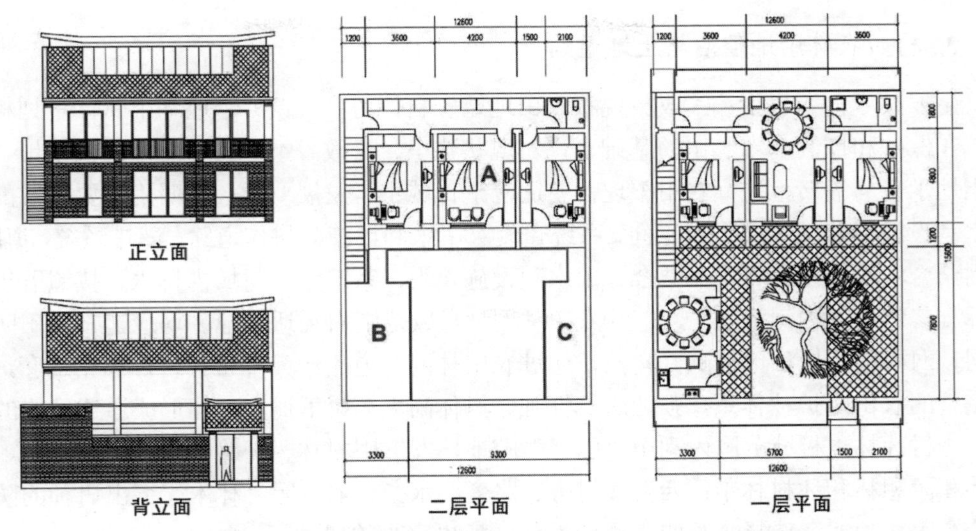

图 11.6　以节地农宅的微循环滚动更新为带动的村庄居民点整理探索

2. 村域建设用地规划技术

主要技术内容包括：①明确村域用地分类，在明确基本农田保护区等山水林田空间格局的前提下，合理布局各类产业用地、公共服务设施及基础设施，结合土地整理，节约集约利用土地；②村域建设用地规划，与乡（镇）土地利用总体规划相协调，村集体开发建设用地与土地利用总体规划中新增建设用地范围相一致；③合理确定各类公共服务设施和基础设施规划布局，明确各类设施规模，近期需要落实的公共服务设施、公用基础设施用地均位于土地利用规划的允许建设区；④合理布局居民点建设用地；⑤按照产业化发展要求，明确主要产业的发展用地等（图 11.7）。

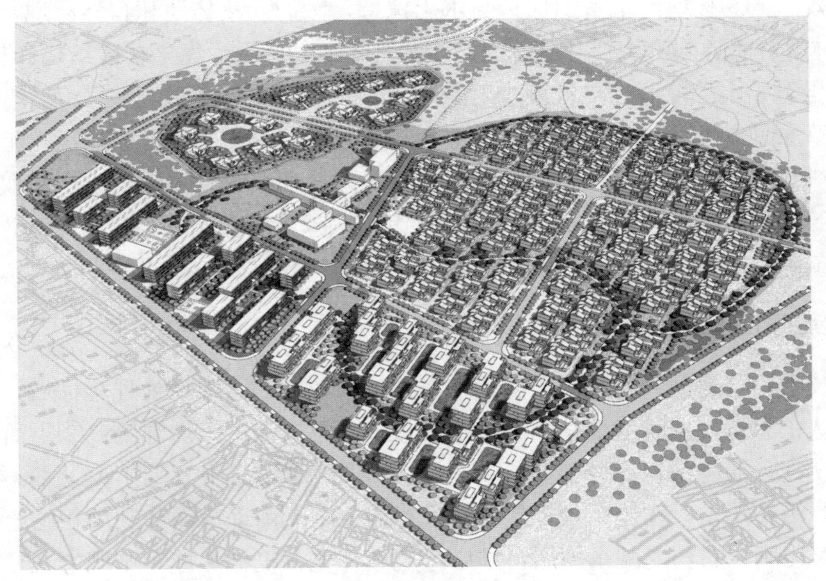

图 11.7　村庄规划村域建设用地整体规划设计愿景

3. 村域农林用地整治与土地重划

主要技术内容包括：①收集现状农田地籍资料，与乡（镇）土地利用总体规划相协调，在保护和控制基本农田的基础上，对现状狭小、分散、不适宜农业发展的土地，通过土地承包与流转，进行农田整理，使适应于村域生产发展要求；②明确主要发展的农田水利设施位置和主要渠系走向，系统建设农田水利设施与耕作道路，灌排系统、道路、林网结合考虑，统一布置；结合农田水利设施建设，系统整治村域内排水，按照五年一遇标准修筑村域内河流防护堤；③农田林网，村域范围内凡适宜地区均应建设农田防护林网，网格依其地形地貌顺其自然，通过农田林网与道路沟渠林带、村片林相配套，形成完整的农田防护林体系，强调防护性强、树体高大、树干通直、能形成通透结构的树种；④村片林，村域范围内利用“四旁”隙地，发展围村林、护路护堤林、庭院林、水口林和游憩林和环村林带；四旁（村旁、路旁、水旁、宅旁等）林木，突出树种的防护功能、美化功能，选择生长快、适应性强、病虫害少的树种。

11.2.3 村域生态环境保护规划技术

1. 村域生态资源保护技术

主要技术内容包括：①水资源保护与利用，实施村域生产生活和农田灌溉节水工程，提高水资源循环利用效率；按照国家标准和水环境保护要求，提高整体水环境质量；②基本农田保护与利用，根据土地利用规划严格保护耕地和基本农田；确保基本农田保护面积，稳步提高基本农田质量，合理布局基本农田；在保证建设用地和耕地总量平衡的基础上，做好增减挂钩、拆旧建新工作；实施严格的节约集约用地制度，提高土地单位面积的利用效率；③林地湿地资源保护与水土保持，保护天然林地和自然湿地，推进公益林、涵养林等林木建设和人工生态湿地，加强林木栽植，逐步优化林龄结构和林种结构，统一规划与引导旅游度假项目，减少对森林植被和湿地资源的破坏；④草原生态保护，加快基本草原划定和草原确权承包，实施禁牧休牧和草畜平衡制度，建设人工草场和节水灌溉草料基地，扩大舍饲圈养规模；⑤渔业资源养护，建立水生生物自然保护区和水产种质资源保护区，恢复性保护产卵场、索饵场、越冬场和洄游通道等重要渔业水域，建设人工鱼礁、海洋牧场等。

2. 村域环境污染防治技术

主要技术内容包括：①水污染防治，完善排水系统，污水经处理达标后排放，加强水上环卫队伍力量，及时清理水面和河边垃圾、水草、油污等漂浮物；②生活垃圾污染防治，建立完善的生活垃圾分类与收集系统，实现垃圾无害化处理和垃圾资源化利用；③农业面源污染防治，实施源头控制、过程拦截、末端治理与循环利用相结合的综合防治；④针对化肥、农药的减量使用，推广水肥一体化、机械深施等施肥方式，发展装备化病虫害防止技术；⑤针对畜禽粪便等农业废弃物污染来源，推广污水减量、厌氧发酵、粪便堆肥等禽畜粪污生态化治理，推动秸秆肥料化、饲料化、集料化、能源化、原料化应用等。

11.3　设施优化配置技术

11.3.1　村域公共服务设施配置规划

1. 生活设施配置原则与配置标准

以城乡居民生活条件同质化，设施配置均等化为目标，结合经济、社会发展要求，合理布局各类公共服务设施及其配置原则和配置标准（表 11.4）。

表 11.4　村级服务半径型设施配置标准与要求

序号	设置项目		一级服务圈（中心村）		基本服务圈（基层村）		配置要求
			配置弹性	配置标准	配置弹性	配置标准	
1	行政管理服务设施	综合服务中心	★	建筑面积≥600m²	—	—	含“五站、四栏、三室、二厅”，“五站”指党员活动站、综合服务站、社会保障站、计生服务站、农技服务站；“四栏”：公开栏、信息栏、宣传栏、阅读栏；“三室”指办公室、办公室、调解室、避灾室；“二厅”：村民议事大厅、便民服务大厅
2	教育设施	幼儿园	☆	人口规模达到5000人左右，可设6班幼儿园，占地约3000m²	☆	设置为教学点与幼儿园规模设置相同	生均用地按浙江省 6 班幼儿园规划指标计（17.86m²/生）
3	医疗卫生设施	卫生服务中心/站	★	建筑面积≥120m²	☆	可含在社区行政管理与公共服务用房内	以行政村为单位或按服务人口 3000～5000 人设置
4	社会福利与保障设施	托老所	★	建筑面积≥200m²	☆	建筑面积≥100m²	基层村可结合综合服务中心设置
5	文化体育设施	体育健身设施	★	用地面积≥1000m²	★	用地面积≥600m²	含 1 片混凝土标准篮球场、2 张以上乒乓球台（室内或室外）、室外全民健身设施及活动场地。基层村可结合文化活动中心一并设置
		文化活动中心	★	建筑面积≥100m²	☆	建筑面积≥80m²，可含在社区管理服务用房内	包括图书阅览室（农家书屋）、教育培训、活动中心、乡风馆、电脑室等。基层村可结合社区行政管理与公共服务用房一并设置
		村民大舞台	★	占地面积≥60m²	—		场地平坦与综合服务中心相邻，与体育健身设施等相邻
		文化礼堂	★	建筑面积≥200m²	☆	传统村落或特色村庄可建设，建筑面积约200m²	突出乡村特色，包含村庄精神展示、礼教弘扬、文化展览、村民活动等

续表

序号	设置项目	一级服务圈（中心村）		基本服务圈（基层村）		配置要求
		配置弹性	配置标准	配置弹性	配置标准	
6	商业服务设施	菜市场	★	用地面积100～500m²	☆	用地面积50～250m²	包括粮油、蔬菜、肉类、水果、水产品、副食品等商品销售。可为露天市场
		生活日用品超市	☆	建筑面积约100m²	☆	建筑面积约70m²	可单独布置或与住宅合设
		农资超市	☆	建筑面积100～300m²	—	—	—
7	公用营业网点	邮政代办点(农村邮政加盟店)	★	建筑面积≥160m²	☆	可含在社区行政管理与公共服务用房内	包括出售邮资凭证，国内函件、包件业务，水、电、气等代缴费业务，市民卡等充值业务，汽车票、火车票、飞机票等票务代理业务，国内电话业务，报刊、邮件投递业务等。可结合商业金融服务设施设置
		电信代办点	★	可含在邮政代办点内	☆	可含在邮政代办点内	包括有线电视、固话移动通信、互联网业务等
8	公共绿地	公园、小游园	★	用地面积≥3000m²	★	用地面积≥1000m²	可与文化体育设施一并设置，山区乡村公共绿地面积可适当减小
合计：（公益性基本公共服务设施(表中前五项)建筑面积）		>1200m²		>500m²		不含体育健身设施、幼儿园、垃圾收集点、液化石油气瓶装供应点和商业服务设施的建筑面积

2. 村域生活公共服务设施配置规划

村域内公共服务设施的配置规划要充分考虑到村庄在区域内作为行政村、自然村的不同职能。主要技术内容包括：①了解村域内公共服务设置配置现状，明确村庄在上位规划中的功能与地位；②根据上位规划与实际需要，确定村委会、幼儿园、小学、卫生站（所）、文化体育设施、福利院等服务设施的规模与位置；③确定村级便民超市、农贸市场、特色农产品超市等商业设施。如果有需要，还应设立旅游服务设施等。行政村和自然村建议的最基本配置如表 11.4、图 11.8 所示。

3. 村域生产服务设施配置规划

主要技术内容包括：①调查现有农业生产设施，并依据主要农业生产类型确定村域农业生产设施的种类、规模、布局；②确定农机站、设施园艺、打谷场的选址、规模、布局；③确定畜禽养殖场、水产养殖场、特种养殖设施的选址、规模、布局；④确定农产业加工设施的选址、规模、布局；⑤应合理利用土地，集约利用土地，并注意减少噪声、废渣、废水等污染，减少农业生产设施对生产生活环境的影响。

行政村“9+3”

9项基本公共服务：小学、幼儿园、卫生所、文化活动中心、健身活动场地、邮政代办点、便民商店、乡村集市、公共浴室

3项基本基础设施：客车停靠站、污水处理设施、垃圾收集点

自然村“2+1”

2项基本公共服务：健身活动场地、便民商店

1项基础设施：垃圾收集点

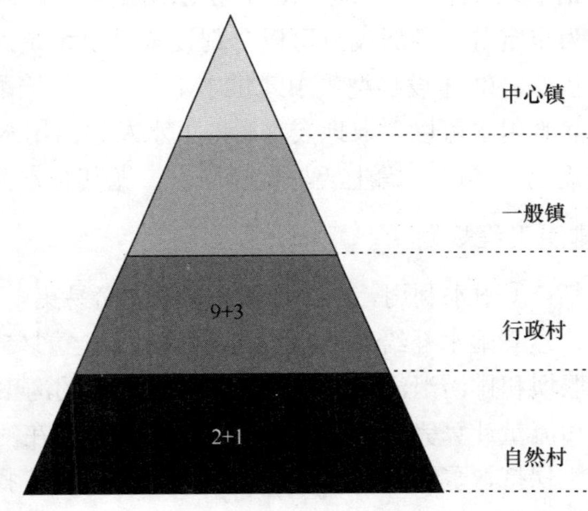

图 11.8　乡村公共服务设施金字塔构成示意

11.3.2　村域道路交通规划

1. 村域对外交通规划

主要技术内容包括：①明确村域主要对外出入口、主要对外道路及其停车与导引设施；②尤其注意村域内铁路、高速公路、国道、省道、县道等过境道路的走向，主要出入口的位置及其与村庄之间的连接。

2. 村域道路规划

主要技术内容包括：①调查村域道路交通设施现状，包括道路等级与联系方向等；②根据现状道路，确定村域干路网络，确定村域道路主要出入口方向；③确定村域内干路的线路方向，确保每个自然村均通公路，并保证重要节点，如旅游景点的交通可达性；④道路工程规划，确定道路宽度，村域内道路多为一块板的简单形式，路面宽度应满足会车要求，不满足会车要求的，可以局部拓展会车路段；旅游型村庄道路应满足旅游车辆的通行；对外主要道路做到路面硬化，如采用水泥、柏油等；村内主要的道路硬化，宅间路的铺装选择具有地域性的路面铺装，如石阶、本地石料等。

11.3.3 村域公用基础设施布局规划

村域公用基础设施规划。应遵循可持续发展、节能集约的原则。充分考虑各项基础设施综合循环配置的可能性，减少基础设施建设对环境的负担，同时考虑生活与生产需求，尤其是农业生产的相关需求。

1. 供水工程规划

主要技术内容包括：①选择村庄水源地，并划定水源保护范围；如果村域面积较大、地下水、地表水源较为丰富等，各居民点可以分别设置供水系统；临近城镇的村庄，可选择从市政管网直接供水；②建设小型集中式供水工程，敷设输配水管网，实现单村、联村或联片供水；③灌溉用水可以采取地表水、地下水及生活用水深度净化后的中水回用；④村域基础设施规划应同时考虑生活与生产需求，尤其是农业生产的相关需求。

2. 排水与防洪排涝工程规划

主要技术内容包括：①雨水利用，在少水地区，建设简易集雨水设施；在多雨地区，保护河塘水系和湿地，建立雨水补给系统；②洪涝防治，按至少 5 年一遇防洪标准设防洪涝灾害，建设河堤堰坝和排涝泄洪设施；③保留自然形成的沟渠坑塘泄洪和蓄滞洪系统，并根据设防标准和流量计算完善和优化泄洪通道布置；④在河流上游治水，通过蓄水减少洪水流量，水土保持，稳定山体；中游治土，采用支护、拦沙坝、格栅等方式，拦蓄泥石固体物质，稳定沟岸；下游以排导为主，通过截洪沟、排洪沟、渡槽等方法排泄泥石流（图 11.9）。

3. 供电工程规划

主要技术内容包括：①根据规划计算电力负载，确定变电站配电变电房的位置和容量；②规划电力线走廊、满足村村通电，改进农村电网，提高供电的安全性和经济性；③发展和建设水电、风电、太阳能等清洁能源系统及设施设备。

4. 通信工程规划

主要技术内容包括：①电信工程规划，预测村域内话机总数、宽带用户数量，建设广播、有线电视、固话、移动基站和宽带等通信设施；②邮政工程规划在便利商店设置邮政代办点；③广播电视工程规划，规划村域内有线电视端口数，并提供广电转换设施，实现村村通广播，负责对村民的召集及信息传递，同时广播站应兼顾防灾减灾功能。

5. 污水处理设施规划

主要技术内容包括：①根据现状及地区水资源情况确定污水处理的方法；②修建生态污水处理站，达标出水考虑地下水回灌、灌溉、绿化、中水回用等综合利用途径；③散居农户生活排水结合化粪池、沼气池进行综合处理，达标后施以农田、山林等综合利用；④村域内的加工产业等产生的生产污废水需本着综合利用的原则，自行处理，达标排放。

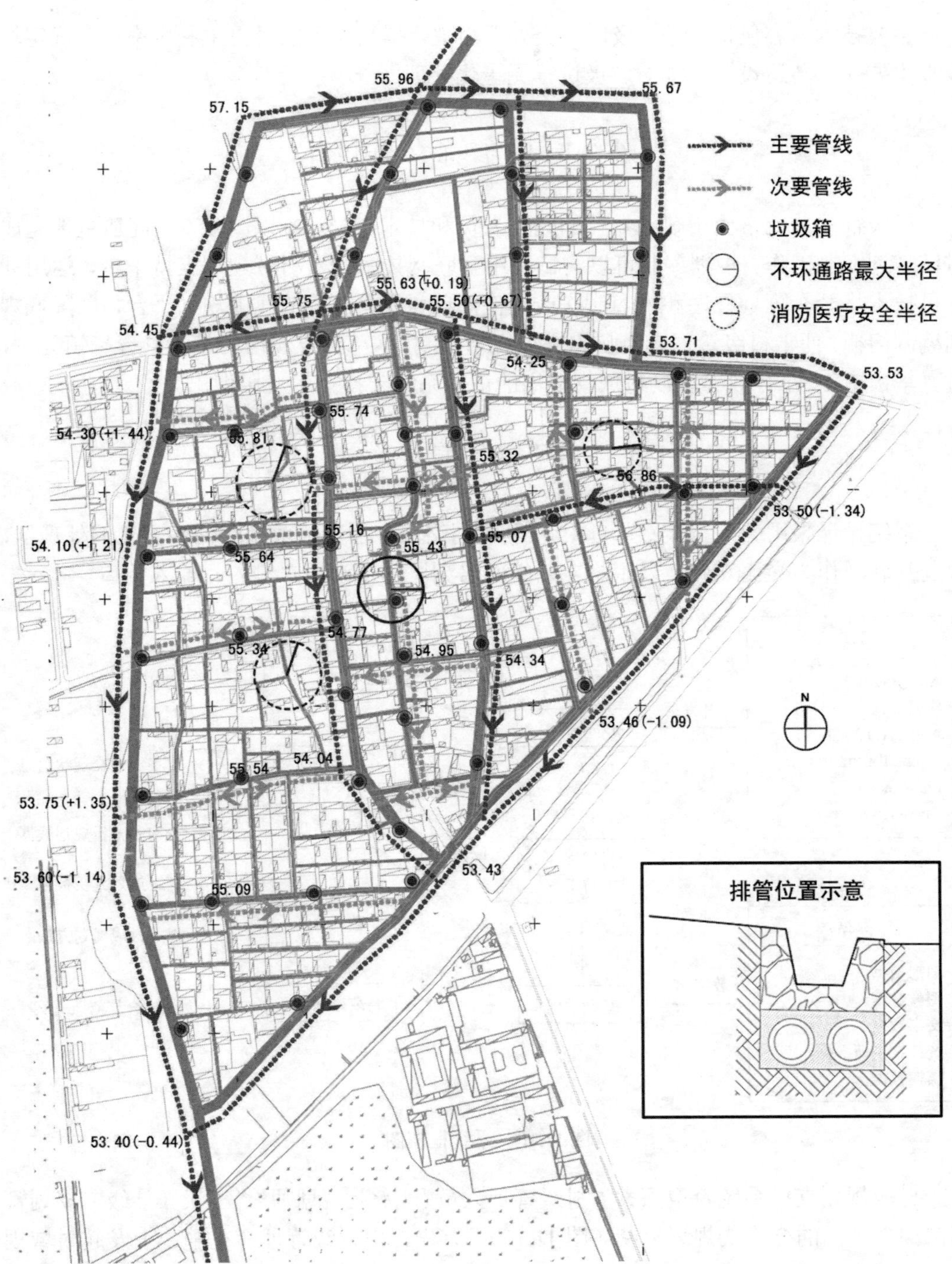

图 11.9　村庄道路与排水管网规划

6. 环卫工程规划

主要技术内容包括：①垃圾以分类处理为主，提高垃圾的可再生利用率；②确定垃圾收集方式、转运设置；③对垃圾进行无害化处理。

11.4 信息系统支持技术

村级行政单元常由于缺乏专业的规划人员和技术指导，难以高效率、高质量地完成村域规划编制工作。规划编制可以尝试利用互联网技术开发村域规划支持平台，运用计算机技术将既有规划程序和内容制作成操作简单、界面友好的线上规划平台，以降低规划编制门槛，便于村级管理人员自主进行规划编制。本部分以湖南省长沙县春华镇为例，对春华镇内 14 个行政村编制村域规划中的信息系统支持技术应用做出介绍。

11.4.1 规划信息系统设计

系统设计采用 C-S 框架（图 11.10），利用网络服务器作为数据存储和交互的处理器，通过互联网作为交流媒介，以用户电脑的网络浏览器作为用户输入、输入端口。

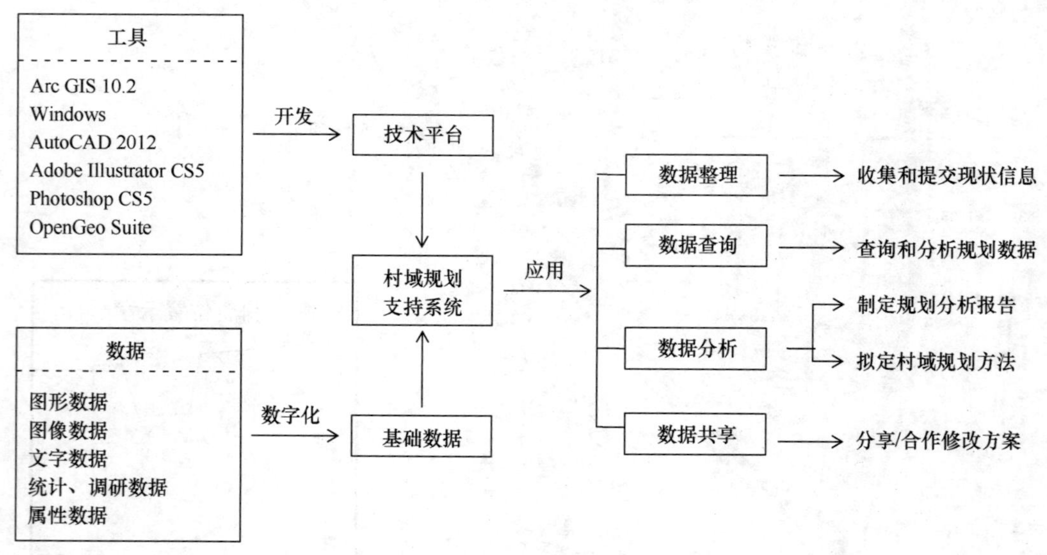

图 11.10 系统框架图

村域规划支持系统希望探索“村级管理人员”“专业规划师”“上级（县级）规划管理部门”之间的合作式规划机制（图 11.11）。首先，由村级管理者在平台上发起村域规划编制项目（获得项目代码）。然后，通过平台功能将现状条件和规划设想输入规划平台，形成初步成果。接下来，他可（通过分享项目代码的形式）邀请专业规划师以自愿者形式对初步成果进行补充完善。最后，平台将经过多轮补充、修改的项目内容生成具有固定格式的规划成果，提交给村级或上级管理部门。平台在设计之初，技术开发人员与上级规划管理部门协商确定规划程序和内容。同时，在平台建立时将必须的上位规划、统计数据和政策文件内置到平台数据库中，以备平台使用者调用和参考。最终，围绕着村域规划支持系统，多方人员和技术力量将各自实际需求、知识技术、管理要求融合，共同完成编制过程。

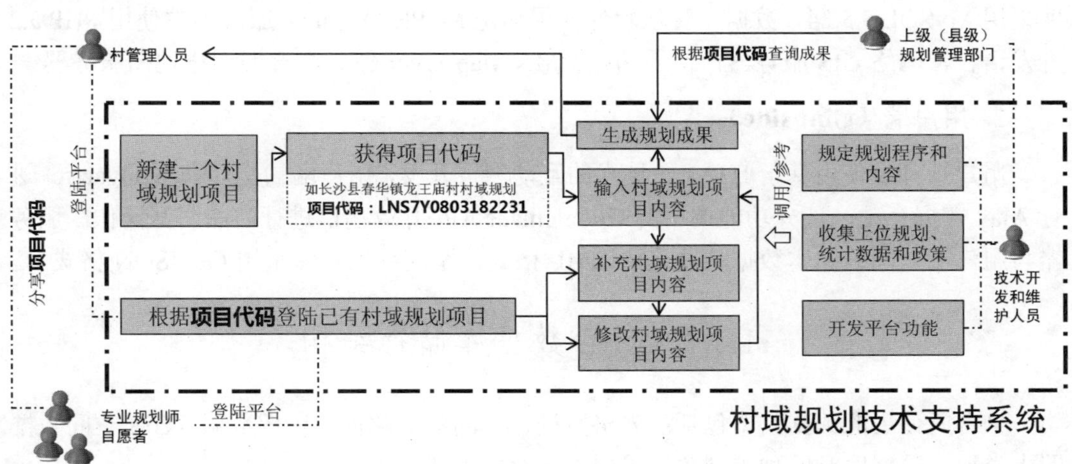

图 11.11　交互合作式村域规划编制示意图

系统最终发布在互联网上，网站地址：http://www.archlabs.cn/csx。利用个人 PC 和手机均可以进行操作，平台实现了多平台功能一致（图 11.12）。

图 11.12　系统首页

11.4.2 利用主要开发技术

1. 服务器端（server side）

服务器采用 Ubuntu Linux desktop 12.04 系统，网络服务器采用 Apache 2.2.22，数据库采用 MySQL 5.5.24，数据库管理软件使用的是 MyPHPAdmin，服务器端使用 PHP 5.2 开发语言，网络 GIS 服务器，使用的是 UMN Mapserver 6.0.1-2 开源网络地图服务器。

2. 用户端（clint side）

用户端开发使用基于 HTML5 技术的互动网页开发，用户端的交互利用 Javacript 进行 Ajax 数据互动，部分功能调用的 Googlemaps API 开放端口进行地图交互操作。服务器与用户端之间的文本数据传输采用 XML 格式，空间数据传输采用 GeoJSON 格式。

11.4.3 后台数据库储存结构

平台所使用的数据类型包括：表格数据、空间图形数据、图像数据、GIS 空间数据四大类型。数据库对四种类型数据采用不同存储方式。

（1）表格数据。以文本、数字和字符串为主的表格数据以关系表的形式存在 MySQL 数据库中（表 11.5）。

表 11.5 MySQL 数据库关系数据表格列表

关系表名	内容	内容说明
Admin	行政区划信息	储存县域镇、村的编号、代码、名称和经纬度信息
GHLIST	现有规划成果索引	县域内已编制的规划成果和编制尺度（县/镇/村）
GH_PT	基础统计数据	各村发展和建设的基础统计数据
GH_Xyth	长沙县一体化规划成果	CS 县一体化规划成果数据汇总
GH_Zchzg	C 镇总体规划成果	C 镇总体规划成果数据汇总
GH_Zjbzg	J 镇总体规划成果	J 镇总体规划成果数据汇总
GH_ZZG	各镇总体规划成果汇总	各镇总体规划核心成果数据汇总
GJSON_Admin	行政边界数据	县、镇、村边界的 GeoJSON 数据
P010100	各类型、各目标村域规划编制主要内容一览表	各类型、各目标村域规划编制主要内容一览表
P010300	各类型、各目标村域规划发展问题和目标备选项	各类型、各目标村域规划发展问题和目标备选项
PJ_Content	互动规划项目库	用户建立的互动规划项目内容
TJ_Xrj	统计数据-CS 县	统计数据-CS 县
TJ_Zchrj	统计数据-C 镇	统计数据-C 镇

（2）空间图形数据。在进行规划设计过程中，用户会通过网路地图平台绘制点、线、面等各种空间图形，为了对其进行储存，平台使用了 GeoJSON 代码语言，将图形转化为具有空间信息的文本数据进行储存。

（3）图像数据。对于地图底图和规划图等图片数据，采用图像瓦片（tiles）格式进行储存。利用 googlemaps API 的瓦片叠加端口，将 tiles 图片进行定位显示（表 11.6）。

表 11.6　C 镇村域规划图形/图像数据库

序号	关系表名	序号	关系表名
1	C 镇卫星遥感影像图	9	C 镇总体规划：镇域规划结构图
2	C 镇地形高程图	10	C 镇总体规划：镇域土地利用规划图
3	C 镇土地利用总体规划图	11	C 镇总体规划：镇区土地利用规划
4	C 镇总体规划：用地评价图	12	C 镇总体规划：镇域道路交通规划图
5	C 镇总体规划：土地利用现状图	13	C 镇总体规划：镇域公共服务设施图
6	C 镇总体规划：城镇体系规划图	14	用户绘制图层
7	C 镇总体规划：空间管制规划图	15	村行政边界
8	C 镇总体规划：产业布局规划图		

（4）GIS 空间数据。对于其他需要叠加显示的 GIS 空间数据，平台利用 ArcGIS 软件生成.shp 文件，再利用 UMN Mapserver 地图服务器将 shp 文件在地图界面中进行叠加显示。

11.4.4　规划信息系统功能

系统平台提供了一个地图化的界面进行项目新建，建立一个村的规划项目，可以在步骤 0 的界面中（图 11.13），选择所在的镇和村，在选择过程中地图界面（图 11.14）将自动

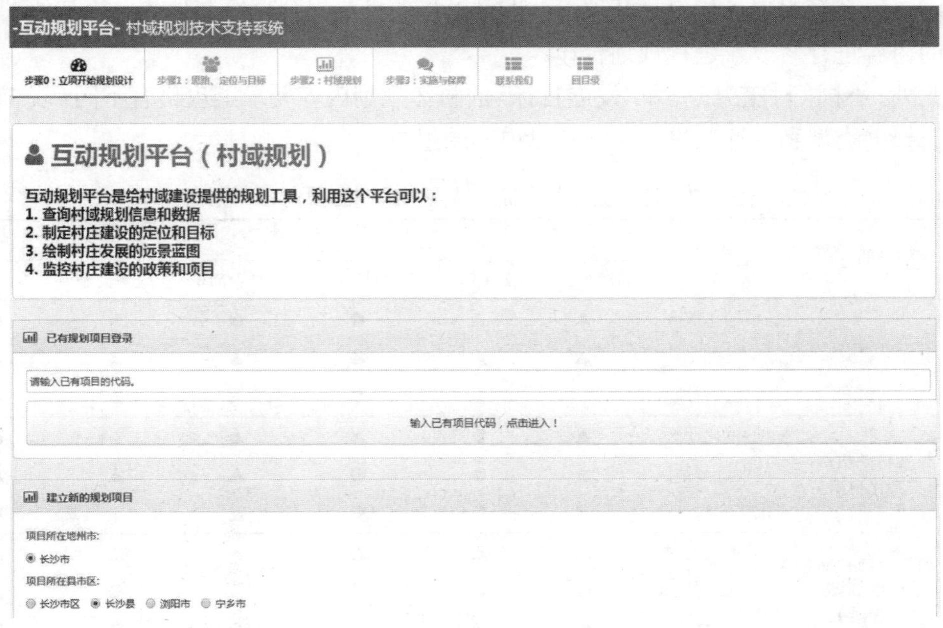

图 11.13　规划对象选择

图 11.14 地图界面

跳转村所在位置，在选择“村庄类型”和“发展目标”之后，点击下一步，则可成功生成一个新的项目。每个项目将带有一个唯一的代码（如 LNS7Y0803182231），下次登录系统时可以直接用项目代码打开项目，也可以将项目代码分享给其他人，让其他人对该项目的内容进行修改，进行规划合作。

此外，不同“村庄类型”和“发展目标”的村在规划内容要求上也略有不同（表 11.7），此处选择的类型和目标也将决定该项目内容的组成。

表 11.7 各类型、各目标村域规划编制主要内容一览表

规划目的	村庄类型	建议编制内容					
		产业发展	文化传承	生态环境保护	空间布局	服务设施	综合防灾
美丽乡村	城镇化地区	▲	▲	●	●	●	●
	城乡过渡地区	▲	▲	●	▲	▲	●
	永久农村地区	□	▲	●	▲	▲	●
魅力乡村（传统村落、特色历史文化村寨）	城镇化地区	▲	●	▲	▲	▲	▲
	城乡过渡地区	▲	●	●	▲	▲	▲
	永久农村地区	□	●	●	▲	▲	▲
富裕乡村（一村一品、农村土地适度规模经营、乡村旅游）	城镇化地区	▲	▲	▲	▲	▲	▲
	城乡过渡地区	●	▲	●	●	●	▲
	永久农村地区	●	●	●	●	●	●

●为必须编制的规划内容；▲为建议编制的规划内容；□为可选编制的规划内容。

当项目建立以后，村域规划共包括 3 个步骤：①村域规划思路、定位于目标；②村域规划；③村域规划管理与实施。平台的规划支持功能即按照此三个步骤及其内细化导则进行安排。

11.5　规划信息系统应用技术

以下用 7 个方面工作为例，来介绍规划信息系统对村域规划编制的支持功能和界面。

11.5.1　村域生态环境保护

1. 村域资源保护与利用

本步骤的主要内容是：①水资源保护与利用，实施村域生产生活和农田灌溉节水工程，提高水资源循环利用效率；按照国家标准和水环境保护要求，提高整体水环境质量；②基本农田保护与利用，根据土地利用规划严格保护耕地和基本农田，确保基本农田保护面积，稳步提高基本农田质量，合理布局基本农田，在保证建设用地和耕地总量平衡的基础上，做好增减挂钩、拆旧建新工作，实施严格的节约集约用地制度，提高土地单位面积的利用效率；③林地湿地资源保护与水土保持，保护天然林地，推进公益林、涵养林木建设和人工生态湿地。加强林木栽植，逐步优化林龄结构和林种结构。统一规划与引导旅游度假项目，减少对森林植被和湿地资源的破坏。

首先，平台要求用户输入“水资源保护与利用”“基本农田保护与利用”“林地湿地资源保护与水土保持”的基本要求和目标。其次，用户可以绘制“资源和保护与利用图”，将“水资源”“基本农田”“林地湿地”的具体位置在图纸上绘制清楚。最后，并给绘制的每一要保护的要素逐个提出具体保护内容。

2. 村域生态与环境保护规划

本步骤的主要内容是：①水污染防治，完善排水系统，污水经处理达标后排放，加强水上环卫队伍理论，及时清理水面和河边垃圾、水草、油污灯漂浮物；②生活垃圾污染防治，建立完善的生活垃圾分类与收集系统，实现垃圾资源化、无害化处理；③农业面源污染防治，农业面源主要污染来源为化肥、农药和畜禽养殖面源污染、农业有机废弃物污染三方面对农业面源污染进行防治。

首先，平台要求用户输入“水污染防治”“生活垃圾污染防治”“农业面源污染防治”的基本要求和目标。其次，用户可以绘制“生态与环境保护规划图”，将“水污染”“生活垃圾污染防治”“农业面源污染防治”的具体位置在图纸上绘制清楚。最后，并给绘制的每一要防治的要素逐个提出具体要求。

11.5.2 自然村落优化布局

本步骤的主要内容是：①土地整理，分析村域范围内土地整理的影响，包括社会经济发展水平、城市化水平、居民点人均用地指；选择村域内适宜的用地整理模式，包括转制式、建制式、改造式；②村名意愿征询，从适宜的耕种半径、村庄集并、土地流转等方面对村名进行意见征询，以问卷发放的方式进行；③居民点优化布局方案，通过对各村庄发展条件、用地适宜性评价等多因素的叠加分析结合现状问卷调查，对现状村域的居民点布局进行优化，居民点类型主要分为保留控制性型、保留发展型、迁并型和新建型四种。

首先，平台要求用户输入“土地整理情况”“居民意见征询整理”“居民点优化布局方案”的基本要求和目标。其次，用户可以绘制“居民点优化布局方案图”，将“保留控制型”“保留发展型”“迁并型”“新建型”等各种居民点的具体位置在图纸上标注清楚。最后，给绘制的每一要保护的要素逐个提出具体保护内容。

11.5.3 村域文化传承规划

1. 村域自然环境保育

本步骤的主要规划内容包括：①水体，对现状水体（包括江、河、湖、海、冰川、积雪、水库、池塘等）的景观功能和生态功能进行分析与评价，对重要水体与河道提出整治清理与改进措施；②山体，对影响村域格局与整体风貌的山体与天际线进行分析，提出山体保护范围与保护措施；③农田，对现状农田景观进行分析和评价，对生产性农田划定保护范围，对可以融入旅游产业链的农田景观提出景观升级措施；④稀有宝贵树种及古树名木，加强对具有地域特色的古树名木的普查和保护利用，提出古树名木的保护范围与保护措施。

同样，平台给出了类似上一步骤的图形绘制工具，引导使用者绘制出需要进行保护的“山体、水体、农田、古树名木”的所在区域，并逐条给出保护说明和措施建议。

2. 村域历史遗产保护利用

本步骤的主要内容是：①传统村落格局，对村域内山体、水体、道路于村落之间的空间关系进行分析，对影响村落格局的各个要素提出整体保护与整治措施；②历史建筑与历史构筑物，在对村域所处地区的传统民居进行概述的基础上，总结传统民居的各项建筑特征，提出传统民居建筑特色与建筑工艺的保护与传承措施。对重要历史建筑与构筑物，进行保护范围与建设控制地带的划定。

平台要求用户绘制“传统村落格局要素（点)，传统村落格局要素保护范围（面)、历史建筑/构筑物（点)、历史建筑/构筑物保护范围（面)”。并给绘制的要素逐个提出保护内容。

3. 村域文化挖掘与传承

本步骤的主要内容是：对传统村落中的非物质文化遗产进行普查和梳理，包括口头传统、传统表演艺术、民俗活动、礼仪、节庆、有关自然界和宇宙的民间传统知识和实践、传统手工技能，以及与上述表现相关的文化空间等。对承载非物质文化遗产的文化空间提出保护措施。

平台要求用户绘制“非物质文化遗产（点），非物质文化遗产空间（面）”，并给绘制的要素逐个提出保护内容。

11.5.4 村域土地利用规划

本步骤的主要内容是：①村域规划用地分类，明确村域规划用地分类，建议分到中类；②农林用地整理与土地重划，收集现有农田地籍资料，进行农田整理，使适应于村域产业发展要求；明确主要农田水利设施位置和主要渠系走向；结合农田水利设施建设，整治村域排水，按照五年一遇修筑防护堤；③村域建设用地布局，划定建设用地范围；布局居民点用地；明确产业发展用地；明确公共服务设施和基础设施用地布局。

首先，平台要求用户输入“农田地籍整理情况”“农田水利设施情况”“村域排水和防护堤建设情况”的基本要求和目标。其次，用户可以绘制“现状/规划用地图”，将各类土地按照《村庄规划用地分类指南》的标注，分别绘制在地图上，将各地块具体位置在图纸上标注清楚。最后，并给绘制的每一要保护的要素逐个提出具体保护内容（图 11.15）。

11.5.5 村域产业发展规划

1. 产业发展影响因素

需要用户对于“区域产业发展”“自身资源条件”“现状产业发展”“产业现状问题”等方面进行总结。

2. 产业定位与发展策略

需要用户对于“基本理念”“主要内容”“介绍说明”“发展战略”方面进行总结。用平台给出的对话框进行输入，成为规划报告的一部分。

主要内容是：①确定重点发展的主导产业在空间结构中的位置与其他相关产业的空间关系；②确定各主导产业间的空间规模、定位和互相关系。

平台提供了一个互动的地图界面，让用户可以通过在地图上绘制出产业空间结构图。绘制的要素包括“产业发展中心（点要素）”“产业发展轴线（线要素）”“产业发展片区（面要素）”。同时，平台还提供了图形删除和修改功能，允许用户对现有的结构图进行修改和完善。并且通过对话框给产业发展结构图添加适当的文字进行说明。

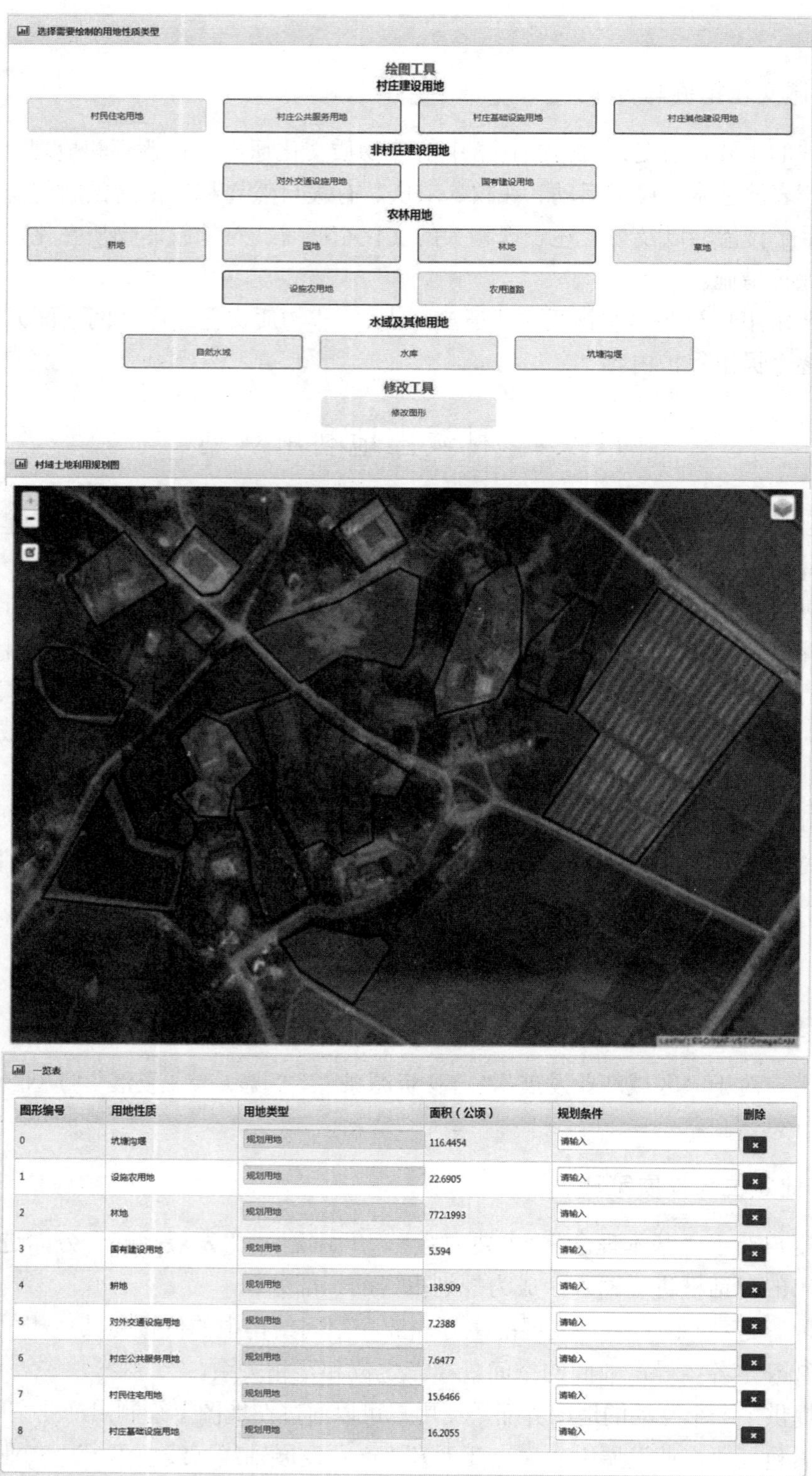

图形编号	用地性质	用地类型	面积（公顷）	规划条件	删除
0	坑塘沟堰	规划用地	116.4454	请输入	×
1	设施农用地	规划用地	22.6905	请输入	×
2	林地	规划用地	772.1993	请输入	×
3	国有建设用地	规划用地	5.594	请输入	×
4	耕地	规划用地	138.909	请输入	×
5	对外交通设施用地	规划用地	7.2388	请输入	×
6	村庄公共服务用地	规划用地	7.6477	请输入	×
7	村民住宅用地	规划用地	15.6466	请输入	×
8	村庄基础设施用地	规划用地	16.2055	请输入	×

图 11.15　村域土地利用规划

3. 村域产业用地布局

主要内容是：①对村域产业结构的具体落位；②重点主导产业的用地规模、范围；③其他产业的用地规模、范围，以及与主导产业的空间关系。

简单说，就是在产业发展结构图的基础上，具体勾勒出产业用地范围。平台同样提供了互动式绘图工具，并且给出了“红色”“绿色”“蓝色”“紫色”4 种颜色的图例供选择，可以绘制和修改出村域产业用地布局图。此外，在绘制过程中，可以打开“土地利用总体规划图”“地形高程图”“镇总体规划图”等底图进行参考绘制。对于绘制出的每一个地块，在平台界面中输入其产业用地相关说明，平台同时计算和存储出了其用地面积大小。

11.5.6　村域设施规划

1. 村域道路交通规划

本步骤的主要内容是：①调查村域道路交通设施现状，包括道路等级与联系方向等；②村域干路网络的确定和规划，明确村庄骨干路网与高速公路、国道、省道、县道等公路的连接方式；③确定村域内干路、支路、宅前小路的线路方向、绿化样式；④确定公共停车场和农机具存放点的位置规模；⑤确定客车停靠点的位置与规模，有条件的村庄应确定城乡公共交通线路。

首先，平台要求用户输入“对外交通规划”“道路规划”“道路工程规划”“道路景观规划”“公共交通及停车规划”的基本构想和目标。其次，用户可以绘制“村域道路交通规划图”，将“对外交通设施规划”“村域道路规划”“公共交通及停车规划”等各种设施的具体位置在图纸上标注清楚。最后，并给绘制的每一要保护的要素逐个提出具体规划建设内容（图 11.16）。

2. 村域公共服务设施规划

本步骤的主要内容是：①了解村域内公共服务设施配套现状，明确村庄在上位规划中的功能和地位；②根据上位规划与实际需求，确定村委会、幼儿园、小学、卫生站（所）、文化体育设施、福利院等服务设施的规模与位置；③确定村级便民超市、农贸市场、特色农产品超市等商业设施。如有需要，还应设置旅游服务设施。

首先，平台调用上位规划要求，列出公共服务设施配建要求，以供参考。其次，要求用户输入“各类公共设施”的基本构想和目标。其次，用户可以绘制“村域公共服务设施规划图”，将“村委会”“图书室”“文化站”等各种设施的具体位置在图纸上标注清楚。最后，并给绘制的每一个设施类型逐个提出具体规划建设内容（图 11.17、图 11.18）。

图 11.16 村域道路交通规划

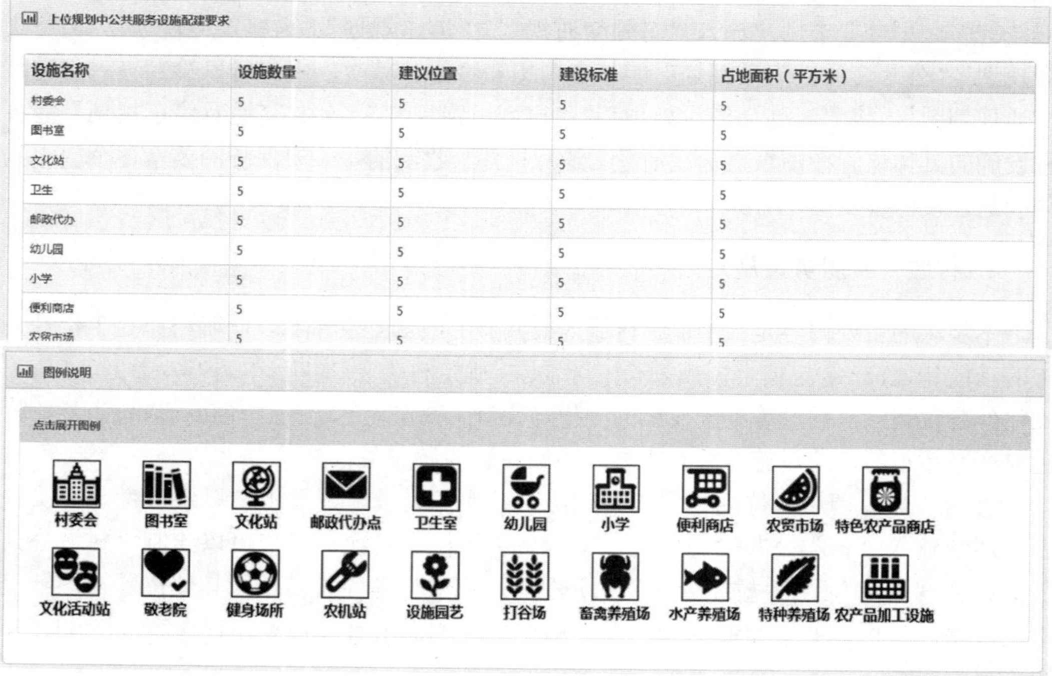

上位规划中公共服务设施配建要求

设施名称	设施数量	建议位置	建设标准	占地面积（平方米）
村委会	5	5	5	5
图书室	5	5	5	5
文化站	5	5	5	5
卫生	5	5	5	5
邮政代办	5	5	5	5
幼儿园	5	5	5	5
小学	5	5	5	5
便利商店	5	5	5	5
农贸市场	5	5	5	5

图例说明

点击展开图例

村委会 图书室 文化站 邮政代办点 卫生室 幼儿园 小学 便利商店 农贸市场 特色农产品商店

文化活动站 敬老院 健身场所 农机站 设施园艺 打谷场 畜禽养殖场 水产养殖场 特种养殖场 农产品加工设施

图 11.17 村域公共服务设施规划准备

图 11.18　村域公共服务设施规划

3. 村域基础设施规划

本步骤的主要内容是：①村域基础设施规划确定各类基础设施在村域内的规模容量、总体布局和配置要求；②确定包括供电、供水、污水处理、通信、燃气、供热、环卫和水利等基础设施的规模、布局和配置要求；③确定清洁能源、可再生能源的规模和配置要求；④村域基础设施规划应同时考虑生活与生产需求，尤其是农业生产的相关需求。

首先，要求用户输入“村域供水工程规划说明”等基础设施建设的基本构想和目标。其次，用户可以绘制“村域基础设施规划图”，将“供水工程”“雨水/洪水排水工程”“污水工程”等各种设施的具体位置在图纸上标注清楚。最后，并给绘制的每一个设施类型逐个提出具体规划建设内容。

11.5.7　村域综合防灾规划

本步骤的主要内容是：①村域综合防灾规划根据村庄特点、分析各类灾害的形式及发展趋势，对防灾设施现状进行评价，并选择主要灾害类型提出防灾规划原则、设防标准及防灾减灾措施；②确定消防、防洪排涝、地质灾害防护、抗震救灾等防灾减灾措施；

③确定其他地域性常见灾害的防灾减灾措施。

首先，要求用户输入“村域防洪排涝规划”“村域消防规划”等综合防灾设施建设的基本构想和目标。其次，用户可以绘制“村域综合防灾规划图”，将“村域防洪排涝规划”“村域消防规划”等各种设施的具体位置在图纸上标注清楚。最后，并给绘制的每一个设施类型逐个提出具体规划建设内容。

第三篇

乡村规划编制技术导则

第 12 章　县域镇村体系规划编制技术导则

12.1　总　　则

（1）为促进县域城乡和经济社会协调发展，规范县域镇村体系规划编制工作，提高县域镇村体系规划的科学性和严肃性，根据国家有关法律法规，制定本规划编制技术导则。

（2）本导则适用于县、县级市和旗，以及具有县级行政级别的林区、特区和矿区。设区城市的外围市辖区，也可以参照本导则编制行政辖区镇村体系规划。

（3）本导则所称的县域镇村体系规划，定位于县域空间开发、生态保护和城乡建设的基础性、总控性规划。县城关镇总体规划、其他镇总体规划、乡规划、村规划，以及县域乡村建设规划的编制，应以县域镇村体系规划为依据。

（4）县域镇村体系规划的规划区范围覆盖县级行政辖区的全部地域。

（5）县域镇村体系规划的规划期限一般为二十年，且宜与相关上位规划期限相一致。

（6）编制县域镇村体系规划，应贯彻创新、协调、绿色、开放、共享的新发展理念，落实主体功能定位，统筹城镇、农业、生态三类空间发展与布局，协调开发与保护，推进“多规合一”。

（7）编制县域镇村体系规划，应与县域的国民经济和社会发展、国土空间开发与保护相衔接，通过县情调查发现县域发展的优势和机遇、面临的问题和挑战，以村镇建设为抓手，描绘县域空间发展和美丽村镇建设的蓝图。

（8）编制县域镇村体系规划，应以经批准的省域城镇体系规划，直辖市、地级市城市总体规划为依据，并符合国家和省现行的有关方针政策、法律法规和技术标准、规范的规定。

12.2　术　　语

（1）县（county）：经国务院批准设置的县级行政区。

（2）县级市（county-level city）：经国务院批准设市的县级行政区，一般由地级行政区代管。

（3）旗（banner）：内蒙古自治区特有的县级行政区。

（4）市辖区（city-governed district）：特别行政区、直辖市、地级市下设的行政区。

（5）县域（administrative region of county）：县级人民政府行政管辖地域。

（6）县城区（seat of government of county）：县级人民政府驻地的建成区和规划建设发展区。

（7）县域镇村体系（town and village system of county）：县级人民政府管辖地域内，经济、社会和空间发展有机联系的镇（乡）和村庄群体。

（8）中心镇（key town）：县域镇村体系规划中，在经济、社会和空间发展中所发挥的辐射带动作用，超出自身行政辖区的镇。

（9）一般镇（town）：县域镇村体系规划中，中心镇以外的镇。

（10）中心村（key village）：县域镇村体系规划中，设有兼为周围村服务的公共设施的行政村。

（11）基层村（basic-level village）：县域镇村体系规划中，中心村以外的行政村。

（12）城镇空间（urban development space）：以城镇建设和发展城镇经济为主体功能的国土空间，包括城镇建设空间和工矿建设空间。

（13）农业空间（agricultural space）：以农产品生产和农村居民生活为主体功能的国土空间。

（14）生态空间（ecological space）：具有自然属性，以提供生态服务或生态产品为主体功能的国土空间。

（15）基本生态控制线（basic ecological line）：为维护生态框架完整，确保生态安全，依照一定程序划定的生态保护范围界线。

（16）永久现代农村边界线（permanent modern countryside boundary）：永久保留农村地域景观风貌及永久从事现代化农业生产地区的界线。

（17）城镇开发边界线（urban development boundary）：城镇建设可以扩张的界线，包括现有建成区和未来城镇建设拓展空间。

（18）禁建区（construction restricted area）：对生态、安全、资源环境、城市功能等对人类有重大影响的地区，一旦破坏很难恢复或造成重大损失，原则上禁止任何城镇开发建设行为。

（19）限建区（construction limited area）：生态重点保护地区、根据生态、安全、资源环境等需要控制的地区，城市建设用地需要尽量避让，如果因特殊情况需要占用，应做出相应的生态评价，提出补偿措施。

（20）生活圈（life circle）：某一特定地理、社会聚落范围内的居民日常生产、生活活动所涉及的圈域。

12.3 规划目标

（1）县域镇村体系规划编制应以基本实现社会主义现代化为总目标，落实乡村振兴战略和新型城镇化战略，注重从县域经济高质量增长、社会发展和谐幸福、乡村建设美丽现代、基础设施适度超前、社会设施便民便利、生态环境自然优美等方面提出规划目标。

（2）县域镇村体系规划编制应围绕规划目标确定相关指标体系，由县域总体发展、镇村体系建设和生态环境保育三个部分、六大类41个指标组成（表12.1）。东部和中部地区县域镇村体系规划编制以达到该指标体系为下限。

表 12.1　县域镇村体系规划指标体系

类别		序号	指标名称	单位	目标值[①]
县域总体发展	经济发展	1	GDP	元	视具体情况而定
		2	人均 GDP	元	≥25000
		3	研发经费支出占 GDP 比例	%	≥2.5
		4	第三产业增加值占 GDP 比例	%	≥50
		5	地方财政收入	亿元	视具体情况而定
		6	非农从业人员比例	%	≥90
	社会发展	7	户籍人口城镇化水平	%	≥35
		8	常住人口城镇化率	%	≥50
		9	基尼系数	—	≤0.4
		10	城乡居民收入比	以农为 1	≤2.80
		11	城镇登记失业率	%	≤6
		12	平均受教育年限	年	≥10.5
		13	城乡居民基本养老保险覆盖率	%	≥90
		14	城乡居民基本医疗保险	%	≥90
		15	基本社会保险覆盖率	%	≥90
		16	每千人医生数	人	≥2.8
	生活质量	17	城镇居民人均可支配收入	元	≥18000
		18	农村居民人均可支配收入	元	≥8000
		19	恩格尔系数	%	≤40
		20	人均住房使用面积	m^2	≥27
		21	居民文教娱乐服务支出占家庭消费支出比例	%	≥16
		22	平均预期寿命	岁	≥75
镇村体系建设	空间开发	23	城镇、农业、生态三类空间比例	%	视具体情况而定
		24	开发强度	%	落实上级分解指标
			其中　城镇空间	%	
			其中　农业空间	%	
			其中　生态空间	%	
		25	三线占国土空间比例	%	视具体情况而定
			其中　城镇开发边界线	%	
			其中　永久现代农村边界线	%	
			其中　基本生态控制线	%	
		26	城镇建设用地规模	km^2	视具体情况而定
		27	农村居民点建设用地规模	m^2	视具体情况而定
		28	耕地保有量指数	%	≥100
	基础设施	29	农村自来水普及率	%	≥80
		30	城市生活污水处理率	%	≥95
		31	城乡生活垃圾无害化处理率	%	≥85

① 目标值参考了国家全面建成小康社会的目标值及部分县（市）的县域镇村体系规划中确定的目标值。

续表

类别		序号	指标名称	单位	目标值
镇村体系建设	基础设施	32	燃气普及率	%	≥92
		33	中心村公交到达率	%	100
		34	固定宽带家庭普及率	%	≥70
		35	移动宽带家庭普及率	%	≥85
		36	公路网密度	$km/100km^2$	≥70
生态环境保育		37	森林蓄积量	hm^2	视具体情况而定
		38	单位 GDP 能耗	吨标准煤/万元	≤0.84
		39	重点工业企业废水排放达标率	%	100
		40	城市绿化覆盖率	%	≥40
		41	空气质量优良率	%	≥95

12.4 空间分类与划分

12.4.1 空 间 类 型

树立新发展理念，按照主体功能区规划，在全面摸清并分析县域国土空间本底条件的基础上，划定城镇、农业、生态空间，以及基本生态控制线、永久现代农村边界线、城镇开发边界线，作为县域空间开发强度管控和主要控制线的落地依据。

12.4.2 三条控制线划定

按照国家统一规定，使用有关主管部门制定的技术规范划定三条控制线。

（1）基本生态控制线。以促进县域经济社会发展为目标，积极推进多规融合和多规合一，结合生态敏感与重要性的评价，落实空间管制规划，明确划定水源涵养区、生态保护红线区、生态环境敏感区，强化自然维育和生态保护，保护农村生态安全格局。其中：①水源涵养区。县域规划的重要内容，以保持和提高水源涵养、径流补给和调节能力，同时保护生物多样性，保持水土，维护水自然净化能力为原则划定。②生态保护红线。是指在生态空间范围内具有特殊重要的生态功能、必须强制性严格保护的区域，是保障和维护国家生态安全的底线。③生态环境敏感区。指对区域总体生态环境起决定性作用的大型生态要素和生态实体，其主要特征是对区域具有生态保护意义，一旦受到任何破坏将很难有效恢复，也可以是规划用来阻隔城市无序蔓延、防止城市人居环境恶化的非城市化地区。在县域镇村体系规划中，将生态环境敏感区划分为以下两类：一是自然生态环境敏感区，包括地形坡度、高程不适合开发建设的山地地区、沼泽、河流湖泊地区、沿海湿地地区，以及森林资源密集分布地区等；二是灾害敏感区，包括地下水漏斗区、采矿沉陷区等。

（2）永久现代农村边界线。包括：①永久基本农田。指在县域土地利用总体规划中，按照一定时期人口和社会经济发展对农产品的需求，依法确定的不得占用、不得开发、需要永久性保护的耕地。永久基本农田及其边界线划定时应统筹考虑耕地质量、产出效率和集中连片程度。②永久农村地区。一是经济部门以农牧副渔等第一产业为主，以基本农田保护区为基础的农村地域；二是拥有历史文化名村或传统村落。永久农村地区划定以自然村为基本单位。

（3）城镇开发边界线。按照资源环境承载能力状况和开发强度控制要求，兼顾城镇布局和功能优化的弹性需要，划定城镇开发边界。城镇开发边界由两类区组成：①刚性增长边界控制线。城镇最大可能的规划建设用地范围，也是城市建设用地不得逾越的生态底线，具有永久性，不得任意改动。根据用地评价结果，结合建设用地规模边界、重点发展区域和重点建设项目选址，划定明确的各城镇最大的规划建设用地范围。②弹性增长边界控制线。城市弹性增长边界是表示未来一定时期内的城市建设用地可能的扩展范围，具有时效性，会随城市发展的需要进行调整，但其空间范围应限于刚性增长边界控制线范围内。

12.4.3　三类空间划定

根据有关主管部门制定的技术规范，开展县域全覆盖的资源环境承载能力评价和国土空间开发适宜性评价，根据评价结果，结合三条控制线成果划定。

（1）生态空间。一般地，将划定的基本生态控制线区域划入生态空间。天然草原、退耕还林还草区、天然林保护区、生态湿地等，原则上应划定为生态空间。对于评价结果为生态功能重要性高或生态环境脆弱性高的区域，应按照生态优先原则，划定为生态空间。

（2）农业空间。将划定的永久现代农村边界线区域，划入农业空间。对于评价结果为城镇建设适宜度和农业生产适宜度都高，且生态功能重要性、生态环境脆弱性不高的区域，若为农产品主产区，则一般考虑保障粮食安全，优先划定为农业空间。

（3）城镇空间。将划定的城镇开发边界范围内区域，划入城镇空间。对于评价结果为城镇建设适宜度和农业生产适宜度都高，且生态功能重要性、生态环境脆弱性不高的区域，若为优化开发区或重点开发区，则一般考虑集中布局城镇建设，划定为城镇空间。

12.5　空间开发利用

12.5.1　空间开发与管理

（1）以三类空间和三条控制线为依据，实行全县域空间开发和治理。

（2）生态空间治理：①基本生态控制线区治理：基本生态控制线划定后，严禁不符合功能定位的各类开发活动，严禁任意改变用途；因重大基础设施、重大民生保障项目建设等需要调整的，由省政府组织论证，提出调整方案，按程序报批；因国家重大战略资源勘查需要，在不影响主体功能定位的前提下，经依法批准后予以安排勘查项目。②一般生态区治理：水源地确保水质不降低，水量不减少；水源涵养区保证生态调节功能的森林、湿地，确保面积不减少。维护生物多样性，任何开发建设活动不得破坏珍稀野生动植物的重要栖息地，不得阻碍野生动物的迁徙通道。禁止毁林开垦耕地，禁止围湖造田和侵占江河滩地。禁止城镇建设，禁止新增农村居民点，严格控制现有村庄数量和规模，鼓励人口外迁。严格控制采矿建设和独立工业建设，允许适度建设生态旅游服务设施，但必须符合开发强度及相关控制要求。

（3）农业空间治理：①永久基本农田区治理：永久基本农田一经划定，任何单位和个人不得擅自占用或改变用途。一般建设项目不得占用永久基本农田，重大建设项目选址确实难以避让永久基本农田的，在可行性研究阶段，必须对占用的必要性、合理性和补划方案的可行性进行严格论证，并通过国务院主管部门用地预审；农用地转用和土地征收依法依规报国务院批准。②一般农业区治理：加强土地整理，提高耕地质量。优化村庄布局，适度集中、集聚建设，实行农村居民点建设规模总量和强度双控。禁止城镇建设，禁止产业集中连片建设，禁止采矿建设。允许进行必要的区域性基础设施建设、生态环境保护建设、旅游开发建设及特殊用途建设，但必须严格控制开发强度和影响范围。

（4）城镇空间治理：①城镇开发建设区（即城镇开发边界内的区域）治理：优化城镇功能布局，优先满足基本公共服务设施用地需求，预留区域性基础设施通道并严格规划控制。提高土地利用效率，注重从增量土地开发向存量土地利用转变。注重城市历史文化保护与传承，禁止破坏性开发建设，对具有历史文化价值的街区必须予以保留、保护。②城镇开发建设预留区治理：大部分土地在规划期内土地利用类型不改变，按原土地用途使用。在不突破规划期城镇建设用地总规模的前提下，当城镇开发建设布局需要调整时，可按程序在城镇开发建设区和城镇开发建设预留区之间进行调整置换，规划期内调整幅度原则上不得大于规划城镇建设用地总规模的15%。

12.5.2 禁建区和限建区划定

（1）在三类空间和三条控制线划定的基础上，考虑地质、水系、绿地、环境、文物等因素进一步划定禁建区和限建区。

（2）永久禁止建设区。根据有关法律、法规，协调城乡规划、土地利用总体规划、林业发展规划、环境功能区划等相关规划，结合城市实际情况，将各级自然保护区的核心区及缓冲区、各级风景名胜区、各级森林公园、各级地质遗迹保护区、各级地质公园、各级文物保护单位的保护范围、坡度大于25%的山地及林地、重点生态公益林（包括重点防护林、重点特殊用途林）、永久基本农田、一级水源保护区、主干河流、湖泊、水库、滩涂、沼泽地、主要河湖的蓄滞洪区、地质灾害危险区、煤矿采空区等区域划定基本生态控制线，作为永久禁止建设区。

（3）限建区。结合用地适宜性评价划定严格限建区和一般限建区。

（4）县域禁建区和限建区的划定参照如下标准（表12.2）。

表 12.2　县域禁建区和限建区划定参照表

序号	要素大类	具体要素	空间管制分区	
			禁建区	限建区
1	工程地质条件	工程地质条件较差地区	#	●
2	地震风险	活动断裂带	#	●
3	水土流失防治	25°以上陡坡地区	#	●
		泥石流危害沟谷	#	危害严重、较严重
		水土流失重点治理区	#	●
		山前生态保护区	#	●
4	地质灾害	泥石流、砂土液化等危险区	#	●
		地面沉降危害区	#	危害较大区、危害中等区
		地裂缝危害区	所在地	两侧 500m 范围内
		崩塌、滑坡、塌陷等危险区	●	#
5	地质遗迹与矿产保护	地质遗迹保护区、地质公园	#	●
		矿产资源保护	#	●
6	河湖湿地	河湖水体、水滨保护地带	#	●
		水利工程保护范围	#	●
7	水源保护	地表水源保护区	一级保护区	二级保护区、三级保护区
		地下水源保护区	核心区	防护区、补给区
8	地下水超采	地下水严重超采区	#	严重超采区
9	洪涝调蓄	超标洪水分洪口门	●	#
		超标洪水高风险区	#	●
		蓄滞洪区	●	#
10	绿化保护	自然保护区	核心区、缓冲区	实验区
		风景名胜区	特级保护区	一级保护区、二级保护区
		森林公园、名胜古迹区林地、纪念林地、绿色通道	#	●
		生态公益林地	重点生态公益林	一般生态公益林
		种质资源地、古树群及古树名木生长地	●	#
11	污染物集中处置设施防护	固体废弃物处理设施、垃圾填埋场防护区、危险废物处理设施防护区	#	●
		集中污水处理厂防护区	#	●
12	民用电磁辐射设施防护	变电站防护区	110kV 以上变电站	#
		广播电视发射设施保护区	保护区	控制发展区
		移动通信基站防护区、微波通道电磁辐射防护区	#	●
13	市政基础设施防护	高压走廊防护区	110kV 以上输电线路的防护区	#
		石油天然气管道设施安全防护区	安全防护一级区	安全防护二级区

续表

序号	要素大类	具体要素	空间管制分区	
			禁建区	限建区
14	噪声污染防护	高速公路环境噪声防护区	#	两侧各 100m 范围
		铁路环境噪声防护区	#	两侧各 350m 范围
		机场噪声防护区	#	沿跑道方向距跑道两端各 1～3km，垂直于跑道方向距离跑道两侧边缘各 0.5～1km 范围
15	文物保护	国家级、市级文物保护	文保单位	建设控制地带
		区县级文物保护单位、历史文化保护区	#	●
		地下文物埋藏区	#	●

注：●表示该项应列为禁建区或限建区；#表示空缺；文字说明表示该项相应内容应列为禁建区或限建区。

12.5.3 城乡用地分类

（1）为推进“多规合一”，有效衔接土地利用规划、城乡规划等现有用地分类，县域城乡用地分类按土地使用的主要性质划分为建设用地、农业用地和生态用地三大类，共 12 中类、26 小类。

（2）县域城乡用地类别应采用字母与数字结合的代号，各地类名称、代号和涵盖范围见表 12.3。

表 12.3 县域城乡用地分类

类别代码			类别名称	范围
大类	中类	小类		
H			建设用地	包括城乡居民点建设用地、区域交通设施用地、区域公用设施用地、特殊用地、采矿用地等
	H1		城乡居民点建设用地	县、镇、乡、村庄以及独立的建设用地
		H11	县城区建设用地	县城区内的居住用地、公共管理与公共服务用地、商业服务业设施用地、工业用地、物流仓储用地、交通设施用地、公用设施用地、绿地
		H12	镇建设用地	非县人民政府所在地镇的建设用地
		H13	乡建设用地	乡人民政府驻地的建设用地
		H14	村庄建设用地	农村居民点的建设用地
		H15	独立建设用地	独立于县城区、乡镇区、村庄以外的建设用地，包括居住、工业、物流仓储、商业服务业设施，以及风景名胜区、森林公园等的管理及服务设施用地
	H2		县域交通设施用地	铁路、公路、港口、机场和管道运输等区域交通运输及其附属设施用地，不包括中心城区的铁路客货运站、公路长途客货运站以及港口客运码头
		H21	铁路用地	铁路编组站、线路等用地
		H22	公路用地	高速公路、国道、省道、县道和乡道用地及附属设施用地
		H23	港口用地	海港和河港的陆域部分，包括码头作业区、辅助生产区等用地
		H24	机场用地	民用及军民合用的机场用地，包括飞行区、航站区等用地
		H25	管道运输用地	运输煤炭、石油和天然气等地面管道运输用地

续表

大类	中类	小类	类别名称	范围
H	H3		县域公用设施用地	为区域服务的公用设施用地，包括区域性能源设施、水工设施、通信设施、殡葬设施、环卫设施、排水设施等用地
	H4		特殊用地	特殊性质的用地
		H41	军事用地	专门用于军事目的的设施用地，不包括部队家属生活区和军民共用设施等用地
		H42	安保用地	监狱、拘留所、劳改场所和安全保卫设施等用地，不包括公安局用地
	H5		独立工矿用地	采矿、采石、采沙、盐田、砖瓦窑等地面生产用地及尾矿堆放地
E			农业用地	主要承担农产品生产功能的用地
	E1		种植用地	用于各种农业种植的用地
		E11	基本农田	指按照一定时期人口和社会经济发展对农产品的需求，依法确定的不得占用的耕地
		E12	一般耕地	除基本农田之外的耕地
		E13	人工草地	人工种植牧草的区域，不包括绿化草地、退耕还草草地
		E14	其他种植用地	用于种植的其他农用地
	E2		养殖水面	专门用于水产养殖的坑塘水面及相应附属设施用地
	E3		农业配套用地	包括设施农用地、农田水利用地、坑塘水面及田坎
		E31	设施农用地	直接用于畜禽养殖、作物栽培、水产养殖、设施农业，以及晾晒场、粮食果品烘干、粮食和农资临时存放、大型农机具临时存放等农业生产活动所必需的配套设施用地
		E32	农田水利用地	人工修建用于引、排、灌的渠道及其相应附属设施用地
		E33	坑塘水面	主要用于农业生产、蓄水量<10 万 m^3 坑塘常水位岸线所围成的水面，不含养殖水面
		E34	田坎	耕地中主要用于拦蓄水和护坡、南方宽度≥1.0m，北方宽度≥2.0m 的地坎
Z			生态用地	主要承担生态服务和生态系统维护等功能的用地
	Z1		湿地	指常年或者季节性积水地带和水域
		Z11	自然湿地	包括沼泽湿地、湖泊湿地、河流湿地、滨海湿地等自然湿地
		Z12	人工湿地	包括重点保护野生动物栖息地或者重点保护野生植物的原生地等人工湿地
	Z2		林地	指成片的天然林、次生林和人工林覆盖的土地
		Z21	生态公益林	以保护和改善人类生存环境、维持生态平衡、保存物种资源、科学实验、森林旅游、国土保安等需要为主要经营目的的森林、林木、林地。包括水源涵养林、水土保持林、防风固沙林、农田牧场防护林、护岸林、护路林等各类防护林和国防林、实验林、母树林、环境保护林、风景林、名胜古迹和革命纪念林、自然保护区林等特种用途林
		Z22	一般林地	公益林地之外的其他林地
	Z3		天然草原	包括纳入基本草原保护管理的基本草原和一般草原
		Z31	基本草原	依据国家基本草原保护制度，纳入基本草原保护管理的各类草地
		Z32	一般草原	纳入基本草原之外的其他草原
	Z4		其他生态用地	其他生态用地，包括冰川及永久积雪、盐碱地、沙漠、裸地、戈壁、苔等

12.5.4 产业空间布局

（1）经济与产业发展。县域经济与产业发展应按照主体功能定位，准确分析把握未来发展环境和趋势，充分发挥市场配置资源的决定性作用，体现区域比较优势和本地发展实际，提出清晰合理的经济与产业发展总体思路。

（2）产业布局。依据国土空间开发保护战略格局，结合三类空间和三条控制线管控要求，明确产业园区、产业走廊（组团）、产业片区等的空间布局。

（3）在县域产业布局基础上，明确产城融合发展建设指引：①产业新城建设。提出对接发达地区或中心城市，从产业配套、产业分流、产业分工、产业特色、产业转移等方面加强产业互动的发展策略。按照以产促城、以城带产、产城融合的原则，明确促进产业跨越式发展和城镇环境质量提升的产业新城建设指引。②特色小镇建设。基于地域特色、生态特色、文化特色等特色环境因素，提出强化特色产业发展的策略，并以打造具有明确产业定位、文化内涵、旅游特征和一定社区功能的产城乡一体化综合体为目标，明确开发建设指引。③田园综合体建设。选择有基础、有优势、有特色、有规模、有潜力的乡村和产业，按照农田田园化、产业融合化、城乡一体化的发展思路，提出以农民合作社为主要载体，以自然村落、特色片区为开发单元的田园综合体建设方案，并明确集循环农业、创意农业、农事体验于一体的农业综合开发策略。

12.6 镇村体系规划

12.6.1 县域生活圈组织

（1）根据县域居民获取公共服务设施所适宜付出的时间和通勤成本，把整个县域划分为由基本村生活圈、日常生活圈构成的二级生活圈层系统。

（2）县域生活圈的确定应结合镇村布局、地形条件、居民生活习惯情况等，按照服务需求特征和常用交通方式确定：①基本生活圈的划分以县域内镇区居民点为中心，以城乡村村通的公共汽车车程最大 30 分钟的地域范围为一个基本生活圈；②日常生活圈以县城为中心，将全县域作为一个日常生活圈，居民出行时间大致为城乡公共汽车 20～60 分钟。

12.6.2 镇村居民点体系

（1）资源环境承载能力、县域总体发展定位为基础，预测县域总人口规模和城镇化水平，以及规划期城镇人口。

（2）县域村镇居民点体系由县城-县域副中心镇、重点镇、特色镇-一般镇、乡驻地和特色小镇-中心村-基层村等五级组成（表 12.4）。

表 12.4　县域城镇类型

等级	城镇类型	概念	规划编制指导思想
一级	县城	县域政治中心所在地	县域政治、经济、文化、教育、医疗、交通、物流中心
二级	县域副中心镇	在县域经济社会发展中承担片区中心的建制镇	规划建设成为县域经济、文化、教育、医疗、交通、物流、农技的地方中心，市政设施和社会设施配置达到县城标准，配套建设重点中学（高中）、地段医院
	重点镇	在县域内被国家部委、省市人民政府确定重点发展的建制镇	突出城镇优势提升城镇综合实力和竞争力，在镇域规划建设产业园和生态农业区，集聚人口、集聚产业，市政设施和社会服务设施达到或超过县城配置水平
	特色镇	指具备一种以上发展优势特色的建制镇	注重挖掘提炼镇域特色要素，划定特色空间，保护特色资源，集中发展特色产业
	卫星镇	位于城市周边、区位和交通优势明显的建制镇	依托母城的基础设施与公共服务设施发展，充分利用母城的资本、技术与市场等要素辐射，加快发展，逐步形成为自立性城镇
三级	一般镇	一般建制镇	合理引导集中、集聚、集约的经济产业发展，构建镇域生活圈，将市政基础设施与公共服务设施向镇域地区延伸覆盖
	乡驻地	乡政府所在地	

（3）村镇等级确定原则：①以人为本、科学规划的原则，结合当地历史文化传统和风俗习惯，充分尊重农民意愿；②布局合理、规模适中的原则，一般在镇域范围内合理确定中心村，服务半径 3km 左右，有相应的集中条件，村庄有一定规模；③基础优先、辐射带动的原则，综合考虑现有乡镇、村庄的经济社会发展情况，确定经济实力较强、基础设施、公共服务设施较为完备的乡镇和村庄为中心镇和中心村；④分区分类指导、逐步实施的原则，根据地理位置、地形地貌等不同类型村庄的实际情况，确定不同层次、适合本地实际情况的标准，对各种类型村庄实行分类指导，注重实效。

12.6.3　重点镇的确定

（1）重点镇选择标准：①区位条件好，交通便利；②镇区人口规模较大，从事非农产业的人口所占比例明显高于本地平均水平，或者镇区人口持续稳步增长；③经济实力较强，国内生产总值、财政收入、人均收入、非农产业比例等主要经济指标均高于本地平均水平，或在产业、资源、旅游和历史文化方面有一定优势和特色；④非农产业特色鲜明，产业规模稳步增长，吸纳农村劳动力能力强，对周围地区有辐射能力，能带动周边地区经济和社会发展；⑤基础设施和公共服务设施水平比较完善。

（2）按表 12.5 的评价体系，对各镇的自然因素、经济因素、社会因素、基础设施因素进行定量与定性分析。

（3）按下述条件选择重点镇：①区位条件好，交通便利；②镇区人口规模较大，从事非农产业的人口所占比例明显高于本地平均水平，或者镇区人口持续稳步增长；③经济实力较强，国内生产总值、财政收入、人均收入、非农产业比例等主要经济指标均高于本地平均水平，或在产业、资源、旅游和历史文化方面有一定优势和特色；④非农产业特色鲜明，产业规模稳步增长，吸纳农村劳动力能力强，对周围地区有辐射能力，能带动周边地区经济和社会发展；⑤基础设施和公共服务设施水平比较完善。

表 12.5 重点镇综合评价体系

一级指标	二级指标		评价依据
自然因素	水资源		河流、人均水资源
	土地资源		
	其中	耕地	面积、人均面积
		基本农田	面积、人均面积
		土地储备	可供开发建设用地
	矿产资源		矿产种类、开采储量
	旅游资源		自然保护区、文物古迹等级
	森林植被		覆盖率
	区位条件		与周边市镇关系及区位交通
经济因素	GDP		总量、人均 GDP、近年经济增长率
	农业生产		农牧副业发展、特色农业、名优产品
	乡镇企业		总量、数量、产值、名优产品
	人均收入		历年人均收入增长率、在县内排名
社会因素	劳动力资源		人数、文化程度
	非农人口		从事非农生产、外出务工人数
	教育水平		幼、小、中学数量，入学率
	社会保障体系		完善程度
	公共服务体系		完善程度
	医疗卫生		医疗设施、千人医务人员数量
基础设施因素	交通条件		
	其中	对外交通	铁路、公路、港口可达性
		对内交通	道路系统、人均道路面积、公交设施
	供电设施		供电量、人均数
	供水设施		供水量、自来水普及率
	排水设施		污水处理量、污水处理率
	电讯设施		容量
	供暖设施		供暖量、方式、供暖普及率
	防洪抗灾设施		重现期、完善程度

12.6.4 中心村的确定

（1）根据县域经济、产业发展趋势和水平，确定中心村数量和空间分布。

（2）按下述条件，通过定性和定量分析选择中心村。它们是：①区位条件好，交通便捷，具备良好的用地、供水、环境等自然条件；②辐射范围广，在经济流向、交通联系、社会联系、历史沿承、服务范围上具有一定的联系，体现较强的辐射力；③经济支撑强，产业基础较好，现有经济实力较强或发展潜力较大，有利于特色农业产业经济发展；④人口规模大，选择现状行政村人口在全县现状行政村平均人口规模之上的行政村；⑤设施配套全，基础设施配套较完善，公共服务设施较齐全；⑥位于基本农田保护区、地域文化特色明显的村庄。

12.6.5　特色镇（村）和永久农村确定

（1）根据自然资源和历史文化基础，选择具有特色产业、历史文化遗存和传统风貌的镇和村庄实施保育规划。

（2）为了确保粮食安全、生态安全和乡村文化延续，选择农业高产地区、特色农业地区划定为永久农村地区，实施基本农田建设和美丽乡村建设。

12.6.6　镇村建设指引

（1）城镇建设指引。围绕优化建设布局、增强城镇综合承载能力和应急管理水平、传承历史文脉等方面，分别提出县城、中心镇、特色镇、一般镇及乡驻地发展建设指引。

（2）乡村发展建设指引。针对三类空间和三条控制线不同特点，根据不同农业生产组织方式特点和自然生态管控要求，分类明确乡村布局、整治、建设的原则和要求，以及乡村基础设施建设和公共服务设施建设标准，乡村人居环境改善要求和措施，村庄建设特色风貌引导和控制要求等。①城镇开发边界线、基本生态控制线、永久基本农田范围内，原则上禁止新增农村居民点用地，区内所有农村居民点应有序引导搬迁，实施生态移民，由政府统筹安排，集中安置；②位于城镇空间的农村居民点，应围绕增强服务城市、带动农村、承接转移人口等方面的要求，研究提出提高规划建设管理水平、集约高效利用土地资源、高效发展城郊观光农业、促进社区化发展等方面的思路和举措；③位于农业空间的农村居民点，应围绕服务农业发展、方便农民生活、适应农村人口转移集聚和村庄变化趋势，研究提出农业生产资料配置、提升自然村落功能和集聚效应、推进山水林田路综合整治、保持乡村自然风貌、农村居民点整理和空心村改造等方面的思路和举措；④位于生态空间的农村居民点，要围绕强化生态功能定位、提高生态产品供给能力的要求，研究提出控制村庄建设规模、发展适宜生态经济、有序引导人口外迁、推进生态保护建设等方面的思路和举措。

（3）乡村发展和保护指引。按照发展中心村、保护特色村、整治空心村的原则，分类提出科学引导农村居民点建设、保护和传承乡村地域文化特色等方面的举措。按照积极发展、适度发展和控制发展三种发展方式指导建设：①积极发展型，积极引导中心村发展建设，对确定为中心村及通过若干村庄组合形成中心村的村庄或新建较大规模村庄，完善基础设施和公共设施配套，并引导周边小型的规划撤并村农民向中心村集中；②适度发展型，对部分确定为一般村（基层村）的村庄，引导其在自身基础上适度发展，可保留其现有较好基础的居民点，不接受邻近村庄并入，不扩大规模，主要进行旧村改造和环境整治；③控制发展型，主要是发展条件差、规模小、空心空置、受地质灾害威胁等自然村，严格控制新建房屋，不进行设施环境整治改造，逐步引导其人口迁出，撤并入中心村。

（4）镇村建设用地标准。由各省、自治区、直辖市根据山区、丘陵、平原等所处的不同地区制定不同的人均建设用地标准。

12.7 支撑体系建设

注重交通设施、水利设施、通信设施、供电系统、供热系统、防灾减灾系统等各项设施统筹安排、共建共享和有效管理。

12.7.1 综合交通体系规划

（1）建立以高速公路和铁路为主骨架，以公路、铁路等枢纽为节点，干线公路、铁路为发展带，点、线和面有机结合，连接顺畅、换乘便捷的现代化综合交通网络，营造与县域定位相适应的对外交通运输体系。

（2）依托铁路、高速公路和干线公路，形成以中心城区为交通运输中心，以重点镇为交通节点，一般乡镇为客货运网点的三级枢纽节点层次。其中，交通运输中心指同时具有对外和城区内客流集散换乘两大功能的综合性枢纽；交通节点指以集散和换乘对外客流为主的客运枢纽；客货运网点主要服务于乡镇内部客流的集散换乘。地区性运输枢纽的建设，应当统筹考虑建设用地需求，确保交通与城镇协调发展。合理安排各级客运站、货运站、客货一体化站，加强各种交通方式之间的“无缝衔接”。

（3）推进城乡公交化。在各乡镇设置中转换乘站，在途经各中心村或乘客集中点设置停靠站、候车站。一、二级公路和中间有双实线或隔离带的公路都必须建港湾式停靠站；中心村或乘客集中点，应根据客流需要设置港湾式停靠站；在城乡公交线路沿途合理设置简易停靠点，为城乡公交车提供临时停靠点。将慢行交通作为区内联系的辅助出行方式和公共交通的补充，优先在地理条件合适的城区或旅游区发展自行车旅行服务，为自行车出行提供设施和管理保障。

（4）交通设施空间布局应符合三类空间和三条控制线管控要求。①在生态空间内，交通设施布局原则上须避让生态保护红线区，可在一般生态区布局，道路线型和断面应单独设计，尽可能减少对生态环境的破坏；强调道路的通行功能，严格限制周边用地开口；②在农业空间内，交通设施布局原则上须避让永久基本农田区，可在一般农业区布局，强调通行功能，限制周边用地开口；③在城镇空间内，交通设施布局应与用地布局、其他设施布局协调，确定交通线路规划控制范围，并符合城市规划的相关技术要求。

12.7.2 水务设施规划

（1）城乡供水规划。统一确定全县生活用水量、水质标准、水源及卫生防护、水质净化和给水设施，以及管网布置模式。①建立多水源供水体系，水源的选择应符合下列规定：水量应充足，水质应符合使用要求；应便于水源卫生防护；生活饮用水、取水、净水、输配水设施应做到安全、经济和具备施工条件；选择地下水作为给水水源时，不得超量开采；选择地表水作为给水水源时，其枯水期的保证率不得低于 90%；水资源匮乏的镇应设置天然降水的收集贮存设施。②给水模式。建立合理高效的水资源配置和供水安全保障体系，中心城区和有条件的乡镇由中心城区水厂统一供水，偏远乡镇采用“成片供水+单独供水”，保障生活用水安全。

（2）城镇排水规划。中心城区及条件允许的镇排水体制采用雨污分流制，排水管道布局与城市路网建设相协调。加快镇村地区的污水系统建设，逐步向集中式污水处理系统过渡。

（3）城乡和农田水利设施规划。①根据地形条件确定各灌区灌排渠系的布置形式，一般可分为山区丘陵型灌区（分干渠沿等高线布置和垂直等高线布置两种形式）、平原型灌区（包括山麓平原型灌区、冲积平原型灌区、低洼平原或平原坡地型灌区等）、圩垸型灌区（分为一圩一站或一圩多站），各有不同的灌排渠系布置形式；②干渠规划需考虑到使灌区绝大部分能自流灌溉、工程安全稳定、工程量小，占地少、便于施工和管理等要求，做到“居高临下、合理穿绕、灌排分开、长藤结瓜、少占耕地、方便群众”；③农田水利设施规划原则如表 12.6 所示。

表 12.6　农田水利设施规划指引

灌溉干、支渠	干、支渠应布置在灌区的较高位置，尽可能地扩大自流灌溉控制的面积，可以沿灌区上部边界与等高线成较小的角度布置，也可以布置在灌区内部的分水岭上； 干、支渠要比较顺、直，尽量使渠线最短，但是遇到难工、险工，和不理的地理、地质条件时，也要合理的绕线，以达到既保证安全行水，又使基建投资和管理运行费最省； 干、支渠的布置要有利于能将当地的小型塘库连接起来，以便统一调配水源； 干、支渠布置除了以地形条件为主外，还应考虑行政区划和土地边界，尽可能使一个用水单位在一条渠道上用水； 除灌溉以外，要考虑干、支渠的综合利用，如在山丘区要考虑集中落差，进行水力发电；在平原及圩区要考虑通航的要求； 干、支渠布置要考虑排水系统的布置，一般不能破坏当地的天然排水水系，尽量减少干、支渠与天然河、沟相交。万不得已需要交叉时，要用建筑物通过，切不可盲目的切断天然排水水系
排水干、支沟	排水干、支沟的布置应位于其所控制排水面积的最低处，应尽量利用原有的天然河沟，进行必要的截弯取直，扩宽加深，加固堤岸等措施； 灌区排水要与灌区的防洪统一考虑，在有坡面径流流入灌区的上部边缘，应布置截流沟，就近排入河道或纳入排水干沟； 在有地下水浸入的地带，应布置地下水截流沟，将拦截的地下水就近排入河道或纳入干、支沟，在水稻区与旱作区交界处亦应布置截流沟，防止抬高旱作区的地下水位； 应当采用分片自流排水的方法，高水高排，能直接排入近旁河沟的排水支沟，就不必纳入干沟； 排水系统的承泄区如为河流，应选河水位低于干沟出口水位，河岸稳固平直的河段，尽量做到自流排水

（4）防洪排涝规划。①防洪规划与当地江河流域、农田水利、水土保持、绿化造林等的规划相结合，统一整治河道修建堤坝、圩垸和蓄、滞洪区等工程防洪措施；②根据洪灾类型（河洪、海潮、山洪和泥石流）选用相应的防洪标准及防洪措施，实行工程防洪措施与非工程防洪措施相结合，组成完整的防洪体系；③按现行国家标准《防洪标准》GB50201 的有关规定执行；县域内各镇区防洪规划除应执行本标准外，尚应符合现行行

业标准《城市防洪工程设计规范》CJJ50 的有关规定；④邻近大型或重要工矿企业、交通运输设施、动力设施、通信设施、文物古迹和旅游设施等防护对象的镇，当不能分别进行设防时，应按就高不就低的原则确定设防标准及设置防洪设施；⑤修建围埝、安全台、避水台等就地避洪安全设施时，其位置应避开分洪口、主流顶冲和深水区，其安全超高值应符合表 12.7 的规定。

表 12.7 就地避洪安全设施标准

安全设施	安置人口/人	安全超高/m
围埝	地位重要、防护面大、人口≥10000 的密集区	>2.0
	≥10000	2.0～1.5
	1000～<10000	1.5～1.0
	<1000	1.0
安全台、避水台	≥1000	1.5～1.0
	<1000	1.0～0.5

12.7.3 信息设施规划

（1）电信规划。结合当地的经济社会发展需求，确定固定电话、移动电话用户普及率（部/百人）；电信局所分为电信中心局、电信支局、电信所和电信服务点等 4 个等级；电信局（所）的选址宜设在环境安全和交通方便的地段；通信线路规划宜采用埋地管道敷设：①应避开易受洪水淹没、河岸塌陷、土坡塌方，以及有严重污染的地区；②应便于架设、巡察和检修；③宜设在电力线走向的道路另一侧。

（2）广播电视网。广播、电视线路应与电信线路统筹规划。

（3）三网融合。按照统一规划、统一建设、统一管理的原则，推动"三网融合"。合理布局互联网发展的基础空间，推进电信网、有线电视网、互联网等信息网络的互联互通、资源共享。同时支持"三网融合"技术在应急管理、执法管理、教育科研、医疗卫生、交通运输、人力资源、社会保障和环境监测等领域的应用，推广应用地理信息公共服务平台，促进政务工作与地理信息技术有机结合，逐步实现行政服务高效化、便捷化。

（4）邮政系统规划。邮政局（所）址的选择应利于邮件运输、方便用户使用。

12.7.4 能源设施规划

（1）科学预测规划期末县域最大电力负荷。供电负荷的计算应包括生产和公共设施用电、居民生活用电。用电负荷可采用现状年人均综合用电指标乘以增长率进行预测。

（2）根据上位规划和省电网规划，确定重要电源节点；电网规划应符合下列规定：①县域电网电压等级宜定为 220kV、110kV、66kV、35kV、10kV 和 380V/220V，采用其中 3～4 级和三个变压层次；②科学布局变电站，变电所的选址应做到线路进出方便和接近负荷中心；③利用公路、水系和绿带规划建设供电走廊。

（3）推进城乡能源供应系统的变革。城镇地区以管道燃气或管道天然气为主要气源；乡村地区以液化石油气为主要气源，条件成熟时推动农村地区的电气化。

12.7.5　公共服务设施建设

（1）县域公共服务设施建设应坚持“以人为本”理念，构建不同层次生活圈，对基本公共服务设施实施分级建设，满足城乡居民多层次、多方面的发展需求，促进公民享有基本公共服务的权利平等、机会均等、效果均等，提高公共服务资源的空间配置效率。

（2）根据人口、城镇化发展趋势和空间战略格局，提出各层级基本公共服务统筹衔接和优质公共服务资源共建共享的布局指引，以及公共教育、医疗卫生、社会保障、文化体育等各类公共服务设施的布局方案。

（3）在各个生活圈层配置与之对应的公共服务设施项目，教育、文体、医疗卫生、社会福利等各项设施的具体配置参照表 12.8。

表 12.8　基于县域生活圈的公共设施配置表

设施分类	序号	设施项目	基本生活圈	日常生活圈
教育设施	1	高中	◎	●
	2	初中	●	●
	3	小学	●	●
	4	幼儿园	●	●
文化体育设施	5	图书馆（室）	●	●
	6	文化中心（站）	●	●
	7	运动场	●	●
医疗卫生设施	8	县级医院	○	●
	9	卫生院	●	●
	10	妇幼保健站	◎	●
	11	社区（村）卫生所	●	●
社会福利设施	12	社会福利院	●	●
	13	社区服务中心	●	●

注：●表示该项目必须设置，◎表示该项目根据实际门槛人口决定是否设置，○表示该项目不必设置。

12.8　生态环境保育

12.8.1　建构生态安全格局

（1）以维持生态系统服务功能为根本要求，结合生态功能重要性和生态系统脆弱性分析，以水源涵养、水土保持、防风固沙、生物多样性维护等各类自然保护地为基础，通过构筑生态廊道，使县域范围的生态空间与城镇空间、农业空间中的点状、片状生态斑块有机结合、相互连通。①生态廊道，设计连通性与传输性强的生态廊道体系，制定生态廊道的维护和修复措施，包括限制开发的行为、生态保护与建设的要求等；②生态斑块，建立生态斑块清单，明确各斑块的空间分布、生态要素状况、主要问题，明确生态斑块的限制开发要求，制定保护与修复措施；③自然保护地，对于国家公园、自然保护区、水源保护区、森林公园、湿地公园、地质公园、海洋保护区等各自然保护地，系统建立以国家公园为主体的自然保护地体系，明确保护层级、空间布局与分阶段保护建设目标，提高管护能力。

（2）区分生态功能区的主要生态功能，明确区域范围、生态要素状况、突出生态问题等，制定包括环境准入负面清单，人口与资源开发的约束性要求，生态保护与治理要求等措施，研究提出有针对性的生态保护修复思路和举措。①水源涵养类型区，提出维护或重建湿地、森林、草原等生态系统，严格保护自然植被，加强植树造林，实施退耕还林、退牧还草工程等方面的思路和举措；②水土保持类型区，提出加强流域综合治理、控制水土流失、防止植被退化等方面的思路和举措；③防风固沙类型区，提出转变畜牧业生产方式、保护沙区湿地、实行封禁管理等方面的思路和举措；④生物多样性维护类型区，提出保持并恢复野生动植物物种和种群的平衡、防御外来物种入侵、保护自然生态系统与重要物种栖息地等方面的思路和举措。

12.8.2 保护农村生态环境

（1）促进农业生产方式转型。农村产业发展应改变以高投入为主要特征的传统粗放型农业生产方式，通过加大农业生产科技投入，逐步建立完善的农技推广体系，以循环经济理念为指导，调整优化产业结构，积极发展现代农业、特色农业、绿色农业和生态农业。尤其应注重积极搭建生态产业链，合理构建富有当地特色的产业链，将生产过程向农业价值链的两端延伸，结合物质再循环、生物共生、现代农业技术建设成为综合的农业生产体系。

（2）加快农业现代化进程。首先，在农业生产过程中，在减少化肥和农药使用的同时，应积极推广生态治理技术，为农村污染综合整治提供多种低影响治理方式。在治理农作物害虫危害方面应从单纯靠农业治理想生物技术手段转变，提倡生物防除、物理防除；水环境污染治理可采用好氧生物治理技术、人工湿地等综合生态系统。其次，推进农业科学技术创新和应用，如测图配方施肥技术、可降解薄膜技术、生态物质循环技术等，合理组织农业生产。第三，结合农村自然条件和地理区位，划分出各种农业部门的适宜区和适种地区，集中进行农业生产、环境治理和管理工作，形成商品性生产为主的农业生产基地，并配套基础设施建设。例如，鼓励集中饲养家禽家畜，做到人畜分离，建设畜牧养殖业生产基地。集中型饲养场地的选址应满足卫生和防疫要求，宜布置在村庄（居民点）常年盛行风向的下风向，以及通风、排水条件良好的地段，并应与村庄（居民点）保持防护距离，配置合理规模的垃圾；分散家庭饲养场所应结合生产辅助用房布置，并与住宅生活居住部分适当隔离，满足卫生防疫要求。渔业生产基地应结合航运和水系保护要求，合理选择用于养殖的水体，合理确定养殖的水面规模，配套基本的水环境防治设施。

（2）搭建农村环境污染治理体系。根据地方发展实际需要，搭建农村环境污染治理体系。引导制定相关环境污染治理方面的管理制度、污染治理激励制度、治理协作制度等制度条例，通过法律、行政、经济手段加速农村地区环境治理进程。

12.8.3　环境污染治理

（1）强化农村环境治理。建立河长制度，明确治理主体及其责任，加大治理河湖水系水环境污染治理力度；开展土壤污染摸底调查，划出农田土壤污染、周边水体富营养化、地下水源和农产品污染治理区，进行集中治理；对种植大棚、地膜覆盖普遍应用地区，开展农村白色污染集中治理；集中污水处理，防治农田灌溉污染。

（2）乡镇企业污染治理。根据乡镇工业企业与畜牧养殖业快速发展的需要，针对乡镇工业数量多、布局散、设备简陋、技术落后，对资源能源消耗过高等问题，推动产业进园区，集中治理污染排放物。

（3）生活垃圾污染治理。建立农村生活垃圾分类制度，废止农村生活垃圾露天堆放场地和填埋场地，推动农村生活垃圾资源化和回收利用。

12.8.4　生态修复工程

（1）在林场保护与建设、湿地保护与恢复、生物多样性保护体系建设、水土流失治理、山洪灾害易发区和废弃矿山的生态恢复等方面提出系统的生态修复工程和措施。

（2）城镇开发边界内还应制定绿带、绿心等生态空间营造措施，并提出促进开发建设活动绿色化、低碳化的生态保护指引。

12.9　成 果 要 求

（1）县域镇村体系规划成果应包括文本、图纸和附件。附件包括规划说明书、专题研究报告和基础资料汇编等。

（2）县域镇村体系规划应包括以下图纸：①区位图；②县域重要资源和设施分布图；③县域三类空间和三条控制线划定图；④县域禁限建区划定图；⑤县域土地利用规划图；⑥县域第二、第三产业布局图；⑦县域生活圈组织示意图；⑧县域镇村居民点体系规划图；⑨县域综合交通体系规划图；⑩县域水务规划图；⑪县域信息和能源系统规划图；⑫县域基公共服务设施规划图；⑬县域生态环境保护规划图；⑭县域环境污染治理和生态修复工程图。

12.10　规划管理与实施

（1）县域镇村体系规划由县级人民政府统一组织编制、实施。县各部门、各单位和各乡镇共同维护其严肃性和权威性，严格执行强制性内容，切实保障本规划对全县经济增长、社会发展和城乡建设的指导和调控作用。

（2）强化县域镇村体系规划与经济社会发展规划、土地利用规划、城镇建设总体规划等的协调和联动机制，对其他各类规划进行“一张图”统一管理。

（3）严格执行规划确定的县域三类空间和三条控制线管控原则，特别对生态保护红线、永久基本农田和城镇开发边界实施统一刚性控制，凡在县域范围内的土地利用和各项建设活动，均应符合县域镇村体系规划有关要求。

（4）建立健全县域镇村体系规划监督检查制度；发挥各级人民代表大会、政协、各基层社区组织，以及社会团体、公众在城市规划实施全过程中的监督作用；建立重大问题的政策研究机制和专家论证制度，将公众参与引入规划编制、管理的各个阶段增强县域镇村体系规划透明度和公信力。

（5）对县域镇村体系规划实施情况进行动态评估，定期对县域镇村体系规划各项内容的执行情况进行全面总结，原则上每两年进行一次评估。

附录 A（资料性附录）　县域总人口预测方法和适用范围

方法	公式或原理	适用条件
环境容量法	根据环境条件来确定县域允许发展的最大规模	适用于发展受自然条件限制比较大的地区
综合增长率法	$P = P_0(1 + r + r')^n$ 其中，P 为规划期末的预测人；P_0 为起始年份的现状人口规模；r 为自然增长率；r'为机械增长率；n 为规划年限	适用于难以确定基本人口规模或生产性劳动人口规模的城市，需要有历年人口规模自然增长和机械增长方面的调查资料
Logistic 预测法	考虑到人口规模总数增长的有限性，提出了人口规模总数增长的规律，随着人口规模总数增长，人口规模增长率逐渐下降。数学模型为 $P = M / (1 + \alpha e^{bt})$ 其中，P 为人口规模或者城镇化水平；M 为人口增长极限值；α 和 b 均为参数；e 为自然对数的底；t 为年数（或距起始数据年份）	人口规模发展速度处于下降阶段，适合流动人口规模预测
年均增长法	$\Delta P = (P_n - P_1) / (n - 1)$，$P_N = P_0 + N^*\Delta P$ 其中，P_1、P_n 为历史资料中的第 1、第 n 年的人口数；n 为历史资料的数据个数；ΔP 为年均增加人数；P_0、P_N 为规划基期年、规划期年的总人口数；N 为规划年限	适合于人口增长相对稳定的县
线性回归法	$y = aX + b$ $y = a\ln X + b$ $y = aebx$	各种线性回归模型对各地人口规律适用性不尽相同，往往同时使用几种方法后选取拟合度较高的方法
就业增长弹性系数法	$P = P_t / C$；$P_t = P_0^* (1 + \Delta GDP)^t \lambda$；$\lambda = \Delta P / \Delta GDP$ 其中，P 为预测年份的常住人口；P_t 为预测年份的就业人口；P_0 为预则基年的就业人口；C 为就业人口占常住人口的比例；λ 为就业增长弹性系数；ΔP 为就业人口年增长率；ΔGDP 为地区生产总值年增长率；t 为预则年限	市场化较高的地区。依据经济增长速度和就业弹性系数的发展趋势，通过估计就业人口规模及其在常住人口中的比例，从而间接预测满足经济增长所需的人口规模

附录 B（资料性附录）　中心城区人口预测方法和适用范围

方法	公式或原理	适用条件
综合增长率法	$P = P_0(1 + r + r')^n$ 其中，P 为规划期末的预测人数；P_0 为起始年份的现状人口规模；r 为自然增长率；r' 为机械增长率；n 为规划年限	适用于难以确定基本人口规模或生产性劳动人口规模的城市，需要有历年来城市人口规模自然增长和机械增长方面的调查资料
职工带眷系数法	人口规模=带眷职工人数×（1+带眷系数）+单身职工	更多地应用于新建工矿城镇的人口规模或大型园区植入带来的人口规模的部分估算
线性回归法	$y = aX + b$ $y = a\ln X + b$ $y = ae^{bx}$	各种线性回归模型对各地人口规模适用性不尽相同，往往同时使用几种方法后选取拟合度较高的方法
剩余劳动力转移法+全域分配法	$P_t = P_0(1 + K)^n + Z_t \cdot (1 + a)[f \cdot P_1(1 + k)^n - s / b]$ 其中，P_t 为 t 年城镇总人口预测值；P_0 为基期城镇总人口数；K 为镇区人口年自然增长率；Z_t 为农村剩余劳动力进镇比例；a 为带眷系数，取 0.4；f 为农业劳动力占周围农村总人口比例（一般为 45%～50%）；P_1 为城镇周围农村现状人口总数；k 为城镇周围农村自然增长率；s 为城镇周围农村耕地面积；b 为每个劳动力额定担负耕地数量（一般为 1.4～1.7hm^2）；n 为预测年限	根据现状县中心城区人口占县城城镇总人口的比例和对县城人口发展趋势的判断，预测目标年份县中心城区人口占县城城镇总人口的比例，远而推算出目标年份县中心城区的人口。适用于城镇化水平较低，有大量剩余劳动力转移的城镇，适用于县城和乡镇驻地的规模预测

第 13 章　镇域规划编制技术导则

13.1　总　　则

（1）为推进镇域发展建设，使小城镇成为我国新型城镇化的重要形态之一，依据《中华人民共和国城乡规划法》，制定本镇域规划编制导则①。

（2）本导则适用于全国所有建制镇的镇规划。处于快速城镇化进程中的地区，应依据本导则编制镇域规划②。

（3）镇域规划的规划区范围覆盖镇行政辖区的全部地域。

（4）镇域规划的规划期限一般为 20 年，或与相关上位规划期限相一致③。

（5）镇域规划编制应突出对镇域城镇化的引导，划分城镇、农业和生态空间，合理布局镇区、产业园区及各村庄居民点；促进镇域经济发展，提升居民生活质量；保护生态环境和基本农田，集约利用资源能源；体现镇域特色，尊重地区差异。

（6）镇域规划的编制和审批，应当按照《中华人民共和国城乡规划法》对镇规划的相关要求执行。编制镇域规划，同时应当符合国家及地方有关的法律法规、标准和技术规范④。

13.2　术　　语

（1）镇（town）：经省级人民政府批准设置的镇。

（2）镇域（administrative region of town）：镇人民政府行政管辖地域。

---

① 本导则是国家科技支撑计划课题《县、镇（乡）及村域规划编制关键技术研究与示范》的成果（课题编号：2014BAL04B01）之一。本导则在清华大学 2010 年承担的住建部《镇（乡）域导则（试行）》基础上修改而成，重点关注对镇域城镇化发展的规划建设引导。在 2017 年 10 月 26 日召开的“县、镇（乡）及村域规划编制关键技术研究与示范课题”研究成果评议咨询会上，得到国家发改委城市与小城镇改革中心主任徐林、建设部科技与产业化中心主任俞滨洋、国土资源部规划司苗泽处长、环境保护部规划与财务司贾金虎处长、中国城镇规划设计研究院院长方明、中国城市规划设计研究院蔡立力教授、中国建筑设计研究院熊燕所长的指导和帮助，特此鸣谢！

② 关于镇规划的适用范围，在《镇规划标准（GB50188—2007）》中为“全国县级人民政府驻地以外的镇”本导则的适用范围表述为“所有建制镇”，以便有效引导包括县城镇在内的所有建制镇的镇域发展建设。

③ 确定镇域规划编制年限的同时，应兼顾对近期实施项目的安排引导和与远期镇域发展情景的衔接。

④ 在《城乡规划法》第十七条关于镇总体规划的内容中，与镇域相关的部分包括：镇的发展布局，功能分区，用地布局，综合交通体系，禁止、限制和适宜建设的地域范围，各类专项规划等；同时对于规划编制的组织和审批也做出了规定。另外在《镇规划标准》中与镇域相关的内容包括：镇域镇村体系规划、镇域总人口预测、镇域用地分类与计算、镇域道路交通规划、镇域防洪规划等。

本导则的内容是在以上基础上，结合空间规划、多规合一，以及产业发展支撑等新趋势进行的框架构建。

（3）镇区（urban built-up area of town）[①]：镇人民政府驻地的建成区和规划建设发展区。

（4）村庄（village）：一定规模农村居民集中生活、生产的聚落。

（5）镇村体系（town and village system）：经济、社会和空间发展有机联系的镇区和村庄群体。

13.3　镇域规划目标

镇域规划编制，应以引导建成高标准的城镇化地区为目标。

（1）引导人口向城镇空间集中，以宜居镇区建设和城镇开发的弹性管控，提高镇域城镇化水平，镇域城镇化率水平宜达 70%以上。

（2）引导产业向园区集中，大力发展第二、三产业，促进镇域经济提升与就业增长；鼓励农村土地规模经营，推动农业现代化。

（3）实施高标准和均等化基础设施建设，支撑镇域生产发展和生活质量改善；以镇域生活圈的构建，形成公共服务设施向乡村地区的有效延伸和覆盖。

（4）开展特色保护与塑造，挖掘和保护镇域自然环境和历史文化特色，塑造和展现现代化美丽小城镇景观。

制定镇域规划编制目标，还应区分不同类型的镇，制定差异化发展目标。一般而言，可根据等级规模区分中心镇和一般镇；同时，可根据镇域发展特色或区位特征等因素，划分出特色镇和卫星镇等（表 13.1）。

表 13.1　镇域规划主要类型划分及其发展目标

类型	概念	镇域规划目标
中心镇[②]	上位城镇体系规划确定的中心镇，以及国家部委、省市政府确定的重点镇	突出规模优势，提升镇域综合实力和竞争力，集聚人口产业，公共服务与公用基础设施达到或超过城市配置水平
一般镇	中心镇以外的镇	合理引导集中、集聚、集约的经济产业发展，构建镇域生活圈，将公共服务与公用基础设施向全域延伸覆盖
特色镇	具备一种以上发展优势特色的镇	注重挖掘特色要素，划定特色空间、保护特色资源、集中发展特色产业
卫星镇	位于城市周边、区位和交通优势明显的镇	依托周边城市的公共服务与公用基础设施发展，利用周边城市的资本、技术与市场等要素辐射，加快自身发展

13.4　空间分区与管制

13.4.1　“三区三线”及其城镇空间划定

镇域规划应将镇域国土空间划分为城镇、农业、生态空间，并划定城镇开发边界、

① 在《镇规划标准》的术语中“镇区”译为 seat of government of town。本导则从概念的空间属性出发，进行了修改。

② 在“中心镇”和“重点镇”两个概念中，本导则依据现行国标《镇规划标准》术语使用“中心镇”作为类型名称，并在该概念表述中综合了上述两个概念的相关定义。

永久基本农田、生态保护红线（以下分别称“三区”和“三线”）[①]。

“三线”分别包括：

（1）城镇开发边界，是城镇建设可以扩张的界线，包括现有建成区和未来城镇建设预留空间。城乡结合部的农村集体建设用地，可纳入城镇开发边界。

（2）基本农田保护红线，是按照一定时期人口和社会经济发展对农产品的需求，依法确定的不得占用、不得开发、需要永久性保护的耕地空间边界。

（3）生态保护红线，是在生态空间范围内具有特殊重要生态功能、必须强制性严格保护的区域，是保障和维护区域生态安全的底线。

“三区”划定，应充分依据和落实上位县（市）相关空间规划的成果，具体可参照表 13.2 执行[②]。

表 13.2　镇域城镇、农业、生态空间分区与划定

分区名称	分区划定
城镇空间	城镇开发边界控制线区域，应划定为城镇空间； 其他与城镇发展密切相关或建设适宜程度高的区域，可结合近、远期内城镇发展建设的需求，按照集中布局的原则，划定为城镇空间
农业空间	永久基本农田控制线区域，应划定为农业空间； 农业适宜程度高，或与农业生产密切相关的农村生活区域，可划定为农业空间
生态空间	生态保护红线控制区域，应划定为生态空间； 天然草原、退耕还林还草区、天然林保护区、生态湿地等，原则上应划定为生态空间； 其他生态功能重要区域和生态环境脆弱区域，可按照生态保护优先原则，划定为生态空间

镇域城镇空间的划定和调整。应适应人口城镇化发展需要，在城镇开发边界控制范围内集中布局城镇建设用地与产业发展用地；在城镇开发边界控制范围之外，宜保留一定比例的交通基础设施用地和农林水域用地，为城镇建设提供支撑和发展预留的空间。

13.4.2　空间管制与城镇开发边界内弹性管理

镇域城镇空间管制。应综合考虑自然条件、资源条件、区位条件、政策因素、人口发展、经济发展等因素，存量挖潜，整合改造，提高现有建设用地对经济社会发展的支撑能力；应优先保障城镇基础设施和公共服务设施用地需求，适度增加产业园区与特色小镇建设项目用地，注意提高城镇空间的土地利用效率；应在较大范围内预留城镇交通和基础设施廊道、生态保障用地、农业保障用地等；同时规划期内任何城镇建设活动不

① 本导则所提出城镇、农业、生态空间的划分，主要依据党的十八届三中五中全会、中央城镇化工作会议、中央关于制定十三五规划的建议、中央生态文明体制改革总体方案等文件中提出“构建以空间规划为基础、以用途管制为主要手段的国土空间开发保护制度，形成全国统一、相互衔接、分级管理的空间规划体系”。

2017 年 1 月，中办、国办印发《省级空间规划试点方案》提出总体要求包括以主体功能区规划为基础，全面摸清并分析国土空间本底条件，划定城镇、农业、生态空间以及生态保护红线、永久基本农田、城镇开发边界（以下称“三区三线”），注重开发强度管控和主要控制线落地，统筹各类空间性规划，编制统一的省级空间规划，为实现“多规合一”、建立健全国土空间开发保护制度积累经验、提供示范。

同时，参考国家发改委正在编制中的《市县空间规划编制技术规程（征求意见稿）》。

② 镇域空间将全域被闭合地划定为城镇空间、农业空间或生态空间，如所在县（市）已编制全域空间规划，则可依据县（市）域的三区划定，在镇域方位内进行细化和落实。

得突破城镇开发边界。

镇域农业空间管制。应强化“点上开发、面上保护”的空间格局；农业空间建设用地供给应主要满足于农业生产和农村生活等的需要，开发强度要有合理控制；应对独立企业、村庄居民点、道路等线性基础设施和其他建设新增用地等开发建设活动进行必要的整合和限制，防止农业空间内的建设用地任意扩大，减少对土地尤其是耕地的占用；规划期内永久基本农田原则上不得调整，如必须调整按规划修改处理，应严格论证并报批。

镇域生态空间管制。应强调生态保护优先，强化点上开发、面上保护的空间格局；生态空间建设用地供给在满足适宜产业发展及散落村庄居民点生产生活需要基础上，应严格控制与生态功能不相符的建设与开发活动，鼓励适度生态移民；规划期内生态保护红线不得调整。

为了提升镇域城镇建设的灵活性与适应性，应在较大范围的刚性城镇开发边界内，实施弹性的开发建设管理方法。

（1）刚性城镇开发边界，首先应避让上位县（市）域规划中划定的各类禁、限建区边界；同时应为城镇化发展预留足够的空间，以容纳镇域人口集聚和产业增长。

（2）弹性城镇开发建设管理，首先应在刚性城镇开发边界范围内，为规划期内建设用地的增长，选择最优的可能及确定最佳发展时序；同时宜对空间增长和建设项目实施的多种可能性进行多情景分析，形成不同的引导性方案，以适应镇域城镇发展建设的变化。

13.4.3　多规融合的用地分类与布局

（1）镇域用地分类，应衔接《城市用地分类与规划建设用地标准（GB50137—2011）》“城乡用地分类”、《土地利用现状分类（GB/T10102—2007）》“全国土地调查分类”等国家及行业相关标准与技术规程要求，并根据所处城镇、农业、生态空间的不同需求，进行不同的土地用途管制与引导。

（2）镇域空间布局规划。应对镇建设用地、村庄建设用地、独立产业用地、独立公共服务设施用地、区域交通设施用地、区域公用设施用地、其他建设用地，以及农林水域等非建设用地等 13 类用地进行布局规划。为适用于多规融合的规划文件编制和用地的统计工作，用地分类应符合表 13.3 的规定。

表 13.3　镇域用地分类

镇域“城乡用地分类”代码及名称	衔接“全国土地调查分类”编码	用地范围
H12 镇区建设用地①	202	非县人民政府所在地镇区建设用地

① 在《城市用地分类与规划建设用地标准（GB50137—2011）》的“城乡用地分类”中，对于“建设用地（H）”大类中的“城乡居民点建设用地（H1）”中类，将其定义为“城市、镇、乡、村庄及独立的建设用地”，其中的小类包括城市建设用地 H11、镇建设用地 H12、乡建设用地 H13、村庄建设用地 H14 等。

本导则依据上述国家标准的定义，基于镇域发展和镇域规划编制的特点，将以上“独立的建设用地”分为“独立产业用地”和“独立公共服务设施用地”两小类，分别设代码为 H15、H16。同时，将“镇建设用地”的名称改为“镇区建设用地”，使之更加符合国标中对于该类用地的定义表述。

续表

镇域“城乡用地分类”代码及名称	衔接“全国土地调查分类”编码	用地范围
H14 村庄建设用地	203	农村居民点的建设用地
H15 独立产业用地	06/05（独立于居民点以外部分）	独立于镇区和村庄居民点之外的镇域工业用地、物流仓储用地及商业服务业设施用地
H16 独立公共服务设施用地	08（独立于居民点以外部分）	独立于镇区和村庄居民点之外的镇域公共服务与公共管理设施用地
H2 区域交通设施用地	101/102/105/106	铁路、公路、港口、机场和管道运输等区域交通运输及其附属设施用地
H3 区域公用设施用地	107/118/086/095	区域性能源设施、水工设施、通信设施、殡葬设施、环卫设施、排水设施等公用设施用地
H6 其他建设用地①	205/204/091/093	以上之外的建设用地，包括边境口岸和风景名胜区、森林公园等的管理及服务设施用地，军事用地与安保用地等特殊用地
E1 水域	111/112/113/114/115/116/117/119	河流、湖泊、水库、坑塘、沟渠、滩涂、冰川及永久积雪，不包括公园绿地及单位内的水域
E21 耕地	011/012/013/122/123/104	水田、水浇地、旱地，以及设施农用地，含田坎、村间田间道路
E22 园地	021/022/023	果园、茶园及其他园地
E23 林地	031/032/033	有林地、灌木林地及其他林地
E24 草地	041/042/043	天然牧草地、人工牧草地及其他草地
E3 其他非建设用地	124/125/126/127	空闲地、盐碱地、沼泽地、沙地、裸地等用地

13.5 镇村居民点建设用地规划

13.5.1 镇村体系规划与镇区建设

镇域镇村体系规划，应在依据上位县（市）域城镇体系规划中确定镇的性质、职能和发展规模的前提下，调研镇村现状和发展条件，分析第一、二、三产业的发展前景，以及劳力和人口的流向趋势，预测镇域规划人口规模和分布，提出镇村建设用地的规模和布局。

镇域总人口规模预测，应通过分析镇域人口构成、历年人口变化情况、镇域综合发展目标，确定合理的自然增长率和机械增长率进行计算与预测②。其中镇区人口规模，除以上位城镇体系规划为依据外，还应根据规划目标的城镇化水平来确定；各村庄人口规模也应在镇域镇村体系规划中进行预测。

构建镇区、中心村、基层村三级镇村体系，确定镇区及各村建设用地规模。

（1）中心村的选择。以服务周边农村、农民和农业为目标，中心村宜选择规模较大、经济实力较强、基础设施和公共服务设施较为完备、能够带动周围村庄建设发展，且服务半径和服务人口数量适宜的村庄。

① 本导则中“其他建设用地（H6）”根据镇域规划编制的工作简化需要，将包括《城市用地分类与规划建设用地标准（GB50137—2011）》的“城乡用地分类”中的“特殊用地（H4）”、“采矿用地（H5）”和“其他建设用地（H6）”。

② 人口计算公式为：$Q=Q_0(1+K)^n+P$，式中，Q 为总人口预测数（人）；Q_0 为总人口现状数（人）；K 为规划期内人口的自然年增长率（%）；P 为规划期内人口的机械增长数；n 为规划期限（年）。

（2）镇区建设用地规模。参考《镇规划标准（GB50188—2007）》提出的人均建设用地标准，注重提升镇区空间综合利用效率、提升镇区公共服务与基础设施的建设标准和服务水平，促进镇域人口和产业向镇建设用地聚集。

（3）村庄建设用地规模。参考上位规划对于村庄人均建设用地指标及村民宅基地面积的相关要求，进行村庄建设用地的规模控制和“中心村-基层村”空间布局。在集约使用村庄建设用地的同时，促进基本公共服务和基础设施向乡村地区延伸和覆盖。

镇区作为镇域城镇化的承载主体和镇村体系的核心，应采取高标准的规划建设指标，体现生态智慧和具有特色的建设要求，以推动小城镇与大中城市、城市群的协同发展，推动与特色产业发展相结合，实现城市规划、基础设施、公共服务设施的城镇一体化。镇区绿色生态、智慧宜居、特色风貌等方面高标准规划建设指引，可参照表 13.4 指标执行。

表 13.4 高标准镇区规划建设参考指标

分类	指标项	指标要求
绿色生态与节能环保①	绿地系统	绿化覆盖率≥35%，人均公共绿地面积≥12m^2
		本地乡土植物使用率≥70%，且未使用有害入侵物种②
	水环境	镇区内自然湖泊河流保持，自然水体总容积未有减少
		水体底部保留自然底泥和生态系统，保持自然透水性
	城镇减排	镇区人均碳排放量与所在市（县、区）平均值之比≤1
		单位 GDP 碳排放量与所在市（县、区）平均值之比≤1
	城镇节能	太阳能/地热/风能/生物质能等可再生能源占比≥15%
		新建执行国家节能标准；既有建筑改造有计划并实施
智慧安全与健康宜居	城镇智慧	固定宽带家庭普及率、移动宽带用户普及率≥100%
	公共安全	提升市政管网线智能化监测管理率、重点污染源检测
	住房保障	保障性住房建设量占申请量的保障覆盖率≥20%
		建成区危房比例≤5%
	环境质量	镇区空气质量优良天数比例≥80%
		镇区达到或好于Ⅲ类水体比例≥100%
		镇区环境噪声平均值≤56dB（A）
	基础设施	满足生活饮用水卫生标准，水源水质水量达标率 100%
		污水管网覆盖率、污水处理率、处理达标排放率 100%
		垃圾收集率、无害化处理率 100%
城市设计与特色风貌③	城镇形态	城镇建成区人均建设用地≤120m^2
	集约紧凑	城镇街道用地适宜，主干路红线宽度宜≤40m
	建筑长度	建筑连续长度超过 12m 时，宜分段进行颜色变化、材质变化、0.6m 以上凹凸变化
	高度变化	多层建筑宜从视觉上形成上层与下层之间的差别区分
	街道立面	沿街或沿人行道立面 70%以上长度上，宜设置出入口、门窗、阳台、廊架、庭院等开放通透的生活性要素
	饰面材质	外饰面材料尽量尊重当地传统，使用当地材料，宜避免大量使用金属、玻璃、塑料、陶瓷等工业化面材
	风貌设计与管理	街道和居住小区无私搭乱建，商业店铺无违规侵占，灯箱、广告、招牌、街灯等设置有序，交通停车规范

① 本条目除标注外，以及其他条目中基础设施、城镇形态等内容，参考 2011 年住建部、财政部、发改委印发《绿色低碳重点小城镇建设评价指标（试行）》。

② 依据清华大学等主编行业标准《绿色小城镇评价标准（征求意见稿）》第 4.5.1 控制项。

③ 相关城市设计与城市风貌指标，参考美国马萨诸塞州、科罗拉多州、香港等地城市设计导则。

13.5.2 生活圈构建与村庄布局调整

三级镇域生活圈构建。根据镇域居民获取各类生活服务所适宜付出的时间和通勤成本，把整个镇域分为由初级生活圈、二级生活圈和镇域生活圈构成的三级生活圈层系统（孙德芳等，2012；罗震东，2010）。

初级生活圈：指镇、村居民点居民日常基本生活、生产所需到达的空间范围，通常是以居民居住地点为中心，出行时间为步行15～45分钟的地域范围，半径范围为0.5～1.5km。基层村宜位于其村庄所有居民的该层次生活圈范围内。

二级生活圈：通常是以镇、村居民点为中心，出行时间为自行车车程15～45分钟的地域范围，半径范围为1.5～4.5km。中心村宜位于其所服务各村庄居民点的该层次生活圈范围内。

镇域生活圈：通常是以镇、村居民点为中心，出行时间为公共汽车车程15～30分钟的地域范围，半径范围为10～20km。镇区宜位于镇域所有镇村居民点的该层次生活圈范围内。

村庄居民点的规划调整。根据镇域城镇化发展的需要，参考镇域生活圈的构建进行镇域镇村居民点的空间布局与调整。村庄居民点规划要尊重现有的乡村格局和脉络，尊重居民点规划与生产资料，以及社会资源之间的依存关系。村庄迁并，不得违反农民意愿、不得影响村民生产生活，要确保村庄整合后村民生产更方便、居住更安全、生活更有保障，还应特别注重保护当地历史文化、宗教信仰、风俗习惯、特色风貌和生态环境等。村庄迁并主要考虑情形包括：

（1）位于城镇近郊区，在相关城市已批准法定规划中确定将被城镇化的村庄；

（2）存在严重自然灾害安全隐患且难以治理的村庄，如位于行洪区、蓄滞洪区、矿产采空区的村庄和受到泥石流、滑坡、崩岩和塌陷等地质灾害威胁且经评估难以治理的村庄；

（3）位置偏远、规模过小，改善人居环境质量和发展产业困难的村庄；

（4）具有历史文化、宗教信仰、风俗习惯特色，应予以保留的村庄等。

13.5.3 公共服务设施配置

（1）镇域公共服务设施的空间布局，宜结合各级镇域生活圈来配置与共建共享。首先根据各个生活圈层中的人口重心，进行各级生活圈层的公共服务中心选址；同时结合镇域公共服务设施配置现状、镇村体系布局，以及各项公共服务设施本身所要求的门槛人口数，在各个生活圈层配置与之对应的公共服务设施项目，各项教育、文体、医疗卫生、社会福利设施的具体配置可参照表13.5。

表 13.5　基于镇域各生活圈层构建的公共设施配置

类别	服务设施	规划建设标准参考①（按生活圈服务范围内服务人口共建共享来配置）	镇区配置	中心村配置	基层村配置
教育科技	职校与职业培训机构	规划用地 2.5～3.2m²/人；提高多媒体普及率、网络学习空间数等	●	○	○
	初中+小学		●	◎	○
	幼儿园或托幼站		●	●	◎
文体娱乐	图书馆、博物馆、体育馆	文化娱乐设施规划用地 0.8～1.1m²/人；体育设施规划用地 0.6～1.0m²/人	◎	○	○
	影剧院、广播电视台（站）		●	◎	○
	社区综合文体活动站		●	●	●
医疗卫生	综合医院及主要专科医院	规划用地 0.6～0.7m²/人；千人床位≥5；提高网络预约及诊疗、电子病历率	◎	○	○
	卫生院、急救站		●	◎	○
	社区综合医疗保健站		●	●	●
社会福利	社会福利院（孤儿、老人、残疾等）	规划用地 0.2～0.3m²/人；设施满足国标《无障碍设计规范》要求	●	◎	○
	社区综合社会服务站		●	●	●
商业金融	百货商超、宾馆旅店	规划用地 3.3～4.4m²/人；提高网上商品零售占比	●	◎	○
	银行、信用社、保险机构		●	◎	○
	集贸市场或综合商服站		●	●	●
行政管理	党政司法等公共管理机构	规划用地 0.8～1.3m²/人	●	○	○
	社区居/村委会		●	●	●

●表示该设施必须配置；◎表示该设施根据所服务生活圈实际门槛人口以及服务半径决定是否配置；○表示该项目可不必配置。

（2）镇区公共服务配置，是镇域城镇化发展和引导人口集聚的核心支撑。应在镇区及城镇空间范围内，集中布局高水平的公共服务设施，宜包括中小学、职业培训和技术服务机构、多功能文体场馆、综合医院、社会福利院、商业服务综合体、公共管理综合体等；设施配置的各种软、硬件标准应与大中城市的相应标准均等化，并应强化与大中城市相关设施的互联共享；同时应规划其所服务镇域生活圈范围内的公交或班（校）车通行线路及站点。

13.6　产业发展与产业园区建设

13.6.1　产业发展定位与分类指引

（1）确定镇域产业发展定位，应了解镇域产业发展现状和社会经济发展基础，并对镇域内现有资源进行分析评价；分析镇域产业发展所受到的区域影响，包括分析镇所在县、市甚至更大范围内的相关产业发展，城市产业转移以及市场需求对该镇产业的影响；分析相邻乡镇产业发展现状与规划及其影响等。

（2）镇域主导产业类型，包括现代制造、商贸物流、旅游服务、现代农业等。镇域

① 镇域共建共享的设施用地配置标准，参照《城市公共设施规划规范》（GB50442—2008）中小城市高标准要求。

产业发展是国家新型城镇化结构调整和产业转移的重要途径之一，应对不同产业类型分别提出产业发展指引。

（3）现代制造业。承接大中城市的产业结构调整和转移，同时依托镇域农副产品及自然资源优势，大力培育或引进其他具有竞争力的特色制造业。以制造业产业园区为平台，将园区企业发展与镇域产业发展协调统一。以工促镇，推动农民城镇化，增加当地居民就业，并向乡村“一村一品”产业发展进行延伸，培育具有镇域品牌特色的现代制造业产业聚群。

（4）商贸物流业。融入国家及所在区域的商贸物流网路布局与专业分工，同时根据镇域主要产品的优势与特色，加强镇域商贸物流业及其基础设施建设。以商贸物流园区为平台，提高商贸物流专业化、一体化服务水平，提高商贸物流科技创新和应用水平，完善应急运行机制，推进区域合作。通过商贸物流业发展，实现村镇产品的快速流通。

（5）旅游服务业。适应城乡居民日益增长的旅游与休闲体验需求，对镇域各类旅游资源进行价值挖掘与保护营造，确定全域旅游发展定位与目标，开展旅游产品策划、旅游空间布局规划、旅游服务系统及相关配套设施规划，以及其中重点项目的规划与建设。通过旅游服务业带动第一、二、三产业联动发展。

13.6.2 产业空间布局与产业园区规划

镇域产业空间布局。应基于镇域产业发展定位和选择，协调镇、村产业发展关系，在空间上合理分配镇村两级的产业用地，以实现资源、基础设施和土地的集约利用；同时合理确定制造业园区、商贸物流园区、旅游发展区、农业生产区、农副产品加工区等产业集中区的空间布局和范围，确定产业聚群、产业走廊或产业片区的空间结构与相互联系。

（1）新型制造业与商贸物流业主要依托现代化产业园区集中布局；

（2）旅游服务业主要结合镇域特色自然与人文景观风区貌布局；

（3）现代农业主要结合特色农产品种植区布局；

（4）其他采矿业、建筑业等产业，依托相关资源所在位置布局。

镇域产业发展应注重产城融合。提高产业园区综合服务和管理能力，统筹产业用地生产区、办公区、生活区、商业区等功能建设，促进产业发展与周边镇、村教育医疗、文体娱乐、商业金融、行政管理等服务设施配置相协调。

镇产业园区用地规模的确定。应依据镇域发展定位、人口与经济发展目标、镇建设用地指标和比例情况、入驻企业性质、就业人口规模以及就业人口中本地劳动力比例等，确定充足且合理的用地规模，推动非农就业，提升镇域城镇化水平。

镇产业园区准入标准设置。宜包括建设开发强度、资源消耗、投资产出强度，以及节能环保等方面，以保证产业建设用地的高效使用以及镇域可持续发展，具体指标设置可参考表 13.6。

表 13.6　镇域产业园区规划建设的参考指标

分类	指标	单位	要求
经济发展	园区工业增加值 3 年年均增长率	%	≥15
	人均工业增加值	万元/人	≥15
资源节约	单位用地面积工业增加值三年年均增长率	%	≥6
	单位工业增加值综合能耗	吨标煤/万元	≤0.5
环境保护	污水、固废（含危险废物）处理率	%	100
	绿化覆盖率	%	≥15
产城融合	园区与城镇之间的公交或步行通勤时间	分钟	≤15
	园区职工在镇区购房率或落户率	%	≥50
	市政设施和公共服务设施共有率	%	≥50

在镇域范围内积极培育特色小镇，统筹全域空间资源、促进产业升级、促进功能聚合、探索体制机制创新，促进美丽人居环境的共同缔造，推动新型城镇化和新农村建设。特色小镇的培育建设指标可参考表 13.7。

表 13.7　特色小镇培育建设的参考指标①

指标	内容
用地规模	项目用地通常规划面积约 $3km^2$，建设面积控制在约 $1km^2$
投资规模	以市场为主导，3 年内完成有效投资 20 亿～50 亿元，引进人才
产业鼓励	鼓励各具特色、富有活力、高度融合的现代制造、教育研发、商贸物流、休闲旅游、传统文化、美丽宜居等类型

13.7　综合交通、公用基础设施与特色保护规划

13.7.1　综 合 交 通

为满足镇域城镇化发展的内外交通运输联系需求，落实各类上位规划高速公路、国道、省道、县道在镇域范围内的选线和出入口位置；同时以实现镇域各村的公路及公交 100%覆盖为目标，明确镇域内部道路线网的体系、布局和等级控制，并进行客运公交线路规划；另外水网地区还应提出镇域水运交通组织方案，明确航道线网的体系、布局和等级控制等。

除交通线网之外，还应确定公交场站、汽车站、火车站、港口码头等交通站场的等级和客货运功能，提出其规划布局和用地规模；确定加油站、停车场等静态交通设施以及批发物流点的规划布局和用地规模。

13.7.2　供水排水与防洪排涝

为满足镇域城镇化发展的生产生活用水需求，以镇域公共供水普及率 100%以上、

① 主要参考了三部委发文，以及浙江等省的相关要求与经验制定。

公共供水水质不低于《城市供水水质标准》要求为目标，预测镇域生产、生活、生态用水总量，合理确定镇域供水方式、水源地选址及水厂规模，严格实施水源地保护以保证供水质量。同时，确定镇域防洪除涝和灌溉排水系统布局，完善农田水利设施。

13.7.3 能源与电力

为满足镇域城镇化发展的能源供给与通信联系需求，以镇域动力电全域100%通达、新能源和可再生能源消费比重逐步提升等为目标，预测镇域能源、电力电信需求，规划变电站、无线基站、广电设施、供热供燃气设施、清洁能源设施等的位置、等级和规模，布局区域性输电网络，以及重点镇区园区双回路供电保障等的选线位置及敷设要求。

13.7.4 电信与信息化

为满足镇域城镇化发展的智慧互联需求，以镇域互联网普及率 100%为目标，规划建设包括有线宽带、无线宽带及三网融合等的信息网络设施，规划建设与大中城市相连接的云计算平台、信息安全服务平台及测试中心等信息共享设施，智能化改造提升交通、水、电、气、热等传统基础设施的感知化与智能化水平。

13.7.5 垃圾污水处理与资源化利用

为保障镇域生产生活的环境质量需求，以城镇空间及产业园区垃圾无害化处理率达到100%、污水及固废处理率达到100%为目标；同时根据当地自然和社会经济条件，确定全域范围合理垃圾和污水处理方式和目标，逐步提高垃圾分类和垃圾资源化利用率，有效治理面源污染。规划垃圾和污水集中处理设施、垃圾中转设施、垃圾资源化利用设施的位置和占地规模，规划镇域内垃圾收集转运线路。

13.7.6 防灾减灾

为保障镇域生产生活的公共安全需求，以中心村生活圈为防灾减灾基本单元，整合各类减灾资源，构建综合防灾减灾与公共安全保障体系，确定在防洪排涝、抗震防风、消防人防、地质灾害防护等方面的设防标准及防灾减灾措施，确定综合防灾避难所、各类防灾设施场站和生命线工程的空间选址与布局。

13.7.7 历史文化与自然景观特色保护

为保障镇域发展过程中的文化传承和特色塑造，开展各类历史文化和自然景观资源的现状调查与价值分析，确定保护目标及其具体保护内容，并应划定核心保护区、一般控制区、协调发展区等不同层次的保护范围，制订不同范围的具体保护管制措施。主要内容可包括山川态势、聚落格局、建筑风貌、古树名木、设施器物，以及非物质文化遗产的空间景观呈现等。

13.8　规划成果要求

（1）镇域规划的规划成果包括文本、图纸和说明书。规划成果应当以书面和电子文件两种形式表达。

（2）镇域规划文本经过法定程序批准具有法律效力，应当规范、简洁、准确、清晰地表达规划意图和对规划内容提出的规定性要求。规划说明书的内容是分析现状、论证规划意图、解释规划文本等，附有重要的基础资料和必要的专题研究报告。

（3）镇域规划图纸内容应与文本一致，规划图纸和内容参照表 13.8 所示。

表 13.8　镇域规划图纸名称和内容

图纸名称	图纸内容
镇域区位图	标明镇域范围及其在区域中所处的位置
镇域现状分析图	标明现状行政区划、村镇分布、土地利用、交通、基础设施、公共服务设施等内容
镇域“三区三线”划定图	划定城镇、农业、生态空间，以及城镇开发边界、基本农田保护红线、生态红线等“三区三线”及其他各类禁、限建区范围
镇域用地布局规划图	标明镇村建设用地、独立产业用地、区域交通和基础设施用地、农林水域用地等各类用地的空间布局和边界范围
镇域镇村体系规划图	标明“镇区-中心村-基层村”的三级镇村居民点布局及三级生活圈构建，标明可能的村庄居民点撤并调整规划
镇域公共服务设施规划图	标明教育、医疗、社会福利、文体娱乐、商业金融等公共服务设施，以及公共管理设施的空间布局及其服务半径覆盖
镇域产业发展规划图	标明镇域产业聚群的整体空间区划与结构，标明产业园区、特色小镇项目、村集体产业用地的空间布局规划
镇域综合交通规划图	标明镇域公路、铁路、航道等的等级、线路及其网络体系，标明镇域交通场站和设施的布局和用地范围
镇域公用基础设施规划图①	标明镇域供水排水、能源与电力电信、环卫工程、防灾减灾等设施或线路走廊的位置和用地范围
镇域历史文化保护和景观规划图	标明镇域自然保护区、风景名胜区、历史文化名镇名村、传统村落、历史文化街区、文物保护单位等的保护和控制范围；明确镇域特色景观资源的空间布局和结构规划

13.9　规划管理与实施

（1）镇域规划由镇人民政府负责组织编制。承担编制镇域规划任务的单位或技术人员，应当满足国家相关规定的资格要求。

① 区域性基础设施的名称采用了国标城乡（区域性）用地分类的名称“公用基础设施”（U，美标 utilities），不同于建成区内的“市政基础设施”的名称（municipal infrastructure）。

（2）镇域规划成果报送审批前应当依法将规划草案予以公告，并采取座谈会、论证会等多种形式广泛征求社会公众和有关专家的意见。公告的时间不得少于 30 日。对有关意见的采纳结果应当公布。

（3）镇域规划成果经镇人民代表大会审查同意后，由镇人民政府报上一级人民政府批准。

（4）镇域规划成果批准后，镇人民政府应按法定程序向公众公布、展示规划成果，并接受公众对规划实施的监督。

（5）镇域规划根据当地经济社会发展需要确需调整的，由镇人民政府提出调整报告，经批准机关同级的建设（规划）主管部门认定后方可组织调整。调整后的规划成果，按前款规定的程序报原批准机关批准并公示。

（6）镇域规划成果经批准后，建议形成配套的规划实施管理条文。

第 14 章　乡域规划编制技术导则

14.1　总　　则

（1）为了加快推进国家新型城镇化和农村现代化进程，依据《城乡规划法》《土地管理法》《环境保护法》《农业法》《草原法》《林业法》《水法》《村民自治法》及相关法律、行政法规、地方性法规、规范和技术标准等制定本导则。

（2）乡域规划由乡人民政府组织编制，是县级空间规划的延伸，应与县、乡两级政府的国民经济和社会发展规划相衔接，统筹城乡建设、土地利用、生态环境、历史文化、景观特色、服务设施和保障设施等空间要素编制规划，建立统一的空间规划信息平台，提升乡村地区资源优化和社会治理能力。

14.2　术　　语

（1）乡（township）：按国家行政建制设立的乡、民族乡、苏木。

（2）乡域（township administrative area）：乡人民政府行政管辖的地域。

（3）乡政府驻地（township-seat）：乡人民政府所在的建成区和规划建设发展区，一般为全乡的政治、经济、文化和生产、生活服务中心。

（4）中心村（central village）：乡域范围内，人口较多、建村时间较长、公共服务设施配套齐全，对周边行政村、自然村具有服务和辐射功能的村庄。中心村服务功能一般为历史形成，其确立一般需经乡政府指定。

14.3　规划原则与目标

（1）乡域规划是《城乡规划法》规定的乡规划的组成部分，规划范围为乡行政辖区，规划期限根据地方实际情况设定，一般近期 3～5 年，中期 5～10 年，远期 15～20 年。

（2）乡域规划在现状调查基础上展开。现状调查包括乡域自然和环境、资源禀赋、开发过程、社会经济发展水平、土地利用，以及农业生产与农民生活服务设施、农村建设等，应充分了解乡政府、村集体和农民的发展意愿。

（3）乡域规划编制原则为：因地制宜，统筹全域；保护生态本底，重视农业生产；尊重农民意愿，强化公众参与；突出乡村特点，彰显地域特色。乡域规划编制也应符合我国地域环境复杂、地区差异巨大、乡村类型多样、文化景观丰富的客观实际，满足农村可持续发展和农民生活不断改善的基本需求。

（4）乡域规划编制应落实“多规合一”理念，统筹乡域山、水、林、田、路、村要素，保障国家“粮食安全”和“生态安全”，破解农业、农民和农村“三农问题”，实现建设山清水秀、生态宜居、农业发达、农村繁荣、农民富足、乡风文明的“美丽中国”乡村发展和建设目标。

14.4 用地分类与调查

（1）依据实用性与科学性原则，并与现行《土地利用现状分类标准》和《城市用地分类与规划建设用地标准》充分衔接，确定乡域用地分类（表 14.1）。

表 14.1 乡域用地分类和代码

类别代码			类别名称	内容
大类	中类	小类		
H			建设用地	包括乡村居民点建设用地、区域交通设施用地、区域公用设施用地、特殊用地、采矿用地及其他建设用地等
	H1		乡村居民点建设用地	乡、村庄建设用地
		H13	乡建设用地	乡人民政府所在集镇或村庄的建设用地，承载居住、公共管理与公共服务、商业服务、农产品加工、仓储物流等功能
		H14	村庄建设用地	乡人民政府驻地之外的村庄的建设用地，承载居住、小型商业服务、农副产品初加工等功能
	H2		设施建设用地	包括区域交通设施用地、区域公用设施用地、各类特殊用地及采矿用地
		H21	区域交通设施用地	铁路、公路、港口、机场用地和管道运输用地
		H22	区域公用设施用地	为区域服务的公用设施用地，包括区域性能源设施、水工设施、通信设施、广播电视设施、殡葬设施、环卫设施、排水设施等用地
		H23	特殊用地	军事用地、安保用地等特殊性质的用地
		H24	采矿用地	采矿、采石、采沙、砖瓦窑等地面生产用地，排土及尾矿堆放地
	H3		其他建设用地	除以上之外的建设用地，包括边境口岸和风景名胜区、森林公园等的管理及服务设施等用地
E			农业与自然用地	水域、农林与自然生态用地
	E1		水域	河流、湖泊、水库、坑塘、沟渠、滩涂、冰川及永久积雪，不包括公园绿地及单位内的水域
		E11	自然水域	河流、湖泊、滩涂、冰川及永久积雪
		E12	水库	人工拦截汇集而成的总库容不小于 10 万 m^3的水库正常蓄水位岸线所围成的水面
		E13	坑塘沟渠	蓄水量小于 10 万 m^3的坑塘水面和人工修建用于引、排、灌的渠道
	E2		农林用地	耕地、园地、林地、牧草地、设施农用地、田坎、农村道路等用地
		E21	耕地	指种植农作物的土地，包括熟地，新开发、复垦、整理地，休闲地（含轮歇地、休耕地）；以种植农作物（含蔬菜）为主，间有零星果树、桑树或其他树木的土地；平均每年能保证收获一季的已垦滩地和海涂。耕地中包括南方宽度＜1.0m，北方宽度＜2.0m 固定的沟、渠、路和地坎（埂）；临时种植药材、草皮、花卉、苗木等的耕地，临时种植果树、茶树和林木且耕作层未破坏的耕地，以及其他临时改变用途的耕地
		E22	园地	指种植以采集果、叶、根、茎、汁等为主的集约经营的多年生木本和草本作物，覆盖度大于 50%或每亩株数大于合理株数 70%的土地。包括用于育苗的土地

续表

类别代码			类别名称	内容
大类	中类	小类		
E	E2	E23	林地	指成片生长乔木、竹类、灌木，以及沿海生长红树林的土地，不包括乡集镇、村庄范围内的绿化用地，铁路、公路征地范围内的林木，以及河流、沟渠的护堤林
		E24	草地	指生长草本植物为主的土地
		E25	设施农用地	指直接用于经营性畜禽养殖生产的设施及附属设施用地；直接用于作物栽培或水产养殖等农产品生产的设施及附属设施用地；直接用于设施农业项目辅助生产的设施用地；晾晒场、粮食果品烘干设施、粮食和农资临时存放场所、大型农机具临时存放场所等规模化粮食生产所必需的配套设施用地
		E26	田坎	指梯田及梯状坡地耕地中，主要用于拦蓄水和护坡，南方宽度≥1.0m、北方宽度≥2.0m 的地坎
		E27	农村道路	在农村范围内，南方宽度≥1.0m、≤8m，北方宽度≥2.0m、≤8m，用于村间、田间交通运输，并在国家公路网络体系之外，以服务于农村农业生产为主要用途的道路（含机耕道）
	E3		自然生态用地	具有自然、生态、绿化功能，不用于农业和开发建设的用地，包括天然林保护区、生态湿地、自然水域，以及空闲地、盐碱地、沼泽地、沙地、裸地等用地

（2）利用国土部门土地利用现状调查成果和地理国情普查、遥感监测数据、地形图等空间数据，结合现场踏勘与实地调研，划定乡域内各类用地性质和边界。

（3）乡域规划可以乡级《土地利用总体规划》为基础，若因村庄调整、产业发展、基础设施和社会服务实施配置等空间布局要素发生较大变化，应通过部门间的协同工作机制统筹处理。

14.5 空间管制

空间划定与管控。依据省级主体功能区规划和县级“三区三线”空间规划管控要求，面向国家“粮食安全”和“生态安全”问题，将乡域划分为农业空间与生态空间，划定乡域永久基本农田保护红线和生态保护红线，实行必要的空间和用地用途管制措施。空间管控区、保护红线一经划定，规划期内不得调整；如确需调整，应按规划修编程序执行。

14.5.1 农业空间

（1）农业空间划定。乡域地区主要是农业空间，是承载农产品生产、开展土地整理复垦和基本农田建设，以及保障农民生活、促进乡土文化传承等活动的主要区域，可进一步细分为农业生产区与农民生活区。

（2）农业生产区。由基本农田、一般农田、设施农业区、林牧区、渔业区及郊区的体验农场、观光采摘园和田园综合体等组成。应按照农业生产和农业科技、农业机械发展要求，进行农业发展、土地利用、农地整理、农田水利、机耕路网、设施农业、农副产品储运等规划布局。应积极推进农村电商、创意农业、休闲农业、乡村旅游发展，促进第一、二、三产业融合发展。

（3）农民生活区。由乡政府驻地、村庄居民点等组成。我国是传统农业大国和农业强国，乡村聚落体系形成发展历史悠久。应依据农民耕作半径和基层生活圈组织，引导农村居民点适度集中集聚发展，重视地域文化和乡村特色保护，在尊重农民意愿的基础上实行自然村适度撤并，按照现代化、信息化、城镇化的发展趋势规划建设农村居民点体系，优先满足乡集镇建设的基本公共服务用地需求，适当缩减农民宅基地和非涉农产业用地规模。

14.5.2 生态空间

（1）生态空间组成。生态空间是指不承担生产功能，主要担负生态服务、生态系统维护，以及自然环境供给功能的地域空间，主要由天然林保护区、生态湿地、自然水域、非畜牧草场，以及空闲地、盐碱地、沼泽地、沙地、裸地等组成。

（2）生态空间划定。生态空间整体以保护为主，可进一步细分为生态保护红线区和生态保护缓冲区。生态保护缓冲区应尽量减少该区内人类活动，严禁新建农村居民点，现有人口逐步迁出，禁止毁林开垦耕地，区内耕地、园地、农村居民点用地逐步通过生态补偿等形式转为生态公益林。

（3）生态空间利用。在生态环境承载力允许的条件下，可合理开发利用自然环境优美、旅游资源集中、具备游览条件的生态空间，建设服务科考与公众休闲等的自然保护区、风景名胜区、森林公园、湿地公园与地质公园等。进一步完善天然林保护、草原保护、湿地保护制度，省级及以上自然保护区、森林公园、风景名胜区、饮用水水源保护区、湿地公园、地质公园、文化自然遗产、生态公益林等生态保护红线类型，严格按照相关法律法规及管理规定执行。

14.5.3 永久基本农田保护红线

（1）永久基本农田保护红线划定。为确保国家粮食安全，在国家基本农田保护区的基础上，在水、土、光照和气温等自然地理要素和农产品生产传统和市场优势基础上，进一步优先划定永久基本农田保护红线。永久基本农田保护红线一经划定，任何单位和个人不得擅自占用或改变用途。

（2）加强永久基本农田保护区建设。按照农产品生产要求和基本规律，在永久基本农田保护区和整备区开展高标准农田建设和土地整治，推进永久基本农田保护区内的电气化、机械化、信息化、管理精细化和农业现代化，满足农副产品生产、收获、储藏、初级加工和运输的各项要求。加大财政投入，整合涉农资金，吸引社会投资，对农村集体经济组织、农民管护、改良和建设永久基本农田进行补贴。

（3）科学适度调整基本农田区。逐步将坡度 25°以上不适宜耕种、且有损生态的陡坡地退出基本农田。重金属土壤严重污染、地下水严重超采、农业生产效率极度地下的地区，逐步退出耕地用途管制，退耕还林还牧。通过经济、行政等手段禁止任何单位和个人闲置或荒芜基本农田。

14.5.4　生态保护红线

（1）生态保护红线划定。按照环境保护和林业部门基础数据，划定生态保护红线和饮用水资源保护区。

（2）强化生态保护红线区保护。按照生态学原理，生态保护红线区进一步细分为生态保护核心区、生态保护试验区和生态保护缓冲区。生态保护核心区禁止一切人类活动；生态保护试验区少量布局保护生态要素的基础设施和服务设施；生态保护缓冲区实施保护与开发利用，任何开发建设活动不得破坏珍稀野生动植物的重要栖息地，不得阻碍野生动物的迁徙通道。

（3）加强饮用水资源保护区保护。在地广人稀或没有实施统一供水的乡域，要划定饮用水资源保护区，清理河道、连接沟渠池塘，恢复自然、人工水系和河湖湿地，采用生物工程与技术方法对遭受破坏的生态环境进行生态修复，逐步恢复生态系统的结构和服务功能。按照国家水源地保护标准，设立取水口保护区。

（4）设立永久不开发区。利用生态空间需尽可能维护好自然生态原貌和植被丰富度，保持生物多样性，确有必要设立永久不开发区。对不宜进行开发利用的沙漠、裸地、戈壁、沼泽、荒漠、盐碱地等，应保留和保持其原生状态。对风沙危害严重、废弃矿区与水土生态脆弱等地区，加强风险预测、预防和监控工作，开展综合治理，实现环境和生态整体恢复。

14.5.5　用 途 管 制

农业空间用途管制。土地主导用途为农业空间的，应以开展土地整理、复垦开发和基本农田建设为主，严格限制独立产业、农村居民点新增建设，控制道路等线性基础设施和其他建设新增用地。

（1）开发建设强度控制。农业空间比例 50%以下的地区，开发强度应控制在 10%以下；农业空间比例 50%以上的地区，开发强度应控制在 15%以下。强化点上开发、面上保护的空间格局。农业生产配套设施的开发建设活动应进行必要限制，防止区域内的建设用地任意扩大。具体农业空间土地利用类型按照表 14.2 实行严格的空间管控。

（2）交通和水系廊道生态保护。交通绿带廊道控制单侧绿带宽度 30m 以上，严格限制各类建设活动对绿带廊道的侵占。禁止侵占水域和改变河道自然形态，沿主要河流水系建设绿带廊道，廊道宽度应控制在单侧 30m 以上。禁止新建、扩建、改建与供水、水电设施和农业生产、湿地保护无关的建设项目。除防洪、供水工程、通航需求等必需的护岸外，禁止非生态型河湖堤岸改造。

表 14.2 农业空间用途管制具体规定

分类	管控要求
耕地	永久基本农田红线区一经划定，不得擅自占用和改变，严格按照《基本农田保护条例》执行，禁止任何单位和个人占用基本农田发展林果业和挖塘养鱼。加大永久基本农田土地整理力度，完善农业配套设施，改善农业发展基础条件，建设高产稳产永久基本农田； 非农业建设必须节约使用土地，可以利用荒地的，不得占用耕地；可以利用劣地的，不得占用好地。非农建设占用耕地，应按照法定程序进行规划修改，严格农用地转为建设用地的审批管理。乡人民政府可以要求占用耕地的单位将所占用耕地耕作层的土壤用于新开垦耕地、劣质地或者其他耕地的土壤改良。禁止占用耕地建窑、建坟或者擅自在耕地上建房、挖砂、采石、采矿、取土等； 禁止任何单位和个人闲置、荒芜耕地。已经办理审批手续的非农业建设占用耕地的，一年内不用而又可以耕种并收获的，应当由原耕种该幅耕地的集体或者个人恢复耕种，也可以由用地单位组织耕种；一年以上未动工建设的，应当按照地方政府的规定缴纳闲置费；连续两年未使用的，经原批准机关批准，由县级以上人民政府无偿收回用地单位的土地使用权； 不得破坏、污染耕地。因挖损、塌陷、压占等造成耕地破坏，用地单位和个人应当按照国家有关规定负责复垦。没有条件复垦或者复垦不符合要求的，应当缴纳土地复垦费，专项用于土地复垦。复垦的土地应当优先用于农业
园地	加强对园地的管理，不得破坏、污染和荒芜园地；因灾毁坏的园地应进行复垦或还林、还草； 园地内开展观光旅游等活动的道路应尽可能采用三合土、砖、石等路面。林下生态养殖应保持合理的容量
其他农用地	工程建设占用农业灌溉水源、灌排工程设施，或者对原有灌溉用水、供水水源有不利影响的，建设单位应当采取相应的补救措施，造成损失的，依法给予补偿
水域	禁止在江河、湖泊、水库、运河、渠道内弃置、堆放阻碍行洪的物体和种植阻碍行洪的林木及高秆作物。禁止在河道管理范围内建设妨碍行洪的建筑物、构筑物，以及从事影响河势稳定、危害河岸堤防安全和其他妨碍河道行洪的活动； 在河道管理范围内建设桥梁、码头和其他拦河、跨河、临河建筑物、构筑物，铺设跨河管道、电缆，应当符合国家规定的防洪标准和相关技术要求，工程建设方案应当依照防洪法的有关规定报经县级以上水行政主管部门审查同意； 严格执行河道采砂许可制度，在影响河势稳定或者危及堤防安全的河道管理范围内不得采砂，县级以上人民政府水行政主管部门应当划定禁采区和规定禁采期，并予以公告，乡人民政府应当实施有效的监管； 严格禁止围湖造地、围垦河道。已经围垦的，应当按照国家规定的防洪标准有计划地退地还湖。确需围垦的，应当经过科学论证
乡、村居民点用地	农村村民一户只能拥有一处宅基地，其宅基地的面积不得超过所在省（自治区、直辖市）规定的标准。一户多宅的应建立激励性与强制性并行的退出机制； 农村村民建住宅应尽量使用原有的宅基地和村内空闲地，历史文化民村和传统村落除外。村庄迁并退出的建设用地指标可在县级以上人民政府规定的平台进行交易，逐步恢复和改造为农用地或配套产业用地
新兴业态设施用地	新兴业态设施选址应选择建设与发展条件良好，可集中开发建设的区域，或者符合安全要求，适合乡村第二、三产业发展的少量分散建设区域； 应优先利用现有低效、闲置和废弃地。严格控制独立产业建设用地指标，必须使用新增建设用地指标的，要严格执行规划的土地投资强度和土地产出效率等用地准入门槛，达不到节约集约用地要求的，不得安排供地； 规划中未列明、或虽已列明但未安排用地布局的建设项目，须由规划县级规划建设管理部门组织开展项目选址和用地的专家论证，论证通过后方可审批

（3）生态空间用途管制。土地主导功能为生态空间的，应以保护为主，严格控制开发建设活动，鼓励人口适度迁出，严格管控区域内的建设用地规模和污染物排放总量。生态空间比例 50%以下的乡域，开发强度应控制在 1%以下；生态空间比例 50%以上的地区，开发强度应控制在 0.5%以下。具体生态空间土地利用类型按照表 14.3 实行严格的空间管控。

表 14.3　生态空间用途管制具体规定

分类	管制要求
林地	严格控制林地转为建设用地和其他农用地，禁止各类项目占用 I 级保护林地。严格控制各类建设行为占用水土保护林、水源涵养林及其他各种防护林用地，加强有林地的管理，严禁乱砍滥伐，严禁毁林开荒。建设工程必须征用、占用林地的，需按法定程序进行报批，并依法办理占用林地审批手续； 严格保护公益林地，应严格控制各类开发建设项目占用生态公益林，生态公益林地占用征收要征得原公益林批准机关同意。同时，为确保生态公益林面积不因占用征收而减少，凡依法经批准的占用征收生态公益林地，必须按照等量置换的原则，实行占补平衡，补划生态公益林的地块要落实明确空间边界； 不得占用林地进行采石、挖沙、取土等活动。禁止在幼林地和特种用途林内砍柴、放牧； 采伐森林和林木及林下种养必须遵守《森林法》的相关规定
牧草地	重点针对牧草地的基本草原类型进行管控。基本草原包括重要放牧场、割草地；用于畜牧业生产的人工草地、退耕还草地，以及改良草地、草种基地；对调节气候、涵养水源、保持水土、防风固沙具有特殊作用的草原；作为国家重点保护野生动植物生存环境的草原；草原科研、教学试验基地；国务院规定应当划为基本草原的其他草原； 禁止毁坏草原开垦耕地。对水土流失严重、有沙化趋势、需要改善生态环境的已垦草原，并有计划、有步骤地退耕还草；已造成沙化、盐碱化、石漠化的，应当限期治理。严重退化、沙化、盐碱化、石漠化的草原和生态脆弱区的草原应实行禁牧、休牧制度； 进行矿藏开采和工程建设，应当不占或者少占草原；确需征收、征用或者使用草原的，必须经省级以上人民政府草原行政主管部门审核同意后，依照有关土地管理的法律、行政法规办理建设用地审批手续； 在草原上修建直接为草原保护和畜牧业生产服务的工程设施，需要使用草原的，由县级以上人民政府草原行政主管部门批准；修筑其他工程，需要将草原转为非畜牧业生产用地的，必须依法办理建设用地审批手续
旅游设施用地	规划风景名胜设施用地应符合自然保护区、森林公园、湿地公园、风景名胜区、地质公园、湿地公园等相关总体规划布局安排。按照旅游资源开发建设要求控制建筑体量和景观

14.6　乡村发展

14.6.1　农地整理

（1）落实土地利用总体规划、土地整治规划等确定的农田改造指标和要求，优化农用地布局，积极推进土地复垦和土地生态整治，通过田、水、路、林、山的综合整治，对乡域内未合理化、经济化利用的碎片农地进行用地边界调整，依据《高标准农田建设通则》配套农田基础设施，改造中低产田，增加耕地面积，改善耕地质量，提高农业综合生产能力。

（2）按照集中连片、旱涝保收、稳产高产、生态友好的要求，推进建设田地平整肥沃、水利设施完善、田间道路畅通、科技先进适用、优质高产高效的高标准农田。

（3）以主体功能区规划和优势农产品布局规划为依据，对接相关上位规划，根据辖区内土地利用、农业发展、城乡建设等相关特点，按照表 14.4 确定的标准划定粮食生产功能区和重要农产品生产保护区，科学建设，严格管护，稳定粮食和重要农产品种植面积，确保国家粮食安全。

表 14.4 粮食生产功能区和重要农产品生产保护区划定

两区	主要作物对象	两区划定要求
粮食生产功能区	稻谷、小麦、玉米	水土资源条件较好，坡度在15°以下的永久基本农田； 相对集中连片，原则上平原地区连片面积不低于 500 亩，丘陵地区连片面积不低于 50 亩； 农田灌排工程等农业基础设施比较完备，生态环境良好，未列入退耕还林还草、还湖还湿、耕地休耕试点等范围； 具有粮食和重要农产品种植传统，近三年播种面积基本稳定的农田； 天然橡胶生产保护区划定的条件：风寒侵袭少、海拔低于900m 的宜胶地块
重要农产品生产保护区	大豆、棉花、油菜子、糖料蔗、茶叶、天然橡胶等	

14.6.2 农业发展

（1）分析乡域农业发展现状，明确农业产业结构，以发展现代化大农业为目标，因地制宜推进大田农业、设施农业、生态循环农业、现代林业和现代化养殖业等的建设，确定种养殖品种、规模与方式，提出农业产业空间布局方案与农业发展引导措施（表 14.5）。

表 14.5 乡域农业分类发展指引

类型	主要特点	主要内容	技术要点
大田农业	以农业种植业为主导产业，主要分布在平原及丘陵地区	以基本农田保护为核心，优化土地经营方式； 实施土地整理，完善农业生产基础设施	大田农业种植应扬长避短，因地制宜； 巩固传统作物种植，扩大特色作物种植，推进市场前景好的作物种植，构建种植—加工—销售产业链； 完善道路、机井、沟渠、节水灌溉、护坡防护林等农田和农业配套设施建设
设施农业	通过现代设施实现部分人工控制环境的种植业	明确连栋温室、节能日光温室、塑料大棚，以及中小拱棚等设施规模及布局； 提出作业机械装备及智能化环境控制装备水平； 完善设施农业技术推广体系	设施农用地分为生产设施用地、附属设施用地以及配套设施用地三类； 合理控制附属设施和配套设施用地规模，引导设施建设合理选址，鼓励集中兴建农业服务设施
生态循环农业	以资源节约、环境友好为目标，以低投入、低消耗、低排放及高效率为特征的生态循环农业生产	以生态农业和现代农业技术为基础，对已有农业产业进行改造和升级； 调整和优化农业生态系统结构和布局，最大限度地利用农业生物资源	因地制宜，积极推广猪－沼－菜、鱼－桑－鸡等多种生态循环农业模式； 控制农业用水总量，减少化肥、农药用量，加强农作物病虫害绿色防控； 基本实现畜禽粪便和秸秆的资源化利用，及废弃农膜的有效回收处理
现代林业	以生态林、商品林、林下经济为主导产业	合理利用森林资源，注重保护风景名胜资源和培育休闲旅游产业； 加强林区生态保护，实施退耕还林	加强林、农、牧结合，发展林下种植、养殖立体生态系统； 林业与工业、农业和交通运输业在生产和地区上的密切联系，使林产品加工工业接近原料基地和消费基地； 山区和少数民族地区林业应与地区经济结合，缩小地区经济差异
现代化养殖业	以畜禽、水产养殖业为主导产业	实施退耕还草和水土保持工程，调整农牧结构； 以草定畜，科学利用，合理布局养殖基地，注重养殖与加工、流通体系衔接； 合理布局水产品养殖基地，注重水产养殖与加工、流通体系衔接； 加强污染治理和防病防疫，严格保护村庄和生态环境	明确畜禽、水产养殖生产设施用地规模和布局，合理确定附属设施用地，严格控制配套设施用地，鼓励集中布局； 合理选址，尽量利用荒山荒坡、滩涂等未利用地和低效闲置土地，禁止占用基本农田； 水产养殖业要注重岸线生态及景观保护，减少人工构筑物和设施； 控制畜禽、水产养殖业产生的废水、废渣及恶臭对环境的污染

（2）鼓励发挥地域优势创建特色农产品优势区，确立乡域主导产业和村庄重点产品，明确专业乡和专业村的建设标准与内容（表 14.6）。强化品牌意识，推行规模化、标准化生产，加大对龙头企业扶持力度，促进新型农业经营主体参与乡村建设，构建一村一品、一乡一业的特色化农业生产格局。

表 14.6　专业乡与专业村基本标准与规划指引

类型	基本标准	规划引导
专业乡	主导产业收入占全乡农业经济总收入 30%以上； 从事主导产业生产经营活动的农户数占专业乡农户总数 30%以上	确立一批资源优势明显、地方特色突出、科技含量高的种养示范基地和专业村； 明确有特色、有规模、有竞争力的支柱产业； 培育市场占有率高、科技含量高、产品附加值高，并通过“三品”认证的名优产品； 培育辐射面广、带动力强的龙头企业； 成立自愿组合、互助互利的农村合作经济组织
专业村	主导产业收入占全村农业经济总收入 60%以上； 从事主导产业生产经营活动的农户数占专业村农户总数的 60%以上	确立主导产业，加强规模化、标准化、集约化生产； 培育优良品牌； 成立运行规范的农民专业合作社，作为“一村一品”建设的市场主体； 培养农民致富带头人，发挥村干部、种植（养殖）大户、农民技术骨干的带动效应

（3）积极培育新型农业经营主体，加快形成以农户家庭经营为基础，合作与联合为纽带，农业生产服务为支撑的现代农业经营体系。鼓励农民按照依法、自愿、有偿原则合理流转土地经营权，支持农民以土地、林权、资金、劳动、技术、产品为纽带，开展多种形式的合作与联合，发展规模适度的农户家庭农场和种养大户，有效提升土地规模经营水平。大力发展农机作业、统防统治、集中育秧、加工储存等生产性服务组织。

14.6.3　产 业 融 合

促进六次产业融合发展。推进乡村经济的三产融合与农村循环经济建设，延伸农业上下游产业链，强化农产品加工、乡村旅游业、乡村物流业等六次产业的融合发展与建设，实现种养加工、产供销、农工贸、农工商、农科教等多种产业形式的一体化发展，优化乡域产业结构。

促进二次产业融合发展。分析农产品加工业的发展趋势及总量规模，明确农产品加工业区（点）的选址与布局。农产品初加工区（点）应接近原料产地，运输便利，方便就业，一般分为集中布局和分散选点两种空间布局形式。农产品精深加工区（点）选址与布局应向优势产区、园区和关键物流节点集中，实现污染的有效控制。分散选址一般为简易加工和冷藏处理，应完善农产品冷链物流体系建设，确定各级物流网点的数量、位置与规模，促进储运加工布局与市场流通体系有机衔接。

加快三产融合发展。着力培育农民合作社、家庭农场、农业企业、乡村民宿、农村电商等新型经营主体，促进农村形成跨业界、跨领域的融合发展新业态，主要有互联网+现代农业和乡村休闲旅游两种模式。

（1）互联网+现代农业模式。互联网做为促进农产品供给与需求有效对接的平台成为产业模式推进的关键环节。应大力推进农村宽带进村，建设服务平台，完善乡域物流、金融、仓储体系，分级分区设置农产品电商平台和乡村电商服务站点，实施快递下乡工程；

（2）乡村休闲旅游模式。深入挖掘乡村旅游资源，丰富乡村旅游产品，改善乡村旅游服务设施，合理组织旅游路线与景点。加强农业、林业与休闲旅游、教育文化、健康养生等产业的融合，建设观光农业、体验农业、创意农业等新业态（表 14.7）。

表 14.7 乡村旅游类型与规划指引

类型	一般特征	规划指引
民宿型（农家乐）	依托大农业生产活动，利用空闲自建农房提供旅客住宿接待，以家庭副业方式经营相关休闲体验项目	按照当地景观特色和建筑体量的要求，利用原有宅基地进行改造。完善旅游道路、停车场，增加接待服务设施
庄园型	一般为企业或个人开发的度假村性质的旅游产品，融合采摘、餐饮、度假、娱乐、健身等多种活动，有较大的接待容量，如农庄、酒庄、水庄、山庄等	突出文化亮点，配备高素质服务。积极推进低碳环保理念，控制建筑体量和高度，减少对自然环境的影响
古村落型	依托具有显著时代和地域特色的古村落，是乡村文化遗产的重要组成部分，在自然资源或历史文化等方面具有一定吸引力	提高可进入性，配套相关服务及安全保障设施。保护非物质文化遗产，实现共同治理。创新产权制度，引进社会资本
景区型	利用优良自然生态景观周围地区与农业特色生产景观保护区等，融合开发的度假型地产	严格遵循空间管制要求，控制建筑体量和高度，减少对自然环境的冲击，避免对景观资源的破坏。建立度假型地产与农业旅游景区连接的绿色通道，加强环境污染管控
农业会展型	一般由政府相关部门与民间组织联合举办，可形成区域品牌。会展以采摘、研发、加工、物流、贸易等大农业产业链发展为基础，紧密联系当地风俗文化，推进乡村特色产业拓展	依托农业产业基础和科技优势，展示当地现代农业发展成就。应融入丰富的农耕、自然文化元素，形成从文化上诠释农业经济的展会，如脐橙节、桃花节、农交会等

（3）推进田园综合体建设。优先选择农村特色优势产业基础较好、区位条件较为优越、农民合作组织比较健全、基础设施较为完备、规模经营较为显著的乡村和产业，按照田园综合体发展路径进行统筹开发。以农业增效、农民增收、农村增绿为目标，以田园生产、生活和景观为核心要素，以自然村落、特色片区为开发单元，集现代农业、休闲旅游和田园社区等多产业多功能于一体，建设田园综合体。按照政府引导、企业参与、市场化运作的原则，创新田园综合体建设模式、管理方式和服务手段。通过土地流转、股份合作、代耕代种及土地托管等方式，构建企业、合作社和农民利益联结机制，确保田园综合体建设过程中的农民充分参与和受益。田园综合体建设应以保护耕地为前提，突出农业特色，优化田园景观资源，推进农业生产与休闲旅游、文化创意、康体养生和科普教育等产业的深度融合，提高农业综合效益和现代化水平。

（4）促进田园社区建设。加强通信、供电、污水垃圾处理、游客集散等服务设施与功能的配套建设，满足原住民、新住民和游客的综合需求。

14.7 乡 村 建 设

14.7.1 村 庄 布 局

依据因地制宜、保障安全、满足生产、便利生活、兼顾长远、居民自愿的原则，确定“乡政府驻地—中心村—基层村”等分层级村庄结构体系。强化乡政府驻地对乡域的综合服务职能，合理配置农民生活服务设施和农业生产服务设施，满足乡域内居民日常生活和产业健康发展的综合公共服务需求。充分考虑人口规模、交通条件、发展潜力、经济基础、公共服务和市政基础设施等条件，将能够服务带动周边村的农业、农村和农民发展的重要行政村确定为中心村。

依据管控空间分区、产业发展需求、未来发展趋势等要求确定村庄发展类型（表 14.8），明确不同类型村庄用地调整的原则、方法和步骤。

表 14.8　村庄发展类型划分

村庄类型	村庄特点
保留发展型	人口保持增长、规模较大、基础较好、有发展潜力和发展余地村庄。部分保留发展村庄有较大扩建空间的，可成为其他迁并村庄的接纳地
保留控制型	有发展潜力，但无发展余地的村庄；有一定基础，发展潜力虽不大，但不宜撤并的村庄；在产业、文化、自然风貌等方面具有特色的村庄
搬迁型	因人口锐减、灾害隐患严重、发展基础差、生产力水平低、持续衰落而无发展潜力、集镇和中心村附近、纳入生态红线区、有搬迁意愿等原因需要搬迁的村庄
新建型	由于居民安置、涉农企业发展等需要新建的村庄

（1）迁并型村庄应遵循如下原则：尊重大多数村民意愿，确保村庄整合后村民生产更方便、居住更安全、生活更有保障；尊重乡村原有空间格局、地域脉络，以及居民点与生产资料、社会资源之间的依存关系；尊重当地历史文化、宗教信仰、风俗习惯、特色风貌和生态环境。村庄迁并应采用渐进式实施方式，逐步提高居民点的聚集度。对涉及迁并的村庄提出相应的人口流动与转移措施，对乡村搬迁遗留的居住与产业类建设用地，应尽快进行土地复垦或生态恢复整治。

（2）保护型村落应遵循原真性、整体性、可读性原则，实施分类、分区及整体性保护。保护类村落包括历史文化名村、传统村落和传统农耕文化显著村落，按照产业类型分为优区位旅游开发型、良区位农业生产型和劣区位自住型三类，应强化乡村的地域特色与多元文化构成，加大国家和地方相关投入，创新传统村落保护制度，吸引社会资本和社会力量参与村落保护。

14.7.2　景观整治

（1）大地景观塑造。通过综合手段塑造优美宜人、自然与人文相结合的乡村地区大地景观、绿化景观，整治改造河道水系。以大地为载体，通过大尺度的自然人文风景形式、原始的自然生态素材、合理的土地整治途径等创造具有和谐艺境的乡村大地景观。抓好河旁、路旁、宅旁、村旁的绿化建设，营造好草地、林木等自然环境要素，优化村庄外围绿色空间。采用乡土树种，维护乡村生物多样性。尽可能使水系形成网络，合理采取河岸软式稳定方式。较陡的坡岸或冲蚀较严重的地段，可以通过挖洞加圈的方法进行生态绿化工程处理。

（2）村庄整治。按照布局合理、设施配套、环境整洁、村貌美观的原则，开展村庄环境整治和特色景观保护，维护乡土气息与乡村风貌。

14.7.3 服 务 设 施

服务设施。包括农业生产服务设施和农民生活服务设施。农业生产服务设施包括大农业服务、农产品加工、乡村旅游与乡村物流等四类。农民生活服务设施包括行政办公、文体娱乐、基础教育、医疗卫生、社会福利、商业服务等六类。根据村民从事农业劳作和日常生活的适宜出行范围确定生产-生活圈，调整优化服务设施配置格局。

健全农业生产服务设施。农业生产服务设施应按照实际需求及表 14.9 规定的配置标准进行规划布局，逐步提高农业生产服务水平。

表 14.9　农业生产服务设施配置标准

类别	服务设施	用途	规模	布局
大农业服务类	熏烤、晾晒场地	作物初处理场所	按需求设置	布置在中心村社区的边缘
	储备库、冷库	储存农用机具和种子、苗木、木材等农业产品的仓储设施	按需求设置	选址应方便作业、运输和管理。结合集货中心、配送中心设置
	农机修理站	农用机械修理场所	按需求设置	选址应方便作业，服务半径≤10km，结合乡镇、集货中心等设置
	种苗、种木基地	培育、生产种子、种苗的设施	按需求设置	选址应方便作业，服务半径≤10km
	防疫站、兽医站、植物医院	野生动植物保护、护林、森林病虫害防治、森林防火、木材检疫的设施	每处建筑面积 300～500m²	布置在村庄边缘，或结合养殖区布置，并应满足卫生和防疫的要求，服务半径≤5km
	作物大棚	农用地工厂化作物栽培设施大棚	按市场规模、种植类型确定	布置在中心村社区的边缘
	农业技术学校	农民技术培训基地	18～25m²/千人	可结合乡政府所在地或农业科研基地设置
	农业科研基地	农业科研、试验、示范基地	根据农业科研需求确定，永久性建筑面积≤2000m²	按生产条件和技术能力确定
	畜禽养殖厂（场）	畜禽、水产养殖池塘、工厂化养殖设施	按市场规模、养殖类型确定	选址应满足卫生和防疫要求，布置在村庄常年盛行风向的侧风位和通风、排水条件良好的地段。畜禽饲养厂（场）之间应遵循最小距离原则，规模化养殖中畜禽舍及有机物处置等生产设施与生活设施之间设置绿化隔离带，与居民点、乡村旅游设施设置 1000m 以上安全距离
	管理用房	农业生产者从事农业生产必需的食宿和管理设施	建筑面积≤30m²	结合作物大棚、畜禽养殖场、储备库设置
农产品加工类	小型农产品加工厂	直接为农业生产服务的农副产品生产加工设施	按市场需求设置，单体建筑面积≤100m²	接近畜禽养殖厂（场）、作物大棚等相关联的农业生产区。符合景观要求，交通便捷，有利于利用原有基础设施和环境保护
	集中型农产品加工园区		按照需求设置	尽可能布置在村庄边缘，符合乡域空间发展控制规定，符合水文地质、工程地质要求，有利于基础设施布设和场地排水，控制建筑高度和建筑体量，满足景观需求

续表

类别	服务设施	服务半径	最小规模	中心村	基层村	根据需要可设置
商业服务	书店/文化用品店	—	商业建筑面积 $300m^2$/千人	●	○	
	餐饮	—		●	○	
	宾馆/旅店	—		○	○	
	理发/浴室/照相馆	—		●	○	
	集贸市场	—		○	○	
	邮政所/电信服务点	≤4km	$30m^2$	●	○	
	用地比例	2%～12%				

●为应设项目；○为可设项目。

14.7.4　保 障 设 施

1. 保障设施

保障设施是保障农业生产、农民生活和农村正常运行的系统性基础设施，包括交通系统、电力与新能源系统、通信网络系统、生活饮用水系统、农田水利灌溉系统。

2. 交通系统

交通系统包括乡村道路、乡村客运公交运营和乡村停车 3 个子系统。交通系统规划应达到经济适用、通达安全，满足农民生产生活和乡域正常发展需求。

（1）按照《县乡公路建设和养护管理办法》要求，建立乡驻地与县城的快速连接通道或对现有连接通道进行升级改造，满足道路等级为二级及二级公路以上。加强村与村之间的交通联系，适应小汽车进入家庭的需要，拓宽行政村相互连接通道，以及行政村和自然村之间的联系通道(表 14.11)，满足双向通车要求。条件不允许的地方，每隔 500～800m 应局部拓宽设置错车会让通道。逐步建立各级道路统一运营、规范管理制度。

表 14.11　乡路与村路规划标准

规划技术指标	对外连接通道		行政村连接通道	自然村连接通道
	与县城	其他乡镇		
道路等级	一级公路	二级公路	四级公路	等外公路
计算行车速度/(km/h)	＞80	60～30	30～15	10～15
道路红线宽度/m	20～30	8～24	5～10	4～6
车行道宽度/m	18～25	7～18	4～7	3.5
每侧人行道宽度/m	—	1～3	—	—
两侧建筑距离红线距离/m	20	15	8	3

（2）加强县城、乡政府驻地、中心村、基层村之间的客运公交联系，优化客运公交线网，增加联系班次，合理布局站点，根据居民需求灵活设置停车点。客运公交主线网主要由对外连接通道承担，由乡政府驻地进城线路以及乡镇之间直达公交线路组成；辅

线网主要由村路承担，连接农村公交转换点与村庄。

（3）加强乡村停车系统建设，完善交通设施体系，强化交通管理。结合乡村产业发展和生活需求按照集中与分散相结合的方式设置生态停车场，将村内空地、废弃地等适宜停车的场地合理改造利用为停车场，划定停车位，开展规范化管理。

3. 电力与新能源系统

充分考虑农村家庭的经济承受能力和乡村管理水平，综合开发地方能源资源，确定村庄能量利用的合理结构。

（1）加强农村电网改造升级，逐步采用先进可靠的电气设备、电子技术和计算机技术，满足农业排灌、农副产品加工、农村生活等综合供电负荷需求。合理确定乡域内各居民点及重要设施供电电源点的位置，明确变电所位置，以及通往各居民点及重要设施的 10kV 以上主干线路配电线路走向。电力架空线路应根据地形、地貌特点和电网规划，力求短捷顺直，沿道路、河渠和绿化带设置，尽量不占耕地和良田。

（2）加快农村新能源建设步伐，配套激励政策和强制措施，积极推广沼气、秸秆气化、小水电、太阳能、风力发电等清洁能源技术。对传统工艺进行现代化改造，推广绿色乡土建筑，在北方地区鼓励采用污染少或无污染的绿色采暖技术。加强节能农宅和相关农业设施的生态设计与建设，推进太阳能热水器、节柴灶、秸秆保温等生态节能技术、设备与材料的应用。

4. 通信网络系统

尽可能结合乡村居民点选址和布局邮政网点和电信设施。山地尽可能采用无线通信技术，平原地区采用有线通信技术。电信主线路路由尽可能沿道路布局，支线可与低压电力线路同杆架设。风景区、传统村落等需要视觉保护的区域，通信线路应尽可能采取地埋方式敷设，减少架空线路穿越生态保护区。

5. 生活饮用水系统

农村生活饮用水供应应满足餐饮、洗漱、洗衣、浇花和庭院牲畜饲养等农民日常生活所需。饮用水水源可来自水库、河流、湖泊、泉水、窖水或井水，并确保饮用水安全与可持续利用。

（1）生活饮用水规划应根据村庄距离、供水规模、地形地势、水源条件等进行综合效益评估，因地制宜地选择供水通村模式（表 14.12）。

表 14.12　生活饮用水供给模式选择

类型	适用地区
单村集中供水	村庄距离大于 5km；人口密度大或适中；地形较平坦或有可利用的地形高差
联村集中供水	村庄距离小于 5km；人口密度大或适中；地形较平坦或有可利用的地形高差
分散式供水	村庄用户少、居住分散；地形复杂；水资源匮乏；电力不保证，如山区、牧区
接入市政管网	城镇市政管网配水能力满足需要；村庄位于城镇边缘

（2）条件许可的情况下应建设农村地区供水厂。供水厂占地规模应结合现状村庄实际情况具体设定，一般控制在 1.0～3.0m^2/（m^3·d）。管线宜沿现有道路或规划道路布置，干管布置应以较短距离引向用水大户。规模较小的村庄可布置成树状管网，规模较大的村有条件时宜布置成环状管网。地形高差较大时，应根据供水水压要求和分压供水的需求，在适宜的位置设加压或减压设施。

6. 农田水利灌溉系统

通过农用地整理完善农田水利灌排系统，合理制订用水计划，发展喷（雾）灌、滴灌等微灌节水技术，改进地面间歇灌和沟灌技术，提高灌溉水源的利用系数与灌溉设计保证率（表 14.13），渠系水利用系数、田间水利用系数、灌溉水利用系数达到相应规定。乡域实施河道分级管理，鼓励社会资本参与小型农田水利工程建设与管护。加强对灌溉水质的监测和管理，建立水质监测点，确保农业生产安全与农产品卫生安全。

表 14.13　灌溉设计保证率

灌水方法	地区	作物种类	灌溉设计保证率/%
地面灌溉	干旱地区 或水资源紧缺地区	以旱作为主	50～75
		以水稻为主	70～80
	半干旱、半湿润地区 或水资源不稳定地区	以旱作为主	70～80
		以水稻为主	75～85
	湿润地区 或水资源丰富地区	以旱作为主	75～85
		以水稻为主	80～95
喷灌、微灌	各类地区	各类作物	85～95

（1）渠系水利用系数：大型自流灌区不应低于 0.65，中型自流灌区不应低于 0.78，小型自流灌区不应低于 0.90；提水灌区采用渠道防渗不应低于 0.9，采用多孔阀门管道输水不应低于 0.95。

（2）田间水利用系数：水稻灌区不宜低于 0.95；旱作物灌区不宜低于 0.90。

（3）灌溉水利用系数：大型自流灌区不应低于 0.60，中型自流灌区不应低于 0.72；小型自流灌区不应低于 0.85；提水灌区不应低于 0.85；喷灌区、微喷灌区不应低于 0.85；滴灌区不应低于 0.90。

14.7.5　污 染 防 治

1. 污染防治包括点状污染防治和面状污染防治

点状污染主要是乡村居民集中生活造成的，面状污染主要是乡村产业面状生产造成的。采取针对性措施，实施有效治理。

2. 点状污染控制

采取财政和村集体补贴、住户付费、社会资本参与的投入运营机制，加强农村污水和垃圾处理等环保设施建设。

（1）合理设置公共卫生间。结合公共空间、公共场所、农业生产设施等的布局因地制宜地设置公共卫生间，明确公共卫生间建设标准和粪便收集运输方式。公共厕所分为固定式和活动式两种类别，应按表 14.14 规定设置。不宜建设固定式厕所的公共场所，应设置活动式厕所。公共服务设施和配套生产服务设施设置的卫生间应开放使用，并充分考虑无障碍通道和无障碍设施的配置。公共厕所的外观和色彩设计应与环境相协调，鼓励采用乡土材料并注重美观。

表 14.14 乡村公共卫生间设置标准

空间类型	卫生间设置类型	设置要求
道路、广场等公共空间	独立设置	乡、村居民点沿主要道路每 300～500m 设置一处，每广场设置一处
学校、幼儿园、村委会等公共空间及配套生产服务设施	附属设置	按照相应设计规范设置
农业观光园区、风景游赏区等	独立设置	每重要的集散点或每 300～500 亩设置一处

（2）合理布局垃圾收集和处理设施。建立垃圾强制性分类制度，明确垃圾收集方式（表 14.15），完善居民点垃圾清运体系，提出农村垃圾减量化、生态化的具体措施。按照垃圾转运距离合理确定垃圾处理方式，垃圾产生量大的可设置焚烧厂，并尽可能并网发电。转运距离超过 10km 或运输条件复杂的地区应近距离选址建设规范化的填埋场。建立种养业废弃物资源化利用制度，实现种养业有机结合、循环发展。制定再生资源回收目录，对复合包装物、电池、农膜等低值废弃物实行强制回收。

表 14.15 乡村垃圾收集与处理推荐标准

乡村类型	垃圾收集设施类型	设置要求
乡所在地	垃圾转运站	垃圾转运站服务半径应小于 2～3km，每个垃圾转运站不少于 500m^2
村庄居民点	垃圾收集容器或定时收集	每百户配备一名保洁员及配套工具、清运车辆；每 2～3 户配备一套垃圾收集容器；每村不少于一个分类垃圾池
分散式农业生产设施及附属设施	垃圾收集容器或定时收集	结合旅游线路沿线设置垃圾桶等收集设施，根据农业生产特点定时定期收集废弃大棚塑料等废弃物

（3）因地制宜确定乡村污水的收集和处理形式。控制乡村居民点的废水，以及乡镇企业的生产废水、废气、废渣排放，建设污水处理设施，实施污染物排放管理制度，实现人畜粪便无害化处理。乡村居民点一般采用完全分流制、不完全分流制和截留式合流制等三种排水体制，乡村污水处理主要采用联村合建、集中处理、分散处理、单户处理和接入乡所在地污水管网等五种处理模式，应结合村庄和农业生产布局特点，根据实际情况选择适宜的排水体制和处理模式。污水处理站的位置通常选择在村庄水体的下游，应设置一定宽度的卫生防护地带，最小不少于 500m。污水净化工艺的选定以能保证在当地持续长期运行的处理工艺（表 14.16），净化水质符合当地排放标准。

表 14.16　污水处理净化工艺选择

地区	省份	推荐工艺
华东地区	山东、江苏、安徽、浙江、上海	无动力多级厌氧复合处理、埋地式一体化处理设备、厌氧+人工湿地
	福建	无动力多级厌氧复合处理、人工湿地、埋地式一体化处理设备
华南地区	广东、广西、海南	稳定塘、埋地式一体化处理设备、无动力多级厌氧复合处理、厌氧+人工湿地
华中地区	湖北、湖南、河南、江西	无动力多级厌氧复合处理、生活污水净化沼气池、厌氧+人工湿地
华北地区	北京、天津、河北、山西、内蒙古	无动力多级厌氧复合处理、埋地式一体化处理设备、人工湿地，MBR 工艺
西北地区	宁夏、新疆、青海、陕西、甘肃	无动力多级厌氧复合处理、人工湿地、生活污水沼气净化池
西南地区	四川、云南、贵州、西藏、重庆	人工湿地、生活污水沼气净化池
东北地区	辽宁、吉林、黑龙江	埋地式一体化处理设备、无动力多级厌氧复合床

3. 面源污染综合治理

采取政府购买服务等多种扶持措施，培育发展各种形式的农业面源污染治理、农村污水垃圾处理市场主体。强化县乡两级政府的环境保护职责，加强环境监管能力建设。

（1）建立健全农村环境治理制度。加大对农村污染防治设施建设和资金投入力度，推广农作物病虫综合防治技术，建立安全用药制度，推广高效低毒低残留农药；推广测土配方施肥，减少化肥用量，提高肥料利用率，实现化肥农药零增长。积极发展生态农业和有机农业，大力建设无公害农产品、绿色食品、有机食品生产基地。

（2）实施农业生产废弃物强制性回收制度。加快推进化肥、农药、农膜减量化以及畜禽养殖废弃物资源化和无害化，利用天然可降解农产品替代一次性塑料包装，减少塑料废弃物的产生量，控制使用不可降解的农用地膜、棚膜，鼓励生产使用可降解农膜。健全化肥农药包装物、农膜回收储运加工网络，在中心村建立废弃塑料制品回收站，通过各种手段强制性回收田间、水畔的废旧塑料。

（3）完善农作物秸秆综合利用制度。依托农作物秸秆再利用和再循环的集中供气工程、秸秆肥料化利用工程和秸秆高值化利用工程，有效控制面源污染的新源头。秸秆气化集中供气工程以村庄为单元，利用农作物秸秆生产可燃气体，通过管网供给农户，用于炊事和取暖。秸秆肥料化利用工程采用秸秆机械粉碎还田、保护性耕作、快速腐熟还田、堆沤还田等方式增加有机肥施用量。秸秆高值化利用工程包括将秸秆利用为秸秆饲料、工业原料（秸秆建材、秸秆造纸、包装材料、特色产品）、能源（秸秆燃料、秸秆发电、秸秆乙醇）等内容，鼓励建立具有配套政策的区域秸秆高值利用基地。

14.8　规划管理与实施

14.8.1　规 划 编 制

1. 编制程序

组织开展参与式规划，建立农民参与乡域规划编制的具体路径和制度保障措施。收集并回应农民对规划编制的总体需求与建设意愿，解决个别居民的特殊合理诉求。

2. 规划成果

乡域规划成果包括规划文本、图件、说明及资料汇编等，应提供纸质和电子文件两种形式。

（1）文本应规范、简洁、准确，清晰表达规划意图和规定性要求。图件内容应与文本一致，制图应规范准确，标注图名、指北针和风玫瑰图、比例和比例尺、图例、署名、编制日期和图标等基本信息。规划图纸分为必备的基础图（表 14.17）和可根据实际情况增加的自选图（表 14.18）。除区位图外，图纸比例尺一般要求为 1∶10000，根据乡行政辖区面积大小一般在 1∶5000～1∶50000 选择。

表 14.17　乡域规划基础图纸名称与具体内容

图纸名称	内容
乡域空间划分图	将乡域空间划分为生态空间与农业空间两类，明确不同类型空间的实际边界、具体范围，标明主要控制点坐标
乡域村庄体系规划图	确定“乡政府驻地—中心村—基层村”的分层级村庄体系结构；明确各个村庄的人口规模、功能角色和发展定位
乡域土地利用规划图	明确乡域的整体土地利用调整方案，包括农业、水利设施、乡政府驻地、居民点、河湖水系、生态绿地等的布局、规模与分布等
乡域服务设施规划图	确定农业生产服务设施（大农业服务、农产品加工、乡村旅游、乡村物流）、农民生活服务设施（行政办公、文体娱乐、医疗卫生、教育机构、商业服务、社会福利、集贸市场）的空间布局、规模设定、建设标准等，以及污染防治设施（公共厕所、污水收集与处理、垃圾收集与处理）的位置、规模和等级等。若内容复杂可分为 2～3 张图体现
乡域保障设施规划图	确定交通系统等级划分、路线规划、运营组织、站点布局，以及电力与新能源系统、通信网络系统、生活饮用水系统、农田水利灌溉系统空间布局、规模设定、线路走向、建设标准等。若内容复杂可分专业分别体现

表 14.18　乡域规划自选图纸名称与具体内容

图纸名称	内容
乡域区位图	明确在省、市（县）的区域位置和上位规划的管控要求
乡域农田基本建设规划图	针对农业种植发达的乡，提出农用地整理规划，对农地划分与调整、土地流转、农业设施配套等提出空间布局构想和发展引导
乡域自然生态、历史文化与景观保护规划图	历史文化和特色景观突出的乡，应标明乡域自然保护区、风景名胜区、历史文化名村、传统村落等的保护和控制范围，确定主要历史文化资源、风景旅游资源的未来发展及空间布局要求
乡域新技术与节能减排规划	提出可再生能源、生态节能节水等多种新能源、新技术的利用策略与相关空间利用要求
乡域防灾减灾规划图	划定乡域消防、防洪、抗震、地质灾害、防疫、防风等需要重点控制的地区，标明各类灾害防护的重点区位、规模和救援通道

（2）规划说明用于分析现状条件、论证规划意图、解释规划文本等，可附必要的专题研究报告。

（3）基础资料汇编应主要包括下列内容：县城（市）总体规划或县域空间规划、县域城镇体系规划、县/乡土地利用总体规划、县/乡土地整治规划，及各类专项规划中与乡域规划相关的内容；自然条件与社会经济历史演变、总体状况；各村人口、耕地、经济状况、基础设施、水利设施、公共服务设施、文物古迹、文化传统现状及变化特征；乡域居民对本乡现状的综合意见和发展诉求；市区县、乡相关主管部门的发展计划，相关社会事业发展意向等。

14.8.2　规 划 审 批

（1）乡域规划由市（区、县）人民政府审批，报送审批前，应当经村民会议或者村民代表讨论同意，与周边乡镇及相关部门协调一致。

（2）乡域规划一经批准，应依法公告。鼓励利用多种传播媒介对规划编制的目的、意义和主要内容等加以宣传，主要规定纳入乡规民约，增强农民群众的规划认识。

（3）经批准后的乡域规划的关键内容，应及时纳入县/乡国民经济和社会发展规划，相关规划中应按照乡域规划进行修改和调整。

14.8.3　规 划 实 施

（1）依法进行乡村规划管理，实施简政放权。乡域范围内的建设活动实施乡村建设规划许可制度，按照《城乡规划法》要求，由县级以上城乡规划行政主管部门核发乡村规划许可证，有条件的县可由县级规划行政主管部门授权乡政府核发乡村规划许可证，并实施备案制度。

（2）明确乡域规划的政府实施主导责任，持续跟踪和评价规划实施效果。县级、乡级人民政府应制定乡域规划实施计划，坚持因地制宜、量力而行、底线控制、有效引导的原则，尊重群众意愿，有计划、分步骤地组织实施乡域规划。

（3）构建多主体、村自治、民自愿的乡域规划治理体系，发挥村集体和村民的主体责任。充分发挥乡政府、村委会、村支部、乡村能人、乡村组织等多元主体在乡域规划编制与实施过程中的协同作用，引导乡村精英、宗族族长等科学管理自治组织，积极推进专业农会、农民协会和农民专业合作社的建设与发展。

（4）实施多元融资模式，支持社会资本参与乡村建设。合理确定农村服务设施和保障设施投融资模式和运行方式，建管并重、统筹推进，促进投融资体制机制创新与建设管护机制创新。合理制定社会资本参与农村建设目录，研究财税、金融等支持政策，通过积极引导强化社会资本对农村建设的多元贡献。

（5）扩宽农民就业渠道，加大惠农政策力度。结合乡村产业发展规划指引，支持农村能人、返乡农民工和城市中产阶层等参与或创办农产品加工业、休闲农业和农村服务业，孵化培育农村小型微型企业，吸纳具备劳动能力的农村留守人员就业。整合利用涉农资金，统筹安排农业生产类和科教文卫发展类涉农资金的使用。

14.8.4 规 划 修 改

（1）乡域规划为法定规划，具有公共政策的长期性和稳定性，未经法定程序，任何单位和个人不得修改。

（2）乡域规划实施评估修改制度，每五年或根据实际情况适时对乡域规划实施进行评估。修改强制性内容的，应当对调整的必要性、合理性和调整方案的可行性组织论证。

第 15 章　村域规划编制技术导则

15.1　总　　则

（1）为响应党的十九大“乡村振兴战略”，适应我国城乡发展需要，科学指导乡村规划编制工作，推动农村经济、社会和环境的协调发展，根据《中华人民共和国城乡规划法》和相关法律法规的规定制定本导则。

（2）本《导则》所指的村庄为城镇体系规划、城市规划、镇（乡）规划中划定的所有行政村及自然村单元，规划范围为行政村行政边界内的所有区域。

（3）按照“产业兴旺、生态宜居、乡风文明、治理有效、生活富裕”的基本要求，坚持以人为本、尊重民意；坚持城乡统筹，推动城乡协调发展；坚持生态优先，加强文化传承；坚持分类指导，引导村庄可持续发展。

（4）村域规划以近中期规划为主，一般规划期为 3～5 年。

（5）编制村域规划，除应符合本导则外，要符合国家和地方相关标准规定。

15.2　术　　语

（1）村庄：农村居民生活和生产的聚居点。

（2）行政村：依据《村民委员会组织法》设立的村民委员会进行村民自治的管理范围。

（3）村域：行政村所辖范围中村庄以外的区域。

（4）中心村：镇（乡）域内，具有一定人口规模，公共设施配置较为齐全，兼为周围村庄服务的村。

（5）自然村：镇（乡）域内，中心村以外的村，即基层村。

15.3　一 般 规 定

村域规划以行政村为单位编制，主要对基础设施建设、特色产业发展、生态环境整治、农村民生改善等提出规划要求，村域范围内的各项建设活动应当在村域规划指导下进行。

村域规划要以镇（乡）域规划为指引，因地制宜、突出特色，合理配置村域各类资源要素，统筹并落实各类规划要求，安排村域生产生活服务设施建设，实现绿色生态可持续发展和农业农村现代化的总目标。

村域规划应包括以下内容。

（1）土地利用。按照镇（乡）域居民点布局规划整体要求，落实自然村撤并工作。

基于基本生态控制线和永久性基本农田保护区，对田、水、路、林、村等进行综合整治，引导集约化、规模化、节约高效地利用土地。

（2）基础设施建设。以高效、经济、美化、便捷为基本原则，统筹安排村域内道路、农田水利等基础设施，合理支撑农村产业现代化发展。

（3）农村民生改善。优化配置村域各类社会服务设施的位置和规模，提高设施服务能力和服务水平，不断适应村民生活服务需求。

（4）生态环境改善。落实县镇（乡）域等上位规划中生态和环境保护的具体要求，制定自然生态环境和环境保护措施，提高农村生态环境承载力。

（5）特色产业发展。明确产业空间布局，提出产业规模发展和特色发展的经营方式，打造“一村一品”，推动农村第一、二、三产业的融合发展。

重点村和特色村建议按照本导则要求编制村域规划，其他村如需编制村域规划，也可参照本导则要求编制。

15.4 村庄系统规划

村庄按其在镇村体系规划中的地位和职能一般分为行政村、自然村两个层次。

15.4.1 村 庄 类 型

按照镇（乡）域规划要求、村庄区位、规模、产业发展、风貌特色、设施配套等情况，将村庄分为重点村、特色村、一般村和小而散的村等四类。

（1）重点村。指能够为一定范围内的乡村地区提供公共服务的村庄，一般为中心村，主要包括：镇（乡）域规划中已经明确重点建设的村庄；城镇空间内的中心村；生态空间和农业空间内的现状规模较大的村庄；公共服务设施配套条件较好的村庄；具有一定产业基础的村庄；适宜作为村庄形态发展的被撤并乡镇的集镇区。

（2）特色村。特指在产业、文化、景观、建筑等方面具有特色的村庄，主要包括：历史文化名村或传统村落；少数民族特色村寨；特色产业发展较好的村庄；自然景观、村庄环境、建筑风貌等方面具有特色的村庄。

（3）一般村。指未列入近期发展计划或因纳入城镇规划建设用地范围，以及生态环境保护、居住安全、区域基础设施建设等因素需要实施规划控制的村庄，是重点村、特色村以外的其他自然村庄。

（4）小而散的村。特指山地丘陵地区山区地形起伏较大、平地狭小、耕地零星分散、缺少建造大村的地形条件的一般村。

15.4.2 村 庄 规 划

综合考虑县镇（乡）域空间规划和其他上位规划等规划要求、当地政府村镇建设计划和村民建设需求，确定村域规划目标和规划要求。

（1）重点村。重点村是实施乡村振兴战略和实现农业农村现代化的主要载体。位于城镇空间内的重点村要以积极对接城镇发展空间、引导村镇社会转型为重点，鼓励实现农村城镇化、城乡一体化，形成具有城镇特色的现代化村庄；位于生态空间和农业空间的重点村要适当提高基础设施和公共服务设施的建设标准，扩大对周围村庄的设施服务能力和产业引导能力，促进农村现代化发展和村民富裕。

（2）特色村。特色村要充分挖掘产业、文化、景观、建筑等方面的特定优势，制定保护与发展并重的各项有效措施，适当提高基础设施和社会服务设施的建设标准和管理运营水平，依托村庄特色发展特色产业，引导村民致富，注重乡村景观建设，营造清新优美的环境和浓郁的乡土风情，逐步实现“望得见山，看得见水，记得住乡愁”。

（3）一般村。一般村要发展与控制并重，在上位规划的指引下，适度控制土地利用和村庄建设规模。位于城镇空间的一般村要注意与上位规划的衔接和落实，位于生态空间和农业空间的一般村要注重生态和环境保护。

（4）小而散的村。小而散的村主要以控制发展为主。在充分考虑居民生产、生活出行距离的前提下，适当向周围重点村转移。不具备转移条件的村庄应严格控制村庄建设规模，采用联村规划方式集中配置生产、生活设施，注重生态和环境保护。

15.4.3　自然村撤并

村庄撤并应符合镇（乡）域规划中居民点布局的整体要求，落实上位规划中村庄撤并的各项措施。

村庄撤并要坚持“有利生产、方便生活、相对集中、节约用地、少占耕地、保护环境”的基本原则，坚持村民自愿、以人为本，避免“一刀切”的做法，积极引导村民参与规划与建设。

村庄撤并要针对不同地域、不同类型的村庄进行分类指导、因地制宜、宜并则并，制订的方案要符合村庄发展实际。

（1）位于城镇空间的村庄按照城镇总体规划、空间规划等上位规划要求，按照“小村并大村、弱村并强村、穷村并富村”的发展方向，优先促进长期稳定从事第二、三产业的农村人口向城镇（乡）转移。

（2）位于生态空间的村庄应在充分考虑居民生产、生活出行距离的前提下，适当向城镇空间地区、农业空间地区转移。不具备转移条件的村庄应严格控制村庄建设规模，采用联村规划方式集中配置生产、生活设施。

（3）位于农业空间的村庄应以便民性和有利于农业规模生产为原则，因地制宜，撤并山区地区或丘陵地区生产生活条件不好的规模较小的自然村或居民点，引导村民向中心村转移。

村庄撤并规模应符合本地区农业产业和社会经济发展要求，利于设施的集约配置和社区的管理，利于村民自治和村庄善治。

保护具有特色历史文化、特色建筑、历史遗迹、特色资源、特色产业产品、古树名木等的村落，注重地方特色，避免千村一面。

15.5 土 地 利 用

村域土地利用与空间布局应以土地调查成果为基础和控制，与镇（乡）域土地利用和空间布局相适应，科学指导农村土地整治和高标准农田建设，整体推进山、水、林、田、湖、村、路综合整治，发挥综合效益。

在县镇（乡）域土地利用调查成果的基础上，根据镇（乡）域农林用地代码表（表 15.1），重点深化调查基本农田现状及变化情况，包括基本农田的数量、分布和保护状况，明确现状土地的权属、地类和面积。

表 15.1 乡域农林用地代码表

一级类		二级类		含义
编码	名称	编码	名称	
E21	耕地			指种植农作物的土地，包括熟地、新开发、复垦、整理地，休闲地（轮歇地、轮作地）；以种植农作物（含蔬菜）为主，间有零星果树、桑树或其他树木的土地；平均每年能保证收获一季的已垦滩地和海涂。耕地中还包括南方宽度＜1.0m、北方宽度＜2.0m 固定的沟、渠、路和地坎（埂）；临时种植药材、草皮、花卉、苗木等的耕地，以及其他临时改变用途的耕地
		E21-1	水田	指用于种植水稻、莲藕等水生农作物的耕地。包括实行水生、旱生农作物轮种的耕地
		E21-12	水浇地	指有水源保证和灌溉设施，在一般年景能正常灌溉，种植旱生农作物的耕地。包括种植蔬菜等的非工厂化的大棚用地
		E21-13	旱地	指无灌溉设施，主要靠天然降水种植旱生家作物的耕地，包括没有灌溉设施，仅靠引洪淤灌的耕地
E22	园地			指种植以采集果、叶、根、茎、枝、汁等为主的集约经营的多年生木本和草本作物，覆盖度大于 50%或每亩株数大于合理株数 70%的土地。包括用于育苗的土地
		E22-1	果园	指种植果树的园地
		E22-2	茶园	指种植茶树的园地
		E22-3	其他园地	指种植桑树、橡胶、可可、咖啡、油棕、胡椒、药材等其他多年生作物的园地
E23	林地			指生长乔木、竹类、灌木的土地，及沿海生长红树林的土地，包括迹地，不包括居民点内部的绿化林木用地，以及铁路、公路、征地范围内的林木，以及河流、沟渠的护堤林
		E23-1	有林地	指树木郁闭度≥0.2 的乔木林地，包括红树林地和竹林地
		E23-2	灌木林地	指灌木覆盖度≥40%的林地
		E23-3	其他林地	包括疏林地（指树木郁闭度≥0.1、＜0.2 的林地）、未成林地、迹地、苗圃等林地
E24	牧草地			指生长草本植物为主的土地
		E24-1	天然牧草地	指以天然草本植物为主，用于放牧或割草的草地
		E24-2	人工牧草地	指人工种牧草的草地

根据上位规划中基本农田保护规划制定相应保护措施，明确永久基本农田的保护面积、具体地块，明确土地权属。

因地制宜，制订村域土地整理方案，归并零散地块，修筑梯田，整治养殖水面，对田、水、路、林、村进行综合整治，增加有效耕地面积。大规模土地整理需要考虑生态影响，一般情况下，土地整理规模不超过 600 亩。有条件的地区逐步推行家庭农场和田园综合体，发展农业规模经营。根据土地整理方案，建设道路、机井、沟渠、护坡防护林等农田和农业配套工程。

各地县级和以上政府部门可以从当地实际出发，依据自然经济条件、农村劳动力转移、农业机械化水平等因素，确定本地区家庭农场、家庭牧场的规模标准（表 15.2）。

表 15.2　家庭农场规模标准参考

地区	规模/hm^2	
	一般地区	机械化程度较高地区
北方地区	6.67～10	10～20
南方地区	3.33～6.67	6.67～10
东北地区	13.33～33.33	33.33～100
西部地区	10～26.67	26.67～66.67

加强农村建设用地规模、布局和时序的管控，优先保障农村公益性设施用地、宅基地，充分利用集体经营性建设用地。

15.6　基 础 设 施

村域基础设施主要包括村域道路、田间水利设施和供电等设施，村域基础设施应与产业发展相适应。县镇（乡）域规划和其他上位规划中重大基础设施建设项目应制定措施妥善落实。

15.6.1　村 域 道 路

村域道路包括连接路、田间道和生产路，主要用于满足农业物资运输、农业耕作和其他农业生产活动需要。

村域道路的布局和建设应符合以下要求。

1. 连接路

（1）每个行政村必须保证至少 1 条对外连接道路连接镇乡公路，居民点之间道路连接应顺畅，连接路路面宜硬化。

（2）连接路路面宽度不超过 6.0m，或路基宽度不超过 6.5m。

2. 田间道（机耕路）

（1）田间道布局应“连片成网”，力求使居民点、生产经营中心、各轮作区和田块之间保持便捷的交通联系，合理确定田间道路面积与田间道路密度，确保农机具到达每一个耕作田块，田间道道路通达度在平原区应不低于95%，丘陵区应不低于80%。

（2）田间道应力求线路笔直且往返路程最短，尽量减少道路占地面积，与沟渠、林带结合布置，避免或者减少道路跨越沟渠，减少桥涵闸等交叉工程。

（3）田间道路面宽度以3m为宜，根据需要并结合地势设置错车道，错车道宽度不少于5.5m，有效长度不少于10m。田间道路基高度以20～30cm为宜，常年积水区可适当提高；在暴雨集中区域，田间道应采用硬化路肩，路肩宽以25～50cm为宜。

（4）大型机械化作业区内的道路宽度可依照《高标准基本农田建设标准》（TD/T 1033—2012）相关规定执行。

3. 生产路

生产路路面宽度宜为3m以下，在大型机械化作业区的生产路路面宽度可适当放宽，生产路路面宜高出地面30cm。生产路宜采用素土路面、生态硬化处理。

4. 停车场

重点村和特色村需要考虑村域内停车场设施的整体布局和规模，停车场规模的确定按照预期停车数量来确定，停车场设施不能占用村域基本农田，停车场设施地面建议采用生态化方式硬化。

15.6.2 村域农田水利基础设施

村域农田水利基础设施包括取水设施、输水配水设施、排水设施等，水利设施要求如下。

1. 取水设施

取水设施一般是指水库工程和水井。小型水库以灌溉功能为主，结合养鱼、水土保持和防洪、发电等职能，一般包括挡水坝、泄洪建筑物、取水建筑物等。村域范围应避免新建水库，如需修筑时应对水坝选址、地形地质、结构型式等进行综合考虑，保证工程安全性、经济合理性。水井修筑应在地下水资源评价的基础上，合理选择井位和井型，北方地区井灌区规模一般控制在方田200～400亩，条田30～60亩。

2. 输水配水设施

输水配水设施主要是指灌溉渠道设施。灌溉渠设施应充分考虑地形要求，合理划分渠道等级、选择渠道线路，尽量减少工程量和施工难度，定期进行河道清淤、河渠疏浚等维护工作。

3. 排水设施

村域排水设施应尽量保证采用自流排水方式，充分利用天然排水河沟，按照高水高排、低水低排、分片排水的原则进行排水区划分。田间排水应重点进行规划布置，选择适宜的排水网形式，田间排水沟以间距 100～200m，沟深 0.8～1.0m 为宜。

灌溉渠系应和排水系统结合进行，支渠以下灌溉渠道和排水沟道应选择合理的结合布置形式。灌溉渠和排水沟排布间距应符合农田排水、农机耕作及田间管理的相关要求，由其划分的条田宽度以 100～200m，长度以 400～800m 为宜。

15.6.3　村域供电设施

村域供电设施应以县域供电规划为依据，合理预测供电负荷、确定电源和电压等级，落实相关供电线路、供电设施建设。

（1）农业用电一般包括农业灌溉及水利设施操作用电、农作物栽培及收获后处理用电、农产品冷藏及粮食仓储用电、水产养殖用电、畜牧用电等。电力设施规划应选择适当方法进行电量和负荷需求预测，以大电网为主要供电电源，可根据实际需求规划新能源小型发电装置。

（2）重要公用设施或农用设施、用电大户应单独设置变压设备或供电电源。

位于城镇空间的村庄村域基础设施应严格按照镇（乡）域基础设施规划要求，统一进行设施及管网布设。

15.7　社会服务设施

（1）村域社会服务设施包括村域公共服务设施和村域生产服务设施。

（2）村域公共服务设施规划应根据上位规划与实际需要，充分考虑服务半径的合理性，满足村民日常生活需求，确定村委会、幼儿园、小学、卫生站（所）、文化体育设施、福利院等服务设施的规模与位置。

（3）村域内公共服务设施配置以重点村为主，一般村公共服务设施应满足基本生活需要，特色村公共服务设施配置参照重点村，小而散的村公共服务设施配置参照一般村。重点村和一般村公共服务设施配置要求具体如表 15.3、表 15.4 所示。

表 15.3　重点村公共服务设施配置一览表

类别	配置要求	序号	配置项目	备注
公共服务设施	刚性配置	1	村委会	村域共享
		2	公共服务中心	村域共享
		3	小学	结合县域教育设施布点，生均建筑面积 6.5～8m²/人，用地面积 20～30m²/人
		4	幼儿园	根据实际需求，生均建筑面积 3.5～4.5m²/人，用地面积 12～18m²/人
		5	卫生室	占地面积不小于 200m²，可与公共服务中心合建

续表

类别	配置要求	序号	配置项目	备注
公共服务设施	刚性配置	6	图书室	可与公共服务中心合建
		7	文化活动室	建筑面积不小于 $80m^2$，占地面积不小于 $200m^2$，可与公共服务中心合建
		8	养老设施	按照 1.5～3 床位/百老人的标准配置，村域内共享
		9	健身活动场地	人均用地面积不小于 $0.4m^2$/人，总面积不小于 $300m^2$，宜与公共服务中心广场、农民文化活动乐园结合
	弹性配置	10	便民超市	每个重点村建议配置一个标准化超市，面积不低于 $200m^2$，采用货架式布局和集中配送等现代管理方式，配备一定的冷藏设施，按照村民要求安排营业时间
		11	邮政网点	根据市场需求，可与便民超市联合实施
		12	农资店	根据市场需求，可与便民超市联合实施
		13	乡村金融服务网点	根据市场需求
		14	农贸市场	根据市场需求
		15	特色活动场地	根据地方社会文化特色配置相应的活动场地，可以与其他活动设施联合布置

注：刚性配置的公共服务设施项目需要明确配置建设标准，公共服务设施项目可以结合现状房屋进行使用功能改造，同时可以根据集体经济投入和上级补助情况，制订分期建设计划；弹性配置的给予建设标准指引

表 15.4　一般村公共服务设施配置一览表

类别	配置要求	序号	配置项目	备注
公共服务设施	刚性配置	1	休闲健身活动场地	
	弹性配置	2	便民超市	根据市场需求

（4）村庄行政管理设施以村委会为主，每个行政村配置一处，适当设置办公室、会议室、警务室等，可与文化站、卫生室等合建。

（5）医疗卫生设施每个行政村至少配置一处，可根据人口规模和经济发展水平适当增加。

（6）教育设施应包括小学和幼儿园，根据结合县域教育设施布点规划设置。每个行政村宜配置一所小学，也可与周围其他行政村合建。小学及幼儿园应配备必需的教育活动设施。

（7）商业服务设施应包括商业服务设施、卫生文体中心、养老健身场所等。每个行政村需至少设置以上三类设施至少一处，可根据上位规划及人口规模适当增加。

（8）村域生产服务设施包括为村域农业生产提供服务的公共设施，包括农用仓库、粮仓、工作房等。村域生产服务设施规划建设应尽可能便利生产作业，家庭农场应集中布置仓库、农机具、水电设备等；田园综合体应以灵活的布置方式配置满足实际功能需求的丰富的生产服务设施。

（9）村域范围内在相邻、相近的耕地周围建设农用仓库，农用仓库应尽可能集中建设，存放农业集中作业所需的农用机具、机械和农用车等，以集约用地。

15.8　生态和环境保护

村域生态和环境保护包括村庄生活环境治理、村域污染防治、村域生态景观保护和村域生态保护等 4 个部分。

村庄生活环境治理包括村庄污水垃圾治理和村庄河道沟塘治理等。

（1）村庄污水垃圾治理。推行适应农村生活方式和经济条件的单户、多户污水处理方式，位于城镇空间的重点村可适当采用城镇污水集中处理方式。积极推行村庄生活垃圾就地生态化处理方式，提高广大农民的环境卫生意识，建议一般村和小而散的村垃圾就地化处理率达到 80%，重点村和特色村要加强垃圾处理设施、设备的建设，位于城镇空间的重点村和特色村可以采用村收集、镇处理、县处理的集中处理方式。

（2）村庄河道沟塘治理。按照畅通水系、改善环境、修复生态、方便群众的要求，采用清淤扩挖、修整护坡、美化亮化等方式，积极开展农村沟塘治理工程。突出整治污水塘、臭水沟，拆除障碍物，疏通水系；河坡岸线原则上进行软质驳坡；制定措施，常态化清理打捞河面漂浮物和水生植物，保持水面清洁。

村域污染防治应重点针对农村生产活动造成的农业面源污染制定明确整治措施，对化肥、农药、禽畜粪便、农膜等主要污染源进行具体控制。具体要求如表 15.5 所示。

表 15.5　村域污染防治重点

污染源类型	主要特点	治理措施
化肥农药	单位面积施用量极大，利用率低； 易造成土壤、水资源、农产品的污染	减少化肥农药用量，采用生物防治技术； 科学施肥，增施有机肥、生物肥；
禽畜粪便	规模化养殖极易造成重大危害； 主要造成水体富营养化	推行科学养殖技术，规模化经营，集中配置污染物治理设施； 采用生物修复、生态系统净化等治理措施；
农膜	使用规模大，残留量大，不易降解； 影响土质和植物生长	引进生物农膜技术，机械化回收； 制定农膜回收优惠政策

村域生态景观保护应充分发挥村域范围各类自然要素的景观价值，重点对具有特殊景观价值、生态价值的地质地貌、植被、水体等景观资源进行规划控制，合理划定保护范围，根据资源特征提出相应的景观保护与开发管控措施。要制定措施，做好村庄绿化工作，充分利用村庄自然条件，突出自然、经济、乡土、多样的特点，大力推进村旁、宅旁、河旁、路旁以及村口、庭院、公共活动空间等绿化美化。村庄绿化以本地适生的乔木为主、灌木为辅，不提倡种植草坪；注重与村庄风貌相协调，通过植被、水体、建筑的组合搭配，形成四季有绿、季相分明、层次丰富的绿化景观；因地制宜推进村庄公共绿地建设。

村域生态保护规划应落实上位规划的生态保护要求，对村域基本农田、水源地、防护林工程、水土保持等生态要素提出保护与控制要求。

（1）基本农田保护。落实上位规划确定的基本农田保护线，明确基本农田保护的布局安排、数量指标和质量要求，严格限制保护范围内的建设活动。

（2）水源地保护。加强区域协调，以水体流域为基本单元进行综合管控。严格划定水源地保护区范围，按照不同级别保护区的水质标准和防护要求，制定保护和涵养措施。

（3）防护林工程。落实上位规划确定的生态防护要求，坚持因地制宜、因害设防，多林种、多树种结合等原则，根据村域实际情况进行防护林工程、造林灌溉、道路通信等综合规划。

（4）水土保持工程。坚持预防为主、全面规划、综合防治、因地制宜、加强管理、注重效益的水土保持方针，在综合调查的基础上，针对水土流失特点提出水土保持综合防治措施及各项措施的技术要求，并提出保证实施规划的措施。

15.9 村庄经济

村域产业应明确村域产业定位与发展策略，注重发挥地方优势，创新产业发展路径，以农业土地适度规模经营为基础进行基本农田建设，培育“一村一品”、地理标志产品和具有地域特色的产业体系。

村域产业用地布局要注重对基本农田的保护，尽可能减少对生态环境的影响。村域产业用地布局，尤其是农业产业布局，在保证合理性、可操作性的基础上，保持相对稳定。

明确农业产业发展方向，根据主导产业及现状资源条件，引导农业规模化、集约化发展，重点对种植业、林业、畜牧养殖业、渔业进行分类引导。

（1）种植业。明确村域耕地及设施农业用地的面积和范围；按照划定的永久农业地区范围，严格保护基本农田。按照方便使用、环保卫生和安全生产的要求，集中配置晒场、打谷场、堆场等作业场地。

（2）林业。明确林地用地规模和范围，以保护和利用相结合为基本原则，科学利用森林资源，指定林木开采及保育措施，合理配置辅助生产林地，积极维护林地生态系统。

（3）畜牧养殖业。鼓励养殖业规模化发展，在集中养殖区设置安全防护设施，提出明确的卫生防疫要求，科学治理污染。

（4）渔业。结合航运和水系保护要求，合理选择用于养殖的水体，合理确定养殖的水面规模。结合生态环境保护的要求，提出合理的渔业发展规模和发展方式。

创新村域经济发展模式，推行规模化经营、循环经济发展和农村第一、二、三产业融合发展等发展模式，引导农村生产方式转型，提高农村农业现代化水平。

（1）规模化经营方式。鼓励以村民个体、村镇企业、农村合作社等多种主体的规模化经营模式，推动生产要素的有效配置，延长农业产业链、拓宽村民经营领域。

（2）循环经济发展模式。积极推行先进的循环经济发展模式，以人工生态系统为基础，因地制宜地发展特色生产方式。大力普及农业科学知识，鼓励村民进行科学创新。

（3）农村第一、二、三产业融合发展模式。用工业理念发展农业，以市场需求为导向，以完善利益联结机制为核心，以制度、技术和商业模式创新为动力，以新型城镇化为依托，推进农业供给侧结构性改革，着力构建农业与第二、三产业交叉融合的现代产业体系。

（4）引导农业生产方式转型，加大对农业生产的科技投入，积极发展绿色农业、生态农业，发展循环经济。

引导农业经营方式创新，推进农村第一、二、三产业融合，鼓励农民通过合作延伸农业产业链，通过促进农产品本地化加工、流通和发展休闲农业、乡村旅游等拓展农业产业功能。

（1）农产品加工业。根据村域农产品生产条件发展特色农产品加工产业，选择适宜村域发展的村庄手工业、加工业产品，根据交通设施和基础设施条件进行生产基地的合理布局。

（2）生产性服务业。根据区域实际发展需求，规划引导村庄积极发展仓储物流、产地批发市场等生产服务类辅助设施建设，结合现代经营管理、物流冷链等条件发展服务业。

（3）旅游业。强化旅游规划内容，根据当地旅游资源特点和发展前景，统筹安排基础设施配套建设，结合村庄公共服务设施、村民住宅的开发利用合理安排旅游服务功能，注重旅游资源和村庄生态环境的保护，避免旅游对村民生活的不合理干扰。

基于公平、公正、公开原则，围绕农村土地、农房、劳动力、资产、农产品等核心资源要素，组建各类村级专业合作社，建立以农民合作社为主要载体、让农民充分参与和受益、外来企业合作的农村可持续发展模式，构建农村经济发展主体。

坚持确保所有权、稳定承包权、搞活使用权的基本原则，构建以农村集体经济主体为基础，融合政府扶持资金、社会资本和个人的多元化融资体系，规范和保障农村要素流转和租赁行为，促进农村农业现代化发展。

15.10　新农村生产主体

（1）新农村生产主体的规划目标是培养“爱农业、懂技术、善经营”的新型职业农民。

（2）将职业农民、返乡农民工、大学生、科技人员、退伍军人、农村企业、农民合作社等均纳入培训对象范围，培育新型农业经营主体。根据村民实际需求确定培训内容，应包括农业和非农业相关类型，涉及农业种植养殖技术及管理、现代化农业机械技术、互联网科技、创新创业技能等相关培训内容。

（3）确立由村委会组织、镇（县）级人民政府管理、社会机构共同扶持的职业农民培训管理制度，明确教育目标、教育评定标准、师资管理等保障制度，有效推行长期的农民技能培训。

（4）落实职业农民认证制度，完善职业农民就业保障体系，落实职业技能培训补贴、就业准入、就业扶持等政策保障，积极提供生产工具、资金补助、优惠政策等。

（5）积极落实镇（乡）职业农民促进机制，落实农村创新创业“双创”措施，培养更多新型职业农民，支持农民工返乡创业。

15.11 规 划 实 施

（1）村域规划编制要以尊重村民意愿为前提。规划过程中要广泛征询村民意愿，对村民意愿进行调查，根据调查结果，形成规划编制思路，提出规划编制的对策建议。村域规划成果要及时公开。

（2）村域规划成果应包括规划期内实施的重大基础设施建设项目、社会服务设施建设项目、村庄整治和生态环境综合治理项目、农房建设项目、农村产业发展项目等在内的项目库。

（3）按照规划项目库，制定规划期内各个年度项目执行的年度工作清单，落实年度工作清单中项目执行责任主体和职责。

（4）建立规划动态评估机制，及时听取村民意见和建议反馈，加强部门监督和管理，保障规划成果落实。

（5）编制规划平衡表，对比规划前、中、后各类主要规划指标的执行情况和执行效果，定期开展规划成果的综合评估。

15.12 规划成果要求

（1）规划成果应满足易懂、易用的要求，具有前瞻性和可操作性，能够切实指导村域社会经济发展和土地利用。

（2）规划成果应包括规划说明书和图纸等，具体形式和内容可结合村庄实际需要进行补充。

（3）规划说明书内容应包括实际规划措施的所有内容，主要包括村庄概述、村域发展与空间规划、保护与发展措施等，重点论证规划意图、解释规划理念，可根据实际需要适当增加调查材料、村民意见反馈、专家论证意见、专题研究等内容。

（4）主要规划图纸应清晰表达规划内容及意图（表 15.6）。制图规范准确，应标注图名、指北针和风玫瑰图、比例和比例尺、图例、署名、编制日期和图标等基本信息。

表 15.6 村域规划图纸一览表

序号	图纸名称	主要内容	备注
1	区位图	确定区域位置、分析村庄与周边村镇的关系	可选
3	村域现状图	明确村域范围内现状相关要素，如基本农田、重点自然资源、基础设施等	必备
4	村域规划图	明确村域范围内村庄建设范围、居民点布局、产业空间布局、公共服务设施和基础设施等	必备
8	保护规划图	明确重点历史文化和特色景观、生态资源的核心保护范围、建设控制地带和环境协调区	可选
9	村庄近期建设（整治）图	明确近期建设范围和建设项目	必备
11	其他表达规划意图的图纸	特色风貌规划、整治改造施工样图、公共建筑设计示意、重要地段改造效果图、绿化景观节点设计及相关分析图等	可选

参 考 文 献

柏延臣, 李新, 冯学智. 1999. 空间数据分析和空间模型. 地理研究, 18(2): 185-190.

保罗·诺克斯, 琳达·麦克卡西. 2009. 城市化. 顾朝林, 汤培源, 杨兴柱等译. 北京: 科学出版社.

彼得·霍尔. 2008. 城市和区域规划(原著第四版). 邹德慈, 李浩, 陈熳莎译. 北京: 中国建筑工业出版社.

卞晓雯, 汪霄. 2008. 城乡统筹规划中我国集体建设用地管理及流转研究. 乡镇经济, (8): 33-36.

布赖恩·贝利. 2010. 比较城市化——20 世纪的不同道路. 顾朝林, 汪侠, 俞金国等译. 北京: 商务印书馆.

陈刚. 2006. 正确把握新农村规划工作方向, 构建城乡及盖的规划工作体系. 北京规划建设, (5): 10-22.

陈继军, 张洋, 白静, 等. 2017. 村域规划编制导则(草案). 城市与区域规划研究, 9(4): 99-111.

陈明星, 叶超, 周义. 2011. 城市化速度曲线及其政策启示——对诺瑟姆曲线的讨论与发展. 地理研究, 30(8): 1499-1507.

陈霈, 黄亚平. 2014. 乡镇规划编制理念、体系与方法创新——以湖北省“四化同步”示范乡镇规划为例. 小城镇建设, (12): 64-69.

陈彦光, 周一星. 2005. 城市化 Logistic 过程的阶段划分及其空间解释——对 Northom 曲线的修正与发展. 经济地理, 25(6): 817-822.

陈扬乐. 2000. 中国农村城市化动力机制探讨. 城市问题, (1): 6.

陈振光, 宋平. 2002. 城市化进程中的区域发展与协调. 国际城市规划, (5): 3-6.

陈镇宇. 2009. 城市规划中的公众参与程序研究. 北京: 法律出版社.

陈志诚, 侯雷, 兰贵盛. 2006. “城乡统筹发展”与小城镇总体规划的应对. 规划师, 22(2): 69-72.

成受明, 程新良. 2005. 城乡一体化规划的研究. 四川建筑, 25(9): 29-31.

崔功豪, 马润潮. 1999. 中国自下而上城市化的发展及其机制. 地理学报, 54(2): 106-115.

崔功豪, 涂英时. 2001. 县域城镇体系规划的若干问题. 城市规划, 25(7): 25-27.

邓毛颖, 蒋万芳. 2012. 大都市郊县村镇体系规划研究——以广州增城市为例. 规划师, 2805: 19-24.

段炼. 2001. 县域规划规范的初步研究. 重庆建筑大学学报, 23(4): 12-19.

范凌云, 雷诚. 2010. 论我国乡村规划的合法实施策略——基于《城乡规划法》的探讨. 规划师, 26(1): 5-9.

冯尚春. 2004. 中国农村城镇化动力研究. 长春: 吉林大学.

冯贞柏, 李众敏. 2008. 以色列农村现代化及对我国和谐乡村建设的启示. 山西农经, (6): 59-63.

傅超, 刘彦随. 2013. 我国城镇化和土地利用非农化关系分析及协调发展策略. 经济地理, 33: 47-51.

傅强, 成其, 郁晨. 2016. 基于社会调查的新型农村社区规划: 以胶西镇东祝村为例. 城市与区域规划研究, (2): 93-108.

高珮义. 2004. 中外城市化比较研究(第二版). 天津: 南开大学出版社.

高珮义. 2009. 城市化发展学导论. 北京: 中国财政经济出版社.

高文杰, 连志巧. 2000. 村镇体系规划. 小城镇建设, (2): 30-32.

高文利. 2005. 中国村镇现代化建设与县域经济发展. 小城镇建设, (5): 26-27.

葛丹东, 华晨. 2009. 适应农村发展诉求的村庄规划新体系与模式建构. 城市规划学刊, (6), 60-67.

葛丹东. 2010. 中国村庄规划的体系与模式——当今新农村建设的战略与战术. 南京: 东南大学出版社.
耿慧志, 贾晓韡. 2010. 村镇体系等级规模结构的规划技术路线探析. 小城镇建设, 08: 66-72.
辜胜阻, 李永周. 2000. 我国农村城镇化的战略方向. 中国农村经济, (6): 14-18.
辜胜阻. 1993. 农村城镇化与城镇农村化研究. 人口与经济, (6): 17-21.
顾朝林, 管卫华, 刘合林. 2017. 中国城镇化 2050: SD 模型与过程模拟. 中国科学: 地球科学, 47: 818-832.
顾朝林, 金延杰, 刘晋媛, 等. 2008. 县域村镇体系规划试点思路与框架——以山东胶南市为例. 规划师, 24(10): 62-67.
顾朝林, 吴莉娅. 2008. 中国城市化研究主要成果综述. 城市问题, (12): 2-12.
顾朝林, 张晓明, 韩青. 2014. 我国县镇(乡)村域规划问题与对策. 南方建筑, (2): 9-15.
顾朝林, 张晓明. 2016. 论县镇乡村域规划编制.城市与区域规划研究, (2): 1-13.
顾朝林, 张悦, 邵磊, 等. 2016. 县镇(乡)村域规划编制手册. 北京: 清华大学出版社.
顾朝林. 2011. "十二五"期间需要注重巨型城市群发展问题. 城市规划, 35(1): 16-18.
顾朝林. 2015. 多规融合的空间规划. 北京: 清华大学出版社.
桂徐雄. 2005. 中国农村城市化区域差异研究. 上海: 华东师范大学.
郭亨孝. 2006. 加拿大农村现代化之路与中国农村发展. 农村经济, (12): 124-129.
郭元裕. 1986. 农田水利学(第二版). 北京: 水利电力出版社.
国务院发展研究中心课题组. 2010. 中国城镇化: 前景、战略与政策. 北京: 中国发展出版社.
何熙, 周波, 沈一. 2009. 浅议城乡总体规划的理论及其实践应用. 四川建筑, 29(1): 25-27.
何心如, 钱秀玉. 1998. 也谈村镇体系规划. 长江建设, (2): 26-27.
何兴华. 1989. 从建设部优秀设计评比看村镇规划设计与城市规划设计的异同. 建筑学报, (12): 20-22.
何兴华. 1992. 规划学在乡村开花结果——村镇规划十年回顾与初步展望. 村镇建设, (2): 12-15.
何兴华. 2011. 中国村镇规划: 1979-1998. 城市与区域规划研究, 4(2): 44-64.
胡滨, 薛晖, 曾九利, 何旻. 2009. 成都城乡统筹规划编制的理念、实践及经验启示. 规划师, 25(8): 26-30.
胡娟, 朱喜钢. 2006. 西南英格兰乡村规划对我国城乡统筹规划的启示. 城市问题, (3): 94-97.
胡弦. 2016. 县镇乡村域规划的空间层次和衔接问题. 城市与区域规划研究, 8(2): 24-38.
胡序威. 1994. 论进一步提高国土规划的科学性和实用性. 地理学与国土研究, 10(2): 1-7.
黄瑛, 张伟. 2010. 大都市地区县域城乡空间融合发展的理论框架. 现代城市研究, (10): 74-79.
霍利斯·钱纳里等. 1988. 发展的型式(1950-1970). 李新华等译. 北京: 经济科学出版社.
贾莉. 2009. 新农村建设中的村镇规划研究进展. 广东农业科学, (8): 361-363.
姜爱林, 任志儒, 陈海秋. 2006. 韩国新村运动基本理论研究综述. 金陵科技学院学报(社会科学版), 20(3): 1-8.
蒋蓉, 邱建. 2012. 城乡统筹背景下成都市村镇规划的探索与思考. 城市规划, (1): 86-91.
郐艳丽, 刘海燕. 2010. 我国村镇规划编制现状、存在问题及完善措施探讨. 规划师, 26(6): 69-74.
郐艳丽. 2016a. 传统村落保护与更新: 我国传统村落保护制度的反思与创新. 现代城市研究, (1): 1-9.
郐艳丽. 2016b. 乡域规划的基本逻辑与实施建议. 城市与区域规划研究, 8(2): 67-79.
李兵弟. 2006. 通过村庄整治改善人居环境. 小城镇建设, (3): 11-13.
李兵弟. 2010a. 部分国家和地区村镇(乡村)建设法律制度比较研究. 北京: 中国建筑工业出版社.
李兵弟. 2010b. 城乡统筹规划: 制度构建与政策思考. 城市规划, 34(12): 24-32.
李德仁, 王树良, 李德毅, 等. 2002. 论空间数据挖掘和知识发现的理论和方法. 武汉大学学报(信息科学版), 27(3): 221-233.
李德仁, 王树良, 史文中, 等. 2001. 论空间数据挖掘和知识发现. 武汉大学学报(信息科学版), 26(6):

491-499.
李海燕, 李建伟, 权东计. 2005. 迁村并点实现区域空间整合——以长安子午镇规划为例. 城市规划, (5): 41-44.
李郇. 2008. 自下而上: 社会主义新农村建设规划的新特点. 城市规划, 32(12): 65-67.
李吉进. 2010. 环境友好型农业模式与技术. 北京: 化学工业出版社.
李建飞, 陈玮. 2007. 锐意进取, 规划创新——海南城乡总体规划的战略思考. 城市规划, 31(3): 73-76.
李立勋, 李郇. 2007. 省域城乡总体规划编制方法初探——以海南城乡总体规划为例. 城市规划, 31(3): 81-84.
李少星, 张烨, 何孝祥, 等. 2016. 小城镇人口承载功能的格局演变及其类型划分研究.城市与区域规划研究, (2): 54-66.
李世泰, 孙峰华. 2006. 农村城镇化发展动力机制的探讨. 经济地理, 26(5): 815-818.
李文越, 李昊, 张悦. 2017. 北京乡村产业发展困境和规划应对——以柳庄户村为例. 小城镇建设, (1): 41-47
李相然, 杨增义. 1994. 略论县域规划的编制原则、方法和实施途径. 宁夏大学学报(自然科学版), 15(4): 63-67.
李迅. 2006. 用区域统筹观念指导小城镇规划. 规划 50 年——2006 中国城市规划年会论文集.
李友生. 2006. 区域规划在城乡统筹协调发展中的地位与作用. 中国建设信息, (1): 38-42.
李志刚, 王兴平, 徐海贤. 2001. 大都市郊县县域规划的探索——以南京市江宁县为例. 城市规划汇刊, 131: 31-35.
李志民. 1995. 珠江三角洲地区的镇域规划新探. 广州师院学报(社会科学版), (4): 5-8.
廖炳英. 2016. 基于划定“永久农村地区”的乡村规划新框架. 城市与区域规划研究, 8(2): 14-23
林广, 张鸿雁. 2000. 成功与代价: 中外城市化比较新论. 南京: 东南大学出版社.
林文棋, 吴梦荷, 段冰若, 等. 2016. 城镇化区域类型划分方法与特征识别.城市与区域规划研究, (2): 39-53.
刘传明, 曾菊新. 2005. 对完善县域规划提下的探讨. 城市规划, 29(1): 36-39.
刘黎明. 2004. 韩国的土地利用规划体系和农村综合开发规划. 经济地理, 24(3): 383-386.
刘荣增. 2008. 城乡统筹理论的演进与展望. 郑州大学学报(哲学社会科学版), 41(4): 63-67.
刘易斯 • 芒福德. 2005. 宋俊岭, 倪文彦等译. 城市发展史: 起源、演变和前景(第二版). 北京: 中国建筑工业出版社.
鲁晓军. 2009. 城乡一体新政策语境下的规划调适——基于无锡规划实践的断想. 江苏城市规划, (1): 4-9.
吕安民, 李成名, 林宗坚, 等. 2002. 中国省际人口增长率及其空间关联分析. 地理学报, 57(2): 143-150.
吕洋, 周彩. 2008. 挪威统筹城乡发展: 措施、成效与启示. 北京理工大学学报(社会科学版), 10(3): 90-93.
罗震东, 韦江绿, 张京祥. 2010. 城乡基本公共服务设施均等化发展特征分析. 城市发展研究, (12).
马强. 2005. 我国县域规划的几点思考. 宏观经济管理, (7): 21-23.
宁越敏. 1998. 新城市化进程——90 年代中国城市化动力机制和特点探讨. 地理学报, 53(5): 470-477.
蒲英霞, 葛莹, 马荣华, 等. 2005. 基于 ESDA 的区域经济空间差异分析——以江苏省为例. 地理研究, 24(6): 965-974.
钱紫华, 何波. 2008. 城乡统筹规划思辨. 生态文明视角下的城乡规划——2008 中国城市规划年会论文集.
仇保兴. 2004. 国外城市化的主要教训. 城市规划, 28(4): 8-12.
仇保兴. 2005a. 城乡统筹规划的原则、方法和途径. 城市规划, 29(10): 9-14.
仇保兴. 2005b. 当前村镇工作的若干问题. 小城镇建设, (11): 11-13.

仇保兴. 2006a. 和谐与创新——快速城镇化进程中的问题、危机与对策. 北京: 中国建筑工业出版社.
仇保兴. 2006b. 我国农村村庄整治的意义、误区与对策. 城市发展研究, (1): 1-6.
仇保兴. 2008. 生态文明时代乡村建设的基本对策.城市规划, (04): 9-21.
邵爱云, 单彦名, 方明, 等. 2006. 因地制宜, 整合资源, 分类指导——《村庄整治技术导则》编制原则解析. 城市规划, (8): 61-65.
石忆邵. 2007. 国内外村镇体系研究述要. 国际城市规划, 22(4): 84-88.
税伟, 陈烈, 任杰, 等. 2005. 国外乡村城市化研究的起源、进展与比较. 世界地理研究, 14(1): 67-72.
宋栋. 1993. 我国农村城镇化的现状及其未来发展的构想. 人口学刊, (2): 35-41.
宋劲松, 黄莉. 2008. 实现和分配土地开发权的公共政策——城乡规划体系的核心要义和创新方向. 生态文明视角下的城乡规划——2008 中国城市规划年会论文集.
宋雁, 曾宪川. 2007. 生态文明示范村规划探索与实践——以梅州市大埔县漳西村规划为例. 城市规划, (2): 89-92.
孙德芳, 沈山, 武廷海. 2012. 生活圈理论视角下的县域公共服务设施配置研究. 规划师, (8).
孙建欣, 吕斌, 陈睿, 等. 2009. 城乡统筹发展背景下的村庄体系空间重构策略——以怀柔区九渡河镇为例.城市发展研究, (16): 75-81.
孙娟. 2007. 城乡统筹规划实践探索及其启发. 和谐城市规划——2007 中国城市规划年会论文集.
孙中和. 2001. 中国城市化基本内涵与动力机制研究. 财经问题研究, (11): 38-43.
谈步稳, 马漩. 2010. 城乡统筹规划中城乡发展权转移研究. 现代城市研究, (5): 36-40.
汤海孺, 柳上晓. 2013. 面向操作的乡村规划管理研究——以杭州市为例. 城市规划, (3): 59-65.
唐鹏. 2009. “全域成都”规划探讨. 规划师, 25(8): 31-34.
唐燕, 赵文宁, 顾朝林. 2015. 我国乡村治理体系的形成及其对乡村规划的启示. 现代城市研究, (4): 2-7.
唐燕, 赵文宁. 2016. 乡域规划中农用地规划策略与技术要点. 城市与区域规划研究, (2): 80-92.
田高平. 2002. 城镇体系与城乡一体化规划——韶山市城乡一体化规划初探. 中国城市规划学会 2002 年年会论文集.
田洁, 贾进. 2007. 城乡统筹下的村庄布点规划方法探索——以济南市为例. 城市规划, (4): 78-81.
童本勤. 2001. 对县域规划的几点认识——以南京市江宁县为例. 城市规划, (7): 31-32.
万艳华, 艾志诚. 2004. 三农问题与小城镇规划革新. 小城镇建设, (6): 54-56.
汪光焘. 2004. 坚持城乡统筹, 落实宏观调控改进和加强村镇规划建设工作, 在全国村镇建设工作会议上的讲话. 小城镇建设, (8): 4-8.
汪光焘. 2005. 树立为农民服务的思想因地制宜推进村庄治理. 小城镇建设, (12): 12-16.
汪忠满, 黄天其. 2007. 论提高新农村规划水平的三大途径. 规划师, 23(8): 83-85.
王爱军. 1998. 中心村规划的思考: 新民村规划介绍. 村镇建设, (2): 7-9.
王宝刚. 2003. 国外小城镇建设经验探讨. 规划师, 19(11): 96-99.
王浩. 2013. 城乡统筹背景下镇域规划编制办法研究——以广东省四会市江谷镇总体规划为例. 规划师, (5): 55-62.
王庆河, 李宗尧, 缴锡云. 2006. 农田水利. 北京: 中国水利水电出版社.
王世豪. 2007. 区域协调发展中县(市)域发展规划的实践与启示——论陈烈的县域发展规划的实践特点. 经济地理, 27(2): 275-279.
王兴平, 李志刚. 2001. 略论县域规划的中心镇战略与选择——以南京市江宁县为例. 经济地理, 21(1): 61-65.
王颖, 顾朝林, 李晓江. 2014. 中外城市增长边界研究进展. 国际城市规划, 04: 1-11.
王聿丽. 2009.《城乡规划法》视角下的小城镇总体规划. 宁波大学学报(理工版), 22(2): 288-292.

王远飞, 何洪林. 2007. 空间数据分析方法. 北京: 科学出版社.

王云才. 2007. 景观生态规划原理. 北京: 中国建筑工业出版社.

温铁军, 温厉. 2007. 中国的“城镇化”与发展中国家城市化的教训. 中国软科学, (7): 23-29.

文克·E·德拉姆施塔德, 詹姆斯·D·奥尔森, 理查德·T·T·福曼. 2010. 景观设计学和土地利用规划中的景观生态原理. 朱强, 黄丽玲, 俞孔坚译. 北京: 中国建筑工业出版社.

吴新宇, 余百全, 沈兵明. 2000. 义乌市城乡一体化规划建设的基本做法. 新农村, (2): 3.

吴友仁. 1985. 市、县域规划的任务、内容和方法. 经济地理, 5(4): 260-266.

吴志东, 周素红. 2008. 基于土地产权制度的新农村规划探析, 规划师, (3): 9-13.

武明仁. 1994. 灌溉排水. 北京: 农业出版社.

西明·达武迪. 2010. 城市-区域概念的批判性综述. 罗震东, 倪天璐, 申明锐译. 国际城市规划, 25(6): 45-52.

肖笃宁, 李秀珍, 高峻, 等. 2010. 景观生态学(第二版). 北京: 科学出版社.

谢文蕙, 邓卫. 1996. 城市经济学. 北京: 清华大学出版社.

谢文蕙. 1988. 各国城市化共同规律的数学模型. 北京发展战略研究所. 国际城市经济和规划学术讨论论文集, 59-60.

徐勇. 1992. 黄淮海地区农村劳动力剩余与转移研究. 地理研究, 11(1): 39-47.

许宏宇, 朱磊. 2009. 镇域规划引入战略研究——以北京市通州区永乐店镇域前期研究及镇域规划为例. 小城镇建设, (2): 10-14.

许学强, 周一星, 宁越敏. 2009. 城市地理学(第 2 版). 北京: 高等教育出版社.

许学强. 1999. 中国乡村——城市转型的动力和类型研究. 北京: 科学出版社.

薛德升, 郑莘. 2001. 中国乡村城市化研究: 起源、概念、进展与展望. 人文地理, 16(5): 24-28.

闫琳. 2011. 社区发展理论对中国乡村规划的启示.城市与区域规划研, (2): 195-204.

严瑞河. 2017. 健康乡村治理村民满意度评价体系构建初探. 中国农业大学学报(自然科学版), 22(6): 199-206

杨保军. 2009. 从实践中探索城乡统筹规划之路. 中国建设信息, (4): 17-20.

杨德智, 张卫国. 2010. 山东省城乡一体化规划的探索与实践. 城市规划, 43(4): 69-73.

杨新宇. 2003. 县域农村城镇化发展的动力机制研究——以陕西乾县为例. 西安: 西北大学.

杨振之. 2011. 论“原乡规划”及其乡村规划思想.城市发展研究, 18(10): 14-18.

姚士谋, 陈彩虹, 解晓南, 等. 2005. 我国城乡统筹规划的几个关键问题——学习汪光焘部长讲话的体会. 现代城市研究, (5): 29-34.

叶齐茂. 2005a. 发达国家村镇规划: 核心内容、设计要素、价值取向和特征. 城乡建设, (1): 70-71.

叶齐茂. 2005b. 用新发展观重整乡村规划. 今日中国论坛, (1): 70-73.

易鑫, 克里斯蒂安·施耐德. 2013. 德国的整合性乡村更新规划与地方文化认同构建.现代城市研究, (6): 51-59.

尹稚, 孙施文. 2005. 城市规划方法论. 城市规划, 29(11): 28-34.

余颖, 唐劲峰. 2008.“城乡总体规划”: 重庆特色的区域规划. 规划师, 24(4): 69-71.

俞孔坚, 李迪华, 韩西丽, 等. 2006. 新农村建设规划与城市扩张的景观安全格局途径——以马岗村为例. 城市规划学刊, 165: 38-45.

约翰·M·利维. 2003. 现代城市规划. 孙景秋等译. 北京: 中国人民大学出版社.

岳杰勇. 2007. 台湾农村建设的经验及其对大陆新农村建设的启示. 昆明理工大学学报(社会科学版), 7(6): 40-43.

曾辉, 江子瀛, 孔宁宁, 等. 2000. 快速城市化景观格局的空间自相关特征分析——以深圳市龙华地区为例. 北京大学学报(自然科学版), 36(6): 824-831.

张兵. 1998. 城市规划实效论: 城市规划实践的分析理论. 北京: 中国人民大学出版社.
张春花. 2010. 城乡空间结构体系统筹规划探索——以山东省兖州市城乡总体规划为例. 北京规划建设, (1): 35-37.
张京祥, 崔功豪. 2000. 新时期县域规划的基本理念.城市规划, 24(9): 47-50.
张京祥, 陆枭麟. 2010. 协奏还是变奏: 对当前城乡统筹规划实践的检讨. 国际城市规划, 25(1): 12-15.
张军, 刘燕丽, 周一星. 1998. 辽中南腾鳌等三镇农村城市化. 郑弘毅. 农村城市化研究. 南京: 南京大学出版社, 270-303.
张敏, 顾朝林. 2002. 农村城市化: "苏南模式"与"珠江模式"比较研究. 经济地理, 22(4): 482-486.
张尚武. 2013. 城镇化与规划体系转型——基于乡村视角的认识. 城市规划学刊, (6): 19-25.
张尚武. 2014. 乡村规划: 特点与难点. 城市规划, 28(2): 17-21.
张伟, 徐海贤. 2005. 县(市)域城乡统筹规划的实施方案探讨. 城市规划, (11): 77-81+87.
张小林, 盛明. 2002. 中国乡村地理学研究的重新定向. 人文地理, 17(1): 81-84.
张晓明. 2013. 高速城市化时期村镇规划的区域性研究. 北京: 清华大学.
张晓明, 汪淳, 李明玉. 2014. 县辖镇级市市域公共服务设施规划研究. 规划师, 30(5): 31-36.
张悦, 张晓明, 胡弦, 等. 2017. 镇域规划编制导则(草案). 城市与区域规划研究, 9(4): 85-98.
章建明, 王宁. 2005. 县(市)域村庄布点规划初探. 规划师, (3): 23-25.
赵钢, 朱直君. 2009. 成都城乡统筹规划与实践. 城市规划学刊, (6): 12-17.
赵群毅. 2009. 城乡关系的战略转型与新时期城乡一体化规划探讨. 城市规划学刊, (6): 47-52.
赵燕菁. 2001. 理论与实践: 城乡一体化规划若干问题. 城市规划, 25(1): 23-29.
赵燕菁. 2005. 制度经济学视角下的城市规划(上). 城市规划, (6): 40-47.
赵英丽. 2006. 城乡统筹规划的理论基础与内容分析. 城市规划学刊, (1): 32-38.
郑弘毅. 1998. 农村城市化研究. 南京: 南京大学出版社, 238-254.
中国城市规划设计研究院等. 2007. 小城镇区域与镇域规划导则研究. 北京: 中国工人出版社.
周加来. 2001. 城市化·城镇化·农村城市化·城乡一体化——城市化概念辨析. 中国农村经济, (5): 40-44.
周恺, 何婧, 陈继军. 2017. 基于智慧治理的村域规划支持平台研究. 城市与区域规划研究, 9(4): 127-135.
周铁训. 2007. 均衡城市化理论与中外城市化比较研究. 天津: 南开大学出版社.
周一星. 2006. 关于中国城镇化速度的思考. 城市规划, 30(增刊): 32-36.
朱传耿, 顾朝林, 马荣华, 等. 2001. 中国流动人口的影响要素与空间分布. 地理学报, 56(5): 549-560.
朱磊. 2000. 城乡一体化理论及规划实践——以浙江省温岭市为例. 经济地理, 20(3): 44-48.
左慧敏. 2005. 县域总体规划编制的内容与方法的研究——以浙江省象山县域总体规划为例. 武汉: 华中科技大学.
左停, 鲁静芳. 2007. 国外村镇建设与管理的经验及启示. 城乡建设, (3): 70-73.
Amin A. 1999. An institutionalist perspective on regional economic development. International Journal of Urban and Regional Studies, (2): 365-378.
Anselin L. 1988. Spatial Econometrics: Methods and Models. Dordrecht: Kluwer Academic Publishers.
Anselin L. 1995. Local indicators of spatial association -LISA. Geographical Analysis, 27(2): 93-115.
Anselin L. 1996. The moran scatterplot as an ESDA tool to assess local instability in spatial association. In: Fischer M, Scholten H, Unwin D. Spatial analytical perspectives on GIS in environmental and socio-economic science. London: Taylor and Francis. 111-125.
Arnstein S. 1969. AL adder of citizen participation. Journal of American Institute of Planners, (35): 216.
Bruinsma J. 2003. World Agriculture: Towards 2015/2030-an FAO Perspective. London: Earthscan.
Carsjens G J, Wim van der Knaap. 2002. Strategic land-use allocation: dealing with spatial relationships and

fragmentation of agriculture. Landscape and Urban Planning, 58: 171-179.

Chan K W, Hu Y. 2003. Urbanization in China in the 1990s: New definition, different series, and revised trends. China Review, 3: 49-71.

Christensen P, Mccord G C. 2016. Geographic determinants of China's urbanization. Regional Science & Urban Economics, 59: 90-102.

Clay G R, Daniel T C. 2000. Scenic landscape assessment: The effects of land management jurisdiction on public perception of scenic beauty. Landscape and Urban Planning, 49: 1-13.

Costanza R, d'Arge R, de Groot R S, et al. 1997. The value of the world's ecosystem services and natural capital. Nature, 387: 253-260.

Dehaene M. 2005. A conservative framework for regional development: Patrick abercrombie's interwar experiments in regional planning. Journal of Planning Education and Research, 25: 131-148.

Devlin R, Estevadeordal A. 2001. What is New in the New Regionalism in the Americas. Argentina: Buenos Aires Press.

Esparza A X, Carruthers J I. 2000. Land Use Planning and Ex-urbanization in the Rural Mountain West: Evidence from Arizona. Journal of Planning Education and Research, 20: 23-36.

Fawcett L, Hurrell A. 1995. Regionalism in World Politics. Oxford: Oxford University Press.

Gallo J, Ertui C. 2003. Exploratory spatial data analysis of the distribution of regional per capita GDP in Europe, 1980-1995. Papers of Regional Science, 82: 175-201.

Getis A, Ord J K. 1992. The analysis of spatial association by use of distance statistics. Geographical Analysis, 24(3): 189-206.

Gu C L, Wu F L. 2010. Urbanization in China. processes and policies. China Review, 10: 1-9.

Gu C L, Yan L, Sun S H. 2015. Development and transition of small towns in rural China. Habitat International, 50(2015): 110-119.

Halfacree K. 2006. Rural space: constructing a three - fold architecture. In: Cloke P, Mardsen T, Mooney P. Handbook of Rural Studies. London: Sage: 125-141.

Hara Y, Takeuchi K, Okubo S. 2005. Urbanization linked with past agricultural landuse patterns in the urban fringe of a deltaic Asian mega-city: A case study in Bangkok. Landscape and Urban Planning, 73: 16-28.

Karen M O'Neill. 2005. Can watershed management unite town and country. Society and Natural Resources, 18: 241-253.

Kim D S, Chung H W. 2005. Spatial diffusion modeling of new residential area for land-use planning of Rural Villages. Journal of Urban Planning and Development, 9: 181-194.

Lee J T, Elton M J, Thompson S. 1999. The role of GIS in landscape assessment: using land-use based criteria for an area of the Chiltern Hills Area of Outstanding Natural Beauty. Land Use Policy, 16: 23-32.

Lipton M. 1977. Why Poor People Stay Poor: Urban Bias in World Development. Cambridge: Harvard University Press.

Marcouiller D W, Clendenning J G, Kedzior R. 2002. Natural amenity-led development and rural planning. Journal of Planning Literature, 16: 515-542.

Mason D R, Beard V A. 2008. Community-based planning and poverty alleviation in Oaxaca, Mexico. Journal of Planning Education and Research, 27: 245-260.

Meyera B C, Phillipsb A, Annettb S. 2008. Optimising Rural Land Health: From Landscape Policy to Community Land Use Decision-making. Landscape Research, 33(2): 181-196.

Nakamae E, Qin X, Tadamura K. 2001. Rendering of landscapes for environmental assessment. Landscape and Urban Planning, 54: 19-32.

Northam R M. 1975. Urban Geography. New York: J. Wiley Sons.

Ord J K, Getis A. 1995. Local spatial autocorrelation statistics: Distributional issues and an application. Geogranphical Analysis, 27(4): 286-306.

Palmer J F, Lankhorst J R-K. 1998. Evaluating visible spatial diversity in the landscape. Landscape and Urban Planning, 43: 65-78.

Pieter M. Schrijnen. 2000. Infrastructure networks and red-green patterns in city regions. Landscape and Urban Planning, 48: 191-204.

Porter M. 1990. The Competitive Advantage of Nations. New York: Free Press.

Rey S. 2004. Spatial analysis of regional income inequality. In: Goodchild M, Janelle D. Spatially Intergrated Social Science: Examples in Best Practice. Oxford: Oxford University Press, 280-299.

Rey S, Montouri B. 1999. US regional income convergence: A spatial econometric perspective. Regional Studies, 33(2): 1543-1564.

Sang-II Lee. 2001. Spatial Association Measures for an ESDA-GIS Framework: Developments, significance Tests, and Applications to Spatio-Temporal Income Dynamoics of U.S. Labor Market Areas, 1969-1999. Dissertation: The Ohio State University.

Saxenian A. 1994. Regional Advantage: Culture and Competition in Silicon Valley and Route 128. Cambridge, Mass: Harvard University Press.

Scott A J. 1998. Regions and the World Economy: The Coming Shape of Global Production, Competition and Political Order. Oxford: Oxford University Press.

Scott M. 2004. Building institutional capacity in rural Northern Ireland: the role of partnership governance in the LEADER II programmer. Journal of Rural Studies, 20: 49-59.

Tobler W. 1970. A computer movie simulating urban growth in the Detroit region. Economic Geography, 46: 234-240.

Walker A J, Ryan R L. 2008. Place attachment and landscape preservation in rural New England: A Maine case study. Landscape and Urban Planning, 86: 141-152.

Wallington T J, Lawrence G. 2008. Making democracy matter: Responsibility and effective environmental governance in regional Australia. Journal of Rural Studies, 24: 277-290.

Weber A. 1963. The Growth of Cities in the Nineteenth Century: A study in statistics. Ithaca, N.Y.: Cornell University Press.

White E M, Morzillo A T, Alig R J. 2009. Past and projected rural land conversion in the US at state, regional, and national levels. Landscape and Urban Planning, 89: 37-48.

Woods M. 2005. Rural Geography. London: Sage Publications. 1-170.

后　记

“县镇（乡）村域规划编制关键技术研究与示范”（2014BAL04B01）是“村镇规划和环境基础设施配置关键技术研究与示范”（2014BAL04B00）“十二五”国家科技支撑计划项目的第一课题。课题自 2014 年启动，四年间在顾朝林主持下组织了六个子课题分别进行研究，它们是：陈继军负责的“城镇化格局下的区域村镇规划研究”，邵磊、张晓明负责的“县域镇村体系规划编制与实施技术研究与示范”，张悦、张晓明负责的“镇域规划编制与实施技术研究与示范”，唐燕负责的“乡域规划编制与实施技术研究与示范”，陈继军负责的“村域规划编制与实施技术研究与示范”，林文棋负责的“全国村镇发展中长期规划评价与编制技术研究”和周恺负责的“乡村规划技术支持平台研究”。2015 年，顾朝林、张悦、邵磊、唐燕、陈继军、廖炳英、胡弦、张晓明、林文棋、李少星、郐艳丽、傅强等编辑出版了《县镇乡村域规划编制手册》和《城市与区域规划研究 •乡村规划》专辑。2015～2017 年，先后开展了河南省嵩县（顾朝林负责）、浙江省淳安县（顾朝林负责）、南京市溧水区（顾朝林负责）、黑龙江省东宁县（邵磊负责）、内蒙古科尔沁右翼前旗（顾朝林负责）的县（区）域镇村体系和城镇总体规划规划，山东青岛南村镇（顾朝林负责）、江苏泰州新桥镇（顾朝林负责）、内蒙古扎旗音特尔镇（顾朝林负责）、湖北省枝江市百里洲镇（张悦、胡弦负责）、广西罗城仫佬族自治县天河镇（张悦、王红原负责）的镇域和镇区总体规划、河北省曲阳县产德乡（张晓明负责）和河北省曲周县槐桥乡乡域规划（唐燕、郐艳丽负责），河北省阜平县平石头村（陈继军）、江苏省苏州市三山岛村（陈继军）、河北省保定市清苑区冉庄村村域等 15 个基地的规划编制试点并取得圆满的示范效果，为县域镇村体系规划、镇域规划、乡域规划和村域规划编制技术导则编写打下了良好的基础。2017 年，顾朝林、盛明洁出版《县辖镇级市研究》，课题组完成县域镇村体系规划编制技术导则（邵磊、张晓明、顾朝林等）、镇域规划编制技术导则（张悦、张晓明、胡弦等）、乡域规划编制技术导则（郐艳丽、唐燕、顾朝林等）和村域规划编制技术导则（陈继军、张洋、白静等）编写，周恺也圆满完成《镇乡村庄规划支持平台研究与示范》。

《新时代乡村规划》是基于这些研究成果和过程以及“县镇（乡）村域规划编制关键技术研究与示范”（2014BAL04B01）课题结题的科技报告基础上写成，由顾朝林、张悦策划，顾朝林、郐艳丽、张悦统稿，胡弦进行图表编制加工。全书共 15 章，第 1 章绪论张晓明撰写，第 2 章乡村规划研究概况张晓明撰写，第 3 章乡村规划新目标张晓明、顾朝林撰写，第 4 章乡村规划新理论郐艳丽撰写，第 5 章乡村规划新焦点张晓明撰写，第 6 章乡村规划新理论框架顾朝林、张晓明、廖炳英、胡弦撰写，第 7 章乡村规划新方法胡弦撰写，第 8 章县域镇村体系规划编制技术顾朝林撰写，第 9 章镇域规划编制技术顾朝林撰写，第 10 章乡域规划编制技术郤艳丽撰写，第 11 章村域规划编制技术张悦、周恺撰写，第 12 章县域镇村体系规划编制技术导则顾朝林、邵磊、张晓明、贾海发、傅强撰写，第 13 章镇域规划编制技术导则张悦、张晓明、胡弦、顾朝林、李文越、吴纳维、李培铭撰写，第 14 章 乡域规划编制技术导则郤艳丽、唐燕、顾朝林、李功、严瑞河撰写，第 15 章村域规划编制技术导则由陈继军、张洋、白静、陈玲撰写。

“县镇（乡）村域规划编制关键技术研究与示范”（2014BAL04B01）课题立项和申请过程历时三年，张晓明、韩青、袁晓辉付出了许多辛勤的劳动；项目负责人熊燕给出了许多宝贵的帮助和建议；在四年的研究中，厉基巍、辛修昌、岳本锋、傅强、李阳子、王飞、王红原、云娟、赵文宁、杨东、范玥、郑健健、王健、袁中金、林文棋、吴梦荷、曾荣俊、赵鹿芸、石淼、段冰若、马靓、何婧等也参与了课题研究过程；赵晖、李兵弟、徐林、杨保军、俞滨洋、石楠、方明、白正盛、贾金虎、陈伟、苗泽、卫琳、蔡立力、熊燕、韩青、袁晓辉、刘太刚、赵亮、曹广中、乔卫国、孟延春、乔忠、焦怡雪、张昊、钱云、刘剑锋、李华东、王健、杜澍、刘保奎等专家在课题开题、课题咨询、中期和示范项目验收等不同阶段提出了许多宝贵的建议；在此一并致以最诚挚的谢意!

2018 年 2 月 11 日

附图

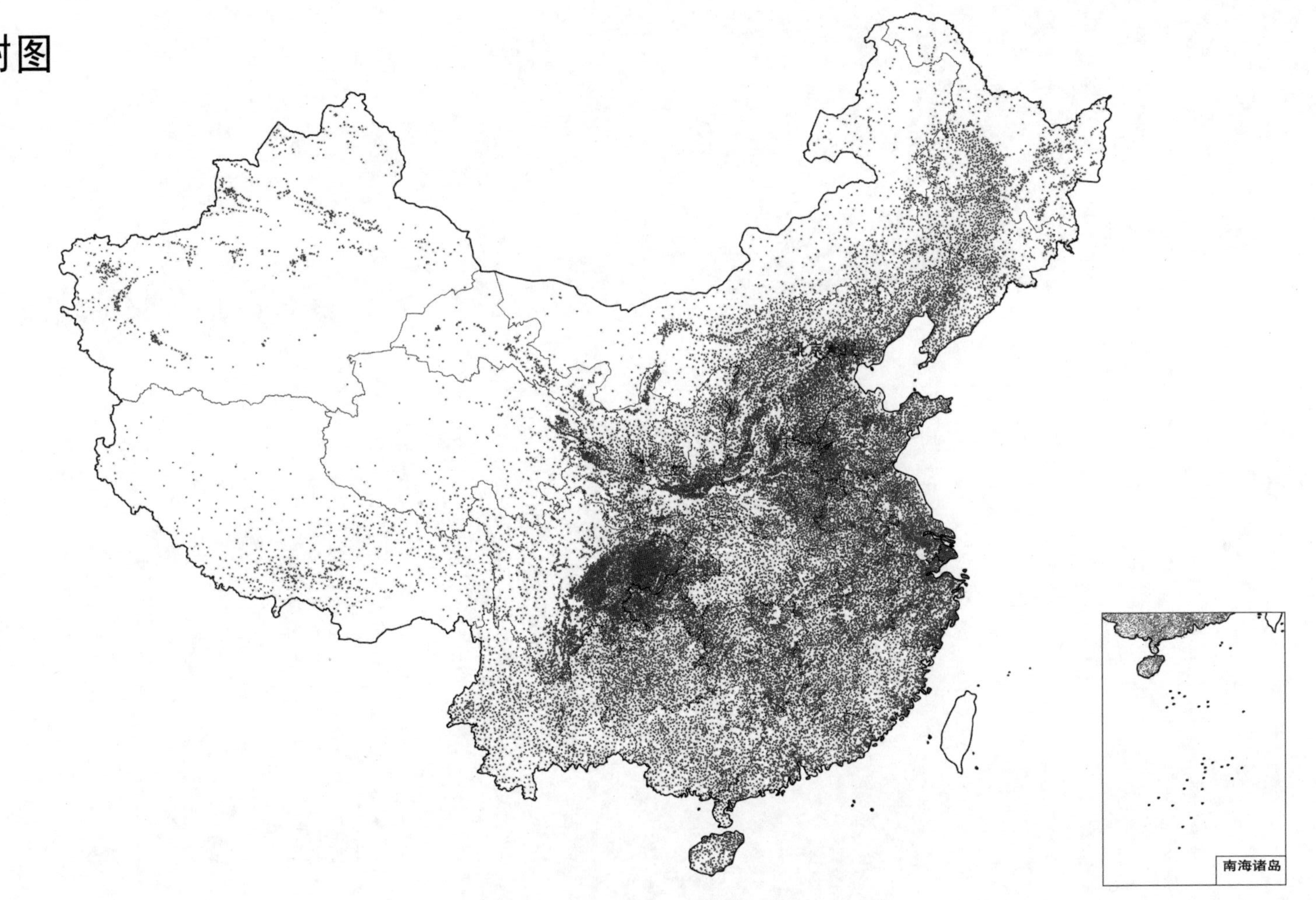

研究范围内采集的乡级行政区点状数据分布图

注：台湾资料暂缺